언어 평등

ХЭЛ ТЭГШ БАЙДАЛ

NYELVI EGYENLŐSÉG

SPRACHE EQUALITY

TAAL GELIJKHEID

SPRÅK LIKHET

LANGUAGE EQUALITY

NGÔN NGỮ BÌNH ĐẲNG

IDIOMA IGUALDADE

BAHASA KESETARAAN

言語平等

שפת שוויון

भाषा समानताको

ภาษาเท่าเทียมกัน

IDIOMA IGUALDAD

AEQUALITAS LANGUAGE

JAZYK ROVNOST

LANGUE ÉGALITÉ

ЯЗЫК EQUALITY

ພາສາຄວາມສະເໝີພາບ

LIMBA EGALITATE

اللغة المساواة

UGUAGLIANZA LINGUA

برابری زبان

ভাষা সমতা

语言平等

LUGHA USAWA

"모든 언어는 평등하다"

언어는 문화의 다양성 산물이며,
인류 공동체 소통의 시작과 문명 발전의 발자취이다.

또한, 인류 문명의 근원인 동시에 민족 정체성의 상징이다.
언어 평등주의 관점에서 고유 가치와 순결성은 언어 사용자수와 국력에 국한 될 수 없으며
어떠한 언어도 우수함, 열등함을 비교할 수 없다.

MOBA PIBHICTЬ

따라서, 우리는 언어의 획일화 위협을 완전히 배제하며
언어학습의 자유로운 선택과 평등한 기회를 위한 어학콘텐츠 개발과 보급이
우리의 가장 중요한 가치 중 하나이다.

민족 자주독립의 1945년 명동 문예서림(서점) 창립이래,
어학 콘텐츠는 우리의 과거, 현재 그리고 미래의 핵심이며
세계 모든 어학콘텐츠 개발과 보급이라는
우리의 이상과 독자를 위한 〈언어 평등〉에 정진할 것이다.

DIL EŞİTLİK

말이 통하는

스페인어 회화
꿀 패턴

박은주 지음

문예림

말이 통하는
스페인어 회화 꿀패턴

초판 3 쇄 인쇄 2025 년 4 월 4 일
초판 3 쇄 발행 2025 년 4 월 14 일

지은이 박은주
펴낸이 서덕일
펴낸곳 도서출판 문예림

출판등록 1962.7.12 (제 406-1962-1 호)
전자우편 info@moonyelim.com
홈페이지 www.moonyelim.com
문의사항 카카오톡 " 도서출판 문예림 " 검색

ISBN 978-89-7482-864-6(13770)

이 책은 저작권법에 의해 보호를 받는 저작물이므로 무단 복제・전재・발췌할 수 없습니다 .
잘못된 책은 구입하신 곳에서 교환해 드립니다 .

말이 통하는
스페인어 회화
꿀 패턴

Español

■ 머리말

스페인어 어떻게 공부해야 하나요?

바로 이 질문이 그 동안 스페인어 교육을 해 오면서 가장 많이 받는 질문입니다. 스스로 공부도 하고 가르치면서 여러 시행착오를 거치면서 가장 고민해 왔던 부분이기도 합니다. 각자 다른 동기로 새로운 언어를 배운다는 즐거움과 설렘으로 시작했다가 만만하지 않은 언어의 어려움에 부딪쳐 좌절하고 쉽게 포기하게 되죠.

언어의 기본은 말하기 훈련이다

각각의 언어의 구조가 다르듯이 그 학습법도 달라야 한다고 생각됩니다. 동사 중심인 스페인어는 더욱 더 그렇죠. 스페인어는 발음 나는 데로 읽히기 때문에 단어나 동사원형만 나열하여도 기본적인 의사소통은 쉬울 수는 있으나, 말을 잘하기란 정말 어려운 언어라고 할 수 있어요. 많은 학습자들이 스페인어의 수많은 동사변화를 접하고 힘들어했을 거라 생각됩니다. 알고 있는 문법과 동사변화도 막상 간단한 회화에서조차 말문이 쉽게 트이지 않는 경험을 해 보았을 겁니다. 문제는 그 동사변화를 익히더라고 의사소통으로 이어지지 않는다면 무용지물이라는 거죠. 알고 있는 문법지식이 의사소통으로 자연스럽게 익히기 위해서는 말하기 훈련이 필수입니다.

말하기 훈련, 패턴 학습법만이 정답이다

동사변화가 많은 스페인어에도 현지에서 많이 쓰는 패턴이 존재합니다. 자주 쓰는 패턴에 단어만 바꿔 끼워주면 수많은 문장을 만들 수 있어요. 예를 들어 Me gusta~ (나는~를 좋아해)라는 패턴 하나에 명사 또는 동사만 바꿔 써 주면 수 많은 문장이 만들어지죠. 이 책에서는 스페인 사람들이 가장 많이 쓰는 주요 핵심패턴 256개과 보너스 표현 250여 개를 더 추가하여 약 500여개의 패턴과 회화표현을 익힐 수 있도록 구성해 보았습니다. 해당패턴과 표현을 넣은 대화체를 만들어 실제로 현지에서 쓰는 생생한 스페인어를 배울 수 있습니다.

〈말이 통하는 스페인어 회화 꿀패턴〉으로 공부한 모든 스페인어 학습자들이 스페인어 회화를 함에 있어 한 발짝 더 나아갈 수 있길 기대해 봅니다. 끝으로 이 책이 나오기까지 애써 주신 응원해 주신 모든 분들께 감사 드립니다.

박은주

Español

■ 이 책의 사용 설명서

1. 직접 듣고 말하기

말하기만큼 중요한 것이 바로 듣기입니다. 듣고 따라하기가 말하기의 기본입니다. 듣고 말하기를 반복하면서 말문이 조금씩 트이는 것을 경험할 수 있을 겁니다. mp3 파일은 문예림 홈페이지에서 무료로 다운받을 수 있습니다. Paso 1는 우리말 1번, 스페인어 2번씩 녹음하되, 스페인어는 한 번은 천천히 두 번째는 보통 속도로 녹음하여 현지 억양을 좀 더 생생하게 학습할 수 있도록 하였습니다. Paso 2는 외국 성우가 실제 상황처럼 재연하여 정확한 현지 발음을 익힐 수 있습니다.

2. 패턴 익히기

총 6장으로 분류하고 다시 44개의 과로 나누어 구성되어 있습니다. 총 250여개의 주요 핵심패턴과 250여개의 보너스 표현을 수록하여 약 500개의 패턴과 표현을 배울 수 있습니다. 동사의 자세한 설명과 스페인어 팁과 어휘들까지 꼭 집고 넘어 가세요.

패턴 001 핵심패턴 설명
핵심패턴에 대한 자세한 설명을 먼저 읽고 이해하세요. 동사변화나 어떻게 쓰이는지 자세한 설명을 담아 놓았습니다.

paso 1 회화 패턴 연습
해당 패턴이 적용된 문장을 쉽고 자주 쓰이는 문장으로 4개를 만들었습니다. 단어를 바꿔 넣어 다양한 문장을 스스로 만들어 보세요.

paso 2 리얼 회화 연습
해당 패턴을 사용해서 현지인들이 실지로 쓰는 상황을 리얼 대화체로 만들어 보았습니다. 한글로 표기된 부분을 해당 패턴을 사용해 말해 보고 실제 원어민처럼 연기해 보세요.

Bonus 표현
대화체에 사용된 보너스 표현은 현지에서 가장 많이 쓰는 패턴 또는 구어적 표현 등을 실었습니다. 간단한 설명과 함께 예문도 함께 익히세요.

paso 3 도전! 회화연습
핵심패턴이 들어간 문장을 한 개씩 문제로 만들어 보았습니다. 스스로 작문을 하여 해당 패턴을 익혔는지 확인하는 단계입니다.

Tip 스페인어/문화 팁
본문에서 다루지 못한 중요한 문법과 중요한 표현들을 실었습니다. 스페인어 속담과 명언, 재미있는 문화설명도 읽어 두세요.

새로운 어휘
본문에 나오는 새로 나온 어휘들도 익혀 두세요.

■ 차 례

CAPÍTULO 0 기초 문법

01 알파벳과 발음 ········· 19
02 강세 ········· 20
03 명사의 성과 수 ········· 21
04 관사 ········· 22
05 형용사의 성과 수 ········· 23
06 인칭 대명사 ········· 24
07 동사변화 ········· 25
08 숫자 ········· 26

CAPÍTULO 1 기본 회화 패턴

Lección 01 Ser ~이다
001 **Soy ~** 나는 (누구) ~ 입니다 ········· 30
002 **Soy ~** 나는 (성격, 외모가) ~해 ········· 31
003 **Soy de ~** 나는 (어디) ~에서 왔어, ~출신이야 ········· 32
004 **Es/son de ~** ~로 된 거야, ~제품이야 ········· 33
005 **No es fácil ~** ~하는 것은 쉽지 않아 ········· 34
006 **¿Eres capaz de ~?** 넌 ~할 수 있어? ········· 35
007 **Es difícil ~** ~하는 것은 어려워 ········· 36

Lección 02 Estar ~이다, ~에 있다
008 **Estoy ~** 나는 상태가 ~해 ········· 38
009 **Estás ~** 너는 ~해(외모) ········· 39
010 **¿Está/s ~?** 너는 ~한 상태니? ········· 40
011 **Estoy en ~** 나는 ~에 있어(위치) ········· 41
012 **No estoy para ~** 나는 ~할 상태(기분)이 아니야 ········· 42
013 **Estoy seguro(a) de que ~** 나는 ~라고 확신해 ········· 43
014 **¿Estás seguro/a de que ~?** 너는 ~인 게 확실해? ········· 44
015 **Estoy a punto de ~** 나는 막 ~할 참이야 ········· 45
016 **Está/n hecho/os/as de ~** (재료, 재질이) ~로 되어 있어 ········· 46

Español

Lección 03 현재규칙동사
017 **Yo + -o** 나는 ~해 48
018 **¿Tú + -as/-es?** 너는 ~하니? 49

Lección 04 현재진행형 ~하는 중이다
019 **Estoy + -ando/-iendo** 나는 ~하고 있어, ~하는 중이야 52
020 **¿Tú estás + -ando/-iendo?** 너는 ~하고 있니? 53
021 **¿Sigues + -ando/-iendo?** 너는 계속 ~하고 있니? 54
022 **Llevo + 시간 + -ando/-iendo** 나는 ~한 지 얼마의 시간이 됐어, ~째 ~하고 있어 ... 55
023 **Disfruto + ~ando/~iendo** 나는 ~하면서 많이 즐겨 56

Lección 05 재귀동사
024 **Me + 재귀동사** 나는 ~ 해 58
025 **¿Te + 재귀동사?** 너는 ~하니? 59
026 **Me gusta + 재귀동사** 나는 ~하는 게 좋아 60
027 **Tengo que + 재귀동사** 나는 ~해야 해 61

CAPÍTULO 2 가장 많이 쓰는 우선 순위 동사패턴

Lección 06 Tener ~를 가지다
028 **Tengo + 상태 명사** 내 상태가 ~해, 나는 ~갖고 있어 66
029 **¿Tienes ~?** 너는 ~가 있니? 67
030 **Tengo ganas de + 동사원형** 나는 ~를 하고 싶어, ~하고 싶은 욕구가 있어 ... 68
031 **Tengo que + 동사원형** 나는 ~ 해야 해 69
032 **Tiene/s que + 동사원형** 너는 ~해야 해 70
033 **Lo que tienes que hacer es ~** 네가 해야 하는 것은 ~ 야 71
034 **No tengo nada que + 동사원형** 나는~할 게 아무것도 없어 72
035 **No tener nada que ver con ~** ~와 아무 상관이 없어 73
036 **Yo tengo la culpa de ~** ~에 관해 내 잘못이야 74

Lección 07 Querer ~을 원하다
037 **Quiero + 명사** 나는 ~을 원해 76
038 **Quiero + 동사원형** 나는 ~하고 싶어 77
039 **No quiero + 동사원형** 나는 ~하고 싶지 않아 78
040 **¿Quieres + 명사?** 너는 ~를 원해? 79
041 **¿Quieres + 동사원형?** 너는 ~하기를 원해?, ~할래? 80
042 **¿No quieres + 동사원형?** 너는 ~하지 않을래?, ~하고 싶지 않아? ... 81

043 **¿Quieres que yo + 동사?** 내가~하기를 원하니? 내가 ~해 줄까? ········· 82
044 **Quiero que (tú) ~** 나는 네가 ~하길 원해. 네가 ~해 줘 ························· 83
045 **Querer decir ~** ~를 의미하다 ··· 84

Lección 08 Preferir ~를 더 좋아하다, ~를 선호하다
046 **Prefiero + 명사** 나는 ~를 더 원해, ~를 선호해 ···································· 86
047 **Prefiero + 동사원형** 나는 ~하기를 더 원해, ~하기를 선호해 ············· 87
048 **¿Prefieres ~ ?** 너는 ~를 하기를 더 원해?, ~하기를 선호해? ············· 88
049 **¿Qué prefieres, A o B?** 너는 A와 B중에 뭘 더 원해? ······················· 89

Lección 09 Hacer ~를 하다
050 **Hago ~** 나는 ~을 해 ·· 92
051 **¿Me haces ~?** 나한테 ~해 줄래? 나한테 ~만들어 줄래? ··················· 93
052 **Hace ~** 날씨가 ~(어떠)해 ··· 94
053 **Hace + 시간 + que ~** ~한 지 (얼마의 시간)이 되었어 ······················· 95
054 **Me haces + 동사원형** 너는 나를 ~하게 해 ···································· 96

Lección 10 Hay ~가 있다
055 **Hay ~** ~가 있어 ·· 98
056 **No hay ~** ~가 없어 ·· 99
057 **Hay que + 동사원형** ~해야 해 ··· 100
058 **¿Hay algo que ~?** ~하는 뭔가 있어? ·· 101

Lección 11 Ir ~에 가다
059 **Voy a + 장소** 나는 ~로 가 ··· 104
060 **Voy a + 동사원형** 나는 ~할 예정이야, ~할 거야 ····························· 105
061 **¿Vas a + 동사원형?** 너는 ~할 거야? ··· 106
062 **Tú no (te) vas a + 동사원형** 너는 ~하면 안 돼 ····························· 107
063 **Vamos a + 동사원형** 우리 ~하자, ~합시다 ···································· 108
064 **Voy a por ~** (나) ~가지러(데리러) 갈게 ·· 109
065 **Va/n (muy) bien ~** ~하는 게 좋을 거야, 도움이 돼 ························· 110

Lección 12 Necesitar ~가 필요하다
066 **Necesito + 명사** 나는 ~가 필요해 ·· 112
067 **Necesito + 동사원형** 나는 ~할 필요가 있어, ~해야 해 ····················· 113
068 **Necesitas + 동사원형** 너는 ~할 필요가 있어, 너 ~해야겠어 ··············· 114
069 **Necesito que tú ~** 네가 ~하는 게 필요해, 네가 ~해야 해 ·················· 115

Español

Lección 13 Creer ~를 믿다, 생각하다
070 **Yo creo en ~** 나는 ~를 믿어 118
071 **Yo creo que ~** 내 생각엔 ~인 것 같아 119
072 **¿Crees que ~?** 너는 ~ 한다고 생각하니? 120
073 **No creo que ~** 나는 ~할 거라고 생각하지 않아 121
074 **¿No crees que ~?** 너는 ~일거라고 생각하지 않니? 122

Lección 14 Pensar 생각하다
075 **Pienso + 동사원형** 나는 ~할 생각이야 124
076 **¿Piensas ~?** 너는 ~할 생각 있어?, ~할 계획이야? 125
077 **Pienso que ~** 나는 ~라고 생각해 126
078 **¿Piensas que ~ ?** 너는 ~ 라고 생각해? 127

Lección 15 Poner (음식을) 주다, ~에게 입혀주다
079 **¿Me pone(s) + 음식, 음료?** ~주시겠어요? 130
080 **Me pone(s) ~** 나를 ~하게 해 131
081 **¿Me pones + 악세사리?** 나한테 ~을 입혀줄래(끼워줄래, 신겨줄래)? 132
082 **Me pongo + 옷, 악세사리** 나는 ~을 입을게, 입어 133
083 **Me pongo + 형용사** 나는 ~해져, ~하게 돼 134
084 **Me pongo a ~** 나는 (갑자기) ~하기 시작할 거야 135

Lección 16 Poder ~할 수 있다
085 **Puedo + 동사원형** 내가 ~ 할 수 있어 138
086 **No puedo + 동사원형** 나는 ~할 수 없어 139
087 **No puedes + 동사원형** 너는 ~할 수 없어, ~하면 안 돼 140
088 **Podemos + 동사원형** 우리는 ~할 수 있어 141
089 **¿Puedo + 동사원형?** 내가 ~해도 될까? 142
090 **¿Puedes + 동사원형?** 너는 ~할 수 있어? 143
091 **¿Se puede + 동사원형?** ~해도 돼요?, ~할 수 있어요? 144
092 **¿Me puede decir ~?** ~인지 말씀해 저에게 말씀해 주실 수 있으세요? 145
093 **¿Podría ~?** ~해 주실 수 있어요? 146

Lección 17 Saber 알다
094 **Sé de ~** 나는 ~대해 많이 알아 148
095 **Sé + 동사원형** 나는 ~할 줄 알아 149
096 **¿Sabes + 동사원형?** 너는 ~할 줄 아니? 150
097 **Sé que ~** 나는 ~하다는 것을 알아 151
098 **No sé + 의문사 + 동사원형** 어떻게(언제, 어디로, 무엇을) ~할지 모르겠어 152

099	**No sé si ~ (o no)** 나는 ~인지 아닌지 잘 모르겠어요	153
100	**¿Sabes + 의문사 + 동사?** 너는 ~인지 아니?	154
101	**¿Sabes si hay ~?** 너는 ~가 있는지 아니?	155
102	**Sabe bien/mal ~** ~가 맛이 좋아/맛이 안 좋아	156

Lección 18 Quedar ~에 있다, 머물다, 남다, 어울리다

103	**Me quedo en ~** ~에 있을게. ~남아 있을게	158
104	**(Me) queda(n) ~** ~가 남아 있어	159
105	**Quedamos a + 시간 + en + 장소** ~에서 ~시에 만나자	160
106	**Te queda/n ~** 네게 ~가 ~하게 어울려	161

Lección 19 Sentir 느끼다

107	**Siento lo de ~** 나는 ~에 대해 정말 미안해, 유감이야	164
108	**Siento + 동사원형** (내가) ~해서 미안해	165
109	**Me siento ~** 나는 ~하게 느껴져	166

Lección 20 Dejar 내버려두다, 빌려주다

110	**¿Me dejas ~?** 나한테 ~빌려 줄래?	168
111	**¿Me deja/s + 동사원형?** 내가 ~하게 해줄래요?, ~하게 해 줄래?	169
112	**No me deja/n + 동사원형** 나를 ~하게 내버려두지 않아, 날 ~못하게 해	170
113	**No deja de + 동사원형** 그는, 그녀는 ~하는 걸 멈추지 않아, ~를 계속 해	171

Lección 21 Deber ~해야 한다

114	**Debo + 동사원형** 나는 ~해야 해	174
115	**Debe (de) + 동사원형** ~임에 틀림없어, ~일 거야	175
116	**Se debe a ~** ~에 기인해, ~때문이지	176
117	**Debo a ~** 나는 ~에게 ~을 빚졌어, ~는 ~덕분이야	177
118	**Deberías + 동사원형** 너는 ~해야 해	178

CAPÍTULO 3 간접목적어를 취하는 특수동사패턴

Lección 22 Gustar 좋아하다

119	**Me gusta/n ~** 나는 ~가 좋아	182
120	**Me gusta + 동사원형** 나는 ~하는 게 좋아	183
121	**¿Te gusta/n~?** 너는 ~가 마음에 들어? ~가 좋아?	184
122	**No me gusta/n nada ~** 나는 ~가 완전 싫어, ~전혀 좋아하지 않아	185
123	**No me gusta que (tú) ~** 나는 네가 ~하는 게 싫어	186

124	**Lo que más me gusta es ~** 내가 가장 좋아하는 것은 ~야	187
125	**Me gustaría + 동사원형** 나는 ~을 정말 하고 싶어, ~하면 좋겠어	188

Lección 23 Encantar 정말 좋아하다

126	**Me encanta/n + 명사** 나는 ~를 엄청 많이 좋아해요	190
127	**Me encanta + 동사원형** 나는 ~하는 걸 엄청 좋아해요	191
128	**Me encantaría + 동사원형** 나는 ~하고 싶은데, ~하면 좋을 텐데	192

Lección 24 Interesar ~에 관심있다, 흥미가 있다

129	**Me interesa/n ~** 나는 ~에 관심 있어, ~에 흥미가 있어	194
130	**No me interesa/n nada ~** 나는 ~에 전혀 관심 없어	195
131	**Lo que me interesa es ~** 내가 관심 있는 것은 ~야	196

Lección 25 Apetecer ~하고 싶다, ~가 당기다

132	**Me apetece + 동사원형** 나는 ~하고 싶어	198
133	**Me apetece/n + 명사** 나는 ~가 먹고 싶어, ~가 당겨	199
134	**¿Te apetece ~?** 너는 ~하고 싶니?	200

Lección 26 Doler 아프다

135	**¿Te duele ~?** 너는 ~아파?	202
136	**Me duele/n ~** 나는 ~가 아파	203

Lección 27 Parecer ~인 것 같다, ~를 닮다

137	**(A mí) me pareces + 형용사** 나에겐 너는 ~해 보여	206
138	**Me parece/n + 형용사** 나에게 ~하게 보여, ~한 것 같아	207
139	**Parece una persona + 형용사** ~한 사람인 것 같아 보여	208
140	**Me parezco a ~** 나는 ~를 닮았어	209
141	**(Me) parece que ~** (내 생각엔) ~한 것 같아	210
142	**Me parece ~ que ~** ~하는 것은 내 생각엔 ~해 보여	211

Lección 28 Importar 중요하다

143	**¿Te importa ~?** 너는 ~해 줄 수 있어?, ~하는 게 괜찮아?	214
144	**¿Te importa si (yo)~?** 내가 ~해도 괜찮겠어요?	215
145	**No me importa que ~** 나는 ~가 ~하는 거 상관없어, 중요하지 않아	216
146	**Lo que (me) importa es ~** 나에게 중요한 것은, 내가 상관하는 것은~	217
147	**¿Le importaría ~?** ~해 주시겠어요?, ~하는 게 괜찮으시겠어요?	218

CAPÍTULO 4 의문사를 활용한 회화패턴

Lección 29 Qué 무엇

148 **¿Qué + 동사 + 주어 ~?** 뭐 ~하니? 222
149 **¿Qué tal ~?** ~는 어때?, ~는 어땠어?, 잘 돼가? 223
150 **¿Qué + 명사 + tienes?** 어떤, 무슨 ~를 갖고 있니? 224
151 **¿Qué vas a ~?** 너 뭐 ~할 거야? 225
152 **¿Qué tipo de ~?** 어떤 종류의 ~를 하니? 226
153 **¿A qué hora es ~?** 몇 시에 ~가 있어?, ~는 몇 시야? 227
154 **¿A qué hora + 동사 + 주어?** 몇 시에 ~ 하니? 228
155 **¿De qué color ~?** ~는 무슨 색깔이야? 229
156 **¿De qué es/son ~?** ~가 뭐로 되어 있어? 230
157 **¿De qué ~?** 무엇에 관해 ~ 해? 231
158 **¿Con qué frecuencia ~?** 얼마나 자주 ~를 하니? 232
159 **¿Para qué ~?** 뭘 위해, 뭐 하려고 ~하니? 233
160 **¡Qué + 형용사, 부사!** 완전, 정말 ~해! 234
161 **¡Qué + 명사 + tan + 형용사!** 정말 ~한 ~야! ~가 정말 ~하구나! 235

Lección 30 Cómo 어떻게

162 **¿Cómo es/son ~?** 넌 어떻게 생겼어?, 넌 어떤 사람이야? 238
163 **¿Cómo está/s ~?** (상태, 컨디션이) 어때? 239
164 **¿Cómo se ~?** 어떻게 ~하는 거야? 240
165 **¿A cómo tiene ~?** ~가 얼마 해요? 241
166 **¿Cómo (me) voy a + 동사원형?** 내가 어떻게 ~하겠어요? 242
167 **¡Cómo ~!** 얼마나, 어찌나 ~했는지! 243

Lección 31 Cuál 어떤 것

168 **¿Cuál/es es/son tu/s ~?** 네 ~는 어떤 거야?, 네 ~는 뭐야? 246
169 **¿Cuál es tu favorito/a?** 네가 가장 좋아하는 ~는 뭐야? 247
170 **¿Cuál te gusta más, A o B?** 너는 A와 B 중에 어떤 것이 좋아? 248
171 **¿Cuál de los dos ~?** 둘 중에 뭐가(뭐를) ~해? 249

Lección 32 Dónde 어디

172 **¿Dónde está ~?** ~가 어디에 있어요? 252
173 **¿Dónde ~?** 어디에서 ~해? 253
174 **¿Dónde puedo ~?** 제가 어디서 ~ 할 수 있나요? 254
175 **¿A dónde ~?** 어디로 ~ 하니? 255
176 **¿De dónde ~?** 어디로부터 ~하니? 256

Español

Lección 33 Cuándo 언제

177 **¿Cuándo es ~?** 언제 ~가 열려요?, 언제 ~해요? 258
178 **¿Cuándo empieza ~?** 언제 ~가 시작해요? 259
179 **¿Cuándo piensas ~?** 언제 ~할 생각이야? 260
180 **¿Desde cuándo ~?** 언제부터 ~하니? 261

Lección 34 Quién 누구

181 **¿Quién es ~?** ~는 누구예요? 264
182 **¿Quién ~?** 누가 ~하니? 265
183 **¿Quién va a ~?** 누가 ~할 거야? 266
184 **¿De quién es (son) ~?** ~는 누구 것이야? 267
185 **¿Con quién ~?** 누구와 ~하니? 268
186 **¿A quién ~?** 누구에게, 누구를 ~하니? 269
187 **¿Con quién vas a ~?** 너는 누구와 함께 ~할 거니? 270

Lección 35 Cuánto 얼마나 많이

188 **¿Cuánto cuesta/n ~?** ~는 얼마예요? 272
189 **¿Cuánto ~?** 얼마를 ~하니? 273
190 **¿Cuánto/a/os/as + 명사 ~?** 얼마나 많은 ~해? 274
191 **¿Cuántos/Cuántas + 명사 + tienes?** 얼마나 많은 ~를 갖고 있어? 275
192 **¿Cuántas veces ~?** 몇 번 ~해? 276
193 **¿Cuánto tiempo llevas ~?** ~한 지 얼마나 되었어? 277
194 **¿Cuánto tiempo hace que ~?** ~한 지 얼마나 되었어? 278
195 **¡Cuánto/a/os/as ~!** ~가 정말 많다! 279
196 **¡Cuánto ~!** 얼마나 ~한지! 280

Lección 36 Por qué 왜

197 **¿Por qué + 동사 + 주어?** 왜 ~하니? 282
198 **¿Por qué no ~?** 네가 ~하는 건 어때? 283
199 **¿Por qué no + 1인칭 복수형 동사 + (nosotros) ~?** 우리 ~하지 않을래? 284

CAPÍTULO 5 과거시제 활용패턴

Lección 37 현재완료

200 **He + -ado/-ido** 나는 ~했어 288
201 **¿Has + -ado/-ido?** 너는 ~했어? 289
202 **¿Ya has + -ado/-ido?** 너는 이미, 벌써, 이제 ~했니? 290

203	**Ya he + -ado/-ido** 나는 벌써, 이미 ~했어	291
204	**Todavía no he + -ado/-ido** 나는 아직 ~안 했어	292
205	**¿Has + -ado/-ido ~ alguna vez?** 너는 ~을 해 본 적 있어?	293
206	**Yo no he + -ado/-ido nunca** 나는 한 번도 ~해 본 적 없어, 절대로 ~하지 않았어	294
207	**He querido + 동사원형** 나는 ~하기를 원했어, ~하고 싶었어	295
208	**Me ha/n gustado ~** 나는 ~가 좋았어, 맘에 들었어	296
209	**He estado + ~ando/~iendo** 나는 ~하고 있었어	297

Lección 38   단순과거

210	**Yo + ~é (Ar 동사)** 나는 ~했어	300
211	**Yo + ~í (Er/Ir 동사)** 나는 ~했어	301
212	**Fui a + 장소** 나는 ~에 갔어	302
213	**Estuve en + 장소** 나는 ~에 있었어	303
214	**Vine a + 동사원형** 나는 ~하러 왔어	304
215	**No pude + 동사원형** 나는 ~할 수 없었어	305
216	**Conocí a + 사람** 나는 ~를 처음으로 만났어(알았어)	306
217	**¿Te gustó ~?** 너는 ~가 좋았어?, 맘에 들었어?	307
218	**Me gustó ~** 나는 ~가 좋았어	308
219	**Decidí + 동사원형** 나는 ~하려고 결정했어, 결심했어	309
220	**Empecé a + 동사원형** 나는 ~하기 시작했어	310

Lección 39   계속과거

221	**De pequeño/a ~** 어렸을 적엔 ~했었어	312
222	**Antes ~** 예전에는 ~했었지	313
223	**Cuando (yo) tenía ~ (años)** 내가 몇 살이었을 때 ~	314
224	**Cuando yo + 계속과거, 계속과거** 내가 ~하고 있었을 때, ~했었어	315
225	**Yo estaba + 현재 분사** 나는 ~하고 있었어	316
226	**No sabía que ~** 나는 ~가 ~했는지 몰랐어	317

CAPÍTULO 6 네이티브들이 자주 쓰는 회화패턴

Lección 40   긍정명령

227	**Sé ~** ~해져	322
228	**Ve(te) a ~** ~로 가	323
229	**Vete a + 동사원형** ~하러 가	324
230	**Pásame ~** 나에게 ~을 건네 줘	325
231	**Ponte ~** ~입어, 써, 신어, 착용해	326
232	**Quédate a + 동사원형** ~하고 가, 남아서 ~해	327

Lección 41　부정명령

- 233 **No seas ~** ～하지 마, ～하게 굴지 마 330
- 234 **No tengas ~** ～가지지 마, ～하지 마 331
- 235 **No digas ~** ～를 말하지마 332
- 236 **No te preocupes de(por) ~** ～에 대해 걱정하지 마 333

Lección 42　접속법

- 237 **Deseo que ~** 나는 ～가 ～하기를 바래 336
- 238 **Espero que** ～ 나는 ～가 ～하기를 바래 337
- 239 **Que ~** ～하라니깐, ～하라고 338
- 240 **Para que (tú)~** 네가 ～할 수 있게, ～할 수 있도록 339
- 241 **No me extraña que ~** ～한 게 이상하지 않아, ～한 게 당연해 340
- 242 **Cuando ~** ～할 때, ～한다면 341
- 243 **Hasta que ~** ～할 때까지 342

Lección 43　부정어

- 244 **Nunca ~** 절대로 ～하지 않아 344
- 245 **No ~ nada** 전혀 ～하지 않아, 전혀 ～안 해 345
- 246 **Ni ~ ni~** ～도 아니고 ～아니야 346
- 247 **no ~ ningún/ninguna ~** ～가 하나도 없어 347
- 248 **Ya no~** 이제 더 이상～ 하지 않아 348
- 249 **No ~ sino ~** ～가 아니고 ～야 349
- 250 **Ni siquiera ~** ～조차도 아니야 350

Lección 44　Si 절에서

- 251 **Si + 직설법 현재, 직설법 미래** 만약 ～한다면, ～할 거야 352
- 252 **Si no + 직설법 현재, 직설법 미래** ～하지 않는다면 ～할 거야 353
- 253 **Si quieres + 동사원형, tienes que + 동사원형** 네가 ～하길 원한다면 ～해야 해 354
- 254 **Si yo fuera ~, 단순 조건** 내가 만일 ～가 된다면, ～할 텐데 355
- 255 **Si + 접속법 과거, 단순조건** 만일 ～한다면, ～할 텐데 356
- 256 **Es como si + 접속법 과거** 마치 ～ 인 것과 같아, ～와 다름없어 357

APÉNDICE 부록

- 01 도젠 회화 연습 정답 360
- 02 동사 변화표 367

CAPÍTULO 0

기초 문법

스페인어를 처음으로 접하는 초보 학습자를 위해 스페인어 알파벳과 발음, 강세 및 명사와 형용사의 성과 수 등의 기초 문법을 정리해 보았습니다. 본 학습을 시작하기 전에 준비 단계라고 생각하고 가벼운 마음으로 공부해 보세요~

01 알파벳과 발음

A a (a 아) **A**rmando 아르만도
B b (be 베) **B**las 블라스
C c (ce 세) **C**armen 까르멘
CH ch (che 체) **C**heli 첼리
D d (de 데) **D**aniel 다니엘
E e (e 에) **E**va 에바
F f (efe 에페) **F**ernando 페르난도
G g (ge 헤) **G**ema 헤마
H h (hache 아체) **H**ugo 우고
I i (i 이) **I**ris 이리스
J j (jota 호따) **J**osé 호세
K k (ka 까) **I**ñaki 이냐끼
L l (ele 엘레) **L**uisa 루이사
LL ll (elle 에예) **E**strella 에스뜨레야
M m (eme 에메) **M**aría 마리아
N n (ene 에네) **N**atalia 나딸리아
Ñ ñ (eñe 에녜) **Í**ñigo 이니고
O o (o 오) **O**rlando 올란도
P p (pe 뻬) **P**aulo 빠울로
Q q (cu 꾸) **Q**uique 끼께
R r (erre 에레) **R**amón 라몬
S s (ese 에세) **S**andra 산드라
T t (te 떼) **T**omás 또마스
U u (u 우) **Ú**rsula 우르술라
V v (uve 우베) **V**erónica 베로니까
W w (uve doble 우베 도블레) **O**swaldo 오스발도
X x (equis 에끼스) **X**avi 사비
Y y (i griega 이 그리에가) **E**loy 엘로이
Z z (zeta 세따) **G**onzalo 곤쌀로

발음 Tip

1. b와 v는 똑같이 발음한다.
   Blas, Verónica

2. c + a, o, u : '끄'으로 발음한다. Carmen, Marco
   c + e, i : '쓰'로 발음한다. Cecilia
   z + a, o, u : '쓰'로 발음한다. Gonzalo

3. g + a, o, u : '그'로 발음한다. Gabriel, Gustavo
   g + e, i : '흐'로 발음하다. Gema, Gilda

4. ll와 y는 똑같이 발음한다. Estrella, Amaya

5. r는 단어의 첫글자 또는 rr가 나오면 혀를 굴린다.
   Ramón, Montserrat, Marta

6. gue 게, gui 끼, que 께 qui 끼 로 발음한다.

MEMO

강세

스페인어의 모든 단어들은 강세 음절이 있으며, 아래 세 가지 법칙만 잘 기억해 두도록 한다.

♣ **강세규칙 1**
모음이나 n과 s로 끝나는 단어는 끝에서 두 번째 모음에 강세가 있다.

c**a**sa 집   elef**a**nte 코끼리   tom**a**te 토마토

ex**a**men 시험   T**e**xas 텍사스

♣ **강세규칙 2**
n,s를 제외한 자음으로 끝나는 단어들은 맨 마지막 모음에 강세가 있다.

hot**e**l 호텔   catedr**a**l 대성당   profes**o**r 선생님

♣ **강세 불규칙**
강세 부호(tilde)가 붙은 단어는 그 강세음절을 강하게 발음하면 된다.

televisi**ó**n 텔레비전   m**ú**sica 음악   tel**é**fono 전화

> **Tip**
>
> 스페인어의 음절분해
> 1. 모음에는 강모음과 약모음이 있다.
>   강모음: a, e, o
>   약모음: i, u
>
> 2. 이중 모음은 분리시킬 수 없으며, 한 음절로 간주한다.
>   강모음 + 약모음: ai, au, ei, eu, oi, ou
>   약모음 + 강모음: ia, ie, io, ua, ue, uo
>   약모음 + 약모음: iu, ui
>   단, 강모음은 각각 한 음절로 간주된다.
>
> dic-cio-na-rio 사전
> es-cue-la 학교
> a-e-ro-puer-to 공항
> con-cier-to 콘서트
> in-for-ma-ción 정보

MEMO

명사의 성과 수

명사는 남성과 여성, 단수와 복수의 성수 구별이 있다. 보통 -o로 끝나는 명사는 남성을 -a로 끝나는 것은 여성명사로 구분 짓는다. 그렇지 않은 경우는 암기를 요한다. 복수형은 모음+s를, 자음+es를 붙이면 된다.

남성 : -o	여성 : -a
복수 : 모음 -s	자음 : -es

남성명사	여성명사
libro 책	casa 집
vaso 컵	mesa 탁자
coreano 한국 남자	coreana 한국 여자
chico 젊은 남자	chica 젊은 여자

단수명사	복수명사
libro 책	libros 책들
coreano 한국 남자	coreanos 한국 남자들
español 스페인 남자	españoles 스페인 남자들
doctor 의사	doctores 의사들
profesor 선생님	profesores 선생님들

Tip

사물 즉 무생물은 성이 하나로 고정되어 있으나, 사람 또는 동물은 남.녀 성이 두 개가 있다.

1. -or, -ón, -je로 끝나면 대부분 남성명사
   calor 더위 amor 사랑
   jamón 하몽 viaje 여행

2. -ción, -sión, -dad로 끝나면 여성명사
   televisión 텔레비전
   canción 노래
   universidad 대학교

3. 사람인 경우 -e, -ista로 끝나면 남. 여성이 동일.
   cantante 가수
   artista 예술가
   futbolista 축구선수

MEMO

관사

정관사는 el(남성단수), la(여성단수), los(남성복수), las(여성복수)로 나뉘고, 부정관사는 un(남성단수), una(여성단수), unos(남성복수), unas(여성복수)로 구분 짓는다.

관사	성	단수명사	복수명사
정관사	남성	el libro 책	los libros 책들
	여성	la mesa 탁자	las mesas 탁자들
부정관사	남성	un chico 어떤 남자	unos chicos 어떤 남자들
	여성	una chica 어떤 여자	unas chicas 어떤 여자들

Tip

-o로 끝나면 남성명사, -a로 끝나면 여성명사인 경우가 대부분이지만 다음과 같은 예외도 있다.

la mano 손
la moto 오토바이
la foto 사진
la radio 라디오
el mapa 지도
el clima 기후
el sofá 소파
el día 날, 일

형용사의 성과 수

형용사는 보통 명사 뒤에 위치하며 이 때 명사의 성과 수에 일치시켜야 한다. 보통 −o로 끝나면 남성, −a로 끝나면 여성형이며, 남성과 여성형이 동일한 경우도 있다.

단수형

el chico guapo
잘생긴 그 남자

la chica guapa
예쁜 그 여자

el libro nuevo
그 새 책

la mesa nueva
그 새 탁자

un chico trabajador
어떤 부지런한 남자

una chica trabajadora
어떤 부지런한 여자

un libro viejo
어떤 낡은 책

una mesa vieja
어떤 낡은 탁자

복수형

los chicos guapos
잘생긴 그 남자들

las chicas guapas
예쁜 그 여자들

los libros nuevos
그 새 책들

las mesas nuevas
그 새 탁자들

unos chicos trabajadores
어떤 부지런한 남자들

unas chicas trabajadores
어떤 부지런한 여자들

unos libros viejos
어떤 낡은 책들

unas mesas viejas
어떤 낡은 탁자들

Tip

대부분의 형용사는 명사 뒤에 위치하나 형용사가 앞에 위치해서 의미상의 변화가 생기는 경우가 있다.

Es un amigo viejo. 그는 늙은 친구야.

Es un viejo amigo. 그는 오래된 친구야.

Es un hombre grande. 그는 몸집이 큰 남자야.

Es un gran hombre. 그는 위대한 남자야.

MEMO

인칭 대명사

06

스페인어는 인칭대명사마다 동사변화하기 때문에 주어를 생략하는 경우가 많다. tú는 '너'를 의미하며 친구, 가족, 동료들처럼 친밀도가 있는 사람에게 쓰고 usted은 처음 보는 낯선 사람, 윗사람 혹은 공식적인 관계에서 쓴다.

인칭	단수	복수
1인칭	**Yo** 나	**Nosotros** 우리들(남성) **Nosotras** 우리들(여성)
2인칭	**Tú** 너	**Vosotros** 너희들(남성) **Vosotras** 너희들(여성)
3인칭	**Él** 그 **Ella** 그녀 **usted(Ud.)** 당신	**Ellos** 그들(남성) **Ellas** 그녀들(여성) **ustedes(Uds.)** 당신들

Tip

1. usted(당신)은 의미상은 2인칭이지만, 문법상은 3인칭인 él,ella와 동일한 동사를 쓰기 때문에 3인칭으로 구분된다.

2. nosotros, vosotros, ellos에는 남.녀가 혹은 남.남이 섞여 있을 수 있고, nosotras, vosotras, ellas는 여자만 존재한다.

3. 스페인은 아주 포멀한 상황이 아니라면, 주로 tú를 많이 쓰는 편이고, 중남미에서는 평소에도 usted이 많이 쓰여지고 있다.

4. 중남미에서는 vosotros(너희)라는 인칭 대명사 대신 모두 ustedes(당신)을 쓴다. 아르헨티나는 tú를 vos라고 말한다는 것도 팁으로 알아두자!

MEMO

동사변화

스페인어 동사는 세 가지 종류가 있는데 **Ar**형 동사, **Er**형 동사, **Ir**형 동사이다. 각각 다음과 같이 규칙 변화한다. 단, 모든 불규칙 동사는 암기를 요한다.

♣ 규칙동사

인칭대명사	**hablar** 말하다	**comer** 먹다	**vivir** 살다
yo	hablo	como	vivo
tú	hablas	comes	vives
él, ella, usted	habla	come	vive
nosotros	hablamos	comemos	vivimos
vosotros	habláis	coméis	vivís
ellos, ellas	hablan	comen	viven

♣ 불규칙동사

인칭대명사	**tener** 가지다	**ir** 가다	**venir** 오다
yo	tengo	voy	vengo
tú	tienes	vas	vienes
él, ella, usted	tiene	va	viene
nosotros	tenemos	vamos	venimos
vosotros	tenéis	vais	venís
ellos, ellas	tienen	van	vienen

Tip

1. 스페인어의 동사는 이처럼 6개의 형태로 변화한다. ir 동사처럼 완전 다르게 변화하는 경우는 아주 극소수이고 대부분 원형동사에서 끝부분만 일정한 규칙을 가지고 변화한다. 따라서 동사원형을 기본적으로 암기한 다음 동사변화형을 현재형부터 차근차근 공부하는 것이 좋다.

2. 불규칙 동사도 마찬가지로 일정한 위치에서 일정한 규칙을 가지고 변화하므로 불규칙 동사의 변화하는 법칙을 익혀두면 공부하기가 수월할 것이다. 현재동사 불규칙 변화로는 주로 -ie형, -ue형, -go형, -i형, -zco형 등이 있다. 스페인에서 가장 많이 쓰이는 동사를 부록편에서 확인할 수 있도록 하였다.

MEMO

숫자

0	cero	11	once	30	treinta
1	uno	12	doce	40	cuarenta
2	dos	13	trece	50	cincuenta
3	tres	14	catorce	60	sesenta
4	cuatro	15	quince	70	setenta
5	cinco	16	dieciséis	80	ochenta
6	seis	17	diecisiete	90	noventa
7	siete	18	dieciocho	100	cien
8	ocho	19	diecinueve		
9	nueve	20	veinte		
10	diez				

Tip

1. 스페인의 숫자는 1부터 30까지는 한 개의 단어로 31부터 99까지는 세 개의 단어로 구성된다.

2. uno 뒤에 남성명사가 오면 o가 탈락된다.
   un chico 한 명의 남자

3. 101부터 199까지는 ciento로 시작한다. 200부터 900까지 100단위는 복수형이 있다. 1000단위는 복수형이 없다.

200	doscientos	1000	mil
300	trescientos	3000	tres mil
400	cuatrocientos	5000	cinco mil
500	quinientos	100 000	cien mil
600	seiscientos		
700	setecientos	1 000 000	un millón
800	ochocientos	2 000 000	dos millones
900	novecientos	30 000 000	treinta millones

MEMO

101	ciento uno
102	ciento dos
130	ciento treinta
140	ciento cuarenta...

CAPÍTULO 1

기본 회화 패턴

Lección 01

Ser ~이다

기본 중의 기본 동사 ser 동사입니다. '~이다'를 뜻하는 be 동사죠. 영어의 'am, are, is'를 말합니다. 스페인어를 처음 시작하는 분이라면 가장 처음 접하게 되는 동사라고 할 수 있겠죠. ser 동사는 객관적이고 영구적인, 뭔가 변하지 않는 것들을 표현할 때 쓰는 be 동사예요. 뒤에 이름, 직업, 국적, 성격, 외모 등이 올 수 있어요. 스페인어의 모든 동사는 6개의 동사변화가 있어요. ser 동사는 불규칙 동사로 6개의 동사변화를 툭 치면 나올 정도로 달달달 외워야 합니다. 다음 인칭에 따른 ser 동사 변화표를 보고 한 번 외워볼까요?

인칭 대명사	ser 동사 직설법 현재
yo	soy
tú	eres
él, ella, usted	es
nosotros	somos
vosotros	sois
ellos, ellas, ustedes	son

CHECK
Ser 동사를 배우면 이런 표현을 말할 수 있어요!

1	나는 (누구)~ 입니다	Soy ~
2	나는 (성격, 외모가) ~해	Soy ~
3	나는 (어디) ~에서 왔어, ~출신이야	Soy de~
4	~로 된 거야, ~제품이야	Es/son de ~
5	~하는 것은 쉽지 않아	No es fácil ~
6	넌 ~할 수 있어?	¿Eres capaz de ~ ?
7	~하는 것은 어려워	Es difícil ~

기본 회화 패턴

Soy ~ 나는 (누구) ~입니다

ser 동사의 1인칭 단수형이 soy입니다. 스페인어는 주로 주어를 생략해서 말해요. 따라서 Soy~가 '나는 ~이다, ~입니다'라는 뜻이 되겠죠. 이름, 직업, 국적, 관계 등이 올 수 있어요.

PASO 1 회화 패턴 연습

나는 당신의 간병인 이반입니다.
Soy Iván, su cuidador.

나는 당신의 변호사인 훌리아 에르난데스입니다.
Soy Julia Hernández, su abogada.

나는 당신의 이웃 사라입니다.
Soy Sara, su vecina.

나는 당신의 동료 마카레나입니다.
Soy Macarena, su compañera.

• TIP

ser동사 뒤에 직업이 올 수도 있겠죠? 단, 주어의 성에 따라 직업도 성이 변합니다.
직업의 어휘를 익혀볼까요? 대부분 –o로 끝나면 남성, -a로 끝나면 여성이에요. –e나 –ista로 끝나면 남, 여성이 동일합니다.

	남성	여성
선생님	profesor	profesora
의사	médico	médica
요리사	cocinero	cocinera
가수	cantante	cantante
기자	periodista	periodista

• 새로운 어휘

cuidador(a) *m.f.* 간병인
abogado(a)   *m.f.* 변호사
vecino(a)   *m.f.* 이웃
compañero(a) *m.f.* 동료

PASO 2 리얼 회화 연습

 스페인어 선생님과 학생이 처음 만나 인사하는 장면이네요.

A: Hola, 난 스페인어 선생님인 알레한드로예요.
B: Hola, encantada. ¿Qué tal?
A: Muy bien. ¿Eres estudiante de español?
B: Sí, soy estudiante de español.

A: 안녕하세요, **Soy Alejandro, el profesor de español.**
B: 안녕하세요, 반가워요. 잘 있었어요?
A: 네, 아주 좋아요. 스페인어 배우는 학생이에요?
B: 네, 스페인어 배우는 학생입니다.

¿Eres ~?에 이름, 직업 등이 오면 '넌 ~이니?'라는 뜻이 되겠죠? 스페인어의 의문문은 물음표를 달고 억양을 살짝만 올려주면 됩니다. 주어가 생략되기 때문에 평서문과 어순이 똑같아지죠.

¿Eres Cristina?
네가 크리스티나니?
¿Eres profesor de español?
넌 스페인어 선생님이니?

PASO 3 도전! 회화 연습

나는 레스토랑 주인 알레한드로입니다. _____

30 Capítulo 1

Soy ~ 나는 (성격 또는 외모가) ~ 해

ser 동사 뒤에는 외모 또는 성격도 올 수 있어요. 주로 불변하고 영구적인 성질의 형용사들이 오게 되겠죠. 성격 형용사 앞에 muy(아주), bastante(충분히), un poco(조금) 등의 부사들을 넣어 말해 보세요. 단, un poco 뒤에는 부정적인 뉘앙스의 형용사만 올 수 있어요.

PASO 1 회화 패턴 연습

난 아주 민감해.
Soy muy sensible.

난 아주 사교적이야.
Soy muy sociable.

난 아주 외향적이야.
Soy muy extrovertido.

난 조금 체계적이지 않아.
Soy un poco desordenado.

PASO 2 리얼 회화 연습

 친구의 성격과 별자리를 물어 보는군요.

A: ¿Cómo eres?
B: Soy activo. Y 나는 아주 충동적인 사람이야.
A: ¿Cuál es tu signo del zodíaco?
B: Soy Aries, muy muy Aries.

A: 너는 어떤 사람이니?
B: 난 아주 활발해. Y soy muy impulsivo.
A: 네 별자리가 뭐야?
B: 난 양자리야. 아주 아주 양자리야.

PASO 3 도전! 회화 연습

난 충분히 창의적이야. _____ (creativo)

• TIP

12개의 별자리를 스페인어로 알아둡시다!

Aries 양자리(20/03-19/04)
Tauro 황소자리(20/04-20/05)
Géminis 쌍둥이자리(21/05-20/06)
Cáncer 게자리(21/06-22/07)
Leo 사자자리(23/07-22/08)
Virgo 처녀자리(23/08-22/9)
Libra 천칭자리(23/09-22/10)
Escorpio 전갈자리(23/10-21/11)
Sagitario 사수자리(22/11-21/12)
Capricornio 염소자리(22/12-19/01)
Acuario 물병자리(20/01-17/02)
Piscis 물고기자리(18/02-19/03)

• 새로운 어휘

sensible   민감한
sociable   사교적인
extrovertido   외향적인
desordenado   체계적이지 않은
signo del zodíaco m. 별자리

Bonus

별자리는 스페인어로 signo del zodíaco라고 해요. 별자리를 물을 때는 의문사 cuál을 사용하여 ¿Cuál es tu signo del zodíaco? 라고 하면 돼요. 스페인에서는 별자리로 성격을 묻기도 하고 잠잠하기도 하니깐 자신의 별자리는 반드시 스페인어로 기억해 두세요.

Soy Tauro. 난 황소자리야.
Soy Piscis. 난 물고기 자리야.

Soy de ~ 나는 (어디) ~에서 왔어, ~출신이야

이번엔 ser 동사를 써서 출신지를 표현해 볼까요? ser 동사 다음에 출신을 나타내는 전치사 de(~로부터)와 함께 쓰면 '~출신이야, ~에서 왔어'의 의미가 됩니다. 국적을 말할 때는 Soy de Corea.에서 처럼 〈Soy de + 국가〉패턴을 사용해도 되고, Soy coreano.에서 처럼 국명형용사를 사용해도 됩니다.

PASO 1 회화 패턴 연습

나는 알리칸테에서 왔어.
Soy de Alicante.

나는 코루냐 출신이야.
Soy de La Coruña.

나는 멕시코 시티 출신이야.
Soy de La Ciudad de México.

나는 도쿄 출신이야.
Soy de Tokio.

• TIP

스페인어를 쓰는 나라와 수도들을 익혀 볼까요?

나라(País)	수도(Capital)
México	México D.F
Gautemala	Ciudad de Guatemala
Perú	Lima
Chile	Santiago
Argentina	Buenos Aires
Uruguay	Montevideo
Colombia	Bogotá
Venezuela	Caracas
Cuba	Habana
Ecuador	Quito
Puerto Rico	San Juan
Costa Rica	San José
Paraguay	Asunción
República Dominicana	
	Santo Domingo

PASO 2 리얼 회화 연습

 두 친구가 서로 국적과 출신도시를 물어보고 있어요.

A: ¿De dónde eres tú?
B: Soy española. ¿Y tú?
A: Soy coreano, de Seúl. ¿De qué ciudad eres?
B: 바르셀로나 출신이야.

A: 넌 어디 출신이야?
B: 난 스페인 사람이야. 넌?
A: 난 한국 서울에서 왔어. 넌 어느 도시에서 왔어?
B: **Soy de Barcelona.**

PASO 3 도전! 회화 연습

난 파리에서 왔어. _____ (París)

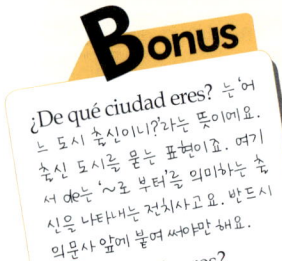

32   Capítulo 1

Es (Son) de + 재료, 재질 ~로 된 거야, ~제품이야

ser de 뒤에 재질과 재료의 단어가 오게 되면 '~로 되어 있다'라는 뜻이 됩니다. 주로 주어가 사물이 되니깐 ser 동사의 3인칭 동사인 es 또는 son이 오겠죠. Es(son) de 다음에 plástico(플라스틱), oro(금), plata(은) 등의 단어를 집어 넣어 패턴을 연습해 볼까요?

PASO 1 회화 패턴 연습

봉투 제품이야.
Son de sobre.

병 제품이야.
Son de botella.

캔 제품이야.
Son de lata.

플라스틱 제품이야.
Son de plástico.

• **TIP**

이번엔 많이 쓰이는 국가명과 국명형용사들을 공부해 봅시다. 국명형용사 역시 남,녀 성수가 변화한다는 것만 기억해 둡시다.

국가	국명형용사
스페인 España	español(a)
한국 Corea	coreano(a)
일본 Japón	japonés(a)
중국 China	chino(a)
영국 Inglaterra	inglés(a)
프랑스 Francia	francés(a)
독일 Alemania	alemán(a)
멕시코 México	mexicano(a)

• **새로운 어휘**

sobre	m. 봉투, 봉지
botella	f. 병
lata	f. 캔
plástico	f. 플라스틱

PASO 2 리얼 회화 연습

 친구를 집으로 초대해 인스턴트 식품으로 요리를 해 주는 장면입니다.

A: ¿Qué quieres, fusilli tres quesos o espaquetis carbonara?
B: Ah, ¿pero son de sobre?
A: Sí, 봉투 제품이야.
B: ¿Tú no cocinas?

A: 치즈 파스타와 카르보나라 스파게티 중 뭘 원해?
B: 아, 그런데 봉투 제품이야?
A: 그래, **son de sobre.**
B: 넌 요리 안 하니?

querer(원하다) 동사를 써서 ¿Qué quieres, ~ o ~? 의 패턴을 사용해서 말해 보세요.
¿Qué quieres, Coca-cola o Esprite? 코카콜라와 스프라이트 둘 중에 뭘 원해?
¿Qué quieres, ternera con patatas o pollo con arroz? 감자 소고기 스테이크와 라이스 치킨 둘 중에 뭘 원해?

PASO 3 도전! 회화 연습

금으로 만든 제품이야. _____ (oro)

No es fácil ~ ~하는 것은 쉽지 않아

스페인어는 동사원형을 사용하는 경우가 대단히 많아요. 영어의 to부정사나 동명사의 역할을 모두 동사원형이 한다고 보면 돼요. 〈No es fácil + 동사원형〉은 '~하는 것은 쉽지 않아'라는 의미의 회화 패턴입니다. Es fácil ~이라고 말한다면 '~하는 것은 쉽다'라는 뜻이 되겠죠.

PASO 1 회화 패턴 연습

그걸 하는 건 쉽지 않아.
No es fácil hacerlo.

그걸 받아들이는 건 쉽지 않아.
No es fácil aceptarlo.

이해하는 건 쉽지 않아.
No es fácil entender.

그걸 말하는 건 쉽지 않아.
No es fácil contarlo.

• TIP

부사 muy(아주), bastante(충분히), un poco(조금), nada(전혀)를 살펴보도록 합시다. 뒤에 형용사가 올 수 있어요. no와 nada는 항상 함께 와야 해요. un poco 뒤에 형용사가 올 때는 반드시 부정적인 의미의 형용사가 와야 해요.

- Es muy inteligente.
  그는 아주 똑똑해.
- Es bastante amable.
  그는 충분히 친절해.
- Es un poco antipático.
  그는 조금 불친절해.
- No es nada sociable.
  그는 전혀 사교적이지 않아.
- Es un poco guapo.(x)

PASO 2 리얼 회화 연습

 친구한테 스페인어 배우기가 어렵다고 얘기합니다. 중요한 건 연습이겠죠?

A: ¿Qué tal tu clase de español?
B: La clase es muy divertida. Pero 스페인어는 배우기 쉽지 않아.
A: Es muy difícil aprender idiomas extranjeros.
B: Lo importante es practicar mucho.

A: 스페인어 수업은 어때?
B: 수업은 아주 재미있어. 그런데 el español no es fácil aprender.
A: 외국어를 배우는 것은 아주 어려워.
B: 중요한 것은 연습을 많이 하는 거야.

• 새로운 어휘

aceptar	받아들이다
entender	이해하다
contar	이야기하다
divertido(a)	재미있는
extranjero	외국의
importante	중요한

PASO 3 도전! 회화 연습

언어를 배우는 것은 쉽지 않아. _____ (idiomas)

〈lo + 형용사〉는 '~하는 것, ~한 것'의 의미가 됩니다. 따라서 lo importante는 '중요한 것'을 의미하게 되겠죠. lo fácil(쉬운 것), lo mejor(가장 좋은 것), lo peor(가장 나쁜 것)처럼 쓰일 수 있어요.

Lo importante es empezar a estudiar. 중요한 것은 공부를 시작하는 거야.
Lo importante es participar. 중요한 것은 참여하는 거야.

¿Eres capaz de ~? 넌 ~할 수 있어?

ser capaz de ~는 '~할 수 있다'는 뜻이에요. 영어의 be able to와 동일한 표현이죠. ¿Eres capaz de ~?라고 하면 '넌 ~할 수 있어?'의 뜻이 되고, '난 ~할 수 있어'라고 말하고 싶다면 (Yo) soy capaz de ~라고 하면 되겠죠? 반드시 뒤에 동사원형이 와야 한다는 것만 기억해요.

PASO 1 회화 패턴 연습

넌 요리를 잘 할 수 있어?
¿Eres capaz de cocinar bien?

넌 운전을 잘 할 수 있어?
¿Eres capaz de conducir bien?

넌 혼자 여행할 수 있어?
¿Eres capaz de viajar solo?

넌 고객들을 응대할 수 있어?
¿Eres capaz de atender a los clientes?

PASO 2 리얼 회화 연습

 스페인어를 잘 이해하는지 어려움에 대해 묻고 있어요.

A: 넌 스페인어 잘 이해할 수 있니?
B: Sí, en general sí.
A: ¿Y letreros, menús o cartas?
B: Las cartas me cuestan un poco más.

A: ¿Tú eres capaz de entender bien el español?
B: 응, 대부분.
A: 그리고 간판, 메뉴 또는 편지는?
B: 편지는 다소 힘들어.

• TIP

부사 bien, un poco, nada의 쓰임새를 살펴볼까요? nada는 앞에 no를 한 더 써 줘야 합니다.

muy bien	아주 잘
bastante bien	충분히 잘
regular	보통
un poco	조금
nada	전혀

- Hablo inglés muy bien.
  영어 아주 잘 해.
- Hablo inglés bastante bien.
  영어 충분히 잘 해.
- Hablo inglés regular.
  영어는 보통이야.
- Hablo un poco de inglés.
  영어 조금 해.
- No hablo nada de inglés.
  영어 전혀 못 해.

• 새로운 어휘

capaz	할 수 있는
cocinar	요리하다
conducir	운전하다
atender	응대하다
en general	보통, 일반적으로
letrero	m. 간판
menú	m. 메뉴
carta	f. 편지

Bonus

costar는 '힘이 들다'는 뜻으로 영어의 cost에 해당하죠. 간접목적어와 함께 와서 Me cuesta/n ~이라고 하면, '~하는 게 힘들어'라는 뜻이 되요.
Me cuesta hablar en español. 스페인어로 말하는 게 힘들어.

PASO 3 도전! 회화 연습

넌 아이들을 잘 돌볼 수 있어? _____ (cuidar)

Es difícil ~ 하는 것은 어려워

스페인어에서 동사원형은 영어의 To부정사나 동명사의 역할도 하며 여러모로 유용하게 쓰인답니다. '~하는 것은 어렵다'라고 말하고 싶다면 〈Es difícil + 동사원형〉패턴을 활용하세요. difícil 대신에, útil(유용한), importante(중요한), bueno(좋은)처럼 형용사를 바꿔 넣어도 되겠죠.

PASO 1 회화 패턴 연습

직업을 찾는 게 어려워.
Es difícil encontrar un trabajo.

그것을 극복하는 것은 어려워.
Es difícil superarlo.

'erre'를 발음하는 것은 어려워.
Es difícil pronunciar la 'r'.

동사를 외우는 것은 어려워.
Es difícil memorizar los verbos.

• TIP

스페인어로 요일을 배워 볼까요? 요일은 단수와 복수형이 대부분 같습니다. 요일은 반드시 소문자로 쓴다는 것도 기억해 두세요!

주	semana
주말	fin de semana
월요일	lunes
화요일	martes
수요일	miércoles
목요일	jueves
금요일	viernes
토요일	sábado
일요일	domingo

PASO 2 리얼 회화 연습

 스페인어를 배우는 데 있어 어려운 점에 대해 얘기하고 있어요.

A: ¿Qué es lo más difícil de aprender español?
B: Para mí 'j'발음하는 게 어려워.
A: Para mí es difícil memorizar los verbos.
B: Yo también me hago un lío con los verbos.

A: 스페인어 배우는데 있어 가장 어려운 점이 뭐야?
B: 나에게는 **es difícil pronunciar la 'jota'**.
A: 난 동사 외우는 게 어려워.
B: 나도 동사들이 헷갈려.

• 새로운 어휘

encontrar	찾다
superar	극복하다
pronunciar	발음하다
memorizar	외우다
verbo	m. 동사
lío	m. 소란, 혼잡

PASO 3 도전! 회화 연습

외국어를 잘 하는 것은 어려워.

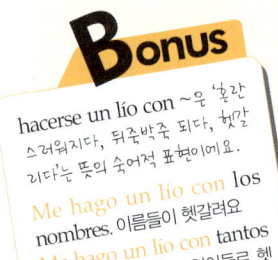

Lección 02

Estar ~이다, ~에 있다

스페인어는 be 동사가 두 개가 있어요. ser 동사 말고 또 다른 하나가 바로 estar 동사입니다. ser 동사가 객관적이고 영구적인 사실을 말할 때 쓰인다면, estar 동사는 현재의 상태나 기분, 위치 등 일시적인 상태를 말할 때 쓰여요. ser 동사를 확실히 외운 다음에 estar 동사도 확실히 숙지해야겠죠? 그럼, estar 동사의 동사변화를 배워 볼까요?

인칭 대명사	estar 동사 직설법 현재
yo	estoy
tú	estás
él, ella, usted	está
nosotros	estamos
vosotros	estáis
ellos, ellas, ustedes	están

CHECK
Estar 동사를 배우면 이런 표현을 말할 수 있어요!

1	나는 상태가 ~해	Estoy ~
2	너는 ~해(외모)	Estás ~
3	너는 ~한 상태니?	¿Está/s ~?
4	나는 ~에 있어(위치)	Estoy en ~
5	나는 ~할 상태(기분)이 아니야	No estoy para ~
6	나는 ~라고 확신해	Estoy seguro(a) de que ~
7	너는 ~인 게 확실해?	¿Estás seguro(a) de que ~?
8	나는 막 ~할 참이야	Estoy a punto de ~
9	(재료, 재질이) ~로 되어 있어	Está/n hecho/a/os/as de ~

기본 회화 패턴

Estoy ~ 나는 상태가 ~해

estar 동사의 1인칭 단수형이 estoy입니다. 뒤에 상태를 나타내는 형용사가 오게 되면 '상태가 ~이다, ~하다'는 의미가 돼요. 뒤에 오는 형용사는 당연히 주어에 따라 성과 수가 변할 수 있어요.

PASO 1 회화 패턴 연습

난 아주 만족해.
Estoy muy contento.

난 긴장돼.
Estoy nerviosa.

난 아주 마음이 편안해.
Estoy muy tranquilo.

난 지루해.
Estoy aburrida.

• **TIP**

이런 상태 형용사도 추가로 알아두면 좋겠죠? 물론 estar동사와 함께 써야겠죠?

cansado/a	피곤한
deprimido/a	우울한
ocupado/a	바쁜
preocupado/a	걱정이 있는
enfermo/a	아픈
harto/a	싫증난
de buen humor	기분 좋은
de mal humor	기분 나쁜

• **새로운 어휘**

contento/a	만족한, 행복한
nervioso/a	긴장한
tranquilo/a	마음이 편안한
divertido/a	재미있는
trabajo	m. 일
novio	m. 남자친구
enamorado/a	사랑에 빠진
negocio	m. 사업, 비즈니스

PASO 2 리얼 회화 연습

 일과 연애에 대해 서로 이야기하고 있어요.

A: ¿Cómo te va de trabajo?
B: Bien. Me encanta mi trabajo y 아주 만족해. ¿Y tú?
A: Yo también estoy muy bien. ¿Y de novios qué tal?
B: Bien. Estoy muy enamorada de mi novio.

A: 하는 일은 잘 돼 가니?
B: 좋아. 내 일이 아주 맘에 들고 **estoy muy contenta**. 넌?
A: 나도 아주 잘 있지. 연애는 어때?
B: 좋아. 내 남자친구에게 사랑에 빠져 있어.(아주 사랑해)

Bonus

일, 연애, 사업, 학업 등의 구체적인 안부를 물을 때 사용하는 회화패턴을 배워 볼까요? ir동사의 3인칭형인 va와 간접목적어가 함께 오게 되면 '~하게 되어 가다'라는 뜻이 돼요. 따라서 ¿Cómo te va de trabajo?는 '일이 잘 돼 가니, 일은 어때?'라는 의미가 되는 거죠. 물론 의문사 cómo 대신 qué tal을 써도 돼요.

¿Cómo te va de amores?
연애는 어떻게 돼가?
¿Cómo te van los negocios?
사업은 어떻게 돼가?

PASO 3 도전! 회화 연습

난 조금 슬퍼. _____ (triste)

Estás ~ 너는 ~해(외모)

estar 동사의 2인칭 단수형인 estás 다음에 외모를 나타내는 형용사가 오게 되면 '넌 (외모)가 ~(어때)해'라는 뜻이 됩니다. 외모를 나타낼 때는 ser 동사를 쓴다고 이미 배웠죠? ser 동사가 영구적이고 객관적인 성격이라면 estar 동사는 다소 주관적이라고 할 수 있어요. 즉, 외모에 어떤 변화를 준 경우가 많아요.

PASO 1 회화 패턴 연습

너 그 원피스 입으니깐 아주 예뻐.
Estás muy guapa con ese vestido.

너 그 셔츠를 입으니 아주 매력적이야.
Estás muy atractivo con esa camiseta.

너 많이 말랐어.
Estás muy delgada.

너 피부가 많이 까맣구나.(많이 탔구나)
Estás morena.

PASO 2 리얼 회화 연습

 두 연인은 멋지게 차려입고 영화를 보러 가려 합니다.

A: 원피스 입으니깐 정말 예쁘다. cariño.
B: Tú también estás igual de estupendo.
A: Date prisa. Vamos a llegar tarde.
B: La película empieza a las dos.

A: Estás guapa con el vestido. 자기야.
B: 당신도 똑같이 멋져.
A: 서둘러. 우리 늦게 도착하겠다.
B: 영화 2시에 시작해.

PASO 3 도전! 회화 연습

그 귀걸이 하니깐 너 참 예뻐. _____

• TIP

같은 형용사를 쓰더라도 ser동사를 쓰느냐, 아니면 estar동사를 쓰느냐에 따라 이런 의미적 차이가 나는군요~
• Es buena. 그녀는 착해.
▫ Está buena. 그녀는 몸매가 예뻐.
  (음식에 쓸 때는 '맛있다')
• Soy lista. 난 똑똑해.
▫ Estoy lista. 난 준비됐어.
• Es vivo. 그는 생기있어.
▫ Está viva. 그는 살아있어.
• Es rico. 그는 부자야.
▫ Está rico. 맛있다.

• 새로운 어휘

vestido	m. 원피스
camiseta	f. 셔츠
delgado/a	마른
moreno/a	갈색 피부의
cariño	m. 자기, 여보
igual	똑 같은, 똑같이
darse prisa	서두르다
tardar	늦다

Bonus

〈igual de + 형용사, 부사〉는 '똑같이 ~한'을 뜻합니다. 뒤에 '~보다'를 뜻하는 que가 오면 동등비교구문이 되겠죠.
Juan es igual de alto que su padre. 후안은 그의 아빠와 똑같이 키가 커.
Vivo igual de lejos que Alex. 나는 알렉스와 똑같이 멀리 살아.

¿Está/s ~? 너는 ~한 상태니?

estar 동사 뒤에는 일시적인 상태와 컨디션을 나타내는 형용사가 올 수 있다고 배웠습니다. 이번엔 상대방의 상태를 물어볼까요? 결혼은 상태로 간주되어 주로 estar동사를 쓴답니다. ¿Está/s ~? 에 여러가지 상태 형용사를 넣어 연습해 봅시다.

PASO 1 회화 패턴 연습

미혼이세요?
¿Está soltero?

너 긴장했어?
¿Estás nerviosa?

너 미쳤니?
¿Estás loco?

너 다쳤니?
¿Estás herida?

• TIP

결혼여부(Estado de civil)는 ser와 estar동사 둘 다 사용 가능해요.
- Soy soltero. 난 싱글남이야.
- Estoy soltero. 난 미혼이야.
- Soy casada. 난 유부녀야.
- Estoy casada. 난 결혼했어.
- Soy viuda. 난 미망인이야.
- Estoy divorciado. 난 이혼상태야.

• 새로운 어휘

soltero/a	미혼의
loco/a	미친
herido/a	다친
dormir	잠자다
casi	거의
nada	전혀
ventana	f. 전혀
abierto/a	열린
cuidar	돌보다
luz	f. 전기, 빛
encendido/a	켜진
cerrado/a	닫힌

PASO 2 리얼 회화 연습

 아파서 수업에 오지 않은 친구 집을 병문안하면서 친구를 돌봐주는군요.

A: ¡Hola! ¿Qué pasa? ¿Por qué no has venido a clase?
   너 아프니?
B: Estoy enferma. No he podido dormir casi nada.
A: No dejes la ventana abierta. Estoy yo aquí para cuidarte.
B: Gracias.

A: 안녕! 무슨 일이야? 왜 수업에 안 왔어? ¿Estás enferma?
B: 아파. 거의 한 숨도 못 잤어.
A: 창문 열어 두지 마. 내가 여기서 너 돌봐줄게.
B: 고마워.

dejar동사는 '하게 내버려 두다'는 의미입니다. <No dejes + 명사 + 형용사>는 '~을 ~해 두지 마'라는 의미의 패턴이에요.
No dejes la luz encendida. 불을 켜 두지 마.
No dejes la ventana cerrada. 창문을 닫아 두지 마.

PASO 3 도전! 회화 연습

질투하니? _____ (celoso)

Estoy en ~ 나는 ~에 있어(위치)

estar 동사는 상태를 나타낼 때 뿐만 아니라 위치를 나타낼 때도 쓰인답니다. 장소 전치사 en(~에)과 함께 '~에 있다, ~에 위치해 있다'의 뜻이 되는 거죠. 상대방이 ¿Dónde estás?(어디에 있니?)라고 물으면, Estoy en casa.(집에 있어)라고 말할 수 있어요.

PASO 1 회화 패턴 연습

나 중앙 병원에 있어.
Estoy en el hospital central.

나 코루냐에 있어.
Estoy en La Coruña.

나 길거리에 있어.(밖에 있어)
Estoy en la calle.

나 바에 있어.
Estoy en el bar.

• TIP

estar동사가 장소를 나타낼 때 뒤에 정관사, 소유형용사, 지시형용사가 올 수 있어요.

estar + el, la, los, las / mi, tu, su / este, ese, aquel + 명사

- Allí está el museo.
  저기에 미술관이 있어.
- Aquí está mi casa.
  여기에 우리 집이 있어.
- Este edificio está en el centro.
  이 건물은 시내에 있어.

PASO 2 리얼 회화 연습

 친구를 만나기 위해 전화통화를 하는 장면입니다.

A: ¡Diga!
B: Hola. ¿Dónde estás? Necesito verte.
A: 마드리드에 있어. Hoy me viene fatal.
   Estoy muy ocupada. Mañana libro.
B: Vale, entonces nos vemos mañana.

A: 여보세요!
B: 안녕. 어디 있어? 널 만나야 해.
A: **Estoy en Madrid.** 오늘은 최악이야.
   아주 바빠. 내일은 쉬어.
B: 그래, 그럼 내일 보자.

• 새로운 어휘

hospital	m. 병원
calle	f. 거리
bar	m. 바
necesitar	필요하다
fatal	최악의
ocupado/a	바쁜
librar	휴일이다
entonces	그렇다면

Bonus

동의 및 의견을 표현할 때 쓰는 회화 패턴이에요. 의견을 표현할 때 venir동사는 항상 3인칭 단수 형만 쓴답니다. 앞에 반드시 간접목적어도 동반해야 하고요. Me viene 다음에 bien이 오게 되면 '좋아'라는 뜻이 되고, mal이 오게 되면 '좋지 않아'가 되겠죠.

Me viene muy bien.
전 아주 좋아요.

PASO 3 도전! 회화 연습

나 모퉁이에 있어. _____ (esquina)

No estoy para ~ 나는 ~할 상태(기분)이 아니야

no estar (상태가 ~이다) 다음에 목적 전치사 para가 오면 '~할 상태 또는 기분이 아니야'라는 의미가 되요. para 다음에는 동사원형 또는 명사도 올 수 있답니다. '내가 ~할 상태가 아니야, 기분이 아니야'라고 말하려면 No estoy para ~라고 하면 돼요.

PASO 1 회화 패턴 연습

넌 혼자 여행할 상태가 아니야.
No estás para viajar sola.

넌 운동할 상태가 아니야.
No estás para hacer deporte.

난 너랑 수다 떨 기분이 아니야.
No estoy para charlar contigo.

난 농담할 기분이 아니야.
No estoy para bromas.

• TIP
기본 중의 기본! 스페인의 숫자 1부터 10까지 공부해 봅시다.

1	우노	uno
2	도스	dos
3	뜨레스	tres
4	꽈뜨로	cuatro
5	씽꼬	cinco
6	세이스	seis
7	시에떼	siete
8	오초	ocho
9	누에베	nueve
10	디에스	diez

• 새로운 어휘
viajar — 여행하다
solo/a — 혼자
deporte — *m.* 운동
charlar — 수다 떨다
contigo — 너와 함께
broma — *f.* 농담
descansar — 쉬다
recuperarse — 회복하다
jefe — *m.* 상사
estudios — *m.* 학업
tesis — *f.* 논문

PASO 2 리얼 회화 연습

 아픈데도 불구하고 일하러 가려는 남편을 아내가 말리는 장면이에요.

A: Tengo que irme. Llego tarde al trabajo.
B: 넌 일하러 갈 상태가 아니야. Estás enfermo.
　Tienes que descansar y recuperarte.
A: ¡Pero qué dices! ¿Qué hago con mi trabajo?
B: Llama a tu jefe y dile que hoy no puedes trabajar.

A: 나 가야 해. 직장에 지각하겠다.
B: **No estás para trabajar.** 아프잖아.
　쉬고 회복해야 해.
A: 그런 뭔 소리야! 내 일을 어떡하고?
B: 상사한테 전화해서 오늘 일 못한다고 말 해.

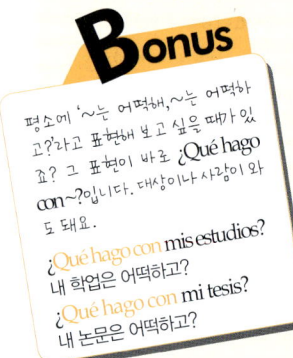

평소에 '~는 어떡해, ~는 어떡하고?'라고 표현해 보고 싶을 때가 있죠? 그 표현이 바로 ¿Qué hago con ~?입니다. 대상이나 사람이 와도 돼요.
¿Qué hago con mis estudios?
내 학업은 어떡하고?
¿Qué hago con mi tesis?
내 논문은 어떡하고?

PASO 3 도전! 회화 연습

난 너랑 춤출 기분이 아니야. _____ (bailar)

Estoy seguro(a) de que~ 나는 ~라고 확신해

estar seguro/a de que ~는 '~대해 확신하다'는 의미의 숙어적 표현이에요. 내가 뭔가를 확신할 때는 Estoy seguro/a de que ~패턴을 사용하면 되겠죠? 실제 회화체에서는 동사 estoy와 전치사 de를 생략해서 Seguro que ~라고도 많이 말을 한답니다.

PASO 1 회화 패턴 연습

조만간 스페인어를 잘 할 거라 확신해.
Estoy seguro de que hablarás español dentro de poco.

내가 스페인에 간다고 확신해.
Estoy seguro de que me voy a España.

그가 한국에 없다고 확신해.
Estoy seguro de que no está en Corea.

그가 일이 많다고 확신해.
Estoy seguro de que tiene mucho trabajo.

• TIP

스페인에서는 처음 본 여자에게 guapa, bonita, linda(예쁜, 아름다운)등의 아부, 아첨의 멘트를 많이 합니다. 그것을 piropos(삐로뽀스)라고 합니다. 스페인에서 쓰는 유명한 삐로뽀스 즉 아부 멘트가 있어요.
Tu madre debe ser pastelera porque un bombón así no lo hace cualquiera.
(너의 엄마는 케이크 만드는 사람임에 틀림없어, 왜냐하면 이런 초콜릿은 아무도 못 만들거든) 초콜릿을 아름다운 여자에 비유한 문장이죠.

PASO 2 리얼 회화 연습

 스페인에서 처음 본 여자에게 반해서 대시하는 장면입니다.

A: **Tienes unos ojos verdes tan bonitos.**
   네가 남자친구가 있다고 확신해요.
B: **No, no tengo novio.**
A: **¿Quieres que comamos juntos?**
B: **Pues, no gracias.**

A: 당신은 너무나 아름다운 녹색 눈을 가지셨어요.
   Estoy seguro de que tienes novio.
B: 아니오, 남자친구 없어요.
A: 우리 같이 밥 먹을까요?
B: 음, 아니요, 괜찮아요.

• 새로운 어휘

seguro/a 확실한
dentro de ~안에, ~내에
verde 녹색
bonito/a 아름다운
junto 함께, 같이
raro/a 이상한

tan는 '너무나, 그토록, 그렇게'를 의미하는 부사입니다. tan ~ que ~는 '너무 ~해서 ~하다'는 뜻의 영어의 so that구문이죠.
Ana es tan rara que no quiero hablar con ella.
아나는 너무 이상해서 그녀와 이야기하기 싫어.

PASO 3 도전! 회화 연습

그가 시험에 합격했다고 확신해. _____

기본 회화 패턴 **43**

¿Estás seguro/a de que ~? 너는 ~인 게 확실해?

이번엔 estar seguro de que ~의 패턴을 의문형으로 만들어 볼까요? '~하는 게 확실해?'라고 말하고 싶다면 ¿Estás seguro/a de que ~? 패턴을 사용하면 되겠죠. estoy를 estás로 바꾸면 끝. 이렇게 동사만 살짝 바꿔가며 많은 문장을 만들 수 있는 것이 패턴 학습법의 장점이겠죠.

PASO 1　회화 패턴 연습

너 파티에 가기 싫은 게 확실해?
¿Estás seguro de que no quieres ir a la fiesta?

호세가 올 거라는 게 확실해?
¿Estás segura de que va a venir José?

너 스페인에 간다는 게 확실해?
¿Estás seguro de que vas a ir a España?

너 그걸 하고 싶은 게 확실해?
¿Estás seguro de que quieres hacerlo?

• TIP

estar 동사가 들어간 스페인어 속담을 배워 볼까요?
Estoy como pez en el agua.
"물 만난 물고기"
pez는 '물고기'를 뜻해요.
agua(물) 속의 물고기와 같다는 말이 되겠죠.
정말 편안하고 기분 좋은 상태를 표현하는 말이에요.

• 새로운 어휘

fiesta	f. 파티
venir	오다
traer	가지고 오다
flor	f. 꽃
firmar	서명하다
agua	f. 물

PASO 2　리얼 회화 연습

 꽃 배달이 왔는데 믿기질 않는지 진짜 그녀에게 온 게 맞는지 묻고 있어요.

A: Hola. Traigo flores para Rosario Flores.
B: ¿Ah, sí?
A: Sí, me firma aquí, por favor.
B: 로사리오한테 온 게 확실해요?

A: 안녕하세요. 로사리오 플로레스씨 앞으로 꽃 배달 왔어요.
B: 아, 그래요?
A: 네, 여기 서명 부탁 드려요.
B: ¿Estás seguro de que es para Rosario?

PASO 3　도전! 회화 연습

로사가 스페인 사람인 게 확실해?

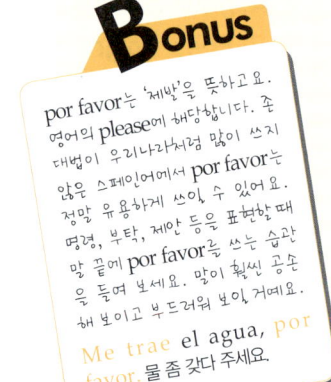

por favor는 '제발'을 뜻하고요. 영어의 please에 해당합니다. 좀 대범이 우리나라처럼 많이 쓰지 않은 스페인어에서 por favor는 정말 유용하게 쓰일 수 있어요. 명령, 부탁, 제안 등을 표현할 때 말 끝에 por favor를 쓰는 습관을 들여 보세요. 말이 훨씬 공손해 보이고 부드러워 보일 거예요.
Me trae el agua, por favor. 물 좀 갖다 주세요.

Estoy a punto de ~ 나는 막 ~할 참이야

estar a punto de ~다음에 동사원형이 와서 '막 ~할 참이다'라는 뜻이 됩니다.

PASO 1 회화 패턴 연습

막 울 참이야.
Estoy a punto de llorar.

막 뭐 요구할 참이야.
Estoy a punto de pedirte una cosa.

막 밥 먹을 참이야.
Estoy a punto de comer.

막 이레네에게 전화할 참이야.
Estoy a punto de llamar a Irene.

• TIP

숫자 11부터 20까지 배워 볼까요?

11	once	온세
12	doce	도세
13	trece	뜨레세
14	catorce	까또르세
15	quince	낀세
16	dieciséis	디에시세이스
17	diecisiete	디에시시에떼
18	dieciocho	디에시오초
19	diecinueve	디에시누에베
20	veinte	베인떼

• 새로운 어휘

llorar	울다
pedir	요구하다
cosa	f. 것, 물건
alegrarse	기뻐하다
total	m. 전체, 합계
empezar	시작하다
proyecto	m. 프로젝트
nuevo	새로운
decidir	결정하다

PASO 2 리얼 회화 연습

 로스앤젤레스로 떠나게 된 남자는 여자친구에게 같이 가자고 제안합니다.

A: He conseguido el trabajo en Los Ángeles.
B: ¿Sí? ¡Me alegro! Total, que vas a ir a Los Ángeles, ¿eh?
A: ¿Por qué no vienes conmigo?
B: 나 새로운 프로젝트 막 시작할 참이야.

A: 나 로스 앤젤레스에서 일 구했어.
B: 그래? 기쁘다! 결국, 로스 앤젤레스로 가는구나, 응?
A: 나랑 같이 가지 않을래?
B: **Estoy a punto de empezar el nuevo proyecto.**

말을 하다가 결론을 지을 때 쓸 수 있는 표현을 배워 볼까요? 바로 Total, que ~하고 마무리 지으면 됩니다. '결국, 요컨대'라는 뜻이 되지요. 유사표현으로는 En fin, que ~, En resumen 등이 있어요.

Total, que decidí no irme.
결국, 가지 않기로 결정했어.

PASO 3 도전! 회화 연습

막 집에서 나갈 참이야. _____

Está/n hecho/a/os/as de~   (재료, 재질이) ~로 되어 있어

재료, 재질에 관한 것 역시 estar동사를 써야 합니다. Está hecho de ~패턴을 사용해 연습해 봅시다. 주어의 성과 수에 따라 estar동사와 hecho의 성.수가 변화하겠죠?

PASO 1   회화 패턴 연습

탁자는 목재로 되어 있어.
La mesa está hecha de madera.

반지는 금으로 되어 있어.
El anillo está hecho de oro.

신발은 천으로 되어 있어.
Los zapatos están hechos de tela.

목걸이는 은으로 되어 있어.
El collar está hecho de plata.

• TIP

스페인어로 12개월(doce meses)을 배워 봅시다.
1월	enero	2월	febrero
3월	marzo	4월	abril
5월	mayo	6월	junio
7월	julio	8월	agosto
9월	septiembre		
10월	octubre		
11월	noviembre		
12월	diciembre		

PASO 2   리얼 회화 연습

 액세서리 가게에서 목걸이를 사는 장면입니다.

A: ¿De qué está hecho este collar?
B: 가죽으로 되어 있어요. Está hecho a mano.
A: ¿Cuánto vale?
B: Son 15 euros.

A: 이 목걸이는 재질이 뭐로 되어 있어요?
B: **Está hecho de piel.** 핸드 메이드예요.
A: 얼마예요?
B: 15유로입니다.

• 새로운 어휘

hecho/a	만들어진
madera	f. 목재
anillo	m. 반지
oro	m. 금
zapato	m. 신발
tela	f. 천
collar	m. 목걸이
plata	f. 은
piel	m. 가죽
mano	f. 손
valer	값이 ~이다

PASO 3   도전! 회화 연습

가위는 쇠로 되어 있어. _____ (tijera, metal)

Está hecho a mano.가 바로 '핸드 메이드 제품이에요'라는 뜻의 숙어적 표현이랍니다. 알아두면 물건 살 때도 용이하게 쓰이겠네요.

Está hecho a máquina.
기계로 만들었어요.
Está hecho a la medida.
주문 제작이에요.

Lección 03 Español

현재 규칙 동사 (Ar, Er, Ir형 동사)

스페인어의 동사는 ar, er, ir형 동사 세 가지로 구분됩니다. 지금까지 배운 ser동사는 er형 동사, estar 동사는 ar형 동사가 되겠죠? 대부분의 동사는 규칙동사로 공통된 룰을 가지고 동사 변화하게 됩니다. 직설법 현재 규칙 동사 역시 ser, estar 동사처럼 가장 기본 중의 기본이 되는 동사이니 필히 암기해야 합니다. 그럼, 지금부터 현재 규칙 동사의 기본 변화형을 공부해 볼까요?

인칭 대명사	ar형 동사 hablar 말하다	er형 동사 comer 먹다	ir형 동사 vivir 살다
yo 나	habl-o	com-o	viv-o
tú 너	habl-as	com-es	viv-es
él, ella, usted 그, 그녀, 당신	habl-a	com-e	viv-e
nosotros 우리	habl-amos	com-emos	viv-imos
vosotros 너희	habl-áis	com-éis	viv-ís
ellos, ellas, ustedes 그들, 그녀들, 당신들	habl-an	com-en	viv-en

현재규칙 동사를 배우면 이런 표현을 말할 수 있어요!

| 1 | 나는 ~해 | Yo + -o |
| 2 | 너는 ~하니? | ¿Tú + -as/-es? |

기본 회화 패턴

Yo + -o 나는 ~해

현재동사 1인칭 단수형은 모두 -o로 끝납니다. Ar, Er, Ir형 동사 모두 1인칭에서 -o로 끝나는 것은 동일해요. 자, 그럼 -o로 동사변화하여 연습해 볼까요?

PASO 1 회화 패턴 연습

난 요리 많이 해.
Yo cocino mucho.

난 축구를 연습해.
Yo practico el fútbol.

난 담배 피워.
Yo fumo.

난 맥주를 마셔.
Yo bebo cerveza.

• **TIP**

각국 언어에 대해 알아 볼까요? 언어명은 국명 형용사의 남성형과 동일합니다.

스페인어	español
한국어	coreano
중국어	chino
영어	inglés
일본어	japonés
프랑스어	francés
독일어	alemán
이탈리아어	italiano
포르투갈어	portugués
아랍어	árabe
그리스어	griego

PASO 2 리얼 회화 연습

 평소에 하는 운동에 대해 얘기합니다.

A: ¿Tú qué haces para llevar una vida sana?
B: 난 많이 걸어. Yo hago mucho deporte.
A: ¿Qué deporte practicas?
B: Practico el tenis. Soy aficionado al tenis.

A: 넌 건강한 삶을 살기 위해 뭘 하니?
B: **Yo camino mucho.** 그리고 운동을 많이 해.
A: 어떤 운동을 하니?
B: 테니스를 연습해. 난 테니스 열렬팬이야.

• **새로운 어휘**

practicar	연습하다
caminar	걷다
fútbol	m. 축구
fumar	담배 피우다
vida	f. 삶
sano/a	건강한, 건전한
aficionado/a	m.f. 팬, 애호가

PASO 3 도전! 회화 연습

난 돼지고기를 먹어. _____ (carne, cerdo)

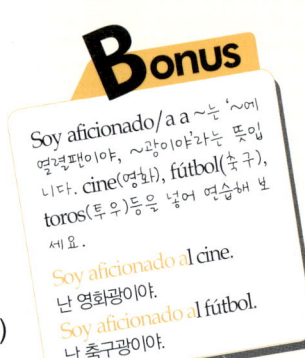

Bonus

Soy aficionado/a a ~는 '~에 열렬팬이야, ~광이야'라는 뜻입니다. cine(영화), fútbol(축구), toros(투우)등을 넣어 연습해 보세요.

Soy aficionado al cine.
난 영화광이야.
Soy aficionado al fútbol.
난 축구광이야.

¿Tú + -as/-es ? 너는 ~하니?

규칙 현재동사는 2인칭 단수형이 모두 -as 또는 -es로 끝납니다. 즉 Ar형 동사는 -as로, Er와 Ir형 동사는 -es로 끝나야 해요. 일상 생활에서는 주어 Tú는 생략해서 말해요. 불규칙 동사보다는 규칙 동사가 훨씬 더 많으니 이 간단한 룰만 익혀 놓으면 돼요.

PASO 1   회화 패턴 연습

넌 수영장에서 수영해?
¿Tú nadas en la piscina?

넌 담배 피우니?
¿Tú fumas?

넌 플라멩코 추니?
¿Tú bailas flamenco?

넌 물 많이 마시니?
¿Tú bebes mucha agua?

PASO 2   리얼 회화 연습

 술에 알레르기 체질이라 술을 마시지 않는다는 군요.

A: 넌 패스트 푸드 먹니?
B: Sí, de vez en cuando.
A: ¿Tomas alcohol?
B: No, nunca. Soy alérgica al alcohol.

A: ¿Tú comes "comida rápida"?
B: 그래, 가끔.
A: 술은 마시니?
B: 아니, 절대 안 마셔. 난 술에 알레르기 체질이야.

PASO 3   도전! 회화 연습

달걀 먹니? _____ (huevos)

• **TIP**

tomar와 comer 동사의 차이점에 대해 배워 볼게요. comer는 '먹다'라는 뜻의 동사죠. comer 동사 뒤에는 음식만 올 수 있어요. tomar는 '먹다, 마시다' 둘 다 가능해요.
즉, 음식, 음료 모두 올 수 있어요.
Yo como paella.
난 파에야를 먹는다.
Yo tomo agua.
난 물을 마신다.
Yo tomo un mojito.
난 모히토를 마신다.
Yo tomo la medicina.
난 약을 먹는다.

• **새로운 어휘**

piscina   f. 수영장
bailar   춤추다
comida rápida   f. 패스트푸드
de vez en cuando   가끔
alcohol   m. 술
alérgico/a   알레르기의
huevo   m. 달걀
melocotón   m. 복숭아

Bonus

〈Soy alérgico/a a + 음식〉은 '~에 알레르기 체질이야'라는 뜻이에요. huevos(달걀), melocotón(복숭아), nuez(호두)등의 음식을 넣어 연습해 볼까요?
Soy alérgico a los huevos.
난 달걀 알레르기 체질이야.
Soy alérgico al melocotón.
난 복숭아 알레르기 체질이야.

Lección 04 — Español

현재진행형 (~하는 중이다)

스페인어에서 현재 진행형은 영어와 마찬가지로 현재에 진행중인 동작을 표현할 때 씁니다. 〈be + ~ing〉를 만들기 위해서는 〈estar + 현재분사〉를 쓰면 됩니다. estar 동사변화는 이미 배웠고, 현재분사는 -ando 또는 -iendo를 붙여서 만들면 돼요. 스페인어에서 현재 진행형은 지금 이 순간 또는 요즘에 하고 있는 행위를 진술할 때 쓸 수 있어요. 영어에서처럼 동명사의 기능이나 형용사 뒤에서 수식할 수는 없답니다. seguir, llevar, disfrutar 등의 동사와 현재분사를 함께 쓰게 되면 실생활에 유용한 생활 회화 패턴을 만들 수도 있어요. 그럼, 지금부터 현지에서 가장 많이 쓰는 현재 진행형 패턴을 하나씩 배워 볼까요?

인칭 대명사	estar + -ando/-iendo	
yo 나	estoy	
tú 너	estás	habl-**ando** (말하고 있는)
él, ella, usted 그, 그녀, 당신	está	com-**iendo** (먹고 있는)
nosotros 우리	estamos	escrib-**iendo** (쓰고 있는)
vosotros 너희	estáis	
ellos, ellas, ustedes 그들, 그녀들, 당신들	están	

CHECK 현재진행형을 배우면 이런 표현을 말할 수 있어요!

1	나는 ~하고 있어, ~하는 중이야	Estoy + -ando/-iendo
2	너는 ~하고 있니?	¿Tú estás + -ando/-iendo?
3	너는 계속 ~하고 있니?	¿Sigues + -ando/-iendo?
4	나는 ~한 지 얼마의 시간이 됐어, ~째 ~하고 있어	Llevo + 시간 + -ando/-iendo
5	나는 ~하면서 즐겨	Disfruto + ~ando/~iendo

Estoy + -ando/-iendo
나는 ~하고 있어, ~하는 중이야

뭔가를 하고 있다고 말할 때는 현재 진행형을 써야겠죠. estar 동사 다음에 현재분사를 붙여 쓰면 끝. 단, 재귀대명사(me/te/se...)나 목적격대명사는 estoy 앞 또는 현재분사에 붙여서 쓸 수 있어요. Estoy ~다음에 hablando(말하고 있는), cantando(노래하는), estudiando(공부하는)등의 분사를 집어 넣어 연습해 보세요.

PASO 1 회화 패턴 연습

나는 브런치하고 있어.
Estoy almorzando.

나는 편지 쓰고 있어.
Estoy escribiendo una carta.

나는 진심으로 말하고 있잖아.
Estoy hablando en serio.

나는 보고서를 수정 중이야.
Estoy corrigiendo el informe.

• TIP
현재분사 불규칙형을 좀 더 살펴볼까요?

decir	말하다	diciendo
corregir	수정하다	corrigiendo
mentir	거짓말하다	mintiendo
pedir	요구하다	pidiendo
servir	서빙하다	sirviendo
seguir	계속하다	siguiendo
divertir	즐기다	divirtiendo
dormir	잠자다	durmiendo
leer	읽다	leyendo
oír	듣다	oyendo
ir	가다	yendo

• 새로운 어휘

en serio	진심으로
corregir	수정하다
informe	m. 보고서
emborracharse	(술에) 취하다
cara	f. 얼굴
rojo/a	빨간

PASO 2 리얼 회화 연습

 술에 약한 친구가 술에 취해 얼굴이 빨개졌다고 말하는군요.

A: ¿No quieres beber más?
B: No, 나 취하고 있어.
A: Te emborrachas fácilmente, ¿verdad?
B: Sí, ahora tengo la cara muy roja.

A: 술 더 마시기 싫어?
B: 아니, **me estoy emborrachando.**
A: 너 술에 쉽게 취하지, 그렇지?
B: 응, 지금 나 얼굴 완전 빨개.

tener 동사 뒤에 신체부위가 나오면 소유형용사가 아닌 정관사를 써야 합니다. Tengo ~다음에 신체부위를 넣어 표현해 볼까요? 해석은 '내 ~는 ~해'라고 하면 되겠죠.

Tengo la cara hinchada.
내 얼굴이 부었어.
Tengo los pies limpios.
내 발은 깨끗해.

PASO 3 도전! 회화 연습

그를 설득하려고 노력하고 있어. _____

¿Tú estás + -ando/-iendo? 너는 ~하고 있니?

현재 진행형을 만들려면 estar 동사와 현재분사를 함께 쓰면 되요. '넌 ~하고 있어?'라고 묻고 싶다면 〈¿Estás + 현재분사?〉의 패턴을 사용해 보세요. cantando(노래하는), bailando(춤추는), estudiando(공부하는)등의 분사를 집어 넣어 연습해 보세요.

PASO 1 회화 패턴 연습

너는 울고 있니?
¿Estás llorando?

너는 많이 즐기고 있니?
¿Estás divirtiéndote mucho?

너는 자고 있니?
¿Estás durmiendo?

너 나 놀리고 있니?
¿Estás tomándome el pelo?

PASO 2 리얼 회화 연습

 어떤 낯선 남자가 따라와서 떨어뜨린 지갑을 주워주고 있어요.

A: 저 따라 오시는 거예요?
B: No, parece que esto es tuyo. Se te ha caído la cartera.
A: Gracias.
B: ¿Está todo? No he tocado nada.

A: **¿Me estás siguiendo?**
B: 아니요, 이게 당신 것 같아서요. 지갑을 떨어뜨리셨어요.
A: 고마워요.
B: 다 있어요. 저 아무것에도 손대지 않았어요.

PASO 3 도전! 회화 연습

나한테 거짓말 하고 있니? _____ (mentir)

• TIP
동작 동사와 현재분사를 함께 쓰면 동시동작을 표현할 수 있어요. ir(가다), venir(오다), salir(나가다), subir(올라가다), bajar(내려가다)등의 동작 동사와 현재분사를 함께 써 보세요.

- Voy caminando.
  나는 걸어 가고 있어.
- Sale llorando.
  그녀는 울면서 나가고 있어.
- Sube corriendo.
  그는 달리면서 올라가고 있어.
- Baja cantando.
  그는 노래하면서 내려가고 있어.

• 새로운 어휘
llorar	울다
divertirse	즐기다
tomar el pelo	놀리다
seguir	계속하다
caer	넘어지다
cartera	f. 지갑
tuyo	너의 것
todo	모든 것
tocar	만지다
estropearse	고장나다

Bonus
〈재귀대명사+간접목적어+3인칭 동사 + 사물〉 패턴을 써서 '(나의 의도와 상관없이) ~해 버렸어'라는 구어적 표현을 할 수가 있어요.
Se me ha estropeado el ordenador. 컴퓨터가 고장 나 버렸어.
Se me ha roto el vaso. 컵이 깨져 버렸어.

¿Sigues + -ando/-iendo? 너는 계속 ~하고 있니?

seguir 동사는 현재분사를 취할 수 있어요. seguir + -ando/-iendo는 '계속 ~하다'를 의미합니다. '넌 계속 ~하고 있어?'라고 말하고 싶다면 ¿Sigues + -ando/-iendo?패턴을 사용해서 말해 보세요.

PASO 1 회화 패턴 연습

너는 스페인어를 계속 공부하고 있어?
¿Sigues estudiando español?

너는 플라멩코를 계속 추고 있어?
¿Sigues bailando el flamenco?

너는 다니엘과 계속 사귀고 있어?
¿Sigues saliendo con Daniel?

너는 하몽이 계속 좋아?
¿Sigue gustándote el jamón?

PASO 2 리얼 회화 연습

 친구는 결혼할 생각이 없고 이대로 만족한다고 말합니다.

A: 계속 호세와 사귀고 있어?
B: Claro, ya llevamos tres años juntos.
A: ¿No piensas casarte con él?
B: Yo no quiero casarme. Sigo sin creer en el matrimonio.

A: **¿Sigues saliendo con José?**
B: 물론, 이제 사귄 지 3년째야.
A: 그와 결혼할 생각은 안 해?
B: 난 결혼하고 싶지 않아. 난 계속 결혼에 대해 믿지 않아.

PASO 3 도전! 회화 연습

너는 학원에서 계속 일하고 있어? _____ **(escuela)**

• TIP

동작동사를 현재분사로 써서 방향을 지시할 수도 있어요.

• Subiendo por aquí está la Plaza Mayor.
  이 쪽으로 올라 가면, 마요르 광장이 있어요.
▫ ¿Y dónde está la catedral?
  성당은 어디에 있어요?
• Bajando esta calle, a la izquierda.
  이 거리를 내려 가면, 왼쪽에 있어요.

• 새로운 어휘

peluquería   f. 미용실
jamón   m. 햄, 하몽
pensar   생각하다
casarse   결혼하다
sin   ~하지 않고
matrimonio   m. 결혼
noticia   f. 소식
comprender   이해하다

seguir sin 다음에 동사원형이 와서 '계속 ~없이 지내다'라는 회화패턴이 됩니다. <Sigo sin + 동사원형>에 여러 동사를 집어 넣어 연습해 보세요.

Sigo sin tener noticias.
계속 소식을 들을 수가 없어.
Sigo sin comprender.
계속 이해를 못하고 있어.

Llevo + 시간 + -ando/-iendo

나는 ~한 지 얼마의 시간이 됐어, ~째 ~하고 있어

llevo 다음에 시간과 현재분사(~ando/~iendo)형이 오게 되면 '~한 지 얼마가 됐어'의 패턴이 됩니다. 일상 생활 회화에서 가장 많이 쓰이는 패턴 중의 하나죠. 여러분들은 스페인어를 공부한 지 얼마나 되셨나요? 〈Llevo ~estudiando〉를 사용해 말해 보세요.

PASO 1 회화 패턴 연습

나는 2년째 마드리드에 살고 있어
Llevo 2 años viviendo en Madrid.

나는 오후내내 저녁을 준비하고 있어.
Llevo toda la tarde preparando la cena.

나는 평생 동안 담배를 피웠어.
Llevo toda la vida fumando.

나는 하루 종일 네 생각하며 지내고 있어.
Llevo todo el día pensando en ti.

PASO 2 리얼 회화 연습

 플라멩코를 춘지 10년 이상 되었다고 합니다.

A: ¿Llevas mucho tiempo bailando?
B: Sí, 10년 넘게 춤추고 있어. Desde los veinte años.
A: ¿Sigues tomando clases de baile?
B: Sí, tomo clases de flamenco con María Magdalena. Estoy acostumbrada a bailar todos los días.

A: 춤 춘지 오래됐어?
B: 그래, **llevo más de diez años bailando.** 20살 때부터.
A: 계속 춤 수업을 받고 있어?
B: 응, 마리아 막달레나 선생님께 플라멩코 수업 받고 있어. 난 매일 춤추는 데 적응했어.

PASO 3 도전! 회화 연습

나는 오후 내내 공항에서 일했어.
_____

• TIP

스페인의 플라멩코는 2010년 유네스코 인류무형문화유산으로 지정된 스페인의 전통문화예술입니다. 플라멩코는 baile(춤), toque(기타연주), cante(노래)로 구성되어 있어요. 춤에는 캐스터네츠(castañuelas), 발구르기(zapateado), 박수(palmas) 등의 악기가 동원되죠. 슬픔, 기쁨, 고통, 환희 등의 모든 감정을 춤과 가사를 통해 표현해 낸답니다. 세비야, 코르도바, 그라나다, 카디스 등의 안달루시아 지방이 플라멩코의 본고장입니다.

• 새로운 어휘

cena	f. 저녁식사
tiempo	m. 시간
más de ~	~이상
tomar	받다
acostumbrado	적응된

estar acostumbrado a ~는 '~하는데 적응하다'는 뜻의 숙어적 표현이에요. 전치사 a 뒤에는 동사원형이 와야겠죠.

Estoy acostumbrado a estar sin él.
그 없이 지내는데 적응했어.

Estoy acostumbrado a trabajar los sábados.
토요일에 일하는데 적응했어.

Disfruto + ~ando/~iendo
나는 ~하면서 즐겨

disfrutar는 '즐기다'의 의미로 영어의 enjoy와 동일한 뜻이고요. '~를 하면서 즐기다'라고 표현하고 싶다면, 뒤에 현재분사(-ando/-iendo)를 붙여 쓰면 돼요. 여러분들은 무엇을 할 때 가장 즐겁나요? Yo disfruto mucho estudiando español.(스페인어를 공부하면서 많이 즐겨요)라고 말해 보세요.

PASO 1 회화 패턴 연습

나는 춤추면서 많이 즐겨.
Disfruto mucho bailando.

나는 노래하면서 많이 즐겨.
Disfruto mucho cantando.

나는 여행하면서 많이 즐겨.
Disfruto mucho viajando.

나는 요리하면서 많이 즐겨.
Disfruto mucho cocinando.

• TIP
현재분사가 들어간 다른 쓰임새에 대해 배워 봅시다. 〈ir + 현재분사〉는 '조금씩 ~하고 있다'는 뜻이 됩니다.
- Voy planificando la fiesta.
  나는 조금씩 파티를 준비해 가고 있어.
- Voy mejorando mi español.
  내 스페인어를 조금씩 향상시켜 가고 있어.
- Va anocheciendo.
  날이 저물고 있어.
- Va amaneciendo.
  날이 새고 있어.
- Voy ganando en el partido.
  내가 경기에서 이기고 있어.

PASO 2 리얼 회화 연습

 취미가 언어 배우기와 운동하기라고 말합니다.

A: ¿Cuál es tu pasatiempo favorito?
B: Me gusta estudiar idiomas. 언어 배우면서 많이 즐겨.
A: ¿Qué más cosas haces además de aprender idiomas?
B: Me paso mucho tiempo haciendo deporte.

A: 네가 가장 좋아하는 취미는 뭐야?
B: 난 언어 공부하는 걸 좋아해. **Disfruto mucho aprendiendo idiomas.**
A: 언어 배우는 거 이 외에 뭐 다른 것들을 해?
B: 많은 시간을 운동하면서 보내.

• 새로운 어휘
pasatiempo m. 심심풀이, 취미
favorito   아주 좋아하는
además   게다가
todo el día 하루 종일

〈pasarse + 시간 + -ando/-iendo〉은 '~하면서 시간을 보내다'라는 숙어적 표현이에요. 영어의 spend time ~ing에 해당되는 패턴이라고 보면 돼요.
Me paso todo el día leyendo. 난 하루 종일 책을 읽으면서 보내.
Mi madre se pasa el día solo hablando. 우리 엄마는 하루를 말만 하면서 보내.

PASO 3 도전! 회화 연습

나는 친구들과 수다 떨면서 많이 즐겨. _____ (charlar)

56   Capítulo 1

Lección 05

재귀동사

영어와는 달리 스페인어에는 재귀동사라는 게 있는데 개념을 이해하기가 다소 까다로운 부분이 있어요. 재귀동사는 재귀대명사(me, te, se...)를 취해야 하는 동사를 말해요. '재귀'는 '행위의 결과가 주어에게로 되돌아 온다'는 의미죠. 일반적으로 타동사에 재귀대명사가 붙으면 자동사가 됩니다. 예를 들어, levantar 는 '일으키다'는 타동사로 재귀대명사가 붙은 levantarse는 '일어나다'라는 자동사가 되는 경우가 많아요. 자신의 신체로 하는 대부분의 행위의 동사는 이 재귀동사예요. lavarse(씻다), maquillarse(화장하다), vestirse(옷을 입다), afeitarse(면도하다), ducharse(샤워하다)등의 동사들은 모두 재귀동사랍니다. 그 외의 재귀동사는 원칙이 정해져 있지 않기 때문에 나올 때 마다 한 개씩 외워두면 좋겠죠. 그럼, 지금부터 가장 많이 쓰는 재귀동사를 위주로 회화패턴을 배워 보도록 할까요?

인칭 대명사	levantarse 일어나다	ducharse 샤워하다	maquillarse 화장하다
yo 나	me levanto	me ducho	me maquillo
tú 너	te levantas	te duchas	te maquillas
él, ella, usted 그, 그녀, 당신	se levanta	se ducha	se maquilla
nosotros 우리	nos levantamos	nos duchamos	nos maquillamos
vosotros 너희	os levantáis	os ducháis	os maquilláis
ellos, ellas, ustedes 그들, 그녀들, 당신들	se levantan	se duchan	se maquillan

재귀동사를 배우면 이런 표현을 말할 수 있어요!

1	나는 ~ 해	Me + 재귀동사
2	너는 ~하니?	¿Te + 재귀동사?
3	나는 ~하는 게 좋아	Me gusta + 재귀동사
4	나는 ~해야 해	Tengo que + 재귀동사

기본 회화 패턴 **57**

Me + 재귀동사 나는 ~해

재귀동사는 반드시 앞에 재귀대명사(me/te/se..)와 함께 와야 해요. 많은 재귀동사는 자신의 신체로 하는 일과 관련이 있답니다. lavarse(씻다), maquillarse(화장하다), peinarse(머리 빗다), ducharse(샤워하다), vestirse(옷을 입다)처럼 말이죠. 이 때 신체 부위 앞에는 소유격을 쓰지 않고 정관사를 써야 해요.

PASO 1 회화 패턴 연습

난 일요일마다 늦잠 자.
Me levanto tarde los domingos.

난 매일 화장해.
Me maquillo todos los días.

난 거울을 많이 봐.
Me miro mucho en el espejo.

난 아침에 샤워해.
Me ducho por la mañana.

PASO 2 리얼 회화 연습

 친구에게 이미지 관리는 아주 중요하다고 합니다.

A: ¿Tú cuidas tu imagen?
B: Sí, 난 매일 화장하고 향수를 뿌려.
A: ¿Cómo te vistes?
B: Me visto muy bien, muy elegante.
　　Para mí, la imagen es muy importante.

A: 넌 이미지 관리해?
B: 응, me maquillo todos los días y me pongo perfume.
A: 옷은 어떻게 입어?
B: 옷은 아주 잘 입지, 아주 우아하게. 나에게는 이미지가 아주 중요해.

PASO 3 도전! 회화 연습

난 가끔 하이힐을 신어. _____

• **TIP**

재귀대명사를 쓰고 안 씀에 따라 의미상의 차이가 생겨요. 다음 예문을 통해 그 차이점을 알아 볼까요?

- Me lavo el pelo.
  나는 머리를 감는다.
- Lavo el pelo a mi hijo.
  내 아들의 머리를 감긴다.
- Me acuesto a las ocho.
  나는 8시에 잠자리에 든다.
- Acuesto a mi niño.
  나는 내 아이를 재운다.
- Me pongo el sombrero.
  나는 모자를 쓴다.
- Pongo el sombrero a Fede.
  페데에게 모자를 씌운다.

• **새로운 어휘**

tarde	늦게
mirarse	(자신을) 보다
espejo	m. 거울
cuidar	관리하다
imagen	f. 이미지
perfume	m. 향수

Bonus

para mí는 '나에게는'이라는 뜻이에요. 영어로는 for me와 동일한 표현이죠. 자신의 의견을 표현할 때 주로 사용한답니다. 유사 표현으로는 En mi opinión(내 의견으로는)이 있어요.

Para mí, estudiar lenguas es muy necesario.
나에게는 언어를 공부하는 것은 아주 필요한 것이야.

¿Te + 재귀동사? 너는 ~하니?

재귀동사로 의문문을 만들어 볼까요? 2인칭 단수 재귀대명사 te만 동사 앞에 붙여 주면 끝. 자, 그럼 재귀동사로 일상생활에 관해 질문해 볼까요?

PASO 1 회화 패턴 연습

년 옷을 빨리 입니?
¿Te vistes rápido?

년 매일 화장하니?
¿Te maquillas todos los días?

년 자주 목욕해?
¿Te bañas a menudo?

년 자주 향수를 뿌리니?
¿Te pones perfume a menudo?

• **TIP**

숫자 21부터 30까지 배워볼까요?

21 veintiuno 베인띠우노
22 veintidós 베인띠도스
23 veintitrés 베인띠뜨레스
24 veinticuatro 베인띠꽈뜨로
25 veinticinco 베인띠씽꼬
26 veintiséis 베인띠세이스
27 veintisiete 베인띠시에떼
28 veintiocho 베인띠오초
29 veintinueve 베인띠누에베
30 treinta 뜨레인따

• **새로운 어휘**

cada vez	매번
odiar	증오하다
importar	중요하다
aspecto físico	m. 외모

PASO 2 리얼 회화 연습

 거울을 싫어하는 친구는 외모가 중요하지 않나 봅니다.

A: 넌 거울을 자주 봐?
B: Sí, cada vez que veo uno, me miro en el espejo. ¿Y tú?
A: Yo no, odio los espejos.
B: A ti no te importa el aspecto físico.

A: ¿Te miras mucho en el espejo?
B: 응, 거울이 보일 때마다 거울을 봐.
A: 난 아니야, 거울을 완전 싫어해.
B: 넌 외모가 중요하지 않구나.

PASO 3 도전! 회화 연습

넌 모자를 쓰니? _____ (sombrero)

Bonus

cada vez는 '매번'을 뜻하는 빈도 부사입니다. 따라서 Cada vez que ~은 '~할 때마다'를 의미하는 패턴이겠죠. 영어의 Whenever, Every time that~구문입니다.
Cada vez que te veo, me gustas más.
너를 볼 때마다, 네가 더 좋아.

Me gusta + 재귀동사   나는 ~하는 게 좋아

Me gusta ~는 '나는 ~하는 것을 좋아한다'는 의미입니다. 재귀 대명사는 반드시 동사원형 뒤에 붙여 써야만 해요. gustar동사 앞에 위치한 me는 간접목적어로 역할이 전혀 다르답니다. gustar동사는 3장에서 더 자세히 공부하도록 해요.

PASO 1   회화 패턴 연습

난 일찍 일어나는 걸 좋아해.
Me gusta levantarme temprano.

난 화장하는 거 좋아해.
Me gusta maquillarme.

난 샤워하는 거 좋아해.
Me gusta ducharme.

난 마사지 받는 거 좋아해.
Me gusta darme masajes.

• **TIP**

Yo también, Yo sí, Yo tampoco, Yo no에 대해 공부해 볼까요? 상대방이 ¿Y tú? (너는?)이라고 질문하면 두 번째 사람은 다음 네 가지 중 선택해서 말하면 간단해 지겠죠?
- Yo también. 나도 그래 (긍정→긍정)
- Yo sí. 난 그래 (부정→긍정)
- Yo tampoco. 나도 아니야 (부정→부정)
- Yo no. 난 아니야 (긍정→부정)

PASO 2   리얼 회화 연습

 더 이상 젊지 않아 피부관리가 필요하다고 말합니다.

A: ¿Te cuidas la piel?
B: Sí, me pongo varias cremas todos los días. Y me gusta darme masajes. ¿Y tú?
A: Yo no. 크림 바르는 걸 좋아하지 않아.
B: Ahora que ya no somos tan jovenes, necesitamos cuidar la piel.

A: 넌 피부관리하니?
B: 응, 매일 다양한 크림을 발라. 그리고 마사지 받는 걸 좋아해. 넌?
A: 난 아니야. **No me gusta ponerme cremas.**
B: 지금 이제 더 이상 그렇게 젊지 않는 지금, 피부관리가 필요해.

• **새로운 어휘**

temprano   일찍
dar   주다
masaje   m. 마사지
piel   f. 피부
varios/as   여러
crema   f. 크림
viejo/a   늙은

PASO 3   도전! 회화 연습

ahora 다음에 que접이 와서 '~하는 지금'이라는 뜻이 돼요. 영어의 now that과 동일한 패턴이에요.
Ahora que soy más vieja, ya no pienso igual. 더 늙은 지금, 더 이상 똑같이 생각하지 않아요.
Ahora que lo pienso, mejor que no me vaya. 지금 생각해보니, 내가 안 가는 게 좋겠다.

난 선글라스 끼는 거 좋아해. _____ (gafas de sol)

60   Capítulo 1

Tengo que + 재귀동사   나는 ~해야 해

Tengo que ~다음에 동사원형이 와서 '나는 ~해야 해'라는 표현이 됩니다. 중요한 점은 재귀대명사는 동사원형 뒤에 바로 붙여서 쓸 수 있다는 겁니다. 물론 Tengo 앞에도 위치해도 되고요. Tengo que ~ 패턴은 6과에서 자세히 공부하도록 해요.

PASO 1   회화 패턴 연습

나 머리 감아야 해.
Tengo que lavarme el pelo.

나 선크림 발라야 해.
Tengo que ponerme protector solar.

나 일찍 자야 해.
Tengo que acostarme pronto.

나 빨리 화장해야 해.
Tengo que maquillarme rápido.

• TIP
노동시간(jornada)에 대한 어휘를 살펴볼까요?
- jornada laboral 노동 시간
- jornada intensiva 점심 시간 없이 8~3시까지 근무(은행 등에서)
- media jornada 반 나절 근무
- jornada completa 풀타임 근무

• 새로운 어휘
protector solar *m.* 선크림
normalmente 보통, 평소에
depender ~에 달려있다
turno *m.* 교대, 당번
más o menos 약
día *m.* 날, 일, 낮
noche *f.* 밤
sobre 약

PASO 2   리얼 회화 연습

 교대근무 일정에 따라 일어나는 시간이 다르다고 말합니다.

A: ¿A qué hora te levantas normalmente?
B: Eso depende del turno. Cuando trabajo de día, 일찍 일어나야 해, a las siete más o menos.
A: ¿Si trabajas de noche?
B: Pues, me levanto sobre las diez.

A: 넌 평상시에 몇 시에 일어나?
B: 그건 교대근무시간에 따라 달라. 낮에 일할 때는, **tengo que levantarme temprano,** 약 7시에.
A: 만약 밤에 일하면?
B: 음, 10시쯤 일어나.

depender de ~는 '~에 달려 있다. ~에 따라 좌우되다'는 뜻이에요. 평소에 sí 또는 no로 대답하기가 애매한 경우에는 Depende.라고만 말해도 돼요. 때에 따라 달라, 이럴 수도 있고 저럴 수도 있어'라는 뜻이 된답니다.
Eso depende de mi trabajo.
그건 내 일에 달려 있어.

PASO 3   도전! 회화 연습

나 이 닦아야 해. _____ (cepillarse, dientes)

CAPÍTULO 2

가장 많이 쓰는
우선 순위 동사패턴

Lección 06

Tener ~를 가지다

tener 동사는 -ie형 불규칙 동사입니다. 1인칭 단수형은 tengo로 변하는 -go형 불규칙 동사이기도 하죠. 변화형이 어려운 만큼 스페인어에서 tener 동사의 활용 빈도는 아주 높습니다. '~를 가지다'라는 뜻을 갖고 있으며 영어의 have 동사에 해당되죠. 나이를 물을 때나 '배고파, 목말라' 등의 상태를 표현할 때도 사용해야 합니다. tener que~는 영어의 have to~ 처럼 '~를 해야 한다'는 의미로도 쓰인답니다. 그 외에도 여러 다양한 회화 표현을 만들 수 있어요. 이만하면 tener 동사의 중요성을 알 수 있겠죠? 그럼, 지금부터 동사변화부터 달달달 외워 보기로 해요.

tener (~을 가지다) 동사 변화

yo 나	tengo
tú 너	tienes
él, ella, usted 그, 그녀, 당신	tiene
nosotros 우리	tenemos
vosotros 너희	tenéis
ellos, ellas, ustedes 그들, 그녀들, 당신들	tienen

Tener 동사를 배우면 이런 표현을 말할 수 있어요!

1	내 상태가 ~해, 나는 ~갖고 있어	Tengo + 상태 명사
2	너는 ~가 있니?	¿Tienes ~?
3	나는 ~를 하고 싶어, ~하고 싶은 욕구가 있어	Tengo ganas de + 동사원형
4	나는 ~ 해야 해	Tengo que + 동사원형
5	너는 ~해야 해	Tiene/s que + 동사원형
6	네가 해야 하는 것은 ~ 야	Lo que tienes que hacer es ~
7	나는 ~할 게 아무것도 없어	No tengo nada que + 동사원형
8	~와 아무 상관이 없어	No tener nada que ver con ~
9	~에 관해 내 잘못이야	Yo tengo la culpa de ~

가장 많이 쓰는 우선 순위 동사패턴

Tengo + 상태명사 내 상태가 ~해, 나는 ~갖고 있어

tener 동사를 사용해서 가장 많이 쓰이는 패턴 중의 하나를 배워 볼까요? 바로 '상태'를 나타낼 때 쓰는 tener동사입니다. 〈Tengo + 명사〉패턴을 사용해서 현재의 상태를 표현해 보세요. prisa(급함), frío(추위), miedo(두려움) 등의 어휘를 바꿔가며 연습해 보세요.

PASO 1 회화 패턴 연습

제법 덥다.
Tengo bastante calor.

아주 졸려.
Tengo mucho sueño.

추워.
Tengo frío.

무서워.
Tengo miedo.

• TIP

다양한 공포증에 대해 공부해 볼까요?

• 공포증 fobia의 종류
Tengo aerofobia.
고소 공포증이 있어.
Tengo claustrofobia.
폐쇄 공포증이 있어.
Tengo hidrofobia.
물 공포증이 있어.
Tengo aracnofobia.
거미 공포증이 있어.

PASO 2 리얼 회화 연습

 오랜만에 만난 친구와 오래 얘기를 오래 나눌 수가 없군요.

A: ¡Qué milagro verte aquí!
B: Es verdad. Me alegro mucho de verte.
A: Igualmente. Mira, ahora no puedo hablar. 많이 급해.
B: Vale. Luego nos llamamos.

A: 여기서 널 보다니 기적이야!
B: 정말이야. 널 봐서 기뻐.
A: 나도 마찬가지야. 저기, 지금은 얘기를 할 수가 없어. **Tengo mucha prisa.**
B: 그래. 나중에 연락하자.

• 새로운 어휘

calor	m. 더위
sueño	m. 졸음
frío	m. 추위
miedo	m. 두려움
milagro	m. 기적
igualmente	똑같이
mirar	보다
prisa	m. 서두름
vale	좋아, 오케이

Bonus

alegrase se ~는 '~에 대해 기뻐하다'는 의미의 숙어적 표현이에요. Me alegro de ~는 '~해서 기뻐'를 뜻하는 회화패턴이고요. 실생활에서 아주 많이 쓰는 표현이니 꼭 기억해 두세요.

Me alegro de conocerte.
널 알게 돼서 기뻐.
Me alegro de oirte.
네 소식을 듣게 돼서 기뻐.

PASO 3 도전! 회화 연습

아주 목말라. _____ (sed)

¿Tienes ~? 너는 ~가 있니?

tener(~을 갖고 있다)는 -ie형 불규칙 동사로 2인칭 단수 현재형은 tienes입니다. Tienes 다음에 novio(남친), novia(여친)등의 사람관계를 넣어서 '~가 있니?'라고 질문해 봅시다. 남자친구가 있다면 Yo tengo novio. 여자친구가 있으면 Yo tengo novia.

PASO 1   회화 패턴 연습

너 짝이 있니?
¿Tienes pareja?
너 남자친구 있니?
¿Tienes novio?
너 자녀가 있어?
¿Tienes hijos?
너 형제가 있니?
¿Tienes hermanos?

• **TIP**

pareja는 스페인에서 '동거인 커플'을 의미합니다. Tengo pareja 라고 말하면 '게이커플'일 가능성이 많죠. ¿Tienes novio? (남자친구 있니?)라고 물으면, 농담으로 이렇게 대답하곤 하죠.
No tengo novio ni casa ni gato.
"난 남친도 집도 고양이도 없어"
스페인에서는 남친과 집, 애완동물은 정말 중요하답니다.

• **새로운 어휘**

pareja	f.	짝, 커플
novio	m.	남자 친구
novia	f.	여자 친구
hijo	m.	아들
hermano	m.	남자형제
padres	m.	부모님
morir		죽다
hace		전에

PASO 2   리얼 회화 연습

 가족관계와 남자친구, 여자친구가 있는지 서로 물어보고 있군요.

A: Yo no tengo padres. Murieron hace mucho tiempo.
B: ¿Entonces estás solo?
A: No, tengo novia. ¿Y tú 가족 있어?
B: Pues, tengo padres y hermanos. Pero no tengo novio.

A: 난 부모님이 없어. 오래 전에 돌아가셨어.
B: 그러면 너 혼자 있어?
A: 아니, 여자 친구 있어. 그럼 넌 tienes familia?
B: 음, 부모님하고 형제들 있어. 그런데 남자친구는 없어.

PASO 3   도전! 회화 연습

악몽을 꾸니? _____ (pesadillas)

Bonus

pues는 말을 시작할 때 주로 쓰는 부사로, '저기, 자, 그러면, 음, 글쎄' 등을 의미해요. 영어의 well, then과 같은 의미라고 보면 돼요. 말을 시작할 때 할 말이 잘 생각나지 않으면 시간을 벌기 위해 Pues...라고 말을 시작해 보세요.

Pues, ¿qué dices ahora?
저, 지금 뭐라고 말씀하셨죠?
Pues, no sé qué decirte. 글쎄, 뭐라 말해야 할지 모르겠어요.

Tengo ganas de + 동사원형
나는 ~를 하고 싶어, ~하고 싶은 욕구가 있어

tener ganas de는 '~할 의욕을 갖고 있다, 즉, ~을 하고 싶다'는 뜻이 됩니다. ganas(의욕) 앞에 muchas(많은)을 붙이면 '많은 의욕'이 되겠네요. tener의 1인칭 현재형인 tengo를 써서 Tengo ganas de ~라고 말하면 됩니다.

PASO 1 회화 패턴 연습

나 울고 싶어.
Tengo ganas de llorar.

나 뭐 좀 먹고 싶어.
Tengo ganas de comer algo.

나 산책 좀 나가고 싶어.
Tengo ganas de salir a pasear.

나 우리 나라로 돌아가고 싶어.
Tengo ganas de volver a mi país.

• **TIP**

숫자 10부터 100까지 10자리를 배워 볼까요?
10	diez	디에스
20	veinte	베인떼
30	treinta	뜨레인따
40	cuarenta	꽈렌따
50	cincuenta	씽꾸엔따
60	sesenta	세센따
70	setenta	세뗀따
80	ochenta	오첸따
90	noventa	노벤따
100	cien	시엔

PASO 2 리얼 회화 연습

 안색이 안 좋아 보이는 친구가 토하고 싶다고 말합니다.

A: Tienes mala cara.
B: No me encuentro muy bien. 토하고 싶어.
A: ¿Has ido al médico? Puede ser una simple gastritis.
B: No. ¿Tú puedes acompañarme?

A: 너 안색이 안 좋구나.
B: 컨디션이 좋지 않아. **Tengo ganas de vomitar.**
A: 병원에는 갔어? 단순한 위염일 수도 있어.
B: 아니. 네가 동행해 줄 수 있니?

• **새로운 어휘**

ganas	f. 의욕, 욕구
algo	무엇인가
pasear	산책하다
volver	돌아오다
país	m. 나라
malo/a	나쁜
encontrarse	(상태가) ~하다
vomitar	토하다
gastritis	m. 위염

PASO 3 도전! 회화 연습

한 잔 하고 싶어. _____ (copa)

Puede ser ~는 '~이 수도 있어'로 의미해요. 영어의 It can be와 동일한 패턴이에요. 황당하고 놀라운 얘기를 듣거나 겪었을 때는, ¡No puede ser!(그럴 리가 없어), ¿Cómo puede ser?(어떻게 그럴 수 있지?)라고 반응하면 되겠죠?

Puede ser solo una broma.
아마 그냥 농담일 수 있어.

Tengo que + 동사원형 나는 ~ 해야 해

tener que는 '~해야 한다'는 아주 많이 쓰이는 회화 패턴이니 반드시 암기해야 하겠죠? 동사원형이 동반되는 것도요. tener동사의 1인칭 단수형이 tengo이고요. 자신의 해야 할 일과 의무, 계획을 표현할 때 쓰입니다.

PASO 1 회화 패턴 연습

나 너와 얘기해야 해.
Tengo que hablar contigo.

나 쓰레기를 꺼내야 해.
Tengo que sacar la basura.

나 할 일이 있어.
Tengo que hacer una cosa.

저 가야 해요.
Tengo que irme.

• TIP

스페인어로 준말을 abreviatura라고 합니다. 문어체에서 주로 쓰이는 준말의 예를 들어 볼까요?
Sra. : señora ~씨, 부인
Sr. : señor ~씨, 선생님
Srta. : señorita 아가씨
Dr. : doctor 박사
Ud. : usted 당신
C/San Nicolás : calle 산 니콜라스 거리
C.P : codigo postal 우편번호
dpto. : departamento 부서
cta. : cuenta 계좌
dcha. : derecha 오른쪽
izda. : izquierda 왼쪽

PASO 2 리얼 회화 연습

 친구는 살이 쪘다고 다이어트를 해야 한다고 말합니다.

A: 나 다이어트 해야 해.
B: ¡Pero qué dices! Estás muy delgada.
A: Estos días he engordado mucho.
B: Estás obsesionada por la dieta.

A: Tengo que hacer dieta.
B: 그런데 뭔 소리야! 너 지금 아주 말랐어.
A: 요즘 살 많이 쪘어.
B: 넌 다이어트에 강박관념이 있어.

• 새로운 어휘

basura f. 쓰레기
hacer dieta 다이어트하다
engordarse 살찌다
estos días 요즘
obsesionado/a 강박관념이 있는, 집착하는

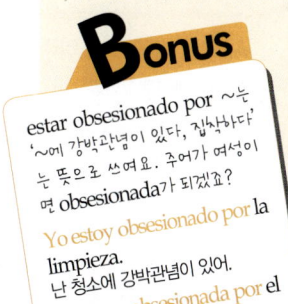

estar obsesionado por ~는 '~에 강박관념이 있다, 집착하다'는 뜻으로 쓰여요. 주어가 여성이면 obsesionada가 되겠죠?
Yo estoy obsesionado por la limpieza.
난 청소에 강박관념이 있어.
Yo estoy obsesionada por el ruido.
난 소음에 강박관념이 있어.

PASO 3 도전! 회화 연습

너에게 중요한 거 말할 게 있어.

Tiene/s que + 동사원형 너는 ~해야 해

tienes que 다음에 동사원형이 오게 되면 '넌 ~해야 해'라는 뜻이 됩니다. 좀 더 포멀하게는 3인칭형 동사을 써서 Tiene que ~라고 말하면 되겠죠. 상대방에게 충고나 조언을 할 때, 선생님 또는 엄마가 명령 또는 잔소리를 할 때 많이 쓰는 패턴입니다.

PASO 1 회화 패턴 연습

너 방 청소 해야 해.
Tienes que limpiar tu habitación.

너 일찍 일어나야 해.
Tienes que levantarte temprano.

개인정보 주셔야 해요.
Tiene que darme sus datos.

유니폼 입으셔야 해요.
Tiene que llevar uniforme.

• TIP

스페인 사람들은 유머(chiste)를 아주 좋아합니다. 모든 상황에서 스페인 사람들을 유머를 하기를 서슴지 않아요. 스페인의 유머를 하나 배워 보도록 할까요?
Hola. Muy buenas.
안녕하세요.
¿Tienen zapatillas?
신발 있어요?
Muy buenas.
아주 좋은 신발 있어요.
Muy buenas. ¿Tienen zapatillas?
안녕하세요. 신발 있어요?
여기서 muy buenas의 뜻만 알면 유머가 쉽게 이해될 수 있어요. Muy buenas는 스페인에서 가장 많이 쓰는 인사말이죠. '안녕하세요'를 의미한답니다.

PASO 2 리얼 회화 연습

 친구에게 댄스파티에 가자고 제안하는군요.

A: Esta noche hay un baile en la casa de la señora Rosa. ¿Te vienes?
B: ¿A qué hora es el baile?
A: A las ocho. Tú 너 와야 해.
B: Sí, yo me apunto.

A: 오늘 밤에 로사 아주머니 집에서 댄스파티가 있어. 너 올 거지?
B: 몇 시야?
A: 8시. 너 **tienes que venir**.
B: 알았어, 나도 갈게.

• 새로운 어휘

limpiar	청소하다
habitación	f. 방
dato	m. 자료
uniforme	m. 유니폼

apuntarse는 '조인하다, 참가하다, 끼다'는 의미도 갖고 있어요. 친구의 제안에 Yo me apunto. 라고 말하면 '나도 낄게, 나도 조인할게'라는 뜻이 되죠. 일상회화에서 비일비재하게 쓰이는 회화 표현입니다.
Yo también me apunto a una copa.
나도 술 마시러 조인할게.

PASO 3 도전! 회화 연습

여권 주셔야 해요. _____ (pasaporte)

Lo que tienes que hacer es ~

네가 해야 하는 것은 ~야

Lo que ~ 는 '~하는 것'이라는 뜻이에요. 여기에 tener que을 붙여 쓴 형태죠. 영어로 What you have to do ~와 동일한 의미고요. Lo que tengo que hacer es ~는 '내가 해야 하는 것은 ~야'라는 뜻이 되겠죠.

PASO 1 회화 패턴 연습

네가 해야 하는 것은 공부를 더 열심히 하는 거야.
Lo que tienes que hacer es estudiar más.

네가 해야 하는 것은 두려움을 잃는 거야.
Lo que tienes que hacer es perder el miedo.

네가 해야 하는 것은 즐기는 거야.
Lo que tienes que hacer es disfrutar.

네가 해야 하는 것은 스페인어로 읽는 거야.
Lo que tienes que hacer es leer en español.

• TIP

스페인어 학습에 있어 연습만큼 중요한 건 없겠죠? 연습의 중요성을 강조하는 스페인어 속담을 배워 볼까요?
La práctica hace al maestro.
"연습이 달인을 만든다"
여러분들도 패턴 연습으로 스페인어의 달인이 돼 보세요~

práctica	f. 연습
hacer	만들다
maestro	m. 대가, 명인, 달인

PASO 2 리얼 회화 연습

 친구는 춤을 잘 추기 위해 연습이 더 필요하다고 하는군요.

A: ¿Qué tal tu clase de baile?
B: Yo soy muy malo bailando. Mi profesor me corrige mucho.
A: 네가 해야 하는 것은 연습이야.
B: Sí, tengo que practicar más.

A: 네 춤 수업은 어때?
B: 난 춤 추는데 아주 재능이 없어. 우리 선생님은 나를 수정 많이 해 주셔.
A: **Lo que tienes que hacer es practicar.**
B: 그래, 연습을 더 많이 해야 해.

• 새로운 어휘

perder	잃다
disfrutar	즐기다
practicar	연습하다
bueno/a	좋은
malo/a	나쁜

뭔가에 대한 재능을 얘기할 때는 〈Yo soy bueno/malo + 현재분사〉 패턴도 사용할 수도 있답니다. '~을 잘해/~을 잘 못 해'라는 뜻이고요. 영어의 I am (not) good at ~와 동일한 표현이죠.

Yo soy bueno cocinando.
난 요리에 재능이 있어.
Yo soy malo nadando.
난 수영에 재능이 없어.

PASO 3 도전! 회화 연습

네가 해야 하는 것은 더 짧은 문장을 만드는 거야. _____

가장 많이 쓰는 우선 순위 동사패턴 **71**

No tengo nada que + 동사원형

나는 ~할 게 아무것도 없어

No tengo nada que 다음에 동사원형이 와서 '난 아무것도 ~할 게 없어'라는 뜻이 됩니다. nada(아무것)은 반드시 앞에 no와 함께 와야 하고요. 만약, '넌 숨길 게 아무것도 없어'라고 말하고 싶다면, No tienes nada que ocultar.라고 말할 수 있어요.

PASO 1 회화 패턴 연습

할 일이 아무것도 없어.
No tengo nada que hacer.

먹을 게 아무것도 없어.
No tengo nada que comer.

말할 게 아무것도 없어.
No tengo nada que hablar.

요구할 게 아무것도 없어.
No tengo nada que pedir.

• TIP

'건강한 신체에 건강한 정신'을 뜻하는 스페인어 속담을 배워봅시다.
Mente sana en cuerpo sano.
sano는 '건강한, 건전한'의 뜻하는 형용사예요.

mente	f. 정신
sano/a	건강한, 건전한
cuerpo	m. 몸, 신체

• 새로운 어휘

pedir	요구하다
recoger	픽업하다
descanso	m. 휴식
hacer daño	해를 끼치다, 상처 입히다

PASO 2 리얼 회화 연습

 아이를 픽업해야 하는 엄마, 마침 친구가 돕겠다고 하네요.

A: Tengo que ir a recoger al niño.
   Pero ahora no tengo tiempo.
B: Si quieres, yo puedo recogerlo. Ahora 할 일이 없거든.
A: ¿De veras?
B: Sí. Hoy es el día de descanso.

A: 아이 픽업하러 가야 해. 그런데 지금 시간이 없어.
B: 네가 원하면, 내가 픽업할 수 있어. 지금 no tengo nada que hacer.
A: 진짜?
B: 오늘 쉬는 날이야.

de veras는 '진짜, 정말로'라는 의미로 de verdad, en serio, verdaderamente와 유사한 표현이죠. 영어의 really, seriously와 동일한 의미죠.
De veras, no quiero hacerte daño. 진짜로 너에게 상처 주고 싶지 않아.
Te lo digo de veras. 진실로 너에게 얘기하는 거야.

PASO 3 도전! 회화 연습

살 게 아무것도 없어. _____ (comprar)

No tener nada que ver con~
~와 아무 상관이 없어

no tener nada que ver con ~은 '~와 아무 상관 없다'라는 의미의 회화 패턴이에요. 실생활에서 많이 쓰이는 유용한 표현이니 꼭 기억해 둡시다.

PASO 1   회화 패턴 연습

난 그 여자와 아무 상관 없어.
Yo no tengo nada que ver con ella.

난 그 범죄와 아무 상관 없어.
Yo no tengo nada que ver con el crimen.

난 그 문제와 아무 상관이 없어.
Yo no tengo nada que ver con ese asunto.

그는 그것과 전혀 상관 없어.
Él no tiene nada que ver con eso.

PASO 2   리얼 회화 연습

 마약 밀매에 고소당한 남자가 그는 마약과 아무 상관이 없다고 말합니다.

A: ¿De qué se me acusa?
B: Tráfico de drogas.
A: 전 마약과 전혀 아무 상관이 없어요.
B: ¡Cállate! Aquí tengo prueba.

A: 뭐에 대해 절 고소하는 거예요?
B: 마약 밀매.
A: **Yo no tengo nada que ver con las drogas.**
B: 조용해! 여기 증거 있어.

PASO 3   도전! 회화 연습

우리 아버지는 이 모든 것과 전혀 상관이 없어. _____ (todo esto)

• TIP

스페인의 시인 Gloria Fuertes의 시 한편을 배워 볼까요?
Tengo siete amores
para la semana.
Lunes me da versos.
Martes me da ansias.
Miércoles, disgustos.
Jueves, añoranzas.
Viernes me da llanto.
Sábado, la playa
Domingo, un amigo.
con esto me basta.
Tengo, tengo, tengo,
yo no tengo nada.

• 새로운 어휘

crimen	m.	범죄
asunto	m.	일, 문제, 사건
acusar		고소, 고발하다
droga	f.	마약
callarse		조용히 하다
prueba	f.	증거

Bonus

acusarse de는 '고발되다'는 뜻이에요. acusarse 동사가 간접목적어와 같이 쓰게 되면 '나의 의지와 상관없이'라는 의미가 내포되어 있답니다. 이런 동사들을 예로 한번 들어 볼게요.
Se me olvida rápido. 난 빨리 까먹어.(나의 의지와 상관없이)
Estos días se me cae mucho pelo. 요즘 머리가 많이 빠져.

Yo tengo la culpa de~   ~에 관해 내 잘못이야

Tener la culpa de ~'는 '~에 대해 잘못이 있다'는 의미입니다. 뭔가에 대해 잘못을 했을 때 혹은 자신의 탓으로 돌릴 때 쓰는 회화 패턴입니다. 내가 잘못 했을 때는 Yo tengo la culpa라고 하면 돼요.

PASO 1 회화 패턴 연습

사고는 내 잘못이야.
Yo tengo la culpa del accidente.

말다툼은 내 잘못이야.
Yo tengo la culpa de la discusión.

지연된 건 내 책임이야.
Yo tengo la culpa del retraso.

실패는 내 잘못이야.
Yo tengo la culpa del fracaso.

TIP
소유 대명사에 대해 학습해 볼까요? 소유 대명사는 지시하는 명사의 성과 수에 일치해야 해요.
나의 것 mío/mía/míos/mías
너의 것 tuyo/tuya/tuyos/tuyas
그, 그녀의 것 suyo/suya/suyos/suyas

- Este libro es mío.
  이 책은 내 거야.
- Esta maleta es tuya.
  이 가방은 네 거야.
- Aquellos cuadernos son suyos.
  저 공책들은 그의 것이야.

PASO 2 리얼 회화 연습

 남편의 바람으로 결혼 실패에 자책하는 친구를 위로해 줍니다.

A: 일어난 모든 것은 내 잘못이야.
B: Tú no eres responsable del fracaso del matrimonio.
A: Yo no puedo más con los cuernos.
B: La culpa fue suya.

A: Yo tengo la culpa de todo lo que ha pasado.
B: 넌 결혼 실패에 책임이 없어.
A: 난 바람을 더 이상 견딜 수 없어.
B: 그 사람 잘못이야.

새로운 어휘

culpa *f.* 실수, 잘못
accidente *m.* 사고
discusión *f.* 말다툼
retraso *m.* 지체, 지연
fracaso *m.* 실패
responsable 책임이 있는
matrimonio *m.* 결혼
cuernos *m.* 바람, 외도

PASO 3 도전! 회화 연습

내 동생의 실수는 내 잘못이야. _____ (error)

No poder con 다음에 사람 또는 대상을 쓰게 되면 '~를 견딜 수 없어'라는 뜻이 되죠. 어떤 사람이나 대상을 견딜 수 없을 정도로 싫을 때 쓸 수 있는 패턴이에요. mi vecino(이웃집 남자), mi hermana(여동생), la hipocresía(위선), jerarquía(위계질서) 등을 넣어 말해 보세요.

No puedo con mi jefe. 우리 상사를 견딜 수 없어.

74 Capítulo 2

Querer ~을 원하다, ~하기를 원하다

querer 동사는 -ie형 불규칙 동사입니다. 영어의 want에 해당됩니다. 뒤에 명사뿐만 아니라 동사원형이 올 수 있어요. 스페인어에서 동사원형은 영어의 To부정사나 동명사의 역할을 한답니다. querer동사 뒤에 사람이 바로 오게 되면 '~을 사랑하다'는 뜻이 되요. Te quiero가 '난 널 사랑해'라는 뜻이라는 건 모두들 아시죠? querer 동사를 사용해서 정말 다양한 회화패턴을 배울 수 있답니다. 그럼, 동사변화부터 시작해 볼까요?

querer (~를 원하다) 동사 변화	
yo 나	quiero
tú 너	quieres
él, ella, usted 그, 그녀, 당신	quiere
nosotros 우리	queremos
vosotros 너희	queréis
ellos, ellas, ustedes 그들, 그녀들, 당신들	quieren

Querer 동사를 배우면 이런 표현을 말할 수 있어요!

1	나는 ~을 원해	Quiero + 명사
2	나는 ~하고 싶어	Quiero + 동사원형
3	나는 ~하고 싶지 않아	No quiero + 동사원형
4	너는 ~를 원해?	¿Quieres + 명사?
5	너는 ~하기를 원해?, ~할래?	¿Quieres + 동사원형?
6	너는 ~하지 않을래?, ~하고 싶지 않아?	¿No quieres + 동사원형?
7	내가 ~하기를 원하니?, 내가 ~해 줄까?	¿Quieres que yo + 동사?
8	네가 ~하길 원해, 네가 ~해 줘	Quiero que (tú)~
9	~를 의미하다	Querer decir ~

가장 많이 쓰는 우선 순위 동사패턴

Quiero + 명사 나는 ~을 원해

querer 동사는 -ie형 불규칙 동사로 1인칭 현재형이 quiero입니다. I want ~에 해당되는 패턴이에요. 뒤에 명사를 넣어 연습해 봅시다.

PASO 1 회화 패턴 연습

난 셰어하우스를 원해.
Quiero un piso compartido.

난 피자를 원해.
Quiero una pizza.

난 렌터카를 원해.
Quiero un coche de alquiler.

난 강아지를 원해.
Quiero un perrito.

• TIP

음식을 주문할 때는 요 세 가지 표현만 알아 두면 돼요.
- De primero, quiero~
  전채요리로 ~를 원해요.
- De segundo, quiero~
  메인요리로 ~를 원해요.
- De postre, quiero~
  후식으로 ~를 원해요.
- Para beber, quiero~
  음료는 ~를 원해요.

• 새로운 어휘

piso compartido	m. 셰어 하우스
pizza	f. 피자
coche de alquiler	m. 렌터카
otro/a	다른
postre	m. 후식
pastel	m. 파이, 케이크
naranja	f. 오렌지
enseguida	곧, 바로
traer	가지고 오다
vaso	m. 컵

PASO 2 리얼 회화 연습

 레스토랑에서 후식과 맥주를 주문합니다.

A: ¿Qué desea de postre?
B: 오렌지 파이 원해요. Y quiero otra cerveza, por favor.
A: Enseguida. ¿Algo más?
B: ¿Me trae un vaso de agua, por favor?

A: 후식으로 뭘 원하세요?
B: **Quiero un pastel de naranja.** 그리고 맥주 한 잔 더 원해요.
A: 곧바로 갖다 드릴게요. 뭐 다른 것은요?
B: 물 한 잔 갖다 주시겠어요?

Bonus

'~를 나에게 갖다 줄래?'라고 말하고 싶다면 ¿Me trae/s ~? 회화패턴을 사용하면 됩니다. traer는 '가지고 오다'는 뜻이고요. 주로 레스토랑이나 바에서 웨이터에게 많이 쓰는 표현이에요.

¿Me trae un zumo de naranja?
오렌지 주스 한 잔 갖다 줄래요?

PASO 3 도전! 회화 연습

난 오렌지 주스를 원해. _____

Quiero + 동사원형   나는 ~하고 싶어

내가 뭔가를 하고 싶을 때는 〈Quiero + 동사원형〉의 회화패턴을 사용하면 돼요. I want to~에 해당되는 패턴이에요. Quiero 뒤에 salir(나가다), ver la tele(텔레비전을 보다) 등의 동사를 넣어 연습해 볼까요?

PASO 1 회화 패턴 연습

난 네 남자친구가 되고 싶어.
Quiero ser tu novio.

난 너와 함께 있고 싶어.
Quiero estar contigo.

나 잠시 쉬고 싶어.
Quiero descansar un rato.

나 페드로와 사귀고 싶어.
Quiero salir con Pedro.

• TIP

querer 동사가 들어간 명언을 배워 볼까요?
Querer es poder.
뜻이 있는 곳에 길이 있다.

직역하면, '원하는 것은 할 수 있는 것이다'입니다. 여러분들도 스페인어에 뜻을 두고 열심히 하면 잘 할 수 있는 날이 오겠죠?

• 새로운 어휘

un rato	잠시
fin de semana	주말
película	f. 영화
dar un paseo	산책하다
plan	m. 계획
aburrirse	지루해 하다
tanto	그렇게 많이

PASO 2 리얼 회화 연습

 이번 주말 계획에 대해 얘기하는 장면이네요.

A: ¿Qué quieres hacer este fin de semana?
B: 영화 한 편 보고 싶어. Y después quiero dar un paseo. ¿Y tú?
A: Yo no tengo plan. Quiero descansar en casa.
B: ¿No te aburres de estar todo el día en casa?

A: 이번 주말에는 뭐 하고 싶어?
B: **Quiero ver una película.** 그리고 나서 산책하고 싶어. 넌?
A: 난 계획 없어. 집에서 쉬고 싶어.
B: 집에 하루 종일 있는 거 지루하지 않니?

aburrirse de~는 '~하는데 지루하다, ~하는 게 질리다'는 뜻이에요. de 다음에는 동사원형이 와야 해요. '~하는 게 지루하지 않니?'라고 말하고 싶다면 ¿No te aburres de ~?의 회화패턴을 사용해 보세요.
¿No te aburres de tanto hablar? 그렇게 말 많이 하는 게 지루하지 않니?

PASO 3 도전! 회화 연습

난 원어민과 스페인어를 연습하고 싶어. _____(nativo)

No quiero + 동사원형   나는 ~하고 싶지 않아

quiero동사 앞에 no만 붙여 주면 '~하고 싶지 않아'라는 뜻이 됩니다. 물론 동사원형과 명사도 올 수 있어요. 뭔가 내키지 않고 하기 싫을 때는 No quiero ~라고 말을 시작해 보세요.

PASO 1 회화 패턴 연습

난 더 이상 그 식당에 가고 싶지 않아.
No quiero ir más a ese restaurante.

난 집을 나가고 싶지 않아
No quiero irme de casa.

난 늦게 집에 도착하고 싶지 않아.
No quiero llegar a casa tarde.

난 당신을 귀찮게 하고 싶지 않아요.
No quiero molestarle más.

• TIP

스페인어권 사람들은 축소사(diminuitivo)를 즐겨 사용합니다. 축소사를 사용하면 작고 귀여운 느낌이 나기도 하고 사람한테 쓰면 애칭이 되기도 해요. -ito,-ita,-cito,-cita,-illo,-illa등을 붙여주면 되죠.
un poquito 아주 조금
ahorita 지금 바로
gordito 통통한
Miguelito 미겔리또(애칭 또는 어린 아이를 부를 때)
suavecito 아주 부드럽게
mesilla 작은 탁자(협탁)

PASO 2 리얼 회화 연습

친구가 케이크를 더 먹어 보라고 권유를 합니다.

A: ¿No quieres un poco más de tarta?
B: No, no, gracias. Está muy rica. Pero 더 먹고 싶지 않아.
A: Venga, sí, un poquito más.
B: Bueno, si insistes.

A: 케이크 조금 더 먹지 않을래?
B: 아니, 아니, 고마워. 아주 맛있어. 그런데 no quiero comer más.
A: 어서, 그래, 조금만 더.
B: 알았어, 자꾸 권한다면.

• 새로운 어휘

molestar 귀찮게 하다
rico/a 맛있는
venga 어서
un poco 조금
insistir 고집하다, 졸라대다

스페인에서 음식을 더 먹으라고 권할 때 한 번쯤은 No, gracias.(아니에요, 괜찮아요)라고 사양해 주는 것이 예의인 거 아시나요? 그럼, 분명히 venga(어서)라고 말하며 먹으라고 권할 겁니다. 그 때는 못 이기는 척하고 조금만 달라고 해 보세요. 그 때 쓸 수 있는 표현이 바로 si insistes 입니다. '자꾸 권한다면'입니다. 영어의 if you insist와 동일한 표현이죠.

PASO 3 도전! 회화 연습

난 우리 집에 돌아가고 싶지 않아.

¿Quieres + 명사? 너는 ~를 원해?

querer 동사는 명사가 바로 와서 '~을 원하다'라는 뜻이 되겠죠? '너 ~원해?'라고 묻고 싶다면, ¿Quieres ~? 다음에 여러 명사를 넣어 연습해 봅시다.

PASO 1 회화 패턴 연습

넌 물 조금 원해?
¿**Quieres** un poco de agua?

넌 고기를 원해?
¿**Quieres** carne?

넌 빵을 원해?
¿**Quieres** pan?

넌 냅킨을 원해?
¿**Quieres** servilletas?

• TIP
음식을 맛있다고 말하는 표현은 정말 다양합니다. 여러 표현들을 기억했다가 식사초대에 가서 맛있다는 칭찬을 아끼지 말고 써 보세요!
- Está riquísimo/a. 진짜 맛있다.
- Está delicioso/a. 맛있다.
- Está sabroso/a. 맛있다.
- Está exquisito/a.
  맛이 기가 막히다.
- Está muy bueno/a. 아주 맛있다.
- ¡Qué rico! 정말 맛있다!
- ¡Qué bueno! 정말 맛있다!
- ¡Qué delicioso! 정말 맛있다!

• 새로운 어휘
riquísimo 진짜 맛있는
salado/a 짠
bueno/a 맛있는
pequeño/a 작은
realmente 진짜로, 실제로

PASO 2 리얼 회화 연습

 식당에서 주문한 음식에 대한 평가가 서로 다르군요.

A: Está riquísimo. 조금 원해?
B: Sí, bueno, yo lo encuentro un poco salado.
A: ¿Salado? Para mí está muy bueno.
B: Yo no quiero más.

A: 정말 맛있다. ¿Quieres un poco?
B: 그래, 음, 난 조금 짠 것 같아.
A: 짜다고? 난 아주 맛있는데.
B: 난 더 원하지 않아.

Bonus
스페인에서는 자신의 의견을 좀 더 강조해서 표현할 때는 encontrar 동사를 쓰기도 한답니다. encontrar는 '발견하다'는 뜻으로 -ue형 불규칙 동사죠. <Lo/la/los/las encuentro un poco/bastante/realmente + 형용사>의 패턴을 활용해 보세요. '난 ~가 ~하다고 생각해'라는 뜻이 돼요.
Lo encuentro un poco pequeño. 그게 작다고 생각해.

PASO 3 도전! 회화 연습

넌 후식 원해? _____ (postre)

¿Quieres + 동사원형?
너는 ~하기를 원해?, ~할래?

'너 ~할래?'처럼 상대에게 제안하거나 뭔가를 하고 싶은지 의향을 물을 때 사용하는 패턴이에요. 영어의 Do you want to~?와 동일한 패턴이죠. quieres 다음에 동사원형을 넣어 여러 가지 제안 또는 의향을 물어보세요. tomar un café(커피 마시기), ir al baño(화장실 가기), salir un rato(잠시 나가기) 등을 붙여 연습해 볼까요?

PASO 1 회화 패턴 연습

나랑 영화관 갈래?
¿**Quieres** ir al cine conmigo?

잠시 산책하러 나갈래?
¿**Quieres** salir a pasear un rato?

나와 결혼해 줄래?
¿**Quieres** casarte conmigo?

쇼핑 하러 갈래?
¿**Quieres** ir de compras?

• TIP
스페인에서 툭하면 나오는 접속사 pues에 대해 배워 볼까요?
① 상대방의 말에 대해 자신의 의견을 말하기 전에 '자, 글쎄'라는 의미로 쓰여요.
• ¡Me encanta! 정말 좋아!
□ Pues a mí no me gusta.
  글쎄, 난 별로 좋지 않아.
② 상대방이 거절 의사를 표현할 때, 새로운 의견을 제시할 때 '자, 그럼'의 의미로도 쓰이죠.
• ¿Vamos al cine? 영화관에 갈까?
□ No me apetece... 가고 싶지 않아.
• Pues damos un paseo.
  그럼, 산책하자.

• 새로운 어휘
cine　　　　　　m. 영화관
ir de compras　　쇼핑 가다
proponer　　　　제안하다

PASO 2 리얼 회화 연습

 친구가 저녁 먹으러 가자고 제안하는 장면입니다.

A: 오늘 밤에 나랑 저녁 먹으러 갈래?
B: No, no puedo, he quedado con una amiga.
A: Pues te propongo una cosa.
B: ¿Qué cosa?

A: ¿Quieres cenar conmigo esta noche?
B: 아니, 안 돼. 친구 만나기로 했어.
A: 음, 내가 뭐 하나 제안할까?
B: 뭔데?

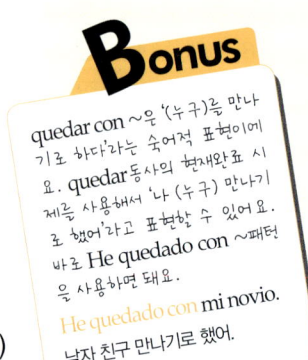

Bonus
quedar con ~은 '(누구)를 만나기로 하다'라는 숙어적 표현이에요. quedar동사의 현재완료 시제를 사용해서 '나 (누구) 만나기로 했어'라고 표현할 수 있어요. 바로 He quedado con ~ 패턴을 사용하면 돼요.
He quedado con mi novio.
남자 친구 만나기로 했어.

PASO 3 도전! 회화 연습

영화 보고 싶니? _____ (película)

80　Capítulo 2

¿No quieres + 동사원형?
너는 ~하지 않을래?, ~하고 싶지 않아?

이번엔 앞에 no를 붙여서 부정문을 만들어 볼까요? '넌 ~하지 않을래?, ~하고 싶지 않니?'처럼 질문할 때는 ¿No quieres ~?라고 질문을 시작해 보세요.

PASO 1   회화 패턴 연습

저녁 뭐 먹지 않을래?
¿No quieres cenar algo?

나와 함께 가지 않을래?
¿No quieres venir conmigo?

조금 더 먹지 않을래?
¿No quieres comer un poco más?

후식 먹지 않을래?
¿No quieres tomar el postre?

PASO 2   리얼 회화 연습

 친구가 비가 와서 산책하러 나가기 싫다고 말하는군요.

A: 산책하러 나가지 않을래?
B: No, hace muy mal tiempo. No para de llover.
A: Yo sí. Necesito que me dé el aire.
B: Yo prefiero estar en casa.

A: **¿No quieres** salir a pasear?
B: 아니, 날씨가 아주 나빠. 비가 멈추지를 않아.
A: 난 나갈래. 바람 좀 쐴 필요가 있어.
B: 난 집에 있는 게 더 좋아.

PASO 3   도전! 회화 연습

맥주 한 잔 더 하지 않을래? _____ (cerveza)

• TIP

Te quiero라는 시 한 편을 읽어 볼까요?
Tú eres el aire 넌 공기야
que quiero besar. 숨쉬고 싶은
Tú eres el cuerpo 넌 몸이야
que quiero sentir. 느끼고 싶은
Tú eres la rosa 넌 장미야
que quiero mirar. 보고 싶은
Tú eres la luz 넌 빛이야
que quiero seguir. 따라가고 싶은
Tú eres la idea 넌 생각이야
que quiero soñar. 꿈꾸고 싶은
Tú eres la vida 넌 삶이야
que quiero vivir. 살고 싶은
Besar, sentir, mirar 키스하고, 느끼고, 보고
seguir, soñar, vivir. 따라가고, 꿈꾸고, 사는 것
¡Te quiero! 너를 사랑해!

• 새로운 어휘

llover   비가 오다
aire   m. 공기
preferir   선호하다

parar는 '멈추다'라는 뜻이에요. <No para de + 동사원형>는 '그는 ~하는 것을 멈추지 않아, 계속 ~해'라는 의미의 회화패턴이죠. 시종일관 멈추지 않고 뭔가를 계속 할 때 쓸 수 있는 표현입니다.
No para de hablar. 계속 말만해.
No para de quejarse. 불평하는 걸 멈추지 않아.

¿Quieres que yo + 동사?
내가 ~하기를 원하니? / 내가 ~해 줄까?

내가 뭔가를 하기를 원하는지 상대방의 의견을 물어볼 때 쓰는 패턴이에요. 영어의 Do you want me to~?와 동일한 표현이랍니다. 여기서 que절 다음에는 반드시 접속법 현재동사를 써야 해요.

PASO 1 회화 패턴 연습

내가 집에 같이 가 줄까?
¿Quieres que yo te acompañe a tu casa?

내가 책을 한 권 사 줄까?
¿Quieres que yo te compre un libro?

내가 널 집에 데려다 줄까?
¿Quieres que yo te lleve a casa?

내가 베가 박사님에게 전화할까요?
¿Quieres que yo llame al doctor Vega?

• TIP
상대방의 질문에 확신하는 답변 또는 긍정의 대답을 하고자 할 때는 다음과 같은 표현을 써 보세요.
- ¿Estás seguro/a de que está allí? 거기에 있는 게 확실해?
  ▫ Sí, seguro/a. 그래, 확실해.
  ▫ Sí, segurísimo/a. 그래, 완전 확실해.
  ▫ Sí, creo que sí. 그래, 그렇다고 생각해.

• 새로운 어휘
acompañar	동행하다
llevar	데리고 가다
entre	사이에
candidato	m. 후보자
escoger	선택하다
enhorabuena	f. 축하
pasado	지난
cumple	m. 생일

PASO 2 리얼 회화 연습

 멕시코로 일하러 가게 된 남자는 여자친구도 같이 가기를 제안하고 있네요.

A: ¿Te acuerdas de que yo estaba entre los candidatos para trabajar en México? Me han escogido a mí.
B: ¿En serio? ¡Enhorabuena!
A: Tú vienes conmigo, ¿no?
B: 내가 너랑 멕시코에 가기를 원하니?

A: 너 내가 멕시코에서 일할 후보자 명단에 있었다는 거 기억하지? 내가 뽑혔어.
B: 진짜? 축하해
A: 너 나랑 같이 갈 거지, 안 그래?
B: ¿Quieres que me vaya a México contigo?

Bonus
acordarse de는 '~을 기억하다'를 뜻합니다. 반드시 재귀대명사 (me/te/se)가 앞에 함께 와야 해요. 뒤에 절이 오게 되면 que 다음에 주어와 동사를 쓰면 되겠죠.
¿Te acuerdas de que el domingo pasado fue mi cumple? 지난 일요일이 내 생일이었다는 거 기억해?

PASO 3 도전! 회화 연습

내가 도와주길 원하니? _____ (ayudar)

Quiero que (tú)~ 네가 ~하길 원해, 네가~해 줘

이번엔 내가 나한테 바라는 게 아니라 타인에게 바라는 희망 또는 소망을 표현해 볼까요? Quiero que ~패턴을 사용하면 돼요. 이 때 que절에는 반드시 접속법 현재 동사를 써야 해요. 영어의 I want somebody to ~에 해당되는 패턴입니다.

PASO 1   회화 패턴 연습

네가 새 차를 사기를 원해.
Quiero que te compres un coche nuevo.

내 안부를 전해 줬으면 해.
Quiero que le mandes saludos de mi parte.

네가 파티에 나랑 함께 가길 원해.
Quiero que vengas conmigo a la fiesta.

네가 부탁 하나 들어줬음 해.
Quiero que me hagas un favor.

• TIP

스페인어에서는 복수형으로만 쓰이는 명사들이 있어요.
las matemáticas   수학
las vacaciones   휴가
las gárgaras   가글
las tijeras   가위
las gafas   안경

또한, 단수형으로만 쓰이는 명사도 있어요.
la gente   사람들
la ropa   옷
el dinero   돈

단수와 복수형이 같은 명사들도 있답니다.
el paraguas, los paraguas 우산

PASO 2   리얼 회화 연습

 미용실에서 머리 하는 장면이네요.

A: 머리를 잘라주세요.
B: ¿Cómo de corto lo quieres?
A: Hasta aquí, no tan corto.
   Y también quiero que me hagas mechas.
B: De acuerdo.

A: Quiero que me cortes el pelo.
B: 얼마나 짧게 원하세요?
A: 여기까지요, 그렇게 짧게는 말고요. 그리고 하이라이트도 해 주세요.
B: 알았어요.

• 새로운 어휘

saludo   m. 인사
favor   m. 호의
cortar   자르다
pelo   m. 머리카락
corto/a   짧은
mechas   f. 부분염색

tan은 '그렇게 많이'를 의미하는 부사로 회화체에서 많이 써요. 영어의 so, so much에 해당되는 단어죠. 앞에 no를 붙여 no tan guapa(그다지 예쁘지 않아), no tan buena(그렇게 맛있지 않아)처럼 쓰일 수 있겠죠.
Carlos no es tan inteligente.
카를로스는 그다지 똑똑하지는 않아.

PASO 3   도전! 회화 연습

네가 신문을 사주길 원해. _____ (periódico)

Querer decir ~   ~를 의미하다

Quiere decir는 영어의 mean 즉 '~을 의미하다'는 숙어적 표현이에요. '그게 무슨 의미야?'라고 묻고 싶다면 ¿Qué quiere decir con eso?라고 말하면 되겠죠.

PASO 1   회화 패턴 연습

"Guay"가 무슨 의미예요?
¿Qué quiere decir "Guay"?

"그라시아스"는 "고마워"를 의미해요.
"Gracias" quiere decir "Thanks".

"케소"는 "치즈"를 의미해요.
"Queso" quiere decir "cheeze".

"발레"는 '오케이'를 의미해요.
"Vale" quiere decir "Okay".

• TIP

평소에 '그러니깐, 내 말은, 즉' 이런 말들을 많이 쓰죠? 스페인어로는 이렇게 표현할 수 있어요.

- Es decir...
  (즉...)
- Lo que yo quiero decir es que...
  (내가 하고 싶은 말은...)
- Pues que...
  (그러니깐...)

• 새로운 어휘

estabilidad	f.	안정
aburrimiento	m.	지루함
quejarse		불평하다
aburrirse		지루해지다
contento/a		만족한
razón	f.	이성, 도리, 이유

PASO 2   리얼 회화 연습

 자신의 일에 대해 불평하는 군요. 안정은 곧 지루함을 의미하죠.

A: ¿Estás contento con tu trabajo?
B: No me puedo quejar. Pero a veces me aburro.
A: 안정은 지루함을 의미하지.
B: Tienes razón.

A: 네 일에 만족하고 있어?
B: 불평할 수는 없지. 하지만 가끔은 지루해.
A: Estabilidad quiere decir aburrimiento.
B: 네 말이 맞아.

PASO 3   도전! 회화 연습

"올라"는 스페인어로 "헬로우"를 의미하죠. _____

¿Estás contento con ~?는 '~에 만족해, 행복해, 좋아?'의 표현입니다. 뒤에 동사가 오게 되면 전치사 de를 써야 해요. ¿Estás contento de vivir aquí? (여기 사는데 만족해? 좋아?)에서처럼요.

Estoy contento con mis hijos.
난 내 아이들과 있어서 행복해.
Estoy contenta con el trabajo. 난 내 일에 만족해.

Lección 08

Preferir ~를 더 좋아하다, ~를 선호하다

preferir는 querer 동사와 마찬가지로 -ie형 불규칙 동사입니다. 영어의 prefer 동사에 해당해요. 뒤에 동사 원형을 취할 수 있는 동사입니다. 물론 명사도 올 수 있고요. 이 동사는 querer 동사와 함께 쓰이는 경우가 많아요. 둘 중 하나를 선택하거나 선호한다는 것을 표현할 때 쓰일 수 있겠죠. 반드시 문맥이 있어야 사용할 수 있어요. 그럼, 동사변화형을 외운 다음 다양한 회화패턴을 배워 볼까요?

preferir (선호하다) 동사 변화

yo 나	prefiero
tú 너	prefieres
él, ella, usted 그, 그녀, 당신	prefiere
nosotros 우리	preferimos
vosotros 너희	preferís
ellos, ellas, ustedes 그들, 그녀들, 당신들	prefieren

Preferir 동사를 배우면 이런 표현을 말할 수 있어요!

1	나는 ~를 더 원해, ~를 선호해	Prefiero + 명사
2	나는 ~하기를 더 원해, ~하기를 선호해	Prefiero + 동사원형
3	너는 ~를 하기를 더 원해?, ~하기를 선호해?	¿(Tú) Prefieres ~ ?
4	너는 A와 B 중에 뭘 더 원해?	¿Qué prefieres, A o B ?

Prefiero + 명사   나는 ~를 더 원해, ~를 선호해

preferir는 '선호하다'는 뜻으로, -ie형 불규칙 동사입니다. 1인칭 단수 현재형은 prefiero가 되고요. 뒤에 명사가 올 수 있습니다.

PASO 1   회화 패턴 연습

난 값이 싼 아파트를 더 선호해.
Prefiero un apartamento barato.

난 겨울에 휴가를 더 선호해.
Prefiero las vacaciones en invierno.

난 커피를 더 선호해.
Prefiero un café.

난 '세앗 톨레도'차를 더 선호해.
Prefiero un Seat Toledo.

• **TIP**

ir de vacaciones는 '휴가 가다'는 숙어적 표현이죠.
ir de ~로 형성되는 표현을 몇 개 더 배워 볼까요?

ir de compras 쇼핑 가다
ir de fiesta 파티 가다
ir de copas 술 마시러 가다
ir de camping 캠핑 가다
ir de viaje 여행 가다
ir de excursión 피크닉 가다

• **새로운 어휘**

barato/a	값이 싼
septiembre	m. 9월
vacaciones	m. 휴가
por todas partes	모든 곳에
verano	m. 여름
lleno/a	가득 찬
turista	m.f. 관광객
polvo	m. 먼지

PASO 2   리얼 회화 연습

 여름보단 9월에 휴가를 떠나고 싶다고 하네요.

A: ¿Quieres ir de vacaciones este verano?
B: No, 난 9월에 휴가를 더 원해.
A: ¿Por qué?
B: En verano está lleno de gente por todas partes.
   Prefiero las vacaciones tranquilas.

A: 이번 여름에 휴가를 가고 싶어?
B: 아니, **prefiero las vacaciones en septiembre.**
A: 왜?
B: 여름엔 모든 장소에 사람들로 가득 차 있어. 난 조용한 휴가를 선호해.

Bonus

estar lleno de ~는 '~로 가득 차 있어'라는 의미의 회화 패턴입니다. 사람에게 써도 되는데, 만약 Yo estoy lleno라고 말한다면 '난 배불러'라는 뜻이 됩니다.

Madrid está lleno de turistas. 마드리드는 관광객들로 가득 차 있어.
El piso está lleno de polvo. 아파트는 먼지로 가득 차 있어.

PASO 3   도전! 회화 연습

난 중국음식을 더 선호해.

Prefiero + 동사원형

나는 ~하기를 더 원해, ~하기를 선호해

preferir 동사는 명사뿐만 아니라 동사원형도 취할 수 있어요. 동사원형이 와서 '~하는 것을 더 좋아해'라는 의미가 됩니다. 동사원형을 넣어 연습해 볼까요?

PASO 1 회화 패턴 연습

난 저녁 먹고 수다 떨러 가는 게 더 좋아.
Prefiero ir a cenar y charlar.

난 산책하러 나가는 게 더 좋아.
Prefiero salir a pasear.

나가지 않고 집에서 쉬고 싶어.
Prefiero no salir y descansar en casa.

난 해변에 더 가고 싶어.
Prefiero ir a la playa.

PASO 2 리얼 회화 연습

 한 친구는 클럽을 다른 친구는 밥 먹고 수다 떠는 걸 좋아하는군요.

A: Te voy a llevar a bailar a una discoteca.
B: A mí las discotecas no me van.
　　바에서 저녁 먹고 수다 떠는 게 더 좋아.
A: Yo prefiero bailar. Me aburro mucho de hablar.
B: Somos completamente distintos.

A: 클럽에 널 데리고 가야겠어.
B: 난 클럽 좋아하지 않아. **Yo prefiero ir a cenar en un bar y charlar.**
A: 난 춤추는 게 더 좋아. 말하는 건 지루해.
B: 우리는 완전히 다르구나.

PASO 3 도전! 회화 연습

난 산에 더 가고 싶어. _____ (montaña)

• TIP

사람을 나타내는 직접 목적어를 배워 봅시다. 목적격 대명사는 항상 동사 앞에 위치해야 해요.

나를 me	우리를 nos
너를 te	너희를 os
그를 lo/le	그들을 los/les
그녀를 la	그녀들을 las
당신을 le	당신들을 les

• ¿Ves a tu novio a menudo?
　네 남자친구 자주 봐?
◦ Sí, lo veo todos los días.
　응, 매일 봐.
• ¿Ves a los niños desde aquí?
　여기서 얘들 보여?
◦ No, no los veo. 아니, 안 보여.
• ¿Ves a tus primas?
　네 사촌들은 만나니?
◦ Sí, las veo a veces. 응, 가끔 봐.

• 새로운 어휘

charlar	수다 떨다
camping	m. 캠핑
completamente	완전히
distinto/a	다른

Me va ~ 또는 Me van ~은 스페인 구어체에서 '~을 좋아해'라는 뜻이 되기도 한답니다. 앞에 no를 붙여 쓰면 '~을 좋아하지 않는다'는 뜻이 되겠죠. 스페인 현지인들이 즐겨 쓰는 회화 표현이니 외워두면 아주 유용하겠죠?

A mí las discotecas no me van. 난 클럽을 좋아하지 않아.
No me va el pop.
난 팝을 좋아하지 않아

¿(Tú) prefieres~?
너는 ~를 하기를 더 원해?, ~하기를 선호해?

이번엔 preferir 동사로 의문문을 만들어 볼까요? 선택 사항이 있을 때 '넌 ~하기를 원하니?'라고 물을 때 사용하면 되겠죠. preferir 동사는 반드시 두 사람이 아는 선택사항이 있는 문맥 속에서 사용한다는 것을 기억하세요.

PASO 1 회화 패턴 연습

난 집에 있고 싶어, 넌 나가고 싶어?
Yo quiero quedarme en casa, ¿tú prefieres salir?

난 생선 먹고 싶어, 넌 고기 먹을래?
Yo quiero comer pescado, ¿tú prefieres comer carne?

난 해변 갈래, 넌 산에 가고 싶니?
Yo quiero irme a la playa, ¿tú prefieres ir a la montaña?

난 차 마실래, 넌 커피 선호하지?
Yo quiero tomar un té, ¿tú prefieres tomar un café?

• TIP
부정형용사 cualquier와 대명사 cualquiera에 대해 배워 봅시다. cualquier(어떤~라도, 어떤 것이라도)뒤에는 명사가 올 수 있어요.
cualquiera(아무것, 어떤 사람이라도, 아무나)는 홀로 쓰일 수 있겠죠.

- Cualquier día 아무 날이나
- Cualquiera me gusta.
  아무 거나 난 좋아.
- Cualquiera lo sabe.
  아무나 그걸 알아.

PASO 2 리얼 회화 연습

 한 친구는 집에서 먹고 싶어하고 다른 친구는 외식을 원합니다.

A: **Yo quiero comer en casa. ¿Y tú** 외식하기를 더 원해?
B: **Sí, prefiero salir a comer.**
A: **¿Qué te apetece comer?**
B: **Cualquier cosa. Llevo todo el día sin comer nada.**

A: 난 집에서 먹고 싶어. 넌 **prefieres comer fuera?**
B: 응. 난 나가서 먹고 싶어.
A: 뭐 먹고 싶어?
B: 아무거나. 하루 종일 아무것도 안 먹었어.

• 새로운 어휘
pescado	m. 생선
carne	f. 고기
té	m. 차
comer fuera	외식하다

PASO 3 도전! 회화 연습

난 시골에 살고 싶어, 넌 도시에 살고 싶지? _____

〈llevar + 시간 + sin + 동사원형〉은 '~하지 않은지 얼마가 되다, ~동안 ~하지 않고 지내다'라는 의미의 회화 패턴입니다.
Llevo un mes sin trabajar.
한 달째 일을 하지 않고 있어.
Llevo dos días sin dormir.
이틀째 잠을 안 자고 있어.

¿Qué prefieres, A o B?

너는 A와 B 중에 뭘 더 원해?

이번에는 A와 B 둘 중에 뭘 더 원하는지 질문하는 법을 배워 볼까요? 의문사 qué를 사용하여 ¿Qué prefieres, A o B?에 서로 다는 사물 두 개를 넣으면 됩니다.

PASO 1 회화 패턴 연습

차와 커피 중 뭘 더 원해?
¿Qué prefieres, un té o un café?

주스와 코카콜라 중 뭘 더 원해?
¿Qué prefieres, un zumo o una coca cola?

치킨과 면 중 뭘 더 원해?
¿Qué prefieres, pollo o fideos?

아파트와 주택 중 뭘 더 원해?
¿Qué prefieres, piso o casa?

• TIP
뭔가 건네 줄 때는 이런 명령형을 쓸 수 있어요.

Toma. 받아.(tú)
Tome. 받으세요.(usted)
Ten. 가져.(tú)
Tenga. 가지세요.(usted)

• 새로운 어휘
fideo   m. 국수, 면
revista   f. 잡지
novela   f. 소설
paraguas   m. 우산
hoja   f. 한 장

PASO 2 리얼 회화 연습

 친구에게 읽을 책을 좀 빌려달라고 부탁합니다.

A: **¿Me prestas algo para leer un rato?**
B: 잡지와 소설 중 뭘 더 원해?
A: **Prefiero una revista.**
B: **Toma.**

A: 잠시 내가 책 읽게 뭐 좀 빌려 줄래?
B: **¿Qué prefieres, una revista o una novela?**
A: 잡지를 원해.
B: 받아.

PASO 3 도전! 회화 연습

구두와 운동화 중 뭘 더 원해? _____

Bonus

prestar는 '빌려주다'라는 뜻을 갖고 있죠. 상대방에게 뭔가를 빌려달라고 할 때는 ¿Me prestas ~?라고 말을 시작해 보세요. 유사표현으로는 ¿Me dejas~?와 ¿Me das~? 등이 있어요.
¿Me prestas el paraguas? 우산 빌려줄래?
¿Me prestas una hoja de papel? 종이 한 장 빌려줄래?

Lección 09
Hacer 하다

hacer 동사는 '~하다'는 뜻입니다. 영어의 do 동사죠. 불규칙 동사로 1인칭 단수형이 hago입니다. hacer 동사는 영어에서와는 달리 날씨를 표현할 때도 이 동사를 써야 해요. 또한 '~한 지 (얼마의 시간)이 되었어'라는 표현을 할 때에도 hacer 동사를 사용해야 한답니다. 따라서 hacer 동사는 회화체에서 아주 많이 쓰이는 동사 중 하나겠죠? 그럼, 이제 hacer 동사의 동사변화를 외운 다음 유용한 회화패턴을 익혀 볼까요?

hacer 동사 변화	
yo 나	hago
tú 너	haces
él, ella, usted 그, 그녀, 당신	hace
nosotros 우리	hacemos
vosotros 너희	hacéis
ellos, ellas, ustedes 그들, 그녀들, 당신들	hacen

CHECK Hacer 동사를 배우면 이런 표현을 말할 수 있어요!

1	나는 ~을 해	Hago ~
2	나한테 ~해 줄래? 나한테 ~만들어 줄래?	¿Me haces ~ ?
3	날씨가 ~(어떠)해	Hace ~
4	~한 지 (얼마의 시간)이 되었어	Hace + 시간 + que ~
5	너는 나를 ~하게 해	Me haces + 동사원형

가장 많이 쓰는 우선 순위 동사패턴

Hago 나는 ~을 해

hacer 동사는 '~하다'는 뜻으로 영어의 do에 해당되죠. hacer동사 뒤에 명사를 넣어 여러 가지 표현을 만들 수 있어요. 뒤에 음식이 오게 되면 '~을 만들다'라는 뜻이 되겠죠?

PASO 1 회화 패턴 연습

나는 운동해.
Hago deporte.

나는 조깅해.
Hago footing.

나는 짐을 싸.
Hago la maleta.

난 사진을 찍어.
Hago fotos.

• TIP

스펭글리쉬란? 스페인어에 영어가 영향을 주어 영어와 스페인어가 조합되어 나타난 현상을 말하는데요. hacer footing(조깅하다)가 대표적 예죠.
hacer puenting 번지 점프하다
hacer networking 인적네트워크를 만들다
hacer el tránsfer 갈아타다
surfear 서핑 하다
dame un ´ride´. 태워줘.
Vamos a tomar un ´break´. 잠시 쉽시다.
Unamoretime 한 번만 더요.

PASO 2 리얼 회화 연습

 친구가 요가를 하기 위해 요가 수업에 등록했다고 말합니다.

A: ¿Tú haces yoga?
B: 난 요가 안 해. No me gusta hacer deporte.
A: Yo me he apuntado a una clase de yoga.
B: A ver si te gusta...

A: 너 요가 해?
B: Yo no hago yoga. 운동하는 거 좋아하지 않아.
A: 난 요가 클래스에 등록했어.
B: 네가 좋아하는지 한 번 보자...

• 새로운 어휘

footing	m. 조깅
maleta	f. 가방
foto	f. 사진
yoga	f. 요가
apuntarse	등록하다
alemán	m. 독일어
curso	m. 강좌
cocina	f. 요리

PASO 3 도전! 회화 연습

나는 숙제 해. _____ (deberes)

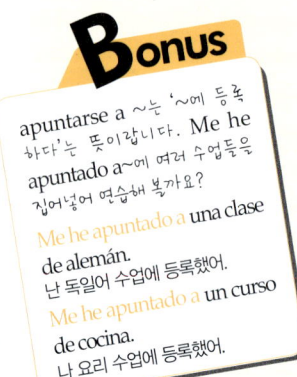

apuntarse a ~는 '~에 등록하다'는 뜻이랍니다. Me he apuntado a~에 여러 수업들을 집어넣어 연습해 볼까요?
Me he apuntado a una clase de alemán.
난 독일어 수업에 등록했어.
Me he apuntado a un curso de cocina.
나 요리 수업에 등록했어.

¿Me haces~?
나한테 ~해 줄래?
나한테 ~만들어 줄래?

hacer 동사 앞에 간접목적어 me를 써서 '나에게 ~해 줄래? 또는 ~를 만들어 줄래?'라고 표현해 볼까요? 스페인어는 주어가 대부분 생략되므로 동사 앞에 있는 것이 주어라고 생각하는 경우가 많은데 me는 간접목적어라는 것을 꼭 기억해요.

PASO 1 회화 패턴 연습

나에게 부탁 하나 들어줄래?
¿**Me haces** un favor?

커피 한 잔 만들어 줄래?
¿**Me haces** un café?

심부름 하나 해 줄래?
¿**Me haces** un recado?

짐 좀 싸 줄래?
¿**Me haces** la maleta?

PASO 2 리얼 회화 연습

 넥타이 매듭을 맬 줄 몰라 친구에게 매달라고 부탁하는군요.

A: ¿Me haces un favor?
B: Sí, dime.
A: 넥타이 매듭 좀 매 줄래? Es que no sé cómo hacerlo.
B: Déjame que te ayude.

A: 부탁 하나 들어 줄래?
B: 그래, 말해.
A: ¿Me haces el nudo de la corbata? 그러니깐 어떻게 하는지 모르겠어.
B: 도와줄게.

PASO 3 도전! 회화 연습

사진 한 번 찍어 줄래? _____ (foto)

• TIP

간접목적어를 배워 봅시다.
me 나에게
te 너에게
le 그, 그녀, 당신에게
nos 우리에게
os 너희에게
les 그들, 그녀들, 당신들에게
간접목적어는 동사 앞에 반드시 위치해야 해요.

- Me trae agua.
  나에게 물을 갖다 준다.
- Te doy el dinero.
  내가 너에게 돈을 준다
- Le hago un café.
  내가 그에게 커피를 타 준다.
- Nos manda el e-mail.
  우리에게 메일을 보내 준다.

• 새로운 어휘

recado   m. 용무, 심부름
nudo   m. 매듭
corbata   f. 넥타이
levantar   일으키다

dejar는 '~하게 내버려 두다'는 뜻으로 영어의 let과 같은 동사예요. '내가 ~하게 해 줘' 즉 영어로 let me ~라고 말하고 싶을 때가 있다면 Déjame que ~의 패턴을 사용하면 돼요.

Déjame que te levante.
널 일으켜 세워 줄게.
Déjame que te hable.
너에게 말하게 해 줘.

Hace ~ 날씨가 ~(어떠)해

스페인어에서 날씨를 표현할 때 꼭 쓰는 동사 hacer를 기억합시다. 날씨는 따로 인칭이 없으니 3인칭 단수형을 사용해야 합니다. Hace ~다음에 날씨를 나타내는 다양한 어휘를 넣어 연습해 볼까요?

PASO 1 회화 패턴 연습

아주 더워.
Hace mucho calor.

제법 추워.
Hace bastante frío.

바람 불어.
Hace viento.

햇볕이 아주 강해.
Hace mucho sol.

• **TIP**

날씨에 관한 추가 표현을 알아두세요!
Hace un día soleado. 날씨가 맑다.
Está nublado. 날씨가 흐리다.
Está despejado. 날씨가 개었다.
Llueve. 비가 와.
Nieva. 눈이 와.
Hay niebla. 안개가 꼈어.
Hay nubes. 구름이 꼈어.
Hay tormenta. 폭풍이 쳐.
Hay trueno. 천둥이 쳐.
Hay relámpago. 번개가 쳐.

PASO 2 리얼 회화 연습

 비가 온다던 일기예보와 다르게 화창한 날씨에 기뻐합니다.

A: ¡Qué buen tiempo hace!
B: 오늘 날씨가 정말 쾌적하다.
   El pronóstico del tiempo se equivocó.
A: ¿Verdad que sí? Hoy no llueve.
B: Así podemos disfrutar del sol.

A: 날씨가 진짜 좋다!
B: Hace un día muy agradable. 일기예보가 틀렸어.
A: 그렇지? 오늘 비 안 와.
B: 이렇게 우리는 태양을 즐길 수 있지.

• **새로운 어휘**

viento	m. 바람
sol	m. 태양
tiempo	m. 날씨
agradable	쾌적한
pronóstico	m. 일기 예보
equivocarse	틀리다, 실수하다
fresco	시원한, 서늘한

PASO 3 도전! 회화 연습

날씨가 좋아.

날씨를 의문사 qué를 사용하여 감탄문을 만들어 볼까요? ¡Qué + 날씨 + hace!를 활용해 보세요.
¡Qué calor hace!
진짜 덥다!
¡Qué fresco hace!
정말 시원하다!

Hace + 시간 + que ~한 지 (얼마의 시간)이 되었어

'~한 지 얼마의 시간이 되었어'라는 말을 하고 싶을 때는 Hace ~que패턴을 활용해 보세요. 질문은 ¿Cuánto tiempo hace que ~?라고 하면 되겠죠. 질문은 의문사 cuánto편에서 더 자세히 공부하도록 해요.

PASO 1 회화 패턴 연습

그녀를 못 본지 몇 년 되었어.
Hace años que no la veo.

여행 안 한지 몇 달 되었어.
Hace meses que no viajo.

술을 안 마신지 몇 주 되었어.
Hace semanas que no bebo.

여기서 산지 10년 되었어.
Hace diez años que vivo aquí.

PASO 2 리얼 회화 연습

 담배에 대해 서로 얘기하는 장면이네요.

A: ¿Tú fumas?
B: Antes sí. Yo fumaba como un carretero.
   Pero 담배 안 피운 지 몇 년 됐어. ¿Y tú?
A: Yo no. Nunca en mi vida. Odio el humo del cigarrillo.
B: Mejor.

A: 넌 담배 피워?
B: 예전엔 피웠어. 골초처럼 피웠댔지. 그런데 **hace años que no fumo**. 넌?
A: 난 담배 안 피워. 살면서 한 번도. 담배연기를 증오해.
B: 그게 더 좋아.

PASO 3 도전! 회화 연습

스페인어 공부한 지 1년 되었어. _____

TIP

주요 빈도 부사를 배워 봅시다. 빈도부사의 위치는 문장 앞, 뒤에 자유롭게 위치할 수 있어요. 단, casi nunca와 nunca가 뒤에 오면 앞에 no를 한 번 더 써 주면 돼요.
siempre 항상
frecuentemente 빈번히
a menudo 자주
a veces 가끔
de vez en cuando 가끔
casi nunca 거의 ~하지 않다
nunca 절대로 ~않다
• No bebo nunca.
  난 절대 술을 마시지 않아.
• Nunca bebo.
  난 절대 술을 마시지 않아.

새로운 어휘

año   m. 연, 해
mes   m. 달, 월
semana   f. 주
carretero m. 골초
humo   m. 연기
cigarrillo m. 담배

Bonus

odiar(증오하다)는 정말 싫어하고 증오하는 대상에 쓸 수 있는 동사죠. las cucarachas(바퀴벌레), los bichos(벌레)처럼 싫어하는 명사들을 넣어 연습해 볼까요?

Odio a esa mujer.
그 여자를 증오해.
Odio a los fumadores de la calle. 길거리 흡연자들 정말 싫어.

Me haces + 동사원형 너는 나를 ~하게 해

hacer 동사는 '~하게 하다'는 뜻으로도 쓰여요. 따라서 Me haces 다음에 동사원형을 쓰게 되면 '넌 나를 ~하게 해'라는 뜻이 되는 거죠. 좋아하는 사람이 있다면 이렇게 얘기해 보세요. Me haces sentir feliz.(넌 날 행복하게 해 줘)라고요.

PASO 1 회화 패턴 연습

넌 나를 정상으로 느끼게 해 줘.
Me haces sentir normal.

넌 날 행복하게 느끼게 해 줘.
Me haces sentir feliz.

넌 날 웃게 해.
Me haces reír.

넌 나를 기분 좋게 해.
Me haces sentir muy bien.

PASO 2 리얼 회화 연습

 여자는 친구로 남고 싶어하지만 남자는 연인이 되기를 간절히 원하는군요.

A: ¿Por qué te gusto yo? Tú no sabes nada de mí.
B: Porque 넌 날 행복하게 느끼게 해 줘.
A: Vamos a ser amigos, ¿no?
B: No quiero ser tu amigo, quiero ser tu novio.

A: 넌 왜 날 좋아해? 넌 나에 대해 아무것도 모르잖아.
B: 왜냐하면 me haces sentir feliz.
A: 우리 친구하자, 그러지 않을래?
B: 난 네 친구가 되기 싫어, 너의 남자친구가 되고 싶어.

PASO 3 도전! 회화 연습

넌 나를 편안하게 느끼게 해 줘. _____ (cómodo)

• **TIP**

스페인어로 부가의문을 만들어 볼까요? 스페인어에서 부정문만큼이나 쉬운 게 부가의문이죠. 문장 뒤에 ¿no?만 붙여주면 끝. 억양은 no 앞에서 내려주고 no 뒤에서 올려주면 돼요.
• Tú eres de Colombia, ¿no?
넌 콜롬비아 사람이지, 그렇지?
• Tú vienes a clase, ¿no?
너 수업 올 거지, 그렇지?
• Vamos a la fiesta, ¿no?
우리 파티 가자, 그러지 않을래?

• **새로운 어휘**

sentir	느끼다
normal	정상의, 보통의
feliz	행복한
reír	웃다
nada	전혀, 아무것
marido	m. 남편

saber de ~는 '~에 대해 알다'는 뜻이에요. 따라서 〈No sabes nada de ~〉라고 말한다면 '넌 ~에 대해 아무것도 몰라'라는 뜻이 되겠죠. 내가 아무것도 모른다면, 〈No sé nada de ~〉라고 말하면 되는 거구요. política(정치), historia(역사), música clásica(클래식 음악)처럼 여러 단어를 넣어서 연습해 봅시다.

No sabes nada de tu marido.
넌 네 남편에 대해 아무것도 몰라.

Lección 10

Hay ~가 있다

hay 동사는 '~가 있다, ~가 존재하다'는 뜻입니다. hay 동사는 원래 haber 동사에서 나왔지만 아래의 6가지 동사변화는 현재완료를 만들 때만 쓰인답니다. '~가 있다'라고 표현하기 위해서는 hay 동사, 즉 단 한 개의 동사변화만 존재하죠. Hay 다음에 명사를 쓰게 되면 '~가 있다'는 의미가 되고, No hay~라고 말하면 '~가 없다'는 뜻이 되겠죠? Hay 동사 다음에는 부정관사, 숫자 등이 올 수 있지만 정관사는 절대 못 온다는 사실을 기억합시다. 그리고 Hay que~는 '~해야 한다'는 회화패턴도 함께 배워 보도록 해요. 자, 그럼 시작해 볼까요?

haber 동사 변화

yo 나	he
tú 너	has
él, ella, usted 그, 그녀, 당신	ha (hay)
nosotros 우리	hemos
vosotros 너희	habéis
ellos, ellas, ustedes 그들, 그녀들, 당신들	han

CHECK

Hay 동사를 배우면 이런 표현을 말할 수 있어요!

1	~가 있어	Hay ~
2	~가 없어	No hay ~
3	~해야 해	Hay que + 동사원형
4	~하는 뭔가 있어?	¿Hay algo que ~?

가장 많이 쓰는 우선 순위 동사패턴

Hay~ ~가 있어

haber 동사의 3인칭 단수형이 hay입니다. 뜻은 '~가 있다, 존재하다'이고요. 영어의 'there is, there are'와 동일해요. hay 뒤에는 단수, 복수 명사 다 가능하답니다.

PASO 1 회화 패턴 연습

스페인 전역에 가뭄이 있어.
Hay sequía en toda España.

한국엔 비가 많이 와.
Hay mucha lluvia en Corea.

멕시코에는 밀림이 있어.
Hay selvas en México.

스페인에는 곰이 있어.
Hay osos en España.

• TIP

muy와 mucho의 쓰임새를 알아볼까요? muy는 '아주, 매우'를 뜻하는 부사죠. mucho는 '많은'을 뜻할 때는 mucho/mucha/muchos/muchas처럼 뒤의 명사의 성과 수에 따라 변화해야 해요.
- Es muy guapa.
  그녀는 아주 예뻐.
- Tengo mucha hambre.
  난 배가 많이 고파.
- Tengo muchos libros.
  난 책이 많아.

PASO 2 리얼 회화 연습

 한국과 스페인의 기후 차이, 습도와 가뭄에 대해 얘기하는군요.

A: ¿En Corea 습기가 많아?
B: Sí, aquí, sobre todo en verano, es muy húmedo.
A: En España es muy seco. En algunas partes hay sequía.
B: Yo prefiero estar en España.

A: 한국에는 hay mucha humedad?
B: 그래, 여기서는 특히, 여름엔 아주 습해.
A: 스페인은 아주 건조하지. 어떤 지역에는 가뭄이 있단다.
B: 난 스페인에 있는 걸 더 원해.

• 새로운 어휘

sequía	f.	가뭄
lluvia	f.	비
selva	f.	밀림
oso	m.	곰
humedad	f.	습기, 습도
húmedo		습한
seco		건조한

기후(clima)를 이야기 할 때는 ser동사의 3인칭 단수형을 씁니다. 건조하고 습한 기후는 El clima es seco.(기후가 건조해), El clima es húmedo.(기후가 습해)로 표현해요.

El clima es templado.
온난 기후야.
El clima es lluvioso.
우기성 기후야.

PASO 3 도전! 회화 연습

라 만차에는 바람이 많아.

No hay~ ~가 없어

'~가 없다'라고 말하려면 hay 동사 앞에 no만 붙여주면 됩니다. Hay 동사는 동사변화가 따로 없어 쉽게 사용할 수 있어요. No hay 다음에 명사를 넣어 연습해 볼까요?

PASO 1 회화 패턴 연습

전선이 없어요.(전화가 끊겼어요)
No hay línea.

물이 없어요.(수도가 끊겼어요)
No hay agua.

전기가 없어요.(전기가 끊겼어요)
No hay luz.

돈이 없어요.
No hay dinero.

PASO 2 리얼 회화 연습

 집에 전기가 나가서 전기공에게 연락했다고 얘기합니다.

A: Se fue la luz en casa.
B: Sí, 전기가 없어. ¿Puede llamar al electricista, por favor?
A: Ya hablé. Tardará unos veinte minutos en llegar.
B: Mi móvil también está descargado.

A: 집에 전기가 나갔어.
B: 그래, no hay luz. 전기공에게 전화할 수 있니?
A: 이미 했어. 도착하는데 약 20분 걸릴 거야.
B: 내 핸드폰도 방전되었어.

PASO 3 도전! 회화 연습

사람이 없어요. _____ (gente)

TIP

durar와 tardar의 차이에 대해 알아봅시다. 둘 다 '(시간이) ~걸리다'라는 뜻을 갖고 있죠.
durar (last)는 '사건, 이벤트, 행사'를 말할 때, tardar (take)는 '사람 또는 동물, 사물'이 주어로 나와야 합니다.

- El viaje dura 17 horas.
  여행은 17시간 걸려.
- La película dura 2 horas.
  영화는 2시간 걸려.
- Pepe tarda mucho en llegar.
  페페는 도착하는 데 오래 걸려.
- No me tardo.
  오래 안 걸려. 늦지 않아.

새로운 어휘

línea	f. 선, 전선
luz	f. 빛, 전기
electricista	m.f. 전기공
tardar	걸리다
minuto	m. 분
descargado	방전된

〈Tardará + 시간 + en + 동사원형〉은 '~하는데 (얼마)의 시간이 걸릴 거야'라는 의미의 회화패턴입니다.
Tardará unos meses en recuperarse. 회복하는데 몇 달 걸릴 거예요.
Tardará unas horas en arreglarlo. 그것을 수선하는데 몇 시간 걸릴 거예요.

Hay que + 동사원형 ~해야 해

hay que 다음에 동사원형이 와서 '~해야 한다'라는 의미가 됩니다. 영어의 should와 비슷한 의미라고 보면 돼요. hay que는 특별한 인칭이 없이 주어는 일반사람들이라고 보면 되겠죠.

PASO 1 회화 패턴 연습

높게 목표를 잡아야 해.
Hay que apuntar alto.

어려움을 극복해야 해.
Hay que superar la dificultad.

선생님 말씀을 잘 들어야 해.
Hay que escuchar a la profesora.

결정을 해야 해.
Hay que tomar una decisión.

• **TIP**

스페인 구어체에서 'hombre' 또는 'mujer'등의 감탄사를 자주 쓴답니다. 감탄사의 hombre는 '남자'의 의미가 아니라, '앗, 어머나, 오, 아이고, 물론, 어서...'등의 뜻이 된답니다.
- ¡Hombre! Me alegro de verte.
  어머나, 널 만나서 반갑다!
- ¡Sí, hombre! 그래, 물론!
- ¡Hombre! no te enfades.
  제발, 화내지 마!

• **새로운 어휘**

apuntar	겨냥하다, 조준하다
superar	극복하다
dificultad	f. 어려움
decisión	f. 결정
nivel	m. 레벨
igual	같은, 동일한
avanzar	향상되다, 진전하다
esforzarse	노력하다
adelante	앞으로

PASO 2 리얼 회화 연습

 스페인어 실력이 늘려면 열심히 노력해야 한다고 충고하는군요.

A: ¿Qué tal tu clase de español?
B: Muy bien. Pero mi nivel sigue igual. No avanza.
A: Hombre, 노력을 더 해야 해.
B: Es verdad. Hay que apuntar alto y seguir adelante.

A: 네 스페인어 수업은 어때?
B: 아주 좋아. 그런데 내 레벨은 그대로야. 진전하지 않아.
A: 이런, hay que esforzarse más.
B: 사실이야. 목표를 높게 잡고 전진해야지.

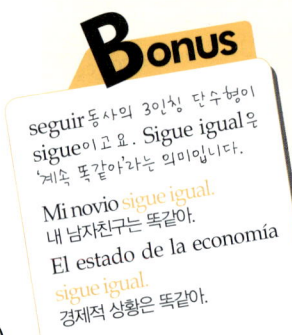

seguir 동사의 3인칭 단수형이 sigue이고요. Sigue igual은 '계속 똑같아'라는 의미입니다.
Mi novio sigue igual.
내 남자친구는 똑같아.
El estado de la economía sigue igual.
경제적 상황은 똑같아.

PASO 3 도전! 회화 연습

운동을 더 많이 해야 해. _____ (ejercicio)

¿Hay algo que~? ~하는 뭔가 있어?

haber 동사가 '~가 있다'라는 의미로 쓰일 때는 hay의 형태로만 쓰입니다. 오랜만에 만난 친구에게 뭐 새로운 일이 있냐고 묻고 싶다면 ¿Hay algo nuevo?라고 말하면 됩니다. 단, ¿Hay algo que ~ 다음에는 항상 접속법 동사가 온다는 것, 꼭 기억합시다!

PASO 1   회화 패턴 연습

말하고 싶은 거 있어?
¿**Hay algo que** quieras decir?

사고 싶은 거 있어?
¿**Hay algo que** quieras comprar?

하고 싶은 거 있어?
¿**Hay algo que** quieras hacer?

내가 해야 할 게 있어?
¿**Hay algo que** yo tenga que hacer?

• TIP

una docena de huevos는 '달걀 12개'를 뜻하죠. 물건을 세는 단위를 좀 더 공부해 볼까요?
media docena de huevos 달걀 6개
una botella de vino 와인 한 병
una lata de coca cola 코카콜라 한 캔
un cartón de leche 우유 한 개
una barra de pan 빵 한 개
un paquete de arroz 쌀 한 통
un vaso de agua 물 한 잔
una taza de café 커피 한 잔
una copa de cerveza 맥주 한 잔

• 새로운 어휘

mercado   *m.* 시장
huevo   *m.* 달걀
nevera   *f.* 냉장고
docena   *f.* 12개, 한 다스

PASO 2   리얼 회화 연습

 시장 가기 전에 부인에게 살 것이 있는지 물어보는 군요.

A: **Voy al mercado.** 뭐 살 거 있어?
B: **Sí, voy a necesitar unos huevos.**
   Ya no quedan huevos en la nevera.
A: **¿Cuántos compro?**
B: **Una docena de huevos.**

A: 나 시장 가. **¿Hay algo que quieras comprar?**
B: 그래. 달걀이 좀 필요할 거야. 이제 냉장고에 달걀이 남아있지 않아.
A: 얼마나 살까?
B: 12개.

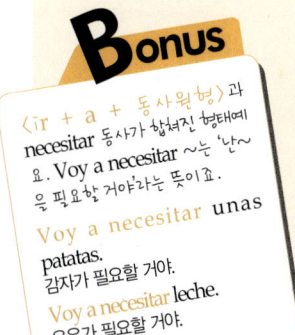

〈ir + a + 동사원형〉과 necesitar 동사가 합쳐진 형태예요. Voy a necesitar ~는 '난 ~을 필요할 거야'라는 뜻이죠.
Voy a necesitar unas patatas.
감자가 필요할 거야.
Voy a necesitar leche.
우유가 필요할 거야.

PASO 3   도전! 회화 연습

내가 모르는 게 있어? _____ (saber)

Lección 11
Ir ~에 가다

ir 동사는 동사전체가 변화하는 대표적인 불규칙 동사입니다. '가다'는 뜻 외에도 영어의 be going to와 같이 표현할 때도 바로 이 ir 동사가 쓰여요. 〈ir a + 동사원형〉의 패턴으로 말이죠. 그 외에도 ir동사는 실생활에서 활용도가 높은 동사 중의 하나죠. 이번 과에서 ir동사를 확실히 학습해 두면 현지에서 회화할 때 많은 도움이 될 거예요. 그럼, 지금부터 동사변화부터 차근차근 배워 볼까요?

ir 동사 변화

yo 나	voy
tú 너	vas
él, ella, usted 그, 그녀, 당신	va
nosotros 우리	vamos
vosotros 너희	vais
ellos, ellas, ustedes 그들, 그녀들, 당신들	van

 **Ir 동사를 배우면 이런 표현을 말할 수 있어요!**

1	나는 ~로 가	Voy a + 장소
2	나는 ~할 예정이야, ~할 거야	Voy a + 동사원형
3	너는 ~할 거야?	¿Vas a + 동사원형?
4	너는 ~하면 안 돼	Tú no (te) vas a + 동사원형
5	우리 ~하자, ~합시다	Vamos a + 동사원형
6	(나) ~가지러(데리러) 갈게	Voy a por ~
7	~하는 게 좋을 거야, 도움이 돼	Va/n (muy) bien ~

가장 많이 쓰는 우선 순위 동사패턴

Voy a + 장소   나는 ~로 가

ir 동사 다음에 장소 전치사 a(~로, ~에)와 함께 장소명이 나오면 '~로 가다'는 뜻이 됩니다. 전치사 a와 관사 el을 붙여쓰면 al로 축약된다는 것도 기억하세요. ir 동사의 1인칭 단수형인 voy a ~다음에 장소명사를 넣어 연습해 보세요.

PASO 1   회화 패턴 연습

난 바르셀로나에 가.
Voy a Barcelona.

난 해변에 가.
Voy a la playa.

난 헬스클럽에 가.
Voy al gimnasio.

난 시장에 가.
Voy al mercado.

• TIP

ir와 irse의 차이에 대해 알아 볼까요? 그리고 ir동사가 전치사 a, de, en과 같이 쓰일 때의 의미도 공부해 봅시다.
① ir + a : ~로 가다(방향을 강조)
Voy a Segovia el domingo.
일요일에 세고비아로 가.
② irse + de : ~로부터 떠나다 (출발지를 강조)
Me voy de Madrid el sábado.
토요일에 마드리드를 떠나.
③ ir + en: ~를 타고 가다(교통수단)
Voy en tren. 기차 타고 가.
(예외: Voy a pie. 걸어서 가)

• 새로운 어휘

gimnasio	m. 헬스클럽
tren	m. 기차
avión	m. 비행기
rápido	빠른

PASO 2   리얼 회화 연습

 이번 부활절에 세비야에 간다고 말합니다.

A: ¿A dónde vas esta Semana Santa?
B: 세비야에 가.
A: ¿Vas en tren?
B: No, voy en avión. Es más rápido.

A: 이번 부활절에 어디 가?
B: **Voy a Sevilla.**
A: 기차로 가?
B: 아니, 비행기로 가. 더 빨라.

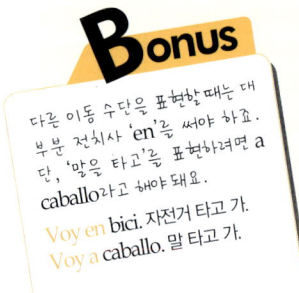

다른 이동 수단을 표현할 때는 대부분 전치사 'en'을 써야 해요. 단, '말을 타고'를 표현하려면 a caballo라고 해야 돼요.
Voy en bici. 자전거 타고 가.
Voy a caballo. 말 타고 가.

PASO 3   도전! 회화 연습

난 약국에 가. _____ (farmacia)

060

Voy a + 동사원형   나는 ~할 예정이야, ~할 거야

〈ir a + 동사원형〉은 가장 많이 쓰이는 중요한 패턴 중의 하나랍니다. 미래의 계획이나 플랜 등을 이야기할 때 주로 쓰이죠. 뜻은 '~할 거야, ~할 예정이야, ~해야지, ~해야겠다'등의 의미가 돼요. 대명사는 voy 앞, 동사원형 뒤에 위치할 수 있어요.

PASO 1   회화 패턴 연습

난 호세를 찾을 거야.
Voy a buscar a José.

난 여기 앉을게.
Voy a sentarme aquí.

난 커피 준비할게.
Voy a prepararme un café.

난 택시 부를게요.
Voy a llamar a un taxi.

• TIP

미래를 나타내는 부사구를 살펴볼까요?
La semana que viene는 '다음 주에'라는 뜻이 됩니다. ~que viene를 덧붙여 쓰면 되죠. 같은 표현으로는 próximo/a가 있어요.
El mes que viene 다음 달에
El año que viene 내년에
El próximo mes 다음 달에
El próximo año 내년에
La próxima semana 다음 주에

• 새로운 어휘

buscar	찾다
sentarse	앉다
olvidar	잊다
faltar	부족하다, 남다
poco	적게
echar de menos	그리워하다,
así	이렇게, 그렇게

PASO 2   리얼 회화 연습

 한국으로 돌아가는 친구에게 보고 싶을 거라고 얘기합니다.

A: La semana que viene 나 한국으로 돌아가.
B: Yo no te voy a olvidar. Falta muy poco.
A: Te vamos a echar de menos.
B: Así es la vida.

A: 다음 주에 **me voy a volver a Corea**.
B: 널 잊지 않을 거야. 정말 거의 안 남았네.
A: 우리는 네가 많이 보고 싶을 거야.
B: 그런 게 삶이지.

PASO 3   도전! 회화 연습

난 커피 한 잔 마셔야겠다. _____ (tomar)

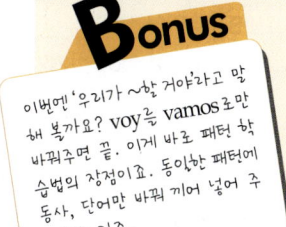

이번엔 '우리가 ~할 거야'라고 말해 볼까요? voy를 vamos로만 바꿔주면 끝. 이게 바로 패턴 학습법의 장점이죠. 동일한 패턴에 동사, 단어만 바꿔 끼어 넣어 주면 되는 거죠.
Te vamos a escribir.
우리는 너에게 편지 쓸게.
No te vamos a olvidar.
우리는 너를 잊지 않을 거야.

¿Vas a + 동사원형? 너는 ~할 거야?

상대방의 계획 또는 미래의 할 일에 대해 물어보려면 〈¿Vas a ~?〉패턴을 사용해서 말하면 돼요. Vas a 뒤에 comer(먹다), cantar(노래하다), comprar(사다) 등의 동사를 넣어서 연습해 보세요. '~ 안 할 거야?'라고 말하려면 앞에 no를 붙여서 ¿No vas a ~?라고 말하면 되겠죠?

PASO 1 회화 패턴 연습

너 계속 나와 함께 있을 거야?
¿Vas a estar conmigo todo el tiempo?

너 지하철 탈 거야?
¿Vas a coger el metro?

너 여행하는 동안 내내 말 안 할 거야?
¿No me vas a hablar en todo el viaje?

너 날 혼자 두지 않을 거지?
¿No me vas a dejar sola?

• **TIP**

todo/toda/todos/todas의 쓰임새를 공부해 볼까요? 뒤에 정관사 + 명사가 동반되고요. 단수로 쓰면 '온, 전체의, 내내'를 뜻하고 복수로 쓰이면, '모든, 매...마다'등의 의미를 지니죠.
todo el cuerpo 온몸
todo el viaje 여행 내내
toda la casa 집 전체
todos los días 매일
todos los meses 매달
todas las semanas 매주
todos los alumnos 모든 학생들

PASO 2 리얼 회화 연습

 친구가 베네치아에 가게 돼서 루이사의 파티에 못 간다고 말합니다.

A: Hola, ¿qué tal?
B: Bien, ¿y tú?
A: Bien también. Por cierto. 넌 루이사 파티에 갈 거야?
B: No, no puedo. Me voy a Venecia con Mari.

A: 안녕, 잘 있지?
B: 잘 있어, 넌?
A: 나도 잘 있어. 그건 그렇다 치고, ¿vas a ir a la fiesta de Luisa?
B: 아니, 못 가. 나 마리와 베네치아에 가.

• **새로운 어휘**

todo el tiempo 계속, 늘, 내내
metro m. 지하철
dejar 내버려 두다
último/a 마지막의

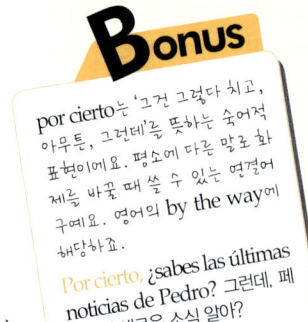

por cierto는 '그건 그렇다 치고, 아무튼, 그런데'를 뜻하는 숙어적 표현이에요. 평소에 다른 말로 화제를 바꿀 때 쓸 수 있는 연결어구예요. 영어의 by the way에 해당하죠.
Por cierto, ¿sabes las últimas noticias de Pedro? 그런데, 페드로의 새로운 소식 알아?

PASO 3 도전! 회화 연습

너 장례식에 갈 거야? _____ (entierro)

Tú no (te) vas a + 동사원형 너는 ~하면 안 돼

〈ir a +동사원형〉패턴이 '~할 예정이다, ~하려고 한다'를 의미한다는 것을 배웠는데요. 이 패턴을 2인칭인 tú와 함께 사용하게 되면 '넌 ~할 거야'라는 의미가 되겠죠. 부정어 no를 함께 쓰면, '넌 ~하면 안 돼'라는 약간 명령의 느낌이 나기도 해요.

PASO 1 회화 패턴 연습

너 작별인사 하지 않고 떠나면 안 돼.
Tú no te vas a marchar sin despedirte.

너 혼자 가면 안 돼.
Tú no vas a irte solo.

너 아무 것도 만지면 안 돼.
Tú no vas a tocar nada.

너 여기서 혼자 있으면 안 돼.
Tú no te vas a quedar aquí sola.

PASO 2 리얼 회화 연습

 잔소리 하는 엄마에게 말대꾸하는 아들의 대화입니다.

A: Mamá, ya me voy a dormir.
B: Hijo, 너 양치질 안 하고는 자러 가면 안 된다.
A: Ya, mamá. No empieces.
B: No me discutas.

A: 엄마, 이제 자러 갈래요.
B: 아들, tú no te vas a acostar sin cepillar los dientes.
A: 알았어요, 엄마. 또 시작하지 마세요.
B: 말대꾸하지마.

PASO 3 도전! 회화 연습

너 날 잊으면 안 돼. _____ (olvidarse)

• TIP

este/esta/estos/estas가 붙은 미래 부사구를 공부해 봅시다.
este jueves 이번 주 목요일에
este sábado 이번 주 토요일에
este mes 이번 달에
este año 올 해
esta mañana 오늘 아침에
esta tarde 오늘 오후에
esta noche 오늘 밤에
esta semana 이번 주에
estos días 요즘에
estas vacaciones 이번 휴가에

• 새로운 어휘

marcharse	떠나다
despedirse	작별 인사하다
tocar	만지다
quedarse	머물다
sin	~하지 않고
cepillar	솔질하다
diente	m. 이빨

Bonus

ya는 스페인에서 정말 많이 쓰이는 단어 중 하나이니 이번 기회에 확실히 기억하도록 해요. ya는 여러 가지 뜻이 있어요. '이미, 벌써'라는 의미를 갖고 있는 건 모두들 아시죠? '이제, 지금'라는 의미를 띨 때도 있고 이 장면에서처럼 ya가 홀로 쓰이게 되면 '네, 예, 알았어요, 물론이죠'는 뜻한답니다.
Ya he terminado. 벌써 끝냈어.
Ve a limpiar ya. 이제 청소하러 가.
¡Ya, ya! 네, 예, 알았어, 이해했어.

Vamos a + 동사원형   우리 ~하자, ~합시다

ir 동사의 1인칭 복수형이 vamos이고요. Vamos a 다음에 동사원형을 쓰게 되면 '(우리) ~하자, 합시다'의 회화패턴이 돼요. 일상생활에서 가장 많이 쓰이는 회화패턴 중의 하나죠.

PASO 1   회화 패턴 연습

20페이지부터 시작하자.
Vamos a empezar por la página 20.

우리 몸단장하자.(꾸미자)
Vamos a arreglarnos.

밥 먹자.
Vamos a comer.

집에 가자.
Vamos a ir a casa.

• TIP

스페인어 구어체에서 많이 쓰는 감탄문을 배워 봅시다.
• ¡Qué va! 절대 아니야!
• ¡No me digas! 말도 안 돼!
• ¡Vaya! 어머, 얘, 이런!
• ¡Venga! 어서(영어의 come on!)
• ¡Qué rollo! 지겨워!
• ¡Por Dios!, ¡Dios mío! 앗, 이런, 아이고!
• ¡(Pero) qué dices! 무슨 소리야!
• ¡Anda ya! 됐어!

• 새로운 어휘

página   f. 페이지
arreglarse 몸단장하다
importar   중요하다
ducharse   샤워하다
primero   처음에, 먼저
correr   달리다
prisa   f. 서두름

PASO 2   리얼 회화 연습

 파티가 곧 시작하니 빨리 몸단장을 서두르는 장면이군요.

A: Ya va a empezar la fiesta. 빨리 몸단장하자.
B: No te importa que me duche primero, ¿verdad?
A: ¡Qué va! Pero corre.
B: Vale, no tengas prisa.

A: 이제 파티 시작할 거야. **Vamos a arreglarnos rápido.**
B: 내가 먼저 샤워해도 상관없지, 그렇지?
A: 물론! 그런데 서둘러.
B: 알았어, 서두르지 마.

PASO 3   도전! 회화 연습

주방부터 시작하자. _____ (cocina)

importar(중요하다)는 동사는 항상 간접목적어와 함께 써야 해요. '제가 ~하는 게 상관 있나요?'라고 말하고 싶다면 ¿Te importa que yo + 접속법 현재?)패턴을 써 보세요. 주로 정중한 부탁 등을 할때쓴답니다.

¿No te importa que me sienta aquí?
여기에 앉아도 상관 없지?
¿No te importa que deje la ventana abierta?
창문 열어놔도 상관 없지?

Voy a por~ (나) ~가지러(데리러) 갈게

'~가지러 갈게'라고 말하고 싶다면 Voy a por 다음에 사물 혹은 사람을 쓰면 되는 거죠. un vaso(물컵), un plato(접시)등의 명사를 붙여 연습해 볼까요? 또한 사람이 오면 '~데리러 갈게'가 됩니다.

PASO 1 회화 패턴 연습

꽃병 가지러 갈게.
Voy a por un jarrón.

물 가지러 갈게.
Voy a por el agua.

커피 가지러 갈게.
Voy a por el café.

아들 데리러 갈게.
Voy a por mi hijo.

• TIP

전치사 por의 쓰임새를 간단히 살펴 볼까요? por는 '~때문에, ~주변을, ~통해, ~동안' 등의 의미를 갖고 있어요.

- Lo voy a hacer por amor.
  사랑 때문에 그걸 할 거야.
- Voy a dar un paseo por el río.
  강 주변을 산책할 거야.
- Voy a estar en Seúl por Navidad. 크리스마스 동안 서울에 있을 거야.

• 새로운 어휘

jarrón   m. 꽃병
función   f. 공연
anoche   어젯밤
genial   훌륭한, 멋진
flor   f. 꽃
acabar   끝내다
pronto   곧, 빨리

PASO 2 리얼 회화 연습

 꽃다발을 주면서 친구의 공연을 축하해 주고 있네요.

A: Enhorabuena por la función de anoche. Estuviste genial. Te he traído unas flores.
B: Gracias.
A: A ver si te gustan. 꽃병 가지러 갈게.
B: ¡Qué bonito!

A: 어젯밤 공연 축하해. 아주 멋졌어. 꽃 좀 가져왔어
B: 고마워.
A: 네가 좋아할지 모르겠네. **Voy a por un jarrón.**
B: 정말 예쁘다.

Bonus

A ver si ~는 '~인지 한번 보자'는 의미로 영어의 'Let me see if~'에 해당하는 표현이에요. 예문으로 표현의 쓰임새를 알아 볼까요?

A ver si acabas pronto. 네가 빨리 끝내는지 한번 보자.
A ver si me llaman. 전화가 올지 한번 보자.

PASO 3 도전! 회화 연습

접시 가지러 갈게. _____ (plato)

Va/n (muy) bien
~하는 게 좋을 거야, 도움이 돼

ir 동사의 3인칭형 동사 va, van를 사용한 새로운 회화 패턴을 배워 볼까요? 상대방에게 '~하는 게 좋아'라고 충고를 할 때 쓸 수 있는 표현입니다. Va/n (muy) bien~를 써서 표현해 보세요. 동사 및 명사 둘 다 올 수 있고요. 복수명사가 오면 van를 쓰면 돼요.

PASO 1 회화 패턴 연습

원어민들과 나가 노는 게 아주 좋을 거야.
Va muy bien salir con nativos.

언어교환이 도움이 될 거야.
Van muy bien los intercambios.

많이 읽는 게 좋아.
Va bien leer mucho.

한 문장을 많이 반복하는 게 좋아.
Va bien repetir muchas veces una frase.

• TIP

장소 전치사 a와 en에 대해 자세히 알아 볼까요?
① a는 '~로'를 의미하며, 뒤에 남성 정관사가 오면 al로 축약됩니다.
Voy a la Plaza de Colón.
콜론 광장에 가.
Voy al parque Retiro.
레티로 공원에 가.
② en은 '~에'를 의미하며 교통수단을 나타낼 때로 쓰여요.
El móvil está en el cajón.
핸드폰은 서랍에 있다.
Voy en bicicleta. 자전거로 가.

PASO 2 리얼 회화 연습

 스페인어를 잘할 수 있는 방법에 대해 얘기하고 있어요.

A: **Sofía casi nunca habla español fuera de clase.**
B: **Es necesario salir más con españoles.**
A: **Sí. Y también** 스페인 가족들과 사는 것도 좋아. **¿no?**
B: **Eso ayuda mucho.**

A: 소피아는 수업 밖에서는 거의 스페인어를 하지 않아.
B: 스페인 사람들과 더 많이 나가야 해.
A: 그래. 그리고 또 va muy bien vivir con una familia española, 그렇지 않아?
B: 그게 도움이 많이 되지.

• 새로운 어휘

nativo	m. 원어민
intercambio	m. 교환, 교류
repetir	반복하다
muchas veces	많이
frase	f. 문장
fuera de	~의 밖에

〈Es necesario + 동사원형〉은 '~하는 것이 필요해'라는 뜻입니다. 여러 동사를 집어 넣어 연습해 봅시다.
Es necesario hacer un intercambio con un nativo.
원어민과 언어교환을 하는 게 필요해.
Es necesario escribir un diario. 일기를 쓰는 게 필요해.

PASO 3 도전! 회화 연습

수업 시간에 많이 말하는 게 좋을 거야. _____

110 Capítulo 2

Lección 12
Necesitar ~가 필요하다

necesitar 동사는 '~가 필요하다'는 뜻으로 영어의 need에 해당합니다. 뒤에 명사와 동사원형을 취할 수 있는 동사라는 것이 중요해요. 의무나 명령 등의 뜻을 전달할 때 많이 쓰여요. tener que나 deber 동사 만큼이나 많이 쓰이는 동사입니다.

necesitar 동사 변화

yo 나	necesito
tú 너	necesitas
él, ella, usted 그, 그녀, 당신	necesita
nosotros 우리	necesitamos
vosotros 너희	necesitáis
ellos, ellas, ustedes 그들, 그녀들, 당신들	necesitan

CHECK Necesitar 동사를 배우면 이런 표현을 말할 수 있어요!

1	나는 ~가 필요해	Necesito + 명사
2	나는 ~할 필요가 있어, ~해야 해	Necesito + 동사원형
3	너는 ~할 필요가 있어, 너 ~해야겠어	Necesitas + 동사원형
4	네가 ~하는 게 필요해, 네가 ~해야 해	Necesito que tú ~

Necesito + 명사
나는 ~가 필요해

necesitar 동사 다음에 명사가 올 수도 있어요. 이 번엔 명사를 넣어 연습해 볼까요? un libro(책), un vaso(컵)등의 사물뿐만 아니라 un profesor(선생님), una violinista(바이올린 연주가) 등의 사람도 올 수 있어요.

PASO 1 회화 패턴 연습

나 피아니스트가 필요해.
Necesito un pianista.

나 요리사가 필요해.
Necesito una cocinera.

나 간병인이 필요해.
Necesito un cuidador.

나 수면제가 필요해.
Necesito pastillas para dormir.

• TIP

사람을 나타내는 직접 목적어를 배워 봅시다. 목적격 대명사는 항상 동사 앞에 위치해야 해요.

나를	me	우리를	nos
너를	te	너희를	os
그를	lo/le	그들을	los/les
그녀를	la	그녀들을 las
당신을	le	당신들을	les

• ¿Ves a tu novio a menudo?
　네 남자친구 자주 봐?
▫ Sí, lo veo todos los días.
　응, 매일 봐.
• ¿Ves a los niños desde aquí?
　여기서 얘들 보여?
▫ No, no los veo. 아니, 안 보여.
• ¿Ves a tus primas?
　네 사촌들은 만나니?
▫ Sí, las veo a veces. 응, 가끔 봐.

PASO 2 리얼 회화 연습

 일을 시작하려는 엄마는 보모를 찾고 있다고 말합니다.

A: Yo ya voy a empezar a trabajar, pero no sé dónde dejar al niño.
B: ¿Estás buscando una niñera?
A: Sí, 보모가 필요해. ¿Tú conoces a alguien?
B: Sí, conozco a una señora. Yo te la presento.

A: 나 이제 일 시작할 거야. 그런데 아이를 어디다 맡겨야 할지를 모르겠어.
B: 보모를 찾고 있어?
A: 그래, **necesito una niñera.** 누구 아는 사람 있어?
B: 응, 한 아주머니를 알고 있는데. 내가 그 분 소개시켜 줄게.

• 새로운 어휘

pastillas para dormir 수면제
dejar　　　놓다, 남겨 두다
niñero/a　　f. 보모
presentar　　소개시켜주다

Bonus

conocer 동사는 '~을 알다'라는 뜻이죠. 뒤에 사람이 올 수 있어요. 이때 그 사람을 본 적이 있거나 자세히 안다는 의미를 내포하고 있어요. 1인칭 단수 현재형이 conozco입니다.
Conozco a la vecina de la quinta planta.
5층 이웃집 여자 알아.

PASO 3 도전! 회화 연습

당신의 협조가 필요해요. _____ (colaboración)

Necesito + 동사원형

나는 ~할 필요가 있어, ~해야 해

necesitar(필요로 하다) 동사 뒤에 동사원형이 와서 '~할 필요가 있다, ~해야 해'라는 의미가 됩니다. 영어의 I need to ~에 해당하는 표현이에요. 뭔가를 꼭 해야 하거나 할 필요가 있다면 Necesito ~패턴을 사용해 보세요.

PASO 1 회화 패턴 연습

나 그 사람과 얘기해야 해.
Necesito hablar con él.

나 오늘 밤 그를 방문해야 해.
Necesito visitarlo esta noche.

나 지금 갈 필요가 있어.(가야 해)
Necesito irme ahora.

나 무슨 일이 일어났는지 알아야겠어.
Necesito saber lo que pasó.

• TIP
100단위의 숫자를 연습해 봅시다.

100 cien
200 doscientos
300 trescientos
400 cuatrocientos
500 quinientos
600 seiscientos
700 setecientos
800 ochocientos
900 novecientos
1000 mil

• 새로운 어휘

visitar — 방문하다
saber — 알다
discutir — 말다툼하다
llevarse bien — 사이가 좋다
contestar — 대답하다, 응답하다
teléfono — m. 전화

PASO 2 리얼 회화 연습

 여자친구와 다퉈서 전화를 받지 않는다고 말합니다.

A: ¿Te va bien todo?
B: No, he discutido con mi novia.
A: ¿Pero qué pasa? Te llevabas muy bien con ella, ¿no?
B: Hasta ahora sí. Pero no me contesta el teléfono.
   그녀와 얘기를 나눌 필요가 있어.

A: 모든 게 잘 되가?
B: 아니, 내 여자친구와 싸웠어.
A: 그런데 무슨 일이야? 여자친구와 잘 지내지 않니?
B: 지금까지는 그랬지. 그런데 전화를 받지 않아. **Necesito hablar con ella.**

Bonus

상대의 근황을 묻고 싶을 때 쓸 수 있는 패턴입니다. ir동사의 3인칭형인 va 또는 van앞에 간접목적어만 붙이면 됩니다. 친구 사이에는 ¿Te van bien?, 좀 더 포멀하고 거리감이 있는 사이일 때에는 ¿Le van bien?하고 물으면 되겠죠.

¿Te van bien las cosas, no?
모든 일이 잘 돼 가지, 그렇지?

PASO 3 도전! 회화 연습

나 전화 한 통 해야 해. _____ (llamada)

Necesitas + 동사원형

너는 ~할 필요가 있어, 너 ~해야겠어

necesitar의 2인칭 단수형이 necesitas죠. Necesitas ~다음에 동사원형이 와서 '넌 ~할 필요가 있어, ~해야 해'라는 뜻이 됩니다. 상대에게 충고 또는 조언을 할 때 사용할 수 있겠죠. 유사표현으로는 Tienes que ~, Debes ~등이 있어요.

PASO 1 회화 패턴 연습

너 병원에 가야 해.
Necesitas ir al médico.

너 더 많이 먹어야 해.
Necesitas comer más.

너 일찍 일어 나야 해.
Necesitas levantarte temprano.

너 그와 얘기해야 해.
Necesitas hablar con él.

• TIP
1000단위 이상의 숫자를 공부해 봅시다.

1000	mil
2000	dos mil
3000	tres mil
4000	cuatro mil
5000	cinco mil
10 000	diez mil
100 000	cien mil
200 000	doscientos mil
1 000 000	un millón
2 000 000	dos millones
1 000 000 000	mil millones

PASO 2 리얼 회화 연습

 친구가 열이 나자 감기인 것 같다고 약을 먹기를 권하는군요.

A: Tengo fiebre. Me siento mal.
B: Creo que es gripe. 너 약 먹어야겠다.
A: Mejor voy al médico, por si acaso es otra cosa.
B: Yo conozco un médico. Si quieres...

A: 열이 나. 컨디션이 안 좋아.
B: 내 생각엔 감기인 것 같아. **Necesitas tomar medicina.**
A: 병원 가는 게 좋겠어, 혹시 다른 것일 수도 있으니깐.
B: 내가 의사 한 명 알아. 네가 원한다면...

• 새로운 어휘
fiebre	f. 열
sentirse	느끼다
gripe	m. 감기
medicina	m. 약
mejor	더 좋은
paraguas	m. 우산

Bonus

por si acaso는 '혹시라도'라는 뜻의 숙어적 표현이니 꼭 암기해 둡시다. 영어의 just in case에 해당하죠.
Por si acaso llevo paraguas.
혹시 모르니깐 우산 갖고 갈래.
Lleva paraguas *por si acaso* llueve. 혹시라도 비올 수 있으니깐 우산 갖고 가.

PASO 3 도전! 회화 연습

넌 공부를 더 많이 해야 해.

069 Necesito que (tú)~

네가 ~하는 게 필요해, 네가 ~해야 해

'네가 ~하는 게 필요해, 네가 ~했음 좋겠어'라는 말을 하려면 Necesito que ~패턴을 사용할 수도 있어요. Quiero que ~와 유사패턴이고요. 실생활에서 많이 쓰는 패턴이랍니다. 상대방에게 부탁할 게 있다면 이 패턴을 사용해서 말해 보세요.

PASO 1 회화 패턴 연습

네가 이해하는 게 필요해.
Necesito que entiendas.

네가 나에게 돈을 주는 게 필요해.
Necesito que me des dinero.

네가 뭔가를 하는 게 필요해.
Necesito que hagas algo.

네가 날 도와줘야 해.
Necesito que me ayudes.

• TIP
1부터 10까지 서수를 배워 봅시다. 층 수를 말할 때는 서수를 써야 합니다. 뒤에 여성 명사가 오면 서수도 여성으로 변합니다.

첫 번째	primero/a
두 번째	segundo/a
세 번째	tercero/a
네 번째	cuarto/a
다섯 번째	quinto/a
여섯 번째	sexto/a
일곱 번째	séptimo/a
여덟 번째	octavo/a
아홉 번째	noveno/a
열 번째	décimo/a

PASO 2 리얼 회화 연습

 친구에게 약국에서 아스피린을 사 달라고 부탁합니다.

A: 네가 부탁 하나 들어 줄 필요가 있어.
B: Dime. ¿Qué quieres que haga?
A: ¿Puedes comprarme unas aspirinas en la farmacia?
B: Sí, ahora voy por ellas.

A: **Necesito que me hagas un favor.**
B: 말해. 내가 어떻게 해 줄까?
A: 약국에서 아스피린 사 줄 수 있어?
B: 그래, 지금 사러 갈게.

• 새로운 어휘
entender	이해하다
dinero	m. 돈
aspirina	f. 아스피린
farmacia	f. 약국

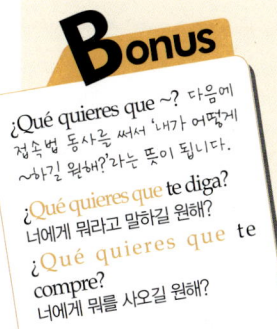

Bonus
¿Qué quieres que ~? 다음에 접속법 동사를 써서 '내가 어떻게 ~하길 원해?'라는 뜻이 됩니다.
¿Qué quieres que te diga?
너에게 뭐라고 말하길 원해?
¿Qué quieres que te compre?
너에게 뭘 사오길 원해?

PASO 3 도전! 회화 연습

네가 사실을 얘기하는 게 필요해. _____

Lección 13 · Creer ~를 믿다, 생각하다

creer 동사는 '생각하다, 믿다'는 뜻입니다. 영어의 think에 해당되는 동사죠. 의견을 말할 때 가장 많이 쓰이는 동사입니다. creer 동사 다음에는 주로 que절이 나오게 됩니다. creer 동사는 규칙동사이므로 동사변화는 쉽게 외울 수 있겠죠? 그럼, 다음 동사변화표를 보고 외워볼까요?

creer 동사 변화	
yo 나	creo
tú 너	crees
él, ella, usted 그, 그녀, 당신	cree
nosotros 우리	creemos
vosotros 너희	creéis
ellos, ellas, ustedes 그들, 그녀들, 당신들	creen

Creer 동사를 배우면 이런 표현을 말할 수 있어요!

1	나는 ~를 믿어	Yo creo en ~
2	내 생각엔 ~인 것 같아	Yo creo que ~
3	너는 ~ 한다고 생각하니?	¿Crees que ~?
4	나는 ~할 거라고 생각하지 않아	No creo que ~
5	너는 ~일거라고 생각하지 않니?	¿No crees que ~?

가장 많이 쓰는 우선 순위 동사패턴

Yo creo en~
나는 ~를 믿어

creer 동사는 '믿다'는 의미도 가지고 있어요. '사람을 믿다'라고 표현할 때는 뒤에 전치사 en을 쓴 다음 사람을 쓰면 돼요. '너를 믿는다'라고 표현하고 싶다면 Yo creo en ti.라고 말하면 되겠죠?

PASO 1 회화 패턴 연습

난 너를 믿어.
Yo creo en ti.

난 유령을 믿어.
Yo creo en los fantasmas.

난 별자리 예측을 믿어.
Yo creo en las predicciones del horóscopo.

난 하나님을 믿어.
Yo creo en Dios.

• TIP
스페인 사람들은 대부분이 가톨릭 교도들이지만 사실상 교회의 미사에 참석하는 신앙을 실천하는 경우가 아주 드물어요. 종교 관련 어휘들을 좀 더 살펴 볼까요?
budista *m.f.* 불교신자
ateo/a *m.f.* 무신론자
católico/a *m.f.* 가톨릭 교도
no practicante *m.f.* 냉담자
protestante *m.f.* 기독교 신자
bautismo *m.* 세례
cura *m.* 신부, 사제
monja *f.* 수녀

PASO 2 리얼 회화 연습

 각자의 종교에 대해 얘기하고 있습니다.

A: ¿Eres religioso?
B: No, 난 어떤 신도 믿지 않아. Soy ateo. ¿Y tú?
A: Soy católica, pero no practico mucho.
B: Yo no pienso mucho en la religión, la verdad.

A: 넌 종교적인 사람이니?
B: 아니, no creo en ningún Dios. 난 무신론자야. 넌?
A: 난 가톨릭신자야. 그런데 성당에 나가지는 않아.
B: 난 종교에 대해 많이 생각하지 않아, 진짜로.

• 새로운 어휘
fantasma   *m.* 유령
predicción   *f.* 예견, 예측
horóscopo   *m.* 별점, 점성술
Dios   신, 하나님
religioso/a   종교적인
futuro   *m.* 미래

PASO 3 도전! 회화 연습

난 평등을 믿지 않아. _____ (igualdad)

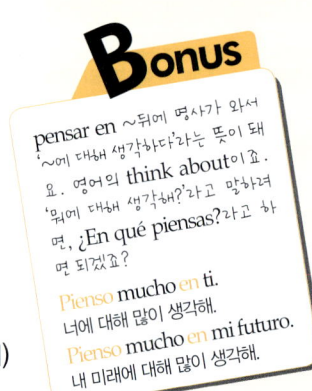

Bonus

pensar en ~뒤에 명사가 와서 '~에 대해 생각하다'라는 뜻이 돼요. 영어의 think about이죠. '뭐에 대해 생각해?'라고 말하려면, ¿En qué piensas?라고 하면 되겠죠?
Pienso mucho en ti.
너에 대해 많이 생각해.
Pienso mucho en mi futuro.
내 미래에 대해 많이 생각해.

Yo creo que ~ 내 생각엔 ~인 것 같아

creer 동사는 '생각하다'는 뜻의 생각동사로 스페인에서 의견 또는 생각을 이야기할 때 가장 많이 쓰이는 동사랍니다. Yo creo que ~라는 패턴을 사용해서 자신의 의견 또는 생각을 표현해 보세요. 영어의 I think that에 해당되는 동일한 패턴이에요.

PASO 1   회화 패턴 연습

나는 스페인 사람들이 아주 친절하다고 생각해.
Creo que los españoles son muy simpáticos.

난 마리벨이 일을 잘 한다고 생각해.
Creo que Maribel trabaja bien.

그녀는 잘 있을 거라 생각해.
Creo que ella está bien.

아나는 아주 이상한 사람이라고 생각해.
Creo que Ana es una persona muy rara.

• TIP
스페인어로 real은 무슨 뜻인가요? '진짜, 정말'은 스페인어로 다양한 표현이 있다는 걸 배웠어요. ¿De verdad?, ¿En serio?, ¿De veras? 등이 있어요. real은 '진짜'의 의미가 아닙니다.
첫째, '왕족의(royal)'라는 뜻이 있어요. 축구팀 Real Madrid역시 그런 뜻이죠. 둘째, '현실의, 실제의'를 뜻하기도 해요.
• El mundo real. 현실 세계.
• Es una historia real. 실제 이야기야.

• 새로운 어휘
persona	f. 사람
raro/a	이상한
romper	깨다
otra	다른 여자
fuerte	강한, 센, 심한

PASO 2   리얼 회화 연습

 남친이 다른 여자와 있는 걸 보고 이별할 거라고 친구에게 고백하는군요.

A: 내 생각엔 내 남자친구와 끝내야 할 것 같아.
B: ¿De verdad? No me digas.
A: Te lo digo en serio. Lo vi con otra en la calle.
B: ¡Qué fuerte!

A: Yo creo que voy a romper con mi novio.
B: 진짜? 말도 안 돼.
A: 진심으로 얘기하는 거야. 길거리에서 다른 여자와 있는 거 봤어.
B: 심하다!

Bonus
상대가 뜻밖의 예기치 않은 얘기를 했을 때 '진짜, 정말이야?'라고 말해야 하잖아요. 그 때 사용할 수 있는 표현이 바로 ¿En serio? 입니다. 영어의 seriously에 해당하는 표현이에요.
Tú te vas a España mañana, ¿en serio? 너 내일 스페인 간다고, 진짜?
Te ha tocado la lotería, ¿en serio? 복권에 당첨됐다고, 진짜?

PASO 3   도전! 회화 연습

로사가 남자친구와 문제가 있다고 생각해. _____

¿Crees que ~? 너는 ~한다고 생각하니?

상대방의 생각이나 의견을 물을 때는 creer(생각하다) 동사를 사용하여 ¿Crees que ~? 패턴을 사용하면 돼요.

PASO 1 회화 패턴 연습

넌 언어를 완벽하게 할 수 있다고 생각하니?
¿Crees que puedes perfeccionar el idioma?

넌 네가 원하는 걸 다 얻을 수 있다고 생각하니?
¿Crees que puedes conseguir lo que tú quieras?

네가 모험심이 많은 사람이라고 생각하니?
¿Crees que eres aventurero?

로사가 소심하다고 생각하니?
¿Crees que Rosa es tímida?

• TIP

의견을 물을 때 사용하는 표현들로 이런 표현들도 기억해 둡시다.

> ¿Qué opinas de + 테마?
> ¿Qué piensas de + 테마?
> ¿Piensas que + 의견?

- ¿Qué opinas del nuevo partido del gobierno?
  새 정당에 대해 어떤 의견이니?
- ¿Qué piensas del nuevo profesor?
  새로 온 선생님에 대해 어떻게 생각해?
- ¿Piensas que va a ganar el partido?
  경기를 이길 거라 생각하니?

PASO 2 리얼 회화 연습

 집안일에 지친 아내가 남편에게 불만을 토로하고 다투기 시작합니다.

A: Tenemos que hablar.
   넌 우리 결혼생활을 이대로 지속해야 한다고 생각하니?
B: ¡Pero qué dices!
A: Estoy cansada de tener que hacerlo todo yo en casa.
B: ¿Que tú lo haces todo en casa?

A: 우리 얘기해야 해. ¿Crees que podemos seguir nuestro matrimonio así?
B: 무슨 말이야!
A: 난 집에서 내가 모든 걸 하는 거에 지쳤어.
B: 네가 집에서 모든 걸 한다고?

• 새로운 어휘

perfeccionar 완벽하게 하다
conseguir 얻다
aventurero/a 모험적인, 모험가
tímido/a 소심한
nuestro/a 우리의
matrimonio m. 결혼

estar cansado de ~는 '~하는 데 지치다, 피곤해 하다'는 뜻의 숙어적 표현이에요. 주어가 여성형이면 당연히 cansada가 되겠죠. 뒤에 동사원형을 넣어 연습해 볼까요?
Estoy cansado de hacer las mismas cosas.
같은 일을 하는데 지쳐.

PASO 3 도전! 회화 연습

언어를 말하는 것이 중요하다고 생각하니? _____

120 Capítulo 2

No creo que ~   나는 ~할 거라고 생각하지 않아

No creo는 영어의 I don't think에 해당하는 표현이고요. 뒤에 que절이 오게 되면 반드시 접속법 동사를 써야 해요. 긍정의 생각은 직설법, 부정의 생각은 접속법을 쓰세요. No creo que ~ 패턴은 '난 ~라고 생각하지 않아'라는 뜻이 됩니다.

PASO 1   회화 패턴 연습

아무것도 먹고 싶을 거라 생각하지 않아.
No creo que le apetezca comer nada.

그 테마에 관심 있을 거라 생각하지 않아.
No creo que le interese ese tema.

알바가 돌아올 거라고 생각하지 않아.
No creo que Alba vuelva.

갈 수 있을 거라고 생각하지 않아.
No creo que pueda ir.

• TIP

스페인에도 '백문이 불여일견'이라는 속담이 있어요. 바로 Ver es creer.입니다. 스페인어는 이렇게 동사 뒤에 동사원형이 위치할 수 있어요.

ver   보다
creer 믿다

• 새로운 어휘

apetecer   ~하고 싶어하다
tema   m. 테마
encontrarse 있다
acabar de   금방 ~하다

PASO 2   리얼 회화 연습

 에르난데스씨를 만나러 왔는데 사무실에 없다고 하는군요.

A: Vengo a hablar con el Señor Hernández.
B: Ahora no se encuentra en su oficina.
A: ¿A qué hora puedo verlo?
B: Ya que acaba de salir, 오늘은 오실 것 같지 않은데요.

A: 에르난데스씨와 얘기하러 왔어요.
B: 지금 사무실에 안 계시는데요.
A: 몇 시에 뵐 수 있을까요?
B: 금방 나가셨으니깐, no creo que vuelva hoy.

Bonus

Ya que ~절은 '~하기 때문에, ~하니깐'을 뜻하는 이유절입니다. 유사표현으로는 porque, dado que, puesto que 등이 있어요.

Ya que vas a ver a Rosario, ¿le puedes dar este libro?
로사리오를 보러 갈 거니깐, 이 책 줄 수 있니?

Ya que has venido, ¿me puedes ayudar con esto?
네가 왔으니 이것 좀 도와 줄 수 있니?

PASO 3   도전! 회화 연습

아나가 파티에 올 거라고 생각하지 않아. _____ (fiesta)

¿No crees que~? 너는 ~일거라고 생각하지 않니?

creer 동사를 사용하여 이번에는 부정형으로 물어볼까요? ¿No crees que ~?라고 말을 시작해 보세요. 이 때는 que 절에는 반드시 접속법 동사를 써야 해요.

PASO 1   회화 패턴 연습

넌 그녀에게 무슨 일이 일어났다고 생각하지 않아?
¿No crees que pueda pasarle algo?

넌 그녀가 아프다고 생각하지 않아?
¿No crees que ella esté enferma?

넌 그에게 무슨 일이 일어났다고 생각하지 않아?
¿No crees que le pase algo?

넌 행복한 날이 올 거라고 생각하지 않아?
¿No crees que llegue el día feliz?

• TIP

상대방의 말에 믿을 수 없다는 말을 하고 싶을 때 이 creer동사를 써서 표현 할 수 있겠죠? 영어의 I can't believe it. 처럼요.
- No me lo creo. 믿을 수 없어.
- No me lo puedo creer. 믿을 수 없어.

이 두 문장에서 재귀 대명사 me는 강조의 뉘앙스를 지니고 있어요.

PASO 2   리얼 회화 연습

 연락이 되지 않는 친구 로사가 걱정됩니다.

A: Hace un mes que Rosa no me habla.
B: ¿No te preocupa?
A: Claro que me preocupa.
B: 아플 거라고 생각되지 않아?

A: 로사가 나한테 연락 안 한지 한 달 되었어.
B: 걱정 안 돼?
A: 물론 걱정되지.
B: ¿No crees que pueda estar enferma?

• 새로운 어휘

feliz	행복한
hace	전에
preocuparse	걱정하다
medio ambiente	m. 환경
contamianción	f. 오염
aire	m. 공기

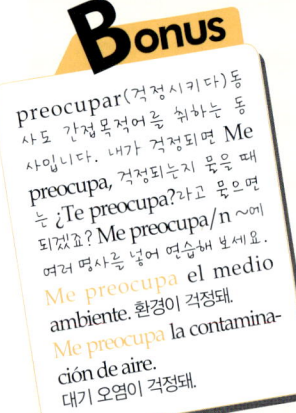

Bonus

preocupar(걱정시키다)동사도 간접목적어를 취하는 동사입니다. 내가 걱정되면 Me preocupa, 걱정되는지 물으면 ¿Te preocupa?라고 묻으면 되겠죠? Me preocupa/n ~에 여러 명사를 넣어 연습해 보세요.
Me preocupa el medio ambiente. 환경이 걱정돼.
Me preocupa la contaminación de aire. 대기 오염이 걱정돼.

PASO 3   도전! 회화 연습

내일 날씨가 좋을 거라고 생각하지 않아? _____

Lección 14

Pensar ~생각하다

pensar는 -ie형 불규칙 동사입니다. creer 동사와 함께 생각과 의견을 표현할 때 쓰이는 동사입니다. 주로 뒤에 que절이 오는 경우가 많겠죠. 뒤에 동사원형이 와서 '~할 생각이다'라는 의미로 미래의 계획을 말할 때도 쓰인답니다.

pensar (생각하다) 동사 변화

yo 나	pienso
tú 너	piensas
él, ella, usted 그, 그녀, 당신	piensa
nosotros 우리	pensamos
vosotros 너희	pensáis
ellos, ellas, ustedes 그들, 그녀들, 당신들	piensan

CHECK Pensar 동사를 배우면 이런 표현을 말할 수 있어요!

1	나는 ~할 생각이야	Pienso + 동사원형
2	너는 ~할 생각 있어?, ~할 계획이야?	¿Piensas ~?
3	나는 ~라고 생각해	Pienso que ~
4	너는 ~가 ~라고 생각해?	¿Piensas que ~ ?

Pienso + 동사원형
나는 ~할 생각이야

pensar 동사는 뒤에 동사원형이 와서 '~할 생각이다'는 뜻이 돼요. 〈ir a +동사원형〉처럼 미래의 계획 등을 얘기할 때 사용할 수 있어요. 앞에 no를 넣어 No pienso ~라고 말하면 '~할 생각이 없어'라는 뜻이 되겠죠?

PASO 1   회화 패턴 연습

파블로에게 전화할 생각이야.
Pienso llamar a Pablo.

올 여름에는 휴가를 갈 생각이야.
Pienso irme de vacaciones este verano.

그에게 그걸 얘기할 생각이야.
Pienso decírselo.

여기서 계속 일할 생각이야.
Pienso seguir trabajando aquí.

• TIP

축하하는 표현들을 좀 더 공부해 볼까요?
- ¡Felicidades! 축하해!
- ¡Enhorabuena! 축하해!
- ¡Feliz cumpleaños! 생일 축하해!
- ¡Feliz Año Nuevo! 새해 복 많이 받아!
- ¡Felices fiestas! 파티 축하해!
- ¡Que cumplas muchos años! 오래 오래 살아요!

• 새로운 어휘

ir de vacaciones	휴가 가다
verano	m. 여름
acabar de	금방 ~하다
enhorabuena	f. 축하
tanto	그렇게 많이
como	~처럼
antes	전에

PASO 2   리얼 회화 연습

 친구가 최근에 딸이 태어나 스페인에 오래 살 계획이라고 합니다.

A: ¿Cuánto tiempo piensas estar aquí, en España?
B: 오랫동안 살 생각이야. Acaba de nacer mi hija.
A: ¡Enhorabuena!
B: Pero no puedo salir tanto como antes.

A: 스페인 여기에 얼마 동안 있을 생각이야?
B: **Pienso quedarme a vivir mucho tiempo.** 금방 내 딸이 태어났어.
A: 축하해!
B: 그런데 옛날처럼 많이 나갈 수가 없어.

tanto como는 '~만큼 많이'를 의미하는 동등비교구문이에요. 동사 뒤에 위치해야 하죠. tanto como antes는 '예전처럼 많이'를 의미하게 되죠. 예문으로 설명하면 이해가 쉽겠죠?

No como tanto como antes.
예전처럼 많이 먹지 않아.
No fumo tanto como antes.
예전처럼 많이 담배 피우지 않아.

PASO 3   도전! 회화 연습

우리 부모님 고향으로 갈 생각이야. _____ **(pueblo)**

¿Piensas~?
너는 ~할 생각 있어?, ~할 계획이야?

pensar 동사 다음에 동사원형을 넣어 이번에 의문형을 만들어 볼까요? ¿Piensas ~? 에 동사원형을 넣으면, '너 ~할 생각 있어, ~할 계획이야?'라는 뜻이 돼요. 즉, 상대방의 계획 또는 플랜 등을 물어볼 때 쓸 수 있어요.

PASO 1 회화 패턴 연습

너 다른 언어 배울 생각 있어?
¿Piensas aprender otros idiomas?

너 결혼할 생각 있어?
¿Piensas casarte?

너 아이를 가질 생각 있어?
¿Piensas tener hijos?

너 조만간 여행할 생각 있어?
¿Piensas viajar dentro de poco tiempo?

PASO 2 리얼 회화 연습

 친구의 여행 계획, 결혼과 자녀 계획에 대해 물어봅니다.

A: 넌 비행기로 어떤 여행할 생각이 있어?
B: Sí, después de este curso, pienso viajar por España.
A: ¿Piensas casarte y tener hijos?
B: ¡Qué pregunta! No lo sé.

A: ¿Piensas hacer algún viaje en avión?
B: 응, 이번 학기 후에 스페인을 여행할 생각이야.
A: 결혼해서 아이를 가질 생각은 있어?
B: 대단한 질문이다! 모르겠는데.

PASO 3 도전! 회화 연습

너 외국에서 일할 생각 있어? _____ (extranjero)

• TIP

부정 형용사 algún과 alguna의 쓰임새를 알아 봅시다. '어떤, 몇몇의'의 의미로 영어의 any, some에 해당해요. algún/alguna/algunos/algunas 의 형태로 존재하고 뒤의 명사의 성과 수에 따라 변해요.

algún chico   어떤 남자
alguna chica   어떤 여자
algunos chicos 어떤 남자들
algunas chicas 어떤 여자들

• 새로운 어휘

dentro de   ~한 후에
avión   m. 비행기
pregunta   f. 질문

después는 홀로 쓰여 '후에, 나중에, 다음에'등의 의미로 많이 쓰이죠. 영어의 later, after처럼요. 그런데 전치사 de를 동반해서 después de의 형태를 훨씬 더 많이 접하게 돼요. 뜻은 '~한 후에'이고요, 뒤에 명사 또는 동사원형도 올 수 있어요. Nos vemos después de clase. 수업 후에 만나자.

Pienso que ~   나는 ~라고 생각해

pensar 동사 다음에 que절이 오게 되면 '~하고 생각해'라는 뜻이 되요. 의견을 말할 때 주로 쓰여요. Creo que ~와 동일한 회화패턴입니다.

PASO 1   회화 패턴 연습

스페인어는 충분히 쉬운 언어라고 생각해.
Pienso que el español es una lengua bastante fácil.

스페인어를 배우는 것은 좋다고 생각해.
Pienso que es muy bueno aprender español.

삶에서 가장 중요한 것은 일과 사랑이라고 생각해.
Pienso que lo más importante en la vida es el trabajo y el amor.

스페인 사람들은 아주 게으르다고 생각해.
Pienso que los españoles son muy vagos.

• TIP
상대방의 의견에 동의를 표현할 때 쓰는 이런 표현들도 알아 두면 도움이 되겠죠?

- Yo estoy (totalmente) de acuerdo contigo.
  난 너와 (완전) 동의해.
- Yo lo veo como tú.
  난 너와 똑같이 봐(생각해)
- Yo comparto tu opinión.
  난 너와 공감해.
- Yo creo que tienes razón.
  네가 옳다고 생각해.

PASO 2   리얼 회화 연습

 스페인어가 아름답기도 하지만 배우기 아주 어려운 언어라고 말합니다.

A: Yo creo que el español es una lengua muy bonita.
B: Sí, estoy de acuerdo, pero también 아주 어렵다고 생각해.
A: Yo estudio en clases y leo mucho.
   ¿Y tú qué haces para tu español?
B: Tengo un amigo español y quedo mucho con él.

A: 나는 스페인어가 아주 아름다운 언어라고 생각해.
B: 그래, 나도 동의해. 그런데 또 **pienso que es muy difícil.**
A: 난 수업에서 공부하고 책을 많이 읽어. 넌 네 스페인어를 위해 뭘 하니?
B: 난 스페인 친구가 있어서 그와 자주 만나.

• 새로운 어휘
fácil	쉬운
importante	중요한
amor	m. 사랑
vago/a	게으른
bonito/a	아름다운
acuerdo	m. 동의
difícil	어려운

Bonus

estar de acuerdo는 '~에 동의하다'는 뜻이에요. 따라서 Estoy de acuerdo는 '나는 동의해'라는 의미가 되겠죠. 구어체에서는 앞에 estoy를 생략해서 De acuerdo라고 간단히 말한답니다. '맞아, 동의해, 오케이'등의 뜻으로 쓰이죠. 영어의 yes, all right, okay와 동일한 의미예요.
Sí, de acuerdo. 그래, 알았어.
Estoy de acuerdo en eso. 그것에 동의해.

PASO 3   도전! 회화 연습

남자들은 여자들보다 더 연약하다고 생각해.   (débil)

¿Piensas que ~ 　너는 ~가 ~ 라고 생각해?

상대방의 의견을 물을 때 사용되는 패턴을 하나 더 배워볼까요? ¿Piensas que ~?는 '넌 ~가 ~ 라고 생각해?'라는 뜻이 됩니다. ¿Crees que ~?와 동일한 의미의 회화패턴입니다.

PASO 1　회화 패턴 연습

넌 알베르토가 재미있다고 생각해?
¿Piensas que Alberto es divertido?

넌 세르히오가 화났다고 생각해?
¿Piensas que Sergio está enfadado?

넌 사라가 날 좋아한다고 생각해?
¿Piensas que a Sara le gusto yo?

넌 중국어가 필요한 언어라고 생각해?
¿Piensas que el chino es una lengua necesaria?

PASO 2　리얼 회화 연습

 수업에 새로운 동료가 남자친구가 있는지에 대해 궁금해 하는군요.

A: ¿Qué piensas de la nueva chica de nuestra clase?
B: Pienso que ella es muy simpática y graciosa.
A: 그녀가 남자친구가 있다고 생각해?
B: Eso no lo sé. Tú pregúntale si quieres.

A: 우리 클래스에 새로운 여자에 대해 어떻게 생각해?
B: 아주 친절하고 재미있다고 생각해?
A: ¿Piensas que tiene novio?
B: 그건 모르겠어. 원한다면 네가 물어봐.

PASO 3　도전! 회화 연습

넌 스페인어를 공부하는 게 더 나을 거라고 생각해? _____

• TIP

의견을 표현할 때는 이런 표현들도 쓴답니다.

(Yo) creo que... 내 생각에는...
En mi opinión... 내 의견으로는...
Para mí... 나에게는...
Me da la impresión de que...
내 느낌으로는...

• 새로운 어휘

enfadado/a　　화난
necesario/a　　필요한
gracioso/a　　재미있는
preguntar　　질문하다
homosexualidad f. 동성애

Bonus

¿Qué piensas de ~?는 '~에 관해 어떻게 생각해?'라는 의미 입니다. 영어의 What do you think of~?에 해당하는 회화표 현이죠. 유사표현으로는 ¿Qué opinas de ~?가 있어요.

¿Qué piensas de ella?
그녀에 대해 어떻게 생각해?
¿Qué piensas de la homosex -ualidad?
동성애에 대해 어떻게 생각해?

Lección 15

Poner (음식을) 주다, ~에게 입혀주다

poner 동사는 원래 '~을 놓다, 넣다'는 뜻을 갖고 있어요. 그 외에도 뒤에 음식이 오면 '~을 주다'의 의미로 레스토랑이나 바에서 주문할 때도 많이 사용하는 동사예요. 뒤에 옷이나 악세서리가 오게 되면, '~에게 입혀주다'는 의미가 되기도 해요. 재귀동사로도 쓰일 수 있고, 간접 목적어와 함께 오기도 하죠. 그야말로 쓰임새가 아주 다양한 동사 중의 하나입니다. 이번 과를 학습하게 되면 poner동사를 익혀두면 현지에서 정말 유용하게 활용할 수 있다는 사실을 느끼게 되겠죠? 그럼, 한 번 시작해 볼까요?

poner (음식을 주다, ~에게 입혀 주다) 동사 변화

yo 나	pongo
tú 너	pones
él, ella, usted 그, 그녀, 당신	pone
nosotros 우리	ponemos
vosotros 너희	ponéis
ellos, ellas, ustedes 그들, 그녀들, 당신들	ponen

CHECK Poner 동사를 배우면 이런 표현을 말할 수 있어요!

1	~주시겠어요?	¿Me pone(s) + 음식, 음료?
2	나를 ~하게 해	Me pone(s) ~
3	나한테 ~을 입혀줄래(끼워줄래, 신겨줄래)?	¿Me pones + 악세서리?
4	나는 ~을 입을게, 입어	Me pongo + 옷, 악세서리
5	나는 ~해져, ~하게 돼	Me pongo + 형용사
6	나는 (갑자기) ~하기 시작할 거야	Me pongo a ~

¿Me pone(s) + 음식, 음료? ~주시겠어요?

바나 레스토랑에서 음식이나 음료를 주문할 때는 ¿Me pone ~?의 회화패턴을 사용해 보세요. 시장에서 장을 볼 때도 이 패턴을 사용할 수 있어요. 오렌지 1킬로를 사고 싶다면, ¿Me pone un kilo de naranjas? (오렌지 1kg 주시겠어요?)라고 말해 보세요.

PASO 1 회화 패턴 연습

생맥주 한 잔 주시겠어요?
¿Me pone una caña?

레드와인 한 잔 주시겠어요?
¿Me pone un vino tinto?

카페라테 한 잔 주시겠어요?
¿Me pone un café con leche?

파에야 한 접시 주실래요?
¿Me pone una tapa de paella?

• TIP
tapa는 '1인분의 작은 양의 음식'을 뜻하는데요. 술과 함께 먹는 애피타이저나 스낵류를 의미해요. 음식의 사이즈를 의미하며 스페인 음식문화를 대표하죠.
ir de tapas 타파스하러 가다
una tapa de patatas fritas 감자튀김 1인분
una tapa de aceitunas 올리브 열매 1인분
una tapa de jamón 하몽 1인분
una tapa de calamares a la romana 오징어 튀김 1인분

PASO 2 리얼 회화 연습

 바에서 맥주와 하몽을 주문하고 있어요.

A: ¿Qué le pongo?
B: 생맥주 한 잔 주시겠어요?
A: Vale. Ahora mismo se la pongo.
B: También me pone una tapa de jamón, por favor.

A: 뭐 드릴까요?
B: ¿Me pone una caña?
A: 네. 지금 바로 드릴게요.
B: 그리고 하몽도 한 접시 주세요.

• 새로운 어휘
caña   f. 생맥주
vino tinto   m. 레드 와인
café con leche   m. 라테
tapa   f. 1인분의 음식

PASO 3 도전! 회화 연습

오징어 한 접시 주실래요? _____ (calamares)

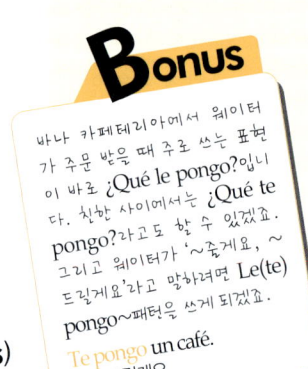

Bonus
바나 카페테리아에서 웨이터가 주문 받을 때 주로 쓰는 표현이 바로 ¿Qué le pongo?입니다. 친한 사이에서는 ¿Qué te pongo?라고도 할 수 있겠죠. 그리고 웨이터가 '~줄게요, ~드릴게요'라고 말하려면 Le(te) pongo~패턴을 쓰게 되겠죠.
Te pongo un café. 커피 드릴게요.

Me pone(s)~ 나를 ~하게 해

poner 동사 앞에 간접목적어가 오게 되면 또 다른 의미로 쓰여요. 즉 〈Me pone + 형용사〉패턴은 '나를 ~하게 느끼게 해'라는 의미가 됩니다. 영어의 makes me ~와 동일한 표현이라고 보면 돼요.

PASO 1 회화 패턴 연습

그는 날 기분 나쁘게 해.
Él me pone de mal humor.

내 상사는 날 화나게 해.
Mi jefe me pone furiosa.

우리 엄마는 날 기분 상하게 해.
Mi madre me pone mala.

스페인 남자가 날 긴장하게 해.
El chico español me pone nerviosa.

• TIP
가족의 어휘를 공부해 봅시다.

padre	m. 아버지
madre	f. 어머니
padres	m. 부모님
esposo	m. 남편(marido)
esposa	f. 아내(mujer)
hermano	m. 오빠, 형, 남동생
hermana	f. 언니, 누나, 여동생
hijo	m. 아들
hija	f. 딸

• 새로운 어휘

humor	m. 기분
furioso/a	매우 화난
nervioso/a	긴장한
paz	f. 평화

PASO 2 리얼 회화 연습

 일하는 여자친구를 자꾸만 쳐다보는 남자친구가 귀찮게만 느껴지는군요.

A: **No me mires así.** 날 긴장하게 하잖아.
B: **¿No te gusto?**
A: **Pues sí, me gustas mucho. Pero ahora estoy trabajando.**
B: **Vale, te dejo en paz.**

A: 그렇게 쳐다보지 마. **Me pones nerviosa.**
B: 내가 싫어?
A: 음, 네가 좋아. 하지만 지금 일하는 중이야.
B: 알았어, 널 가만히 둘게.

dejar 동사는 '~하게 남겨두다, 내버려 두다'의 뜻이 있어요. 영어의 let처럼 많이죠. Te dejo en paz는 '내가 널 가만히(평화롭게) 내버려 둘게'라는 뜻이 되는 거죠. 만약 상대방이 자꾸 귀찮게 할 때 '날 가만히 내버려 둬'라고 말하고 싶다면 Déjame en paz.라고 말하면 되겠죠.
Te dejo ir. 네가 가도록 해 줄게.

PASO 3 도전! 회화 연습

그 노래는 날 슬프게 해. _____ (triste)

¿Me pones + 악세서리?
나한테 ~을 입혀줄래(끼워줄래, 신겨줄래)?

poner 동사는 뒤에 옷이나 신발 또는 장신구 등이 오게 되면 '입히다, 신기다, 걸어주다, 끼워주다' 등의 의미가 된답니다. 이 때는 반드시 간접목적어(me/te/le)를 앞에 동반하게 되겠죠.

PASO 1 회화 패턴 연습

나에게 신발 신겨줄래?
¿Me pones los zapatos?

나에게 넥타이 매 줄래?
¿Me pones la corbata?

나에게 반지 끼워 줄래?
¿Me pones el anillo?

나에게 선크림 발라 줄래?
¿Me pones el protector solar?

• **TIP**

사랑하는 사람을 부르는 애칭들을 알아 볼까요?

연인 사이에서는 cariño(자기야)라는 애칭을 가장 많이 써요. cariño는 남.여성이 동일해요. 그 외에도 mi amor(내 사랑), mi corazón(내 심장), mi tesoro(내 보물) 등의 애칭은 사랑하는 사람에게 쓸 수 있는 애칭이에요.

• **새로운 어휘**

corbata	f. 넥타이
anillo	m. 반지
collar	m. 목걸이
ahora mismo	지금 당장
tesoro	m. 보물

PASO 2 리얼 회화 연습

 엄마가 딸에게 목걸이를 사서 직접 걸어 주는 장면입니다.

A: ¿Me compras este collar, mamá?
B: Claro que sí, mi amor.
A: 끼워줄래요, mamá?
B: Ahora mismo te lo pongo, tesoro. ¡Qué guapa estás!

A: 엄마, 이 목걸이 사줄래요?
B: 물론이지, 내 사랑.
A: ¿Me lo pones, 엄마?
B: 지금 바로 해줄게, 내 보물. 정말 예쁘구나!

PASO 3 도전! 회화 연습

나에게 귀걸이 끼워줄래? _____ (pendientes)

Bonus

이번엔 '(나에게) ~사줄래?'라고 표현해 볼까요? ¿Me compras ~?라고 말하면 돼요. 이렇게 간접목적어와 함께 쓰는 동사들이 많답니다. traer(가지고 오다), enviar(발송하다), escribir(쓰다), dar(주다)등의 동사는 모두 간접목적어와 함께 써야 해요.

¿Me traes el pan?
빵 갖다 줄래?
¿Me haces la comida?
음식 해 줄래?

Me pongo + 옷, 악세서리
나는 ~을 입을게, 입어

poner 앞에 재귀대명사가 오고 뒤에 옷이나 악세서리가 오게 되면 '~을 입다, 끼우다, 쓰다, 신다'의 의미가 된답니다. Me pongo ~는 '내가 ~을 입을게, 입어'가 되고 Te pones~는 '네가 ~을 입는다'는 뜻이 되는 거죠.

PASO 1 회화 패턴 연습

난 새로 산 원피스를 입을 거야.
Me pongo el vestido nuevo.

난 결혼식에 노랑색 모자를 쓰고 갈래.
Me pongo el sombrero amarillo para la boda.

난 파랑색 구두를 신을 거야.
Me pongo los zapatos azules.

난 선글라스 쓸 거야.
Me pongo las gafas de sol.

PASO 2 리얼 회화 연습

 친구와 파티에 입고 갈 옷을 고르고 있네요.

A: 파티에 무슨 옷을 입을까?
B: ¿Por qué no te pones este vestido?
A: ¿Y estos pantalones?
B: No está mal. Pero el vestido va mejor con la nueva chaqueta.

A: ¿Qué ropa me pongo para la fiesta?
B: 이 원피스 입으면 어때?
A: 이 바지는?
B: 나쁘지는 않아. 하지만 원피스가 새 재킷과 더 잘 어울려.

PASO 3 도전! 회화 연습

난 파티에 검정색 치마를 입을래. _____

• TIP

전치사 de의 쓰임새에 대해 자세히 알아 볼까요? de는 '~의'를 뜻하는 전치사로 스페인어에서 가장 많이 쓰이는 전치사 중 하나죠.
① 원산지(~의)
un edificio de Sevilla
세비야의 건물
② 재료, 과목, 성분
un collar de oro 금 목걸이
un libro de Matemáticas 수학 책
③ 사람의 관계, 소유
un amigo de mi esposo
내 남편의 친구

• 새로운 어휘

amarillo	노랑색
azul	파랑색
pantalones	m. 바지
blusa	f. 블라우스
falda	f. 치마
taza	f. (커피)잔
plato	m. 접시

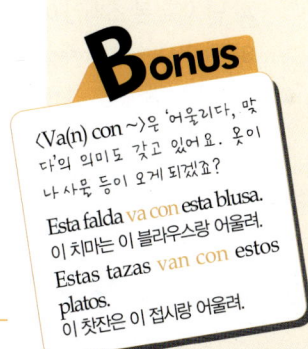

〈Va(n) con ~〉은 '어울리다, 맞다'의 의미도 갖고 있어요. 옷이나 사물 등이 오게 되겠죠?
Esta falda va con esta blusa.
이 치마는 이 블라우스랑 어울려.
Estas tazas van con estos platos.
이 찻잔은 이 접시랑 어울려.

우선 순위 동사패턴

가장 많이 쓰는 우선 순위 동사패턴 **133**

Me pongo + 형용사   나는 ~해져, ~하게 돼

poner 동사는 앞에 뭐가 오느냐에 따라 정말 쓰임새가 많죠? 이번엔 재귀대명사가 앞에 오고 뒤에는 형용사가 와서 '~해지다'의 의미가 됩니다. 영어의 become, get과 같은 뜻이라고 생각하면 돼요.

PASO 1 회화 패턴 연습

난 혼자 있을 때는 슬퍼져.
Me pongo triste cuando estoy sola.

난 대중 앞에서 말할 때 긴장 돼.
Me pongo nervioso cuando hablo en público.

난 교통체증이 있으면 안절부절 못해.
Me pongo impaciente cuando hay atasco.

난 사람들이 소리지르면 화가 나.
Me pongo furioso cuando la gente me grita.

• TIP

cuando 절에 대해 간단히 공부해 볼까요? cuando 절 다음에 직설법 동사가 와서 '~할 때, ~하면'의 의미가 됩니다. cuando 절은 문장 앞, 뒤 모두 위치할 수 있어요.

• Cuando estoy sola, me pongo triste.
  내가 혼자 있을 때는 슬퍼져.
• Cuando no trabajo, me pongo deprimido. 내가 일을 하지 않으면, 우울해져.

• 새로운 어휘

atasco	m. 교통체증
gritar	소리 지르다
intentar	시도하다
delante de	~앞에
ni una palabra	한 마디도
cobarde	m.f. 겁쟁이

PASO 2 리얼 회화 연습

 좋아하는 여자 앞에 서면 긴장돼서 말을 한 마디도 못한다고 하는군요.

A: Me gusta la chica nueva española. Me interesa hablar con ella.
B: ¿Por qué no intentas invitarla a tomar algo?
A: Es que 내가 그녀 앞에 있으면 긴장을 하게 되거든.
   Y no consigo hablar ni una palabra.
B: ¡Qué cobarde eres!

A: 난 새로 온 스페인 여자가 맘에 들어. 그녀와 얘기하는데 관심 있어.
B: 뭐 마시는 거 사 주겠다고 해보는 건 어때?
A: 그러니깐 me pongo nervioso cuando estoy delante de ella.
   그래서 한마디도 결국 못하게 돼.
B: 너 완전 겁쟁이구나!

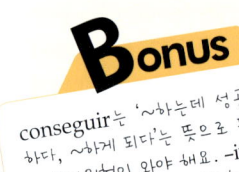

conseguir는 '~하는데 성공하다, ~하게 되다'는 뜻으로 뒤에 동사원형이 와야 해요. -ir형 불규칙 동사로 1인칭 단수형이 consigo이고요. No consigo ~ 는 '~를 결국 못해, ~를 못하게 돼'라는 의미가 되는 거죠.

No consigo entender tu historia.
네 이야기를 이해 못 하겠어.
No consigo ligar con Rosa.
결국 로사를 꼬시지 못했어.

PASO 3 도전! 회화 연습

사람들이 나를 쳐다보면 얼굴이 빨개져.

Me pongo a + 동사원형

나는 (갑자기) ~하기 시작할 거야

ponerse a ~는 '(갑자기) ~하기 시작하다'를 뜻하는 숙어적 표현입니다. empezar a ~는 '~하기 시작하다'와 약간의 의미적 차이가 있어요. 울음을 터트린다던가 갑자기 어떤 행동을 시작한다는 의미를 갖고 있답니다.

PASO 1 회화 패턴 연습

웃기 시작할 거야.
Me pongo a reír.

일하기 시작할 거야.
Me pongo a trabajar.

울음을 터트릴 거야.
Me pongo a llorar.

(갑자기) 춤 추기 시작할 거야.
Me pongo a bailar.

• TIP

'모로 가도 서울만 가면 된다'는 스페인어 속담을 배워 볼까요?
Todos los caminos llevan a Roma.
직역하면, '모든 길은 로마에 도착한다'입니다.

todo/a/os/as 모든
camino *m.* 길
llevar 데리고 가다

• 새로운 어휘

reírse 웃다
llorar 울다
despedirse 작별하다
hora *f.* 시간

PASO 2 리얼 회화 연습

 남녀가 서로 이별하는 장면이네요.

A: Ya es hora de despedirnos.
B: Sí, no te pongas triste. 나 울기 시작할 거야.
A: No te olvides de mí.
B: No, cariño. Te llamaré cuando llegue a Corea.

A: 벌써 작별해야 하는 시간이네.
B: 그래, 슬퍼하지 마. **Me pongo a llorar.**
A: 나 잊지 마.
B: 안 잊어, 자기야. 한국에 도착하면 연락할게.

평소에 '~할 시간이야'라고 말하고 싶을 때가 있죠? 그럼 이 회화 패턴을 사용해 보세요. Es hora de ~입니다. 영어의 It's time to~에 해당하는 표현이죠.

Es hora de irse.
갈 시간이야.
Es hora de comer.
점심 먹을 시간이야.

PASO 3 도전! 회화 연습

(갑자기) 노래하기 시작할 거야. _____ (cantar)

가장 많이 쓰는 우선 순위 동사패턴

lección 16
Poder ~할 수 있다

poder 동사는 -ue형 불규칙 동사입니다. 뒤에는 동사원형이 와야 합니다. '~할 수 있다'는 뜻으로 영어의 can에 해당되는 동사죠. 영어에서 can을 중요하게 다루듯, 스페인어에서도 poder 동사는 그 쓰임새가 아주 유용하니 이번 과에서 확실히 공부해 두도록 해요. 자, 그럼 poder 동사의 동사변화형부터 외워볼까요?

poder (~할 수 있다) 동사 변화

yo 나	puedo
tú 너	puedes
él, ella, usted 그, 그녀, 당신	puede
nosotros 우리	podemos
vosotros 너희	podéis
ellos, ellas, ustedes 그들, 그녀들, 당신들	pueden

Poder 동사를 배우면 이런 표현을 말할 수 있어요!

1	내가 ~ 할 수 있어	**Puedo** + 동사원형
2	나는 ~할 수 없어	**No puedo** + 동사원형
3	너는 ~할 수 없어, ~하면 안 돼	**No puedes** + 동사원형
4	우리는 ~할 수 있어	**Podemos** + 동사원형
5	내가 ~해도 될까?, ~해도 돼요?	**¿Puedo** + 동사원형?
6	너는 ~할 수 있어?, ~해줄 수 있어?	**¿Puedes** + 동사원형?
7	~해도 돼요?, ~할 수 있어요?	**¿Se puede** + 동사원형?
8	~인지 저에게 말해 주실 수 있으세요?	**¿Me puede decir** ~?
9	~해 주실 수 있어요?	**¿Podría** ~?

가장 많이 쓰는 우선 순위 동사패턴

085

Puedo + 동사원형 내가 ~ 할 수 있어

poder 동사는 영어의 can처럼 스페인어에서 마치 조동사 역할을 하게 되는데요. poder는 -ue형 동사로 1인칭 단수형 현재동사가 puedo고요. 반드시 뒤에는 동사원형이 와야 해요. Puedo ~다음에 동사원형이 와서 '난 ~할 수 있어'라는 뜻이 되죠.

PASO 1   회화 패턴 연습

내가 케이크를 갖고 올 수 있어.
Puedo traer pasteles.

내가 네 스페인어를 도와줄 수 있어.
Puedo ayudarte con tu español.

난 내일 수업에 올 수 있어.
Puedo venir a clase mañana.

난 오늘 밤에 너와 나갈 수 있어.
Puedo salir contigo esta noche.

• TIP

전치형 소유형용사에 대해 공부해 봅시다. 전치형 소유형용사는 명사 앞에 위치하며 명사의 성과 수에 따라 변화해야 해요.

나의	mi/s
너의	tu/s
그의/그녀의	su/s
우리의	nuestro/a/os/as
너희의	vuestro/a/os/as
그들의/그녀들의	su/s
나의 책	mi libro
너의 가방	mi maleta
나의 책들	mis libros
우리 집	nuestra casa

PASO 2   리얼 회화 연습

 집에 도착한 아내가 너무 피곤해서 밥도 안 먹고 자러 갑니다.

A: ¡Por fin estoy en casa! 이제 쉴 수 있어.
B: ¿Solo tomas un vaso de leche? Necesitas comer más.
A: Mejor me voy a la cama. Estoy agotada.
B: Vale, descansa.

A: ¡ 마침내 집에 있어! Ya puedo descansar.
B: 우유 한 잔 만 마실 거야? 너 더 먹어야 해.
A: 자러 가는 게 좋겠어. 너무 피곤해.
B: 알았어, 쉬어.

• 새로운 어휘

por fin	마침내
descansar	쉬다
agotado/a	지친

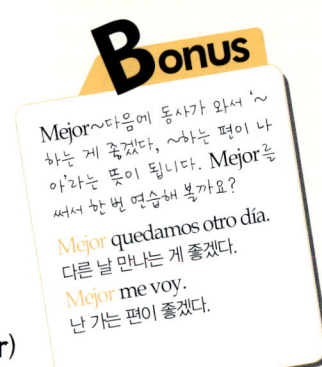

Mejor~다음에 동사가 와서 '~하는 게 좋겠다, ~하는 편이 나아'라는 뜻이 됩니다. Mejor를 써서 한 번 연습해 볼까요?

Mejor quedamos otro día.
다른 날 만나는 게 좋겠다.
Mejor me voy.
난 가는 편이 좋겠다.

PASO 3   도전! 회화 연습

내가 슈퍼마켓에 들를 수 있어. _____ (pasar por)

No puedo + 동사원형   나는 ~할 수 없어

뭔가를 하지 말아야 할 때 '난 ~할 수 없어'라고 표현하고 싶다면 No puedo ~패턴을 사용해 보세요. 반대로 뭔가를 할 수 있다면 Puedo ~라고 말하면 됩니다.

PASO 1 회화 패턴 연습

난 그걸 할 수 없어.
No puedo hacer eso.

난 이걸 계속 할 수 없어.
No puedo continuar esto.

난 더 못 먹겠어.
No puedo comer más.

지금 얘기할 수 없어요.
No puedo hablar.

• **TIP**

lo que tú digas는 '네가 말하는 거면 뭐든'이라는 뜻으로, 영어의 whatever you say와 동일한 표현입니다. 비슷한 표현을 예로 들어 볼게요.

- lo que quieras 네가 원하는 거면 모두 (whatever you want)
- lo que puedas 네가 할 수 있는 건 모두 (whatever you can)
- lo que sea 어찌 됐든 (whatever)

• **새로운 어휘**

eso	그것
esto	이것
continuar	계속하다
suegra	f. 시어머니, 장모

PASO 2 리얼 회화 연습

 남자가 여자에게 이별을 하자고 얘기하고 있습니다.

A: A ver. Me caes muy bien.
　　Pero esto que estamos haciendo 난 계속할 수는 없어.
B: Bueno, lo que tú digas.
A: Lo siento.
B: Está bien.

A: 어디 보자. 난 네가 아주 맘에 들어.
　　하지만 우리가 하고 있는 이거 **no puedo continuar.**
B: 음, 네가 말하는 대로 해.
A: 미안해.
B: 괜찮아.

caer동사는 간접목적어와 함께 뒤에 사람이 오면 '(누구)와 잘 맞아, 마음에 들어'라는 의미가 돼요. 단 반드시 사람 또는 동물이 와야하구요. 누군가가 잘 맞으면 Me cae bien ~, 잘 맞지 않으면 Me cae mal ~이라고 말하면 돼요. 이 장면에서는 '난 네가 좋아'라고 해서 Me caes muy bien (tú)가 되는 거구요.

Me cae bien mi suegra.
내 시어머니 맘에 들어.(잘 맞아)

PASO 3 도전! 회화 연습

나 일찍 못 돌아와. ＿＿＿＿＿＿＿＿＿＿ (temprano)

No puedes + 동사원형   너는 ~할 수 없어, ~하면 안돼

⟨No puedes~⟩는 '넌 ~할 수 없어, ~하면 안 돼'라는 뜻의 회화패턴이에요. ⟨seguir +현재분사⟩ 두 개의 패턴이 합쳐진 형태로, '넌 계속 ~할 수는 없어'라는 의미가 되요. Puedes ~라고 말한다면 '넌 ~할 수 있어, ~해도 돼'라는 의미가 되겠죠?

PASO 1   회화 패턴 연습

너 붕대를 풀면 안 돼.
No puedes quitarte la venda.

너 지금 나가면 안 돼.
No puedes salir ahora.

넌 병원에 전화해도 돼.
Puedes llamar al hospital.

네가 원한다면 내 침대에서 자도 돼.
Puedes dormir en mi cama si quieres.

• TIP

pero는 '그러나, 하지만'을 뜻하는 접속사입니다. 앞서 한 말과 반대되는 문장이 오게 되겠죠?

• El ordenador es viejo, pero funciona bien. 컴퓨터가 오래 되었지만 아주 잘 작동해.
• Me gusta mucho, pero es muy caro. 아주 맘에 들어, 하지만 너무 비싸.

• 새로운 어휘

quejarse	불평하다
quitarse	벗다, 떼어내다
venda	f. 붕대
aguantar	견디다
pesado/a	귀찮은, 골치 아픈

PASO 2   리얼 회화 연습

 남자친구에 대한 불만을 다른 친구에게 고민을 털어놓는군요.

A: 넌 계속 네 삶에 대해 불평만 하고 지낼 수는 없어.
B: Es que no aguanto a mi novio. Es muy pesado.
A: Tú eres lo más importante para él.
B: Lo sé. pero a mí ya no me gusta.

A: **No puedes seguir quejándote de tu vida todo el tiempo.**
B: 내 남자친구를 견딜 수 없어. 아주 귀찮아.
A: 넌 그에게 가장 중요한 존재야.
B: 알아, 하지만 이제 난 그를 좋아하지 않아.

중성관사 lo에 비교급이 합쳐지면 '가장 ~한 것'이라는 뜻이 됩니다. Lo más fácil(가장 쉬운 것), lo más interesante(가장 흥미로운 것)처럼 비교급을 붙여가며 연습해 볼까요?

Lo más difícil es entender la situación. 가장 어려운 것은 그 상황을 이해하는 거야.
Lo más importante es resolver este problema. 가장 중요한 것은 이 문제를 해결하는 거야.

PASO 3   도전! 회화 연습

네 남자 친구와 계속 다투면서 지낼 수는 없어. _____

088

Podemos + 동사원형   우리는 ~할 수 있어

poder 동사의 1인칭 복수형이 podemos입니다. Podemos ~라고 말하면 '우리는 ~할 수 있어'라는 뜻이 되겠죠? 친구와 뭐 할지 등을 고민 또는 계획을 의논할 때 '우리 ~하면 돼, 할 수 있겠다'처럼 말할 때 사용할 수 있어요.

PASO 1   회화 패턴 연습

우리는 이 근처에서 저녁 먹을 수 있어.
Podemos cenar por aquí cerca.

우리는 콘서트 갈 수 있어.
Podemos ir a un concierto.

우리는 이번 주말에 만날 수 있어.
Podemos quedar este fin de semana.

우리는 해변 갈 수 있어.
Podemos ir a la playa.

PASO 2   리얼 회화 연습

 친구가 오늘 클럽보다는 저녁 먹으러 가길 원하는군요.

A: 우리 춤 추러 갈 수 있어. **A ti te encanta bailar.**
B: Sí, pero hoy no me apetece bailar.
A: ¿Y si vamos a cenar?
B: Vale, buena idea.

A: **Podemos ir a bailar.** 넌 춤추는 거 완전 좋아하잖아.
B: 그래, 그런데 오늘은 춤 추고 싶지 않아.
A: 그럼 저녁 먹는 건 어때?
B: 좋아, 좋은 생각이야.

PASO 3   도전! 회화 연습

우리는 영화 한 편 볼 수 있어. _____ **(película)**

• TIP

후치형 소유 형용사에 대해 살펴볼까요? 스페인어는 소유 형용사가 명사 뒤에 위치할 수도 있답니다. 마찬가지로 앞의 명사의 성과 수에 따라 변화해야겠죠.

	나의	너의	그/그녀의
el libro	mío	tuyo	suyo
la cama	mía	tuya	suya
los libros	míos	tuyos	suyos
las camas	mías	tuyas	suyas

• 새로운 어휘

cerca	가까이
concierto	m. 콘서트
este	이
playa	f. 해변
hoy	오늘

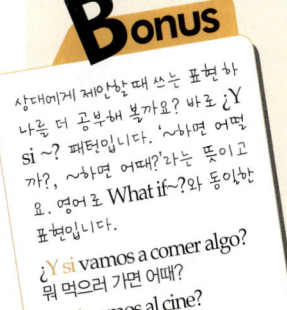

Bonus

상대에게 제안할 때 쓰는 표현 하나를 더 공부해 볼까요? 바로 ¿Y si ~? 패턴입니다. '~하면 어떨까?, ~하면 어때?'라는 뜻이고요. 영어로 What if~?와 동일한 표현입니다.

¿Y si vamos a comer algo?
뭐 먹으러 가면 어때?
¿Y si vamos al cine?
영화관에 가면 어때?

¿Puedo + 동사원형? 내가 ~해도 될까?, ~해도 돼요?

poder(~할 수 있다)는 -ue형 불규칙 동사로 1인칭 단수형이 바로 puedo입니다. 상대방에게 '내가 ~해도 될까?, ~해도 돼?'처럼 허락 또는 동의를 구할 때 쓰는 표현이죠. puedo에 salir(나가다), ir(가다) 등의 여러 동사를 붙여 동료에게 허락을 구해 봅시다.

PASO 1 회화 패턴 연습

화장실 잠시 가도 돼요?
¿**Puedo** ir un momento al baño?

여기서 담배 피워도 돼요?
¿**Puedo** fumar aquí?

일어나도 돼요?
¿Me **puedo** levantar?

자러 가도 돼요?
¿Me **puedo** ir a dormir?

• **TIP**

¿Puedo~?라고 질문했을 때, 수락, 허락을 표현하고 싶다면, 명령형을 써 보세요. 명령형을 두 번씩 반복하게 되면 좀 더 친절한 느낌이 납니다.

- ¿Puedo pasar? 들어가도 돼요?
  □ Sí, sí, claro. Pasa, pasa. 네, 그럼요, 들어오세요, 들어오세요.
- ¿Puedo comer? 먹어도 돼요?
  □ Sí, claro, come, come.
  네, 그럼요, 먹어요, 먹어요.

PASO 2 리얼 회화 연습

 남편과 싸운 후 친구 집에서 자기 위해 찾아 왔네요.

A: ¡Hola! Perdona que te moleste a estas horas.
   ¿Puedo pasar?
B: Venga, adelante. ¿Qué pasa?
A: Es que he discutido con mi esposo. 오늘 밤에 자고 가도 돼?
B: Por mí no hay inconveniente.

A: 안녕! 이 시간에 널 귀찮게 해서 미안해. 들어가도 돼?
B: 어서, 들어와. 무슨 일이야?
A: 남편이랑 싸웠거든. ¿**Me puedo quedar esta noche a dormir?**
B: 나는 불편한 거 없어.

• **새로운 어휘**

momento	m. 순간
perdonar	용서하다
molestar	귀찮게 하다
hora	f. 시간
esposo	m. 남편
inconveniente	m. 지장, 방해

PASO 3 도전! 회화 연습

밤에 나가도 돼요? _____ (salir)

상대에게 미안함을 전달하거나 사과할 때 쓸 수 있는 유용한 회화 패턴을 배워 볼까요? Perdona que ~로 말을 시작해 보세요. que절 다음에는 접속법 동사를 써야 하죠.

Perdona que no te haya llamado. 전화 안 해서 미안.
Perdona que haya llegado tarde. 늦게 와서 미안.

¿Puedes + 동사원형?
너는 ~할 수 있어?, ~해줄 수 있어?

¿Puedes ~?는 '~해 줄 수 있어?, ~할 수 있어?'를 뜻해요. 주로 부탁 등을 할 때 많이 쓰여요. 다음과 같이 여러 동사를 넣어 상대에게 정중하게 부탁해 봅시다.

PASO 1 회화 패턴 연습

신문 갖다 줄 수 있어?
¿**Puedes** traerme el periódico?

이번 주말에 네 차를 빌려줄 수 있겠니?
¿**Puedes** prestarme tu coche este fin de semana?

몇 시인지 말해 줄 수 있어?
¿**Puedes** decirme la hora?

번역 좀 도와 줄 수 있어?
¿**Puedes** ayudarme con esta traducción?

• **TIP**

tomar 동사는 뜻이 많은 동사 중의 하나죠. 본문에서 ¡Toma!는 '받다'는 뜻으로 쓰여 '받아, 여기 있어'가 됩니다. 그 외에도 다양한 뜻이 있어요.
tomar el café 커피 마시다
tomar el autobús 버스 타다
tomar la medicina 약 먹다
tomar el sol 태양을 쬐다
tomar el aire 바람 쐬다
tomar una foto 사진 찍다
tomar la medida 치수를 재다
tomar la decisión 결정하다

• **새로운 어휘**

traducción　f. 번역
cartera　　f. 지갑
seguro　　　확실한
devolver　　돌려 주다

PASO 2 리얼 회화 연습

 지갑을 두고 나와서 친구에게 돈을 빌려달라고 하는군요.

A: 아침 먹게 5유로 빌려줄 수 있어?
　 Es que me he dejado la cartera en casa.
B: Sí, claro, toma. ¿Seguro que tienes bastante con cinco?
A: Sí, sí. Mañana te los devuelvo. Muchas gracias.
B: De nada.

A: ¿Me puedes prestar cinco euros para desayunar?
　 집에다 지갑을 두고 왔어.
B: 그래, 물론이지, 받아. 5유로면 충분한 게 확실해?
A: 그래, 그래. 내일 돌려 줄게. 고마워
B: 천만에.

Bonus

dejarse는 '(깜박잊고) 두고 오다'는 뜻도 가지고 있어요. 〈Me he dejado ~ en ~〉는 '(깜박잊고) ~을 ~에 두고 왔어'라는 뜻이 되겠죠. dejar 동사의 다른 용법은 dejar 동사편에서 더 자세히 공부해 봐요.
Me he dejado el libro en casa. (깜박하고) 책을 집에 두고 왔어.
Me he dejado el paraguas en el taxi. (깜박하고) 우산을 택시에 두고 내렸어.

PASO 3 도전! 회화 연습

문 좀 열어 줄 수 있니? _____ (puerta)

¿Se puede + 동사원형?
~해도 돼요?, ~할 수 있어요?

¿Se puede~? 패턴은 '~해도 돼요, ~할 수 있어요?'를 의미합니다. 재귀 대명사 se를 씀으로써 특정한 주어가 없다는 게 특징이죠. 금지 등을 나타내는 표지판에서도 자주 볼 수 있어요. No se puede pasar.(통행 할 수 없어요, 통행 금지)에서 처럼요.

PASO 1   회화 패턴 연습

들어가도 돼요?
¿Se puede pasar?

먹어도 되는 거예요?
¿Se puede comer?

외부 음식 갖고 와도 되나요?
¿Se puede traer comida de fuera?

술 마셔도 되나요?
¿Se puede beber alcohol?

• TIP
스페인어의 무인칭에 대해 배워 봅시다. 〈Se + 3인칭 단수동사〉 형태가 바로 무인칭을 표현하는 방법입니다. 특정주어가 없이 일반사람들이 주어가 되죠.
• Se aprende mucho viajando. 여행하면서 많이 배워요.
• En España se come tarde. 스페인에서는 늦게 밥을 먹어요.
• En España se habla muy rápido. 스페인에서는 말을 아주 빨리 해요.
• Se duerme la siesta todos los días. 매일 낮잠을 잔다.
• Se cocina con poca grasa. 적은 기름으로 요리한다.

PASO 2   리얼 회화 연습

 레스토랑 양도 가격에 대해 협상하는 장면입니다.

A: A mí me gusta el restaurante. ¿Cuánto pides por el traspaso del restaurante?
B: Tres millones.
A: Es carísimo. 협상 할 수 있나요?
B: Claro que sí.

A: 난 레스토랑이 마음에 들어. 양도 가격을 얼마를 요구하시나요?
B: 3백만이요.
A: 너무 비싼데요. ¿Se puede negociar?
B: 물론이죠.

• 새로운 어휘
negociar   협상하다
traspaso   m. 양도, 이전
millón   m. 백만
rico   맛있는
antiguo   옛날의, 오래된

Bonus
Es carísimo.는 caro의 최상급 형태랍니다. 형용사에 -ísimo/-ísima/-ísimos/-ísimas를 붙이면 '정말 ~한'의 뜻이 됩니다. 정말 예쁜 여자를 보게 되면 guapísima라고 표현해 보면 어떨까요?
Está riquísimo. 정말 맛있다.
Es antiquísimo. 정말 오래된 거네요.

PASO 3   도전! 회화 연습

박물관에서 사진 찍어도 돼요? _____ (hacer fotos)

¿Me puede decir ~?
~인지 저에게 말해 주실 수 있으세요?

상대방에게 정중하게 '~해 줄 수 있어요?'라고 말하고 싶다면 ¿Me puede ~? 패턴을 사용하면 됩니다. ¿Me puede decir ~?는 '저에게 ~말해 주실 수 있나요?'를 의미하는 패턴입니다.

PASO 1 회화 패턴 연습

어디서 버스를 탈 수 있는지 말씀해 주시겠어요?
¿Me puede decir dónde puedo coger el autobús?

그의 이름이 무엇인지 말씀해 주시겠어요?
¿Me puede decir cómo se llama él?

그것의 책임자가 누구인지 말씀해 주시겠어요?
¿Me puede decir quién se encarga de eso?

수업이 언제 시작하는지 말씀해 주실 수 있어요?
¿Me puede decir cuándo empieza la clase?

• TIP
위치를 나타내는 표현을 좀 더 배워 볼까요?
- Está muy lejos. 아주 멀어요
- Está bastante lejos. 충분히 멀어요
- Está un poco lejos. 조금 멀어요.
- Está muy cerca. 아주 가까워요.
- Está bastante cerca. 충분히 가까워요.
- Está justo en la esquina. 바로 모퉁이에 있어요.
- Está justo al lado. 바로 옆에 있어요.
- Está aquí mismo. 바로 여기 있어요.

• 새로운 어휘
encargarse	책임지다
empezar	시작하다
manzana	f. 블록
medio	반의

PASO 2 리얼 회화 연습

 택시 정류장이 어디에 있는지 물어봅니다.

A: Necesito coger un taxi.
   택시를 어디에서 탈 수 있는 지 말씀해 주시겠어요?
B: Claro. No está muy lejos. Está a dos manzanas.
A: Gracias.
B: De nada.

A: 택시를 타야 해요. ¿Me puede decir dónde puedo coger un taxi?
B: 물론이죠. 멀지 않아요. 두 블록 거리에 있어요.
A: 고마워요.
B: 천만에요.

〈Está a + 시간 또는 거리〉는 '~거리에 있다'라는 뜻이랍니다. 길을 물을 때 얼마나 떨어져 있는지, 얼마의 거리에 있는지를 말해 주고 싶다면 이 패턴을 사용하면 되겠죠?

Está a unos veinte minutos.
약 20분 거리에 있어.

Está a medio kilo.
약 500미터 거리에 위치해 있어.

PASO 3 도전! 회화 연습

지하철 역이 어디에 있는지 말씀해 주시겠어요? _____

¿Podría ~? ~해 주실 수 있어요?

poder 동사의 단순조건 1.3인칭형이 podría입니다. ¿Podría + 동사원형? 패턴은 공손한 부탁의 표현으로 영어의 Could you ~?와 동일한 패턴이에요.

PASO 1 회화 패턴 연습

당신 전화번호를 알려줄 수 있으신가요?
¿Podría decirme su número de teléfono?

부탁 하나 들어주실 수 있으신가요?
¿Podría hacerme un favor?

저희 집에 좀 데려다 주실 수 있으세요?
¿Podría llevarme a mi casa?

100유로 좀 빌려 주실 수 있어요?
¿Podría prestarme 100 euros?

• TIP

poder 동사가 들어간 스페인어 명언 하나를 배워 볼까요? No puedes andar y quieres correr. "걷지를 못하는데 뛰기를 원한다" 즉 '서두르지 말라'는 의미를 내포하고 있어요. 여러분들도 스페인어를 서두르지 말고 천천히 인내심을 가지고 배워 보세요~

• 새로운 어휘

número de teléfono
　　　　　　　　 m. 전화번호
urgir　　　　　급하다
localizar　　　위치를 찾아내다
desconectado 전원이 끊긴
cambiar　　　바꾸다
moneda　　　f. 동전

PASO 2 리얼 회화 연습

 베로니카를 급히 찾아야 하는데 그녀가 핸드폰을 그만 꺼 놓은 것 같네요.

A: ¿Está Verónica en casa?
B: Ahora no está. ¿Qué necesita?
A: Necesito hablar con ella. Me urge.
　그녀를 어디서 찾을 수 있는지 말해 줄 수 있어요?
B: No. Ahora tiene su teléfono desconectado.

A: 베로니카 집에 있어요?
B: 지금 없어요. 뭐가 필요해요?
A: 그녀와 얘기를 해야 해요. 급해요.
　¿Podría decirme dónde puedo localizarla?
B: 아니오. 지금 핸드폰 꺼 놨어요.

Bonus

urgir(긴급하다) 동사는 간접목적어와 주로 같이 쓰여요. Me urge라고 하면 '급해, 긴급해'라는 뜻이 되죠. 뒤에 동사원형 또는 명사도 올 수 있어요.

Me urge hacerlo.
그걸 하는 게 급해.
Me urge cambiar de moneda. 환전이 급해.

PASO 3 도전! 회화 연습

물 조금 갖다 주실 수 있어요? ＿＿＿＿＿＿＿＿＿＿ (traer)

Lección 17
Saber ~를 알다

saber 동사는 '~을 알다'는 뜻으로 영어의 know에 해당하는 동사입니다. 1인칭만 sé로 변하는 불규칙 동사죠. 영어와 다른 용법은 뒤에 동사원형이 와서 '~를 할 줄 안다'는 의미가 되는 거예요. 뒤에 si절, que절, 의문사 등도 올 수 있어요. 상대방의 질문에 '모른다'라고 대답하고 싶다면, No lo sé라고 말하면 되겠죠? saber 동사의 다양한 회화 패턴을 배워 보도록 해요.

saber (~를 알다) 동사 변화	
yo 나	sé
tú 너	sabes
él, ella, usted 그, 그녀, 당신	sabe
nosotros 우리	sabemos
vosotros 너희	sabéis
ellos, ellas, ustedes 그들, 그녀들, 당신들	saben

Saber 동사를 배우면 이런 표현을 말할 수 있어요!

1	나는 ~대해 알아	Sé de ~
2	나는 ~할 줄 알아	Sé + 동사원형
3	너는 ~할 줄 아니?	¿Sabes + 동사원형?
4	나는 ~하다는 것을 알아	Sé que ~
5	나는 어떻게(언제, 어디로, 무엇을) ~할지 모르겠어	No sé + 의문사 + 동사원형
6	나는 ~인지 아닌지 잘 모르겠어요	No sé si ~ (o no)
7	너는 ~ 인지 아니?	¿Sabes + 의문사 + 동사?
8	너는 ~가 있는지 아니?	¿Sabes si hay ~ ?
9	~가 맛이 좋아/맛이 안 좋아	Sabe bien/mal ~

가장 많이 쓰는 우선 순위 동사패턴

Sé de ~   나는 ~대해 알아

Saber(알다)의 1인칭 단수형 동사는 sé입니다. sé 뒤에 전치사 de(~에 관하여)와 함께 정보가 오면 '~에 대해 알아'라는 뜻이 됩니다. 만약 무언가에 대해 하나도 모른다면 No sé nada de~라고 말하면 되겠죠?

PASO 1 회화 패턴 연습

난 여자에 관해 많이 알아.
Sé mucho de mujeres.
난 남자에 관해 많이 알아.
Sé mucho de hombres.
난 정치에 관해 많이 알아.
Sé mucho de política.
난 투우에 대해 전혀 몰라.
No sé nada de los toros.

• TIP
Buena Vista Social Club은 쿠바 음악의 전성기인 1940년대 쿠바 아바나의 고급 사교클럽을 지칭합니다. 당시 쿠바 음악의 거장들의 음악을 다큐멘터리 영화로 제작된 영화가 바로 '부에나 비스타 소셜 클럽'이기도 합니다. 멤버로는 기타리스트인 Compay Segundo와 여성 멤버 가수 Omara Portuondo 등 5명이 있어요.

• 새로운 어휘
mujer	f.	여자
hombre	m.	남자
política	f.	정치
toros	m.	투우
conocer		알다
canción	f.	노래
cubano/a		쿠바의

PASO 2 리얼 회화 연습

 중남미 노래에 대해 서로 얘기를 나누고 있어요.

A: ¿Conoces esta canción?
B: No, no me suena.
A: Es la canción cubana de Buena Vista Social Club.
B: 난 라틴 노래에 대해 아무것도 몰라.

A: 이 노래 아니?
B: 아니, 들어본 적 없는 것 같아.
A: 부에나 비스타 소셜클럽의 쿠바 노래야.
B: **No sé nada de las canciones latinoamericanas.**

Bonus
sonar 3인칭 단수형은 suena를 쓰면 '친숙하다, 낯익다, 들어본 것 같다' 등의 의미가 됩니다. 길 거리를 지나가다가 어디서 본 것 같은데 얼굴이 기억나지 않을 때 옆 친구에게 이렇게 물어봐야겠죠. ¿No te suena su cara?(그녀의 얼굴 친숙하지 않니?)
Su nombre no me suena. 당신의 이름 들어본 적이 없어요.

PASO 3 도전! 회화 연습

난 무성영화에 대해 전혀 몰라. _____ (cine mudo)

Sé + 동사원형   나는 ~할 줄 알아

saber 동사는 '알다'는 뜻으로 영어의 know와 동일해요. 단 뒤에 동사원형이 오게 되면 '~을 할 줄 알다'라는 의미가 돼요. sé는 saber의 1인칭 단수형이고요. Sé 뒤에 bailar(춤추다), nadar(수영하다), seducir(유혹하다) 등의 동사를 넣어 연습해 볼까요?

PASO 1 회화 패턴 연습

나는 고객을 응대할 줄 알아.
Sé atender a los clientes.

나는 운전할 줄 알아.
Sé conducir.

나는 거짓말 잘 해요.
Sé mentir.

나는 카드놀이 할 줄 알아.
Sé jugar a las cartas.

• TIP
다음과 같은 연결구는 알아두면 유용하겠죠?

Por la mañana 아침에
Por la tarde 오후에
Por la noche 밤에
Al mediodía 오후에(2시~4시)
Antes   전에
Primero... 맨 처음에, 먼저
Después... 후에
Luego... 나중에
Por último... 마지막으로

• 새로운 어휘
cliente   m.f. 고객
mentir   거짓말하다
jugar a las cartas 카드놀이 하다
bañar   목욕시키다
jabón   m. 비누
listo/a   준비된

PASO 2 리얼 회화 연습

 개를 목욕시키려는 아들에게 엄마는 계속 잔소리만 늘어놓는군요.

A: Mamá, ¿puedo bañar a Sapic?
B: Sí, hijo, pero antes prepara el agua y el jabón. Y vas a...
A: Mamá. Tengo 13 años. 개 목욕시킬 줄 알아요.
B: Vale. ¿Estás listo?

A: 엄마, 내가 개 목욕시켜도 돼요?
B: 그래, 아들, 그런데 전에 물과 비누 준비해. 그리고...
A: 엄마. 나 13살이에요. **Sé bañar al perro.**
B: 알았어. 준비됐어?

PASO 3 도전! 회화 연습

나는 비밀을 지킬 줄 알아요. _____ **(guardar secretos)**

Bonus
estar listo가 '준비되어 있다'는 뜻으로, 영어의 I'm ready에 해당되는 표현이죠. 내가 뭔가를 할 준비가 되어 있다면 Estoy listo para ~패턴을 활용해 보세요. para 뒤에는 동사원형을 쓰고 주어가 여성이면 lista로 바꿔 주기만 하면 되겠죠.
Estoy listo para salir.
나갈 준비 됐어.

¿Sabes + 동사원형? 너 ~할 줄 아니?

saber 동사 다음에 동사원형이 오게 되면 '~할 줄 안다'는 뜻이 돼요. 따라서 '너 ~할 줄 알아?'라고 말하고 싶다면 〈¿Sabes + 동사원형?〉의 회화패턴을 사용해 보세요.

PASO 1 회화 패턴 연습

넌 운전할 줄 아니?
¿Sabes conducir?

넌 플라멩코 출 줄 아니?
¿Sabes bailar flamenco?

넌 연기할 줄 아니?
¿Sabes actuar?

넌 피아노 칠 줄 아니?
¿Sabes tocar el piano?

• TIP

재능을 이야기할 때 이런 표현들도 기억해 둡시다.
• Las paellas se me dan muy bien. 난 파에야는 아주 잘 해.
• El pastel de naranja me sale bastante bueno.
오렌지 파이는 충분히 잘 해.
• Soy un negado para los idiomas. 난 언어는 최악이야.
• Soy muy buena en informática. 난 컴퓨터는 아주 잘 해.
• Soy un genio para matemáticas. 난 수학 천재야.
• Tengo facilidad para la mecánica. 기계 다루는 솜씨가 있어.

PASO 2 리얼 회화 연습

 서로 요리를 잘 하는 지에 관해 이야기 하고 있어요.

A: 넌 요리를 잘 할 줄 아니?
B: Sí, yo cocino muy bien. ¿Y tú?
A: Yo cocino fatal. Soy un desastre cocinando.
B: Yo tengo muchas recetas de mi madre.

A: ¿Sabes cocinar bien?
B: 응, 나 요리 아주 잘 해. 넌?
A: 난 최악이야. 요리에는 정말 재능이 없어.
B: 난 우리 엄마의 레시피를 많이 갖고 있어.

• 새로운 어휘

actuar　　　연기하다
tocar el piano　피아노 치다
desastre　　m. 재앙
receta　　　f. 요리법

PASO 3 도전! 회화 연습

넌 컴퓨터 고칠 줄 알아? _____ (arreglar)

〈Soy un desastre + 현재분사〉는 '~하는데 재능이 전혀 없어, 최악이야'라는 뜻이에요. 뭔가에 대해 재능이 없음을 강조해서 말할때 쓰면 된답니다.

Soy un desastre bailando. 난 춤에 재능이 전혀 없어.
Soy un desastre hablando idiomas. 난 언어를 말하는 데 전혀 재능이 없어.

150　Capítulo 2

Sé que ~   나는 ~하다는 것을 알아

sé는 saber 동사의 1인칭 단수형이죠. que 절이 와서 '~하다는 것을 알아'의 뜻이 되는 거죠. '~한다는 것을 아니?'라고 묻고 싶다면 2인칭 동사 sabes를 써서 ¿Sabes que ~? 라고 말하면 됩니다.

PASO 1   회화 패턴 연습

네가 좋아할 거라는 것을 알아.
Sé que te va a gustar.

그녀가 잘 있다는 걸 알고 있어.
Sé que ella está bien.

넌 나만을 바라본다는 것을 알고 있어.
Sé que tú solo tienes ojos para mí.

네가 날 위해 그렇게 한다는 걸 알고 있어.
Sé que lo haces por mí.

• TIP
'일찍 일어나는 새가 벌레를 잡는다'는 스페인어 속담을 배워 봅시다. Al que madruga, Dios lo ayuda. 직역하면, '하나님은 새벽에 일찍 일어나는 사람을 돕는다'가 되죠. 부지런함을 강조하는 속담입니다.

madrugar 새벽에 일찍 일어나다
Dios 신, 하나님
ayudar 돕다

• 새로운 어휘
ojo   m. 눈
alegre   활발한, 쾌활한
sentirse   느끼다
algo   무엇인가

PASO 2   리얼 회화 연습

 여자가 좋아하는 라울이 자신에게도 뭔가 좋은 감정이 있다고 생각합니다.

A: Te gusta Raúl, ¿verdad?
B: Sí, me gusta mucho. Es guapo, divertido y alegre.
A: ¿Y a él también le gustas tú?
B: Pues no lo sé, pero 그도 나한테 뭔가 느끼고 있다는 건 알아.

A: 너 라울 좋아하지, 그렇지?
B: 응, 많이 좋아해. 잘 생겼고, 재미있고 그리고 유쾌해.
A: 그런데 라울도 너 좋아해?
B: 음 그건 잘 모르겠어, 그런데 **sé que siente algo por mí.**

상대방이 어떤 말을 했을 때 '진짜?, 정말?'하고 되물거나, '맞죠, 그렇죠?'라고 다시 확인하고 싶을 때 쓸 수 있는 표현이에요. 바로 ¿Verdad?하고 덧붙이면 됩니다. 영어의 right?에 해당하는 표현이겠죠?
Tú eres de Barcelona, ¿verdad? 너 바르셀로나 사람이지, 그렇지?
Está buena, ¿verdad? 맛있다, 그렇지?

PASO 3   도전! 회화 연습

네가 나만 사랑한다는 걸 알아요. _____ (querer)

098

No sé + 의문사 + 동사원형
나는 어떻게(언제, 어디로, 무엇을) ~할지 모르겠어

No sé(모르겠어) 다음에 의문사와 동사원형이 올 수 있어요. cómo entender(어떻게 이해해야 할지), cuánto agradecer(얼마나 감사한지) 등을 집어 넣어 말해 볼까요?

PASO 1 회화 패턴 연습

어떻게 해야 할지 모르겠어.
No sé qué hacer.

어디로 가야 할지 모르겠어.
No sé adónde ir.

그녀를 어디서 찾을 수 있을지 모르겠어.
No sé dónde encontrarla.

어디서부터 시작해야 할지 모르겠어.
No sé por dónde empezar.

• TIP
상대방의 말에 완전 동의의 표현을 할 때는 이런 표현들이 더 있어요.

- Estoy de acuerdo. 동의해.
- Sí, es cierto. 그래, 맞아.
- Sí, es verdad. 그래, 사실이지.
- Sí, claro. 그래, 물론.
- Evidentemente. 물론, 명백하지.
- Exactamente. 맞아요, 옳아요.

• 새로운 어휘
quedarse 남다
pensar   생각하다
solo/a   혼자
altura   f. 높이

PASO 2 리얼 회화 연습

 남자친구를 따라 스페인으로 가야 할지 고민하고 있군요.

A: Mi novio quiere que me vaya con él a España.
B: ¿Y tú ya has decidido qué vas a hacer?
A: 어떻게 해야 할지 모르겠어. Tengo miedo de quedarme sola.
B: Piénsalo bien.

A: 내 남자친구가 내가 스페인에 같이 가길 원하고 있어.
B: 넌 어떻게 할지 결정했어?
A: No sé qué hacer. 나 혼자 남을까 봐 두려워.
B: 잘 생각해 봐.

Bonus
tener miedo는 '무서워하다, 두렵다'라는 숙어적 표현이라는 것은 tener 동사 편에서 이미 배웠죠? 이번엔 전치사 de 또는 a를 추가하여 '하는 게 두려워'라는 패턴을 연습해 봅시다. Tengo miedo de ~에 두려워 하는 대상 또는 행동을 집어넣어 보세요. los perros(개), el mar(바다), las chicas(여자들) 명사를 써도 된답니다.
Tengo miedo a la altura.
높은 곳은 무서워.

PASO 3 도전! 회화 연습

언제 시작해야 할지 모르겠어. _____

No sé si ~ (o no)
나는 ~인지 아닌지 잘 모르겠어요

'~인지 아닌지 잘 모르겠어'라는 말을 하고 싶다면 No sé si ~패턴을 사용해 보세요. 영어의 I don't know if~와 동일한 패턴이죠. 어떤 고민을 놓고 어떤 결정을 내려야 할지 망설여질 때 사용할 수 있겠죠. 일반동사뿐만 아니라 동사원형도 올 수 있어요.

PASO 1 회화 패턴 연습

내가 좋은 결정을 했는지 아닌지 잘 모르겠어요.
No sé si tomé una buena decisión (o no).

잘 할 수 있을지 모르겠어요.
No sé si hacerlo bien (o no).

사실인지 아닌지 모르겠어요.
No sé si será verdad (o no).

내가 할 수 있을지 모르겠어요.
No sé si voy a poder.

• TIP
상대방이 이해했는지 잘 모르는 경우에는 이렇게 말할 수 있어요. 이 두 가지 표현은 현지에서 많이 쓰는 표현이니 꼭 기억하세요.

• No sé si me explico.
내가 잘 설명했는지 모르겠어.
• ¿Sabes lo que quiero decir?
내가 무슨 말 하는지 알겠니?

• 새로운 어휘
tomar decisión 결정하다
problema *m.* 문제
entregado/a 헌신한, 몰두한
estudios *m.* 학업

PASO 2 리얼 회화 연습

 스페인으로 온 게 잘 한 결정인지 모르겠다고 친구한테 털어놓는군요.

A: Yo dejé la vida de Corea por venirme a España con mi novio.
　　잘 한 결정인지 아닌지 모르겠어.
B: ¿Tienes problemas con tu novio?
A: Mi novio está completamente entregado a su trabajo.
B: ¡Qué mal!

A: 난 그 사람과 스페인에 오려고 한국의 삶을 두고 왔어.
　　No sé si tomé una buena decisión o no.
B: 남자친구와 문제 있어?
A: 내 남자친구는 그의 일에 완전히 몰두해 있어.
B: 완전 나쁘다!

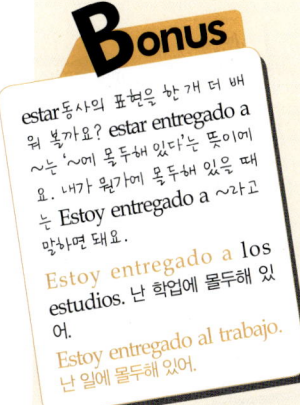

Bonus
estar동사의 표현을 한 개 더 배워 볼까요? estar entregado a ~는 '~에 몰두해 있다'는 뜻이에요. 내가 뭔가에 몰두해 있을 때는 Estoy entregado a ~라고 말하면 돼요.
Estoy entregado a los estudios. 난 학업에 몰두해 있어.
Estoy entregado al trabajo. 난 일에 몰두해 있어.

PASO 3 도전! 회화 연습

사실인지 아닌지 모르겠어요. _____ (verdad)

¿Sabes + 의문사 + 동사? 너는 ~ 인지 아니?

¿Sabes ~다음에 의문문이 그대로 올 수도 있어요. 다양한 의문문을 집어 넣어 연습해 볼까요?

PASO 1 회화 패턴 연습

넌 스페인 사람들이 몇 살에 퇴직하는 지 아니?
¿**Sabes a qué edad** se jubilan los españoles?

넌 샤키라가 어디 출신인지 아니?
¿**Sabes de dónde** es Shakira?

넌 스페인에 몇 개의 섬이 있는지 아니?
¿**Sabes cuántas** islas tiene España?

넌 스페인에서 가장 높은 산이 뭔지 아니?
¿**Sabes cuál** es la montaña más alta de España?

• **TIP**

상대방의 말에 부분적인 동의는 하면서도 자신의 다른 의견을 말할 때는 이렇게 시작해 보세요.

Bueno, pero... 네, 그런데...
Eso depende...
그건 때에 따라 다르죠...
Sí, pero... 네, 그렇지만...
Ya, pero... 네, 하지만...

• **새로운 어휘**

edad	f. 나이
jubilarse	퇴직하다
isla	f. 섬
un día	언젠가

PASO 2 리얼 회화 연습

 페루의 수도 리마에 한 번도 가 본 적이 없다고 얘기합니다.

A: 넌 페루의 수도가 뭔지 아니?
B: Sí, claro. Es Lima.
A: ¿Conoces Lima?
B: No, no conozco Lima. Pero un día quiero ir.

A: ¿Sabes cuál es la capital de Perú?
B: 응. 물론이지. 리마야.
A: 리마에 가 본 적 있어?
B: 아니, 리마에 가 본 적 없어. 그런데 언젠가 가고 싶어.

PASO 3 도전! 회화 연습

넌 스페인 사람들이 몇 시에 주로 저녁을 먹는지 아니? _____

conocer 동사는 뒤에 장소 명사가 오게 되면, '가 본 적 있다, ~을 (잘) 알다'는 의미가 돼요. 1인칭 단수형이 conozco이고요. 스페인에 가본 적 있냐고 상대방에게 묻고 싶다면, ¿Conoces España?라고 말하면 되겠죠. 또한 뒤에 사람이 올 수도 있어요. Conozco a María.처럼 말이죠. '마리아 (잘) 알아, 본 적 있어'라는 뜻이 됩니다.

Conozco Sevilla. 세비야를 알아요.(가 본 적 있어요)

¿Sabes si hay ~? 너는 ~가 있는지 아니?

saber 동사 뒤에 si절을 연결해서 스페인에서 많이 쓰는 회화 패턴을 만들어 볼까요? 바로 ¿Sabes si hay ~? 패턴입니다. 뜻은 '~인지 아닌지 아니?'가 됩니다. 길을 물을 때 이 패턴을 사용해서 말을 한 번 던져 보세요.

PASO 1 회화 패턴 연습

이 근처에 영화관이 있는지 아니?
¿Sabes si hay algún cine cerca de aquí?

이 근처에 호텔이 있는지 아니?
¿Sabes si hay algún hotel cerca de aquí?

이 근처에 담배가게가 있는지 아니?
¿Sabes si hay algún estanco cerca de aquí?

이 근처에 도서관이 있는지 아니?
¿Sabes si hay alguna biblioteca cerca de aquí?

• TIP
스페인어로 '여기', '거기', '저기'를 배워 봅시다.
aquí 여기 (화자와 가까운 거리)
ahí 거기 (청자와 가까운 거리)
allí 저기 (아주 먼 거리)
Este edificio de aquí
여기 이 건물
Ese edificio de ahí
거기 그 건물
Aquel edificio de allí
저기 저 건물

• 새로운 어휘
estanco   m. 담배가게
biblioteca f. 도서관
cerca de   가까이
barrio   m. 동네
oficina de turismo
            f. 관광 안내소

PASO 2 리얼 회화 연습

 동네에 쇼핑몰이 있는지 묻자 그 동네 사람이 아니라서 잘 모른다고 합니다.

A: 동네에 쇼핑몰이 있는지 아니?
B: Perdone, yo no soy de aquí.
A: Ah, vale. No pasa nada.
B: Aquí al lado hay una oficina de turismo.
   Pase allí y pregunte.

A: **¿Sabes si hay** algún centro comercial en el barrio?
B: 죄송한데요, 네가 여기 사람이 아니라서요.
A: 아, 네. 상관 없습니다.
B: 여기 옆에 관광 안내소가 하나 있어요. 거기 가셔서 물어보세요.

ser de ~는 '~출신이다'는 의미한다는 것을 ser 동사편에서 이미 배웠죠? 이번엔 앞에 no를 붙여 '난 ~출신이 아니에요, ~사람이 아니에요'라는 말을 해 볼까요? No soy de ~에 여러 지역이름을 넣어 봅시다.
Yo no soy de este pueblo. 난 이 마을 사람이 아니에요.
Yo no soy de esta región. 난 이 지역 사람이 아니에요.

PASO 3 도전! 회화 연습

이 근처에 약국이 있는지 아니? _____

가장 많이 쓰는 우선 순위 동사패턴 **155**

Sabe bien/mal~ ~가 맛이 좋아, 맛이 안 좋아

saber 동사는 '~맛이 나다'라는 뜻으로도 쓰여요. '맛이 좋다'고 표현하고 싶다면 Sabe muy bien, '맛이 좋지 않다, 맛 없다'라고 할 때는 Sabe mal.이라고 하면 됩니다. 특별한 맛이 느껴질 때는 Sabe a ~처럼 전치사 a 다음에 특정한 맛을 넣어 말하면 돼요.

PASO 1 회화 패턴 연습

이 케이크는 맛이 아주 좋아.
Sabe muy bien esta tarta.

이 고기는 맛이 안 좋아.
Sabe muy mal esta carne.

캐러멜 맛이 나.
Sabe a caramelo.

비누 맛이 나.
Sabe a jabón.

• TIP

음식의 맛이나 상태를 표현할 때는 반드시 estar동사를 써야 해요. 음식에 ser동사를 쓰면 품질이나 가치를 표현합니다.
• El queso está muy bueno.
치즈가 맛있어.
• Esta sopa está muy caliente.
이 수프가 뜨거워.
• El queso extremeño es excelente. 엑스뜨레마두라산 치즈는 훌륭해.
• El café colombiano es muy bueno.
콜롬비아 커피는 아주 좋아.

PASO 2 리얼 회화 연습

 한 친구는 고기가 맛있다고 하는 반면 다른 친구는 맛이 없다고 합니다.

A: Está riquísima la carne. ¿Quieres un poco de la carne?
B: Sí, solo un poquito. Pero 맛이 아주 안 좋아.
A: ¿Sí? A mí me gusta.
B: Está un poco salada.

A: 고기가 진짜 맛있다. 고기 조금 원해?
B: 그래, 조금만. 그런데 sabe muy mal.
A: 그래? 난 좋은데.
B: 조금 짜다.

• 새로운 어휘

tarta	f. 케이크
caramelo	m. 카라멜
jabón	m. 비누
un poquito	아주 조금
salado/a	짠
ácido/a	신
amargo/a	쓴

Bonus

맛을 표현할 때는 estar동사를 써서 표현할 수도 있어요. salado(맛이 짠), ácido(신), amargo(쓴), dulce(단맛이 나는)등의 형용사를 넣어 연습해 봅시다.
Esta naranja está ácida.
이 오렌지는 시다.
Esta infusión está amarga.
이 즙은 쓰다.

PASO 3 도전! 회화 연습

치즈 맛이 나. _____ (queso)

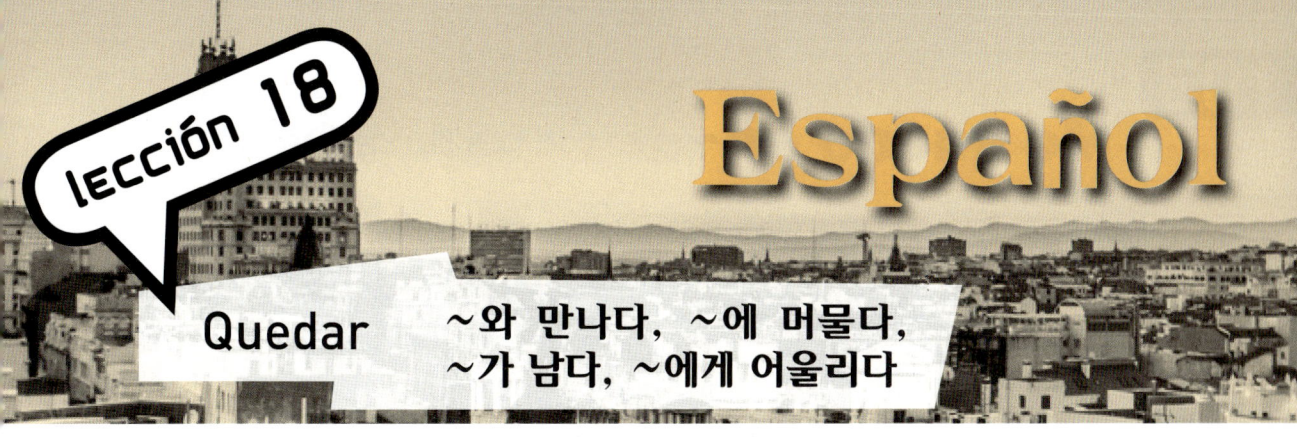

Lección 18

Quedar ~와 만나다, ~에 머물다, ~가 남다, ~에게 어울리다

quedar 동사는 다양한 의미를 갖고 있는 중요동사 중 하나입니다. quedar con ~은 '~를 만나다'라는 뜻으로 약속을 잡을 때 사용할 수 있어요. 재귀동사 quedarse는 '~에 남다, 머물다'의 의미가 되고요. 간접목적어 me, te, le 등과 함께 쓰여 '~가 남다, ~에게 (옷 등이) 어울리다'의 의미가 되기도 합니다. 그야말로 쓰임새가 다양한 필수 동사 중의 하나랍니다. 이번 기회에 꼭 암기해서 현지에서 많이 활용해 보세요.

quedar (~을 만나다) 동사 변화

yo 나	quedo
tú 너	quedas
él, ella, usted 그, 그녀, 당신	queda
nosotros 우리	quedamos
vosotros 너희	quedáis
ellos, ellas, ustedes 그들, 그녀들, 당신들	quedan

CHECK Quedar 동사를 배우면 이런 표현을 말할 수 있어요!

1	~에 있을게, ~남아 있을게	Me quedo en ~
2	~가 남아 있어	(Me) queda(n) ~
3	~에서 ~시에 만나자	Quedamos a + 시간 + en + 장소
4	네게 ~가 ~하게 어울려	Te queda/n ~

가장 많이 쓰는 우선 순위 동사패턴

Me quedo en~ ~에 있을게, ~남아 있을게

quedarse en 다음에 장소가 오게 되면 '~에 있다, 남아있다'의 뜻이 되요. Me quedo aquí.라고 누가 말한다면 '난 여기 있을게, 머물게'라는 의미가 되는 거예요. Me quedo 다음에 전치사 con 과 함께 사람이 오게되면 '내가 ~와 함께 있을게'라는 뜻이 된답니다.

PASO 1   회화 패턴 연습

난 여기 집에 있을게.
Me quedo aquí en casa.

오늘 밤엔 너와 함께 있을게.
Me quedo contigo esta noche.

오늘 밤엔 내 남자친구와 있을게.
Me quedo con mi novio esta noche.

난 마드리드에 더 있을 거야.
Me quedo más tiempo en Madrid.

• TIP

전치사와 관사의 축약형인 del 과 al은 꼭 기억해 두세요.

$$de + el = del$$
$$a + el = al$$

- Este es el número del hotel.
  이게 호텔 전화번호야.
- Llama al hotel. 호텔로 전화해.

• 새로운 어휘

Navidad	f. 크리스마스
pueblo	m. 마을, 고향
deber	~해야 한다

PASO 2   리얼 회화 연습

 크리스마스의 계획에 대해 말하는군요.

A: ¿Tú qué vas a hacer esta Navidad?
B: Yo voy a ir a mi pueblo. ¿Y tú?
A: 난 여기 서울에 있을 거야 **porque tengo un montón de cosas que hacer.**
B: ¿Pero debes trabajar el día 25? ¡Qué mal!

A: 넌 이번 크리스마스에 뭐 할거야?
B: 난 고향에 갈 거야. 넌?
A: **Yo me quedo aquí en Seúl** 왜냐하면 할 일이 너무 많아.
B: 그런데 25일에 일해야 한다고? 정말 나쁘다!

다들 mucho(많이, 많은)는 알고 있죠? mucho의 구어적 표현이 바로 un montón이라고 생각하면 돼요. 뜻은 '아주 많은, 엄청 많이'이고요. 정말 많다는 걸 표현하고 싶다면 이 표현을 써 보세요.
Me gusta un montón. 난 그게 엄청 많이 좋아.
Te he llamado un montón. 너에게 전화 엄청 했어.

PASO 3   도전! 회화 연습

이번 일요일에는 가족과 있을 거야.

(Me) queda(n)~ ~가 남아 있어

quedar 동사가 3인칭형으로 쓰이면 '~가 남다, 남아있다'라는 의미가 되기도 해요. 뒤에 오는 명사의 수에 따라 queda 혹은 quedan이 돼요. quedar 동사 앞에 간접목적어(me/te/le)를 쓰는 경우도 많아요.

PASO 1 회화 패턴 연습

달걀이 많이 남아 있어.
Quedan muchos huevos.

(나에게) 100유로 남아있어.
Me quedan 100 euros.

내 시아버지를 만나는 것만 남았어.
Solo me queda conocer a mi suegro.

빵이 남지 않았어.
No queda pan.

• TIP

헤어질 때 하는 인사말로 이런 표현들도 있어요.

¡Hasta otra! 다음에 보자!
Nos llamamos. 연락하자
Te llamo. 내가 연락할게.
¡Adiós! ¡Llámame! 안녕, 전화해!
¡Recuerdos a tu familia!
가족에게 안부 전해 줘.
¡Un abrazo a tu madre!
어머니에게 안부 전해 줘.

• 새로운 어휘

suegro *m.* 시아버지
compañero/a *m.f.* 동료
oficina *f.* 사무실
tranquilo/a 마음 편히

PASO 2 리얼 회화 연습

 한 명의 직장 동료는 퇴근하고 다른 동료는 야근을 하는군요.

A: Ya me voy a casa, compañero.
　¿Te quedas más rato en la oficina?
B: Sí, 일이 더 남았어. Tú vete tranquila.
A: Vale. Adiós. Nos vemos mañana.
B: ¡Que descanses!

A: 이제 집에 가, 친구. 넌 사무실에 좀 더 있을 거야?
B: 그래, **me queda más trabajo.** 넌 마음 편히 가.
A: 알았어. 안녕. 내일 보자.
B: 잘 쉬어!

PASO 3 도전! 회화 연습

좌석이 남아 있어. _____ (asientos)

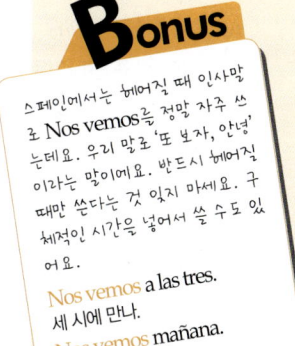

Bonus

스페인에서는 헤어질 때 인사말로 Nos vemos를 정말 자주 쓰는데요. 우리 말로 '또 보자, 안녕'이라는 말이에요. 반드시 헤어질 때만 쓴다는 것 잊지 마세요. 구체적인 시간을 넣어서 쓸 수도 있어요.

Nos vemos a las tres.
세 시에 만나.
Nos vemos mañana.
내일 보자.

Quedamos a + 시간 + en + 장소
~에서 ~시에 만나자

quedar 동사는 '~를 만나다'라는 뜻으로도 정말 많이 쓰이는데요. 스페인에서는 친구와 약속을 잡을 때는 반드시 이 패턴을 사용해요. '어디에서 몇 시에 만나자'라는 뜻의 〈Quedamos a + 시간 + en +장소〉패턴입니다.

PASO 1   회화 패턴 연습

이번 토요일에 마요르 광장에서 만나자.
Quedamos este sábado en la Plaza Mayor.

오늘 밤 9시에 만나자.
Quedamos a las nueve esta noche.

일요일에 학원 앞에서 만나자.
Quedamos el domingo enfrente de la escuela.

내일 밤 8시에 만나자.
Quedamos mañana a las ocho de la noche.

• **TIP**

'유비무환'이라는 뜻의 스페인 속담을 배워 볼까요?
Más vale prevenir que curar.
유비무환

valer	가치가 있다
prevenir	예방하다
curar	치료하다, 고치다

• **새로운 어휘**

enfrente de	정면에
juntos	함께
entonces	그렇다면

PASO 2   리얼 회화 연습

 두 친구가 점심 약속을 잡고 있는 장면입니다.

A: ¿Comemos juntos?
B: No puedo. Es que he quedado con un amigo.
A: Entonces, ¿cuándo quedamos a comer tú y yo?
B: 이번 주 일요일 두 시에 만나자. ¿Te parece?

A: 함께 점심 먹을까?
B: 안 돼. 친구 만나기로 했거든.
A: 그러면 너와 난 언제 만나서 점심 먹어?
B: Quedamos este domingo a las dos. 괜찮아?

PASO 3   도전! 회화 연습

이번 금요일 12시에 영화관 앞에서 만나자. _____

Bonus

상대에게 '~할까?'라고 제안하는 방법은 여러 가지가 있어요. 그 중 많이 쓰이는 회화체로 1인칭 복수 현재형을 쓰는 방법이 있어요.
¿Vamos juntos? 같이 갈까?
¿Comemos juntos? 같이 점심 먹을까?

Te queda/n~ 네게 ~가 ~하게 어울려

quedar 동사 앞에 간접목적어가 와서 '~하게 어울려'라는 뜻이 되기도 해요. Te queda bien.은 '잘 어울려', Te queda mal.은 '잘 어울리지 않아'라는 표현이 돼요. 이 때 뒤에 복수명사가 오면 quedan을 써야겠죠.

PASO 1 회화 패턴 연습

이 치마 너한테 아주 잘 어울려.
Te queda muy bien esta falda.

재킷 너한테 크다.
Te queda grande la chaqueta.

스웨터 너한테 작아.
Te queda pequeño el jersey.

신발 아주 예쁘게 잘 어울린다.
Te quedan muy bonitos los zapatos.

PASO 2 리얼 회화 연습

 한 달 전에 바꾼 헤어 스타일을 이제야 알아차리는 남편이 참 무심하네요.

A: 새 헤어 스타일 진짜 잘 어울려.
B: ¡Enrique, hace más de un mes que lo llevo!
A: Lo siento. No lo sabía.
B: ¡Qué poco detallista eres!

A: Te queda muy bien este nuevo peinado.
B: 엔리케, 이 머리 한 지 한 달이 넘었어.
A: 미안해. 몰랐어.
B: 무심한 사람 같으니!

PASO 3 도전! 회화 연습

이 원피스 너한테 잘 어울린다. _____ (vestido)

• TIP

poco와 un poco의 사용법에 대해 알아 볼까요? poco와 un poco 다음에는 둘 다 형용사가 올 수 있어요. poco는 '거의 ~하지 않는'을 뜻하고, un poco는 '조금'을 뜻하죠. poco는 뒤에 항상 '긍정적'인 의미의 형용사가, un poco는 '부정적'인 의미의 형용사가 위치한답니다.
Es poco práctico.
거의 실용적이지 않아.
Es poco inteligente.
똑똑하지 않아.
Es un poco caro. 조금 비싸.
Es un poco tímido. 조금 소심해.

• 새로운 어휘

peinado	m. 헤어 스타일
más de	~이상의
detallista	m.f. 세심한

poco는 형용사 앞에 쓰면 '거의 ~하지 않는'의 뜻이 되고, 명사 앞에서는 '거의 ~가 없는'의 뜻이 됩니다. 영어의 few, little과 같다고 보면 돼요. poco inteligente(똑똑하지 않는), poco amable(친절하지 않는), poca vergüenza(창피하지 않는)처럼 쓰일 수 있어요.
¡Qué poco inteligente!
정말 똑똑하지 않아!
¡Qué poca formalidad!
매너, 진지함이 없어!

Lección 19

Sentir ~를 느끼다

sentir 동사는 -ie형 불규칙 동사입니다. 영어의 feel에 해당되죠. 뒤에 형용사 또는 동사원형도 올 수 있어요. '~에 대해 유감이다'라는 의미로 쓰인답니다. 재귀동사인 sentirse와 뒤에 형용사가 와서 '~하게 느끼다'라는 뜻이 되기도 하죠. 상대에게 유감 또는 미안함을 전달할 때 Lo siento.(미안해)라고 하면 된다는 건 꼭 기억해야겠죠? 그럼, 지금부터 sentir 동사를 사용해서 몇 가지 회화패턴을 배워 볼까요?

sentir (~를 느끼다) 동사 변화	
yo 나	**siento**
tú 너	**sientes**
él, ella, usted 그, 그녀, 당신	**siente**
nosotros 우리	**sentimos**
vosotros 너희	**sentís**
ellos, ellas, ustedes 그들, 그녀들, 당신들	**sienten**

Sentir 동사를 배우면 이런 표현을 말할 수 있어요!

1	나는 ~에 대해 정말 미안해, 유감이야	**Siento lo de ~**
2	(내가) ~해서 미안해	**Siento + 동사원형**
3	나는 ~하게 느껴져	**Me siento ~**

가장 많이 쓰는 우선 순위 동사패턴 163

Siento lo de~ 나는 ~에 대해 정말 미안해, 유감이야

⟨lo de ~⟩는 '~의 일'을 의미해요. 상대방에게 지난 일에 대해 사과할 때 혹은 유감을 표시할 때 쓸 수 있는 유용한 패턴이죠. Siento lo de ~다음에 anteayer(그저께), la fiesta(파티), el accidente(사고) 등을 집어 넣어 연습해 볼까요?

PASO 1 회화 패턴 연습

내 엄마의 일에 대해 정말 미안해.
Siento mucho lo de mi madre.

어젯밤 일에 대해 정말 미안해.
Siento lo de anoche.

그저께 일에 대해 미안해.
Siento lo de anteayer.

파티 날에 대해 미안해.
Siento lo de la fiesta.

• TIP

lo de ~구문에 대해 공부해 봅시다. ⟨lo de + 명사⟩는 '~의 일'의 뜻이에요. lo que ~다음에는 절도 나올 수 있어요.

- ¿Sabes lo de Valerio?
  발레리오의 일에 대해 알아?
- ¿Has leído lo de Renato, el futbolista? 축구선수 레나토에 대해 읽었어?
- ¿Has visto lo que ha pasado en Japón? 일본에서 일어난 일 봤어?

• 새로운 어휘

anoche	어젯밤
anteayer	그저께
reunión	f. 회의
cita	f. 약속
malo/a	나쁜

PASO 2 리얼 회화 연습

 어젯밤 약속에 못 가게 돼서 사과하는 장면입니다.

A: 어젯밤 일은 정말 미안해. La reunión de ayer terminó muy tarde. Y no pude ir a la cita.
B: Deberías haberme llamado. Pensaba que te pasó algo malo.
A: Es que no tenía tiempo para llamarte.
B: Está bien.

A: **Siento mucho lo de anoche.** 회의가 아주 늦게 끝났어. 그래서 약속에 갈 수 없었어.
B: 전화를 했었어야지. 뭐 나쁜 일 일어났다고 생각했잖아.
A: 전화할 시간이 없었다니까.
B: 알았어.

deber는 '~해야 한다'는 의미입니다. 과거에 하지 않은 사실에 대해 '~했었어야지'라고 표현하고 싶다면 ⟨Deberías haber +-ado/-ido⟩패턴을 사용하면 돼요.
Deberías habérmelo dicho antes. 전에 얘기했었어야지.
Deberías haber venido a la fiesta. 파티에 왔었어야지.

PASO 3 도전! 회화 연습

약속 건에 대해 정말 미안해. _____ (cita)

Siento + 동사원형
(내가) ~해서 미안해

Siento 다음에 동사원형이 오게 되면, '내가 ~해서 미안해'라는 의미가 돼요. 자신이 잘못한 일을 상대에게 사과할 때 쓸 수 있는 패턴이에요.

PASO 1 회화 패턴 연습

너를 기다리게 해서 미안해.
Siento hacerte esperar.

귀찮게 해서 미안해.
Siento molestarte.

방해해서 미안해.
Siento interrumpir.

내가 너를 고통 받게 만들어서 미안해.
Siento hacerte sufrir.

PASO 2 리얼 회화 연습

 시험 때문에 걱정하는 친구를 걱정할 필요가 없다면서 안심시켜주는군요.

A: 귀찮게 해서 미안해. Te he hecho demasiadas preguntas.
B: No, me alegro también de haberte ayudado.
A: Estoy muy preocupado por el examen.
B: No tienes por qué preocuparte.

A: Siento molestarte. 너무 많은 질문을 했어.
B: 아니야, 나도 널 도와주게 돼서 기뻐.
A: 난 시험 때문에 걱정이야.
B: 넌 걱정할 필요가 없어.

PASO 3 도전! 회화 연습

불편을 끼쳐 드려서 미안해요. _____

• TIP

부사 demasiado의 쓰임새를 살펴 보도록 할게요. demasiado는 '심한, 지나친'을 뜻하죠. 뒤에 오는 명사에 따라 성과 수가 변하겠죠.

- Como demasiado chocolate.
  초콜릿을 지나치게 먹는다.
- Como demasiada grasa.
  기름을 너무 많이 먹는다.
- Como demasiados dulces.
  사탕을 너무 많이 먹는다.
- Como demasiadas patatas.
  감자를 너무 많이 먹는다.

형용사 앞에서 '심하게, 지나치게'를 의미하는 부사로도 쓰여요.

- Es demasiado caro.
  지나치게 비싸.

• 새로운 어휘

interrumpir	방해하다
sufrir	고통 받다
alegrarse de	~해서 기뻐하다
preocupado/a	걱정하는

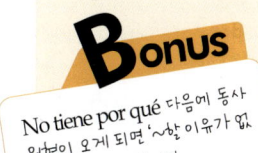

Bonus

No tiene por qué 다음에 동사원형이 오게 되면 '~할 이유가 없어'라는 의미가 됩니다.

No tiene por qué rechazarte.
널 거절할 이유가 없어.

No tiene por qué cancelar.
취소할 이유가 없어.

Me siento ~ 나는 ~하게 느껴져

sentir에 재귀대명사 se를 붙여 쓰면 '~한 느낌이다, ~하게 느껴지다'라는 뜻이 됩니다. 〈Me siento + 형용사, 부사〉패턴을 사용해 상태 또는 기분을 나타내는 형용사를 바꿔가며 느낌과 기분을 표현해 보세요.

PASO 1 회화 패턴 연습

죄책감이 들어.
Me siento culpable.

외로워.
Me siento solo.

기분이(컨디션이) 나빠.
Me siento mal.

행복해.
Me siento feliz.

• **TIP**

sentir 동사가 들어간 속담 하나를 배워 볼까요?
Ojos que no ven, corazón que no siente.
'눈에서 멀어지면 마음에서도 멀어진다'입니다.

ojo	m. 눈
ver	보다
corazón	m. 마음

• **새로운 어휘**

feliz	행복한
inseguro/a	불확실한
responder	대답하다
frustrado/a	좌절한, 실망스런
palabra	f. 단어

PASO 2 리얼 회화 연습

 스페인어 수업이 힘들긴 하지만 공부는 즐겁다고 말하는군요.

A: **¿Cómo te sientes en clase de español?**
B: 난 선생님 질문에 대답할 때 확신감이 들지 않아.
A: **Yo también me siento un poco frustrada si no entiendo las palabras.**
B: **Sin embargo, es divertido estudiar español.**

A: 스페인어 수업에서 어떤 느낌이 들어?
B: **Me siento inseguro cuando tengo que responder a las preguntas del profesor.**
A: 나도 단어들을 이해 못하면 약간 좌절감이 느껴져.
B: 그럼에도 불구하고, 스페인어 공부하는 건 재미있어.

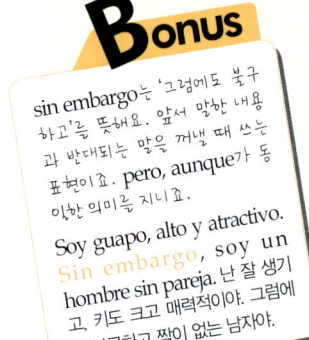

sin embargo는 '그럼에도 불구하고'를 뜻해요. 앞서 말한 내용과 반대되는 말을 꺼낼 때 쓰는 표현이죠. pero, aunque가 동일한 의미를 지니죠.
Soy guapo, alto y atractivo. Sin embargo, soy un hombre sin pareja. 난 잘 생기고, 키도 크고 매력적이야. 그럼에도 불구하고 짝이 없는 남자야.

PASO 3 도전! 회화 연습

부끄럽게 느껴져. _____ (vergonzoso)

Lección 20
Dejar ~하게 내버려 두다

dejar는 영어의 let과 비슷한 쓰임새를 갖고 있는 동사입니다. 뒤에 동사원형을 취할 수 있는 동사고요. '~하게 해 주다, ~하게 내버려두다'라는 뜻으로 쓰이죠. 또한 명사가 와서 '빌려주다'는 뜻으로도 사용할 수 있답니다. 그 외에 dejar de~(~하는 것을 그만두다)등의 숙어적 표현도 꼭 익혀야 해요. 자, 그럼 dejar동사의 다양한 회화 패턴을 배울 준비가 되셨나요?

dejar 동사 변화	
yo 나	dejo
tú 너	dejas
él, ella, usted 그, 그녀, 당신	deja
nosotros 우리	dejamos
vosotros 너희	dejáis
ellos, ellas, ustedes 그들, 그녀들, 당신들	dejan

Dejar 동사를 배우면 이런 표현을 말할 수 있어요!

1	나한테 ~ 빌려 줄래?	¿Me dejas ~?
2	내가 ~하게 해줄래요?, ~하게 해줄래?	¿Me deja/s + 동사원형?
3	나를 ~하게 내버려두지 않아, 날 ~못하게 해	No me deja/n + 동사원형
4	그는, 그녀는 ~하는 걸 멈추지 않아, ~를 계속 해	No deja de + 동사원형

가장 많이 쓰는 우선 순위 동사패턴

¿Me dejas ~? 나한테 ~ 빌려 줄래?

dejar는 '빌려주다'의 의미도 갖고 있어요. 따라서 ¿Me dejas ~? 다음에 사물을 쓰게 되면 '~빌려 줄래?'라는 뜻이 되는 거죠. 유사표현으로는 ¿Me das ~?, ¿Me prestas ~?가 있습니다.

PASO 1 회화 패턴 연습

차얀 음반을 빌려 줄래?
¿Me dejas tus discos de Chayann?

네 사전 빌려 줄래?
¿Me dejas tu diccionario?

커피 한 잔 하게 5유로만 빌려 줄래?
¿Me dejas cinco euros para tomar un café?

네 전화 빌려 줄래?
¿Me dejas tu móvil?

• TIP

① -ción, -sión -dad으로 끝나는 명사는 대부분 여성명사입니다.
la alimentación 영양
la relación 관계
la emoción 감정
la actividad 활동
la enfermedad 병
la tranquilidad 조용함

② -oma, -ma, -ón로 끝나는 명사는 대부분 남성명사입니다.
el problema 문제
el tema 테마
el síntoma 증상
el limón 레몬
el jamón 하몽

PASO 2 리얼 회화 연습

 친구에게 책을 빌려달라고 부탁하자 지금은 필요하다고 거절합니다.

A: 책 잠깐 빌려줄래?
B: No creo. Es que tengo que estudiar ahora.
A: Vale. Está bien.
B: ¿Por qué no le pides a Raúl?

A: ¿Me dejas tu libro un momento, por favor?
B: 안될 것 같아. 내가 지금 공부해야 하거든.
A: 그래, 괜찮아.
B: 라울한테 요구하지 않을래?

• 새로운 어휘

disco   m. 음반
diccionario   m. 사전
móvil   m. 핸드폰

상대방의 요구 또는 초대를 거절할때 직설적으로 no라고 대답하기 보다는 거절하는 이유를 설명하는 게 훨씬 부드러워 질 수 있어요. 그런 상황에서 변명할 때 자주 쓰이는 회화패턴입니다. Es que ~로 시작하면서 변명해 보세요. 뜻은 '그러니깐 말이지, ~해서 말이지'이랍니다.

• ¿Me dejas tu diccionario?
네 사전 좀 빌려줄래?
□ Es que ahora lo necesito. 지금 필요해서 말이지.

PASO 3 도전! 회화 연습

네 사진기 빌려 줄래? _____ (cámara)

¿Me deja/s + 동사원형?

내가 ~하게 해줄래요?, ~하게 해줄래?

dejar 뒤에 동사원형이 와서 '~하게 내버려 두다'의 의미도 갖고 있답니다. ¿Me dejas + 동사원형?은 '내가 ~하게 해 줄래?'라는 의미로 많이 쓰이는 회화 패턴입니다. 영어의 let me ~와 동일한 의미의 표현이죠.

PASO 1 회화 패턴 연습

지나가게 해 주실래요?
¿Me deja pasar?

내가 일하러 가게 해 줄래?
¿Me dejas ir a trabajar?

내가 나가게 해 줄래?
¿Me dejas salir?

널 도와주게 해 줄래?
¿Me dejas ayudarte?

• TIP

dejar 동사가 들어가는 명언 하나를 배워 볼까요?
No dejes para mañana lo que puedas hacer hoy.
오늘 할 일을 내일로 미루지 말라.

• 새로운 어휘

pasar   지나가다
trato   m. 거래
regalo   m. 선물

PASO 2 리얼 회화 연습

 멕시코로 일하러 가게 된 엄마에게 아들도 함께 가겠다고 보챕니다.

A: Hijo, 내가 멕시코로 가게 해 줄래?
    Mamá tiene que ir a trabajar.
B: Yo también me voy contigo.
A: Vamos a hacer un trato. Cuando vuelva, te voy a traer un regalo.
B: Mamá, déjame ir contigo, por favor.

A: 아들, ¿me dejas ir a México? 엄마는 일하러 가야 해.
B: 나도 엄마랑 갈래.
A: 거래를 하나 하자. 내가 돌아올 때 선물 가져 올게.
B: 엄마, 나도 같이 가게 해 줘, 제발.

Bonus

dejar(내버려두다)의 2인칭 명령형이 deja입니다. '~하게 해줘'라고 말하고 싶다면, 〈Déjame + 동사원형〉패턴을 사용해서 말해 보세요.

Déjame salir. 나가게 해 줘.
Déjame dormir. 자게 좀 내버려 둬.

PASO 3 도전! 회화 연습

내가 자게 해 줄래? _____ (dormir)

No me deja/n + 동사원형
나를 ~하게 내버려두지 않아, 날 ~못하게 해

'누가 날 ~못하게 해'라고 말하고 싶을 때가 있다면 이 회화 패턴을 활용해 보세요. 바로 No me deja/n~입니다. 뒤에 여러 동사원형을 집어넣어 연습해 볼까요?

PASO 1 회화 패턴 연습

내 남자친구는 내가 혼자 여행 못 하게 해.
Mi novio no me deja viajar sola.

내 아이는 내가 쉬지 못하게 해.
Mi niño no me deja descansar.

내 아이는 내가 잠을 못 자게 해.
Mi niño no me deja dormir.

우리 엄마는 내가 스페인에 살러 가는 걸 못하게 하셔.
Mi madre no me deja ir a vivir a España.

• **TIP**

기쁨과 놀람을 나타내는 감탄사를 더 공부해 볼까요?

- ¿Ah, sí? 아, 그래?
- ¡No! 안 돼!
- ¡Menos mal! 다행이야!
- ¡Qué rabia! 진짜 화난다!
- ¡Qué sorpresa! 완전 서프라이즈야!
- ¡Qué horror! 끔찍해!
- ¡Qué rollo! 지루해!
- ¡Qué bien! 잘 됐다!
- ¡Qué extraño! 진짜 이상해!
- ¡Qué buena suerte! 정말 운 좋다!

PASO 2 리얼 회화 연습

 질투심 많은 남자친구가 질린다고 말합니다.

A: **Mi novio es muy celoso.**
   내가 다른 남자들하고 말하는 걸 내버려두지 않아.
B: **¡Qué mal! ¿Seguro que no necesitas llamarlo?**
A: **No quiero. Ya estoy harta.**
B: **Igual te quiere mucho.**

A: 내 남자친구는 아주 질투심이 많아. **No me deja hablar con otros chicos.**
B: 나쁘다! 그에게 전화할 필요 없는 게 확실해?
A: 전화하기 싫어. 이제 질려.
B: 아마도 널 아주 사랑하나 봐.

• **새로운 어휘**

celoso/a   질투심 많은
harto/a   싫증나는
olvidarse 잊다
compromiso m. 약속

Bonus

Igual은 형용사로는 '같은, 동일한'이라는 의미인 건 알고 있죠? Igual 뒤에 절이 오게 되면 스페인에서는 '아마도'의 뜻이 됩니다. 스페인 현지 구어체에서 많이 사용되는 표현이니 이번 기회에 알아 둘까요?

Igual llueve mañana. 아마도 내일 비 올지도 몰라.
Igual se ha olvidado del compromiso. 아마도 약속을 잊어 버렸나 봐.

PASO 3 도전! 회화 연습

우리 부모님은 내가 밖에서 못 자게 하셔. _____

No deja de + 동사원형

그는, 그녀는 ~하는 걸 멈추지 않아, ~를 계속 해

〈No dejar de + 동사원형〉은 '~하는 것을 멈추지 않다'는 뜻의 숙어적 표현입니다. 영어의 stop~ing에 해당하는 표현이죠. 현지에서 많이 쓰는 회화표현이니 꼭 암기해 두세요. No deja de ~라고 말하면, '~가 ~하는 걸 멈추지 않아'라는 뜻이 되겠죠?

PASO 1 회화 패턴 연습

말하는 걸 멈추지 않아.
No deja de hablar.

담배 피우는 걸 멈추지 않아.
No deja de fumar.

불평하는 걸 멈추지 않아.
No deja de quejarse.

술 마시는 걸 멈추지 않아.
No deja de beber.

• TIP

-ista로 끝나는 명사 또는 형용사는 남.여성이 동일합니다.
futbolista *m.f.* 축구선수
artista *m.f.* 예술가
golfista *m.f.* 골프선수
periodista *m.f.* 신문기자
tenista *m.f.* 테니스 선수
pianista *m.f.* 피아니스트
alpinista *m.f.* 등산가
ciclista *m.f.* 사이클 선수
economista *m.f.* 경제학자
bromista 농담을 잘 하는
detallista 세심한
egoísta 이기적인

PASO 2 리얼 회화 연습

 룸메이트가 집에서 파티 하는 걸 멈추지 않는다고 불평을 늘어놓네요.

A: ¿Cómo es la nueva compañera?
B: Ella es muy juerguista. 집에서 파티 하는 걸 멈추지 않아.
A: Habla con ella, si no, no va a dejar de hacer fiestas.
B: Sí, tengo que hablar.

A: 새 룸메이트는 어때?
B: 그녀는 아주 노는걸 좋아하는 사람이야. **No deja de hacer fiestas en casa.**
A: 그녀와 얘기해 봐, 그렇지 않으면, 파티 하는 걸 멈추지 않을 거야.
B: 그래, 얘기해야 돼.

• 새로운 어휘

quejarse 불평하다
juerguista *m.f.* 파티광
quemarse 타다, 그을리다
aprobar 합격하다

PASO 3 도전! 회화 연습

시끄럽게 하는 걸 멈추지 않아. _____ (hacer ruido)

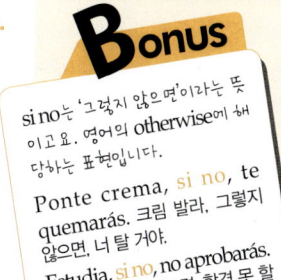

si no는 '그렇지 않으면'이라는 뜻이고요. 영어의 otherwise에 해당하는 표현입니다.
Ponte crema, si no, te quemarás. 크림 발라, 그렇지 않으면, 너 탈 거야.
Estudia, si no, no aprobarás. 공부해, 그렇지 않으면, 합격 못 할 거야.

Lección 21
Deber ~해야 한다

deber는 '~해야 한다'는 뜻으로 가장 많이 쓰이고요. 뒤에 당연히 동사원형이 와야 해요. 그 외에도 '~임에 틀림없다, 빚지다, 덕분이다' 등의 다양한 의미를 갖고 있는 동사입니다. deber 동사의 다양한 쓰임새를 배워 볼까요?

deber 동사 변화

yo 나	debo
tú 너	debes
él, ella, usted 그, 그녀, 당신	debe
nosotros 우리	debemos
vosotros 너희	debéis
ellos, ellas, ustedes 그들, 그녀들, 당신들	deben

CHECK Deber 동사를 배우면 이런 표현을 말할 수 있어요!

1	나는 ~해야 해	Debo + 동사원형
2	~임에 틀림없어, ~일 거야	Debe (de) + 동사원형
3	~에 기인해, ~때문이지	Se debe a ~
4	나는 ~ 에게 ~을 빚졌어, ~는 ~ 덕분이야	Debo a ~
5	너는 ~해야 해	Deberías + 동사원형

가장 많이 쓰는 우선 순위 동사패턴

114

Debo + 동사원형   나는 ~해야 해

deber 동사는 의무를 나타내는 동사로 tener que와 동일한 의미를 가지고 있어요. 영어의 must 라고 할 수 있겠죠. 당연히 동사원형을 취하는 동사고요. tener que와 함께 아주 많이 쓰이는 패턴 이니 꼭 기억하도록 해요.

PASO 1   회화 패턴 연습

나 가야 해.
Debo irme.

난 책임감이 강해져야 해.
Debo ser responsable.

난 정직해져야 해.
Debo ser honesto.

난 운동을 더 해야 해.
Debo hacer más ejercicio.

PASO 2   리얼 회화 연습

살이 찐 친구에게 운동하라고 권유합니다.

A: Estos días he engordado mucho. 다이어트를 해야겠어.
B: Para adelgazar debes hacer más ejercicio.
A: Mañana mismo me apunto a clase de yoga.
B: Yo también me apunto contigo.

A: 요즘 살이 많이 쪘어. **Debo hacer dieta.**
B: 살 빼려면 운동을 더 해야 해.
A: 내일 당장 요가 수업에 등록해야겠다.
B: 나도 너와 함께 등록할게.

PASO 3   도전! 회화 연습

난 적게 먹어야 해. _____ (menos)

• TIP

전치사 con 다음에 사람이 오면 '~와 함께'라는 뜻이 됩니다. 뒤에 인칭대명사가 오면 '나'와 '너' 일 때만 다르고, 나머지는 주격 인칭대명사를 쓰면 되죠.
conmigo 나와 함께
contigo 너와 함께
con él 그와 함께
con ella 그녀와 함께
con usted 당신과 함께
con nosotros 우리와 함께
con vosotros 너희들과 함께
con ellos 그들과 함께
con ellas 그녀들과 함께

• 새로운 어휘

responsable	책임감이 있는
honesto	정직한
ejercicio	m. 운동
engordar	살찌다
dieta	f. 다이어트
adelgazar	살 빼다
apuntarse	등록하다

이번엔 deber 동사로 2인칭 단수형 debes를 써서 연습해 볼까요? 〈Debes + 동사원형〉은 상대에게 충고를 할 때 많이 쓰여요. 유사표현으로는 Tienes que ~, Necesitas ~ 등이 있어요.
Debes hacerlo. 그것을 해야 해.
Debes aprender idiomas. 넌 언어를 배워야 해.

Debe (de)+동사원형 ~임에 틀림없어, ~일 거야

deber de는 '~임에 틀림없어'라는 뜻도 갖고 있어요. 영어의 must처럼 말이죠. 여기서 전치사 de는 생략 가능하고요. 뒤에는 당연히 동사원형이 와야겠죠.

PASO 1 회화 패턴 연습

4시임에 틀림없어.
Deben (de) ser las cuatro.

아주 나이가 많을 거야.
Debe (de) ser muy mayor.

콜롬비아 여자일 거야.
Debe (de) ser colombiana.

거기는 아주 더울 거야.
Debe (de) hacer mucho calor allí.

• TIP

부정관사의 복수형인 unos와 unas가 명사 앞에 위치하게 되면, '약, 몇몇의'의 의미를 가지게 되요.
unos cinco meses 약 다섯 달
unas tres horas 약 세 시간
unos dos kilos 약 2킬로
unos días 몇 일
unas semanas 몇 주
unos diez años 약 10년

• 새로운 어휘

análisis　　m. 검사
embarazo　　m. 임신
cálculo　　m. 계산
echarse　　드러눕다
camilla　　f. 이동용 침대
manchar　　하혈하다, 얼룩지다
ecografía　　f. 초음파 촬영
feto　　m. 태아
cicunstancia　　m. 상황

PASO 2 리얼 회화 연습

 임신 3개월이 되어 병원을 방문합니다.

A: Siéntese.
B: Quiero hacerme el análisis de embarazo.
　　Según mis cálculos, 약 3개월 되었을 거예요.
A: Échese en la camilla.
B: Doctor. Hoy he manchado un poco.

A: 앉으세요.
B: 임신 검사를 하고 싶어요. 제 계산에 따르면 **debo estar de unos tres meses.**
A: 침대에 누우세요.
B: 의사 선생님. 오늘 제가 조금 하혈했어요.

según은 '~에 따르면, ~에 의하면'이라는 뜻이요. 영어의 according to~와 동일한 표현이요.
Según la ecografía, el feto está bien. 초음파 촬영에 의하면, 태아는 괜찮아요.
Según las circunstancias, puede ser bueno o malo. 상황에 따라, 좋을 수도 나쁠 수도 있어.

PASO 3 도전! 회화 연습

아주 비싼 게 틀림 없어. _____ (caro)

가장 많이 쓰는 우선 순위 동사패턴 **175**

116

Se debe a ~   ~에 기인해, ~때문이지

Se debe a ~는 '~때문이야, ~에 기인해'라는 뜻으로도 쓰여요. 영어의 be due to와 동일한 패턴이라고 할 수 있어요. 어떤 상황에 대한 이유 등을 설명할 때 쓸 수 있는 표현이죠. ¿A qué se debe ~?는 '뭐 때문이지?'라는 의미예요.

PASO 1 회화 패턴 연습

이것은 사고에 기인해.
Esto se debe al accidente.

이 상황은 정보 부족 때문이야.
Esta situación se debe a la falta de información.

뭐 때문이야?
¿A qué se debe?

이건 뭐 때문이야?
¿A qué se debe esto?

• **TIP**

o, de 탈락 현상에 대해 알아볼까요? grande가 명사 앞에 위치하게 되면 de가 탈락됩니다. bueno(좋은), malo(나쁜), primero(첫 번째의), tercero(세 번째의)도 남성명사 앞에 위치하면 o가 탈락 되요.
- Es una gran fiesta. 큰 파티야.
- El buen chico 착한 남자
- El primer día 첫 번째 날
- Hace mal tiempo. 날씨가 나빠.
- El tercer plato 세 번째 요리

PASO 2 리얼 회화 연습

 결혼 기념일에 요리를 해 주는 남편, 아내는 기념일을 그만 깜박했네요.

A: 이 큰 영광의 이유는 뭐지?, tú cocinando?
B: Yo cocino mucho. Hoy es nuestro aniversario de matrimonio. ¿No te acuerdas?
A: Ay, ¡qué despistada soy! No lo sabía.
B: Brindemos por nuestro matrimonio.

A: **¿A qué se debe este gran honor,** 네가 요리를 다 하고?
B: 나 요리 많이 해. 오늘은 우리 결혼 기념일이야. 기억 안 나?
A: 아이고, 내가 건망증이 심하구나! 몰랐어.
B: 우리 결혼을 위해 건배하자.

• **새로운 어휘**

falta	f.	부족
información	f.	정보
honor	m.	영광
nuestro		우리의
despistado/a		덜렁대는
brindar		건배하다

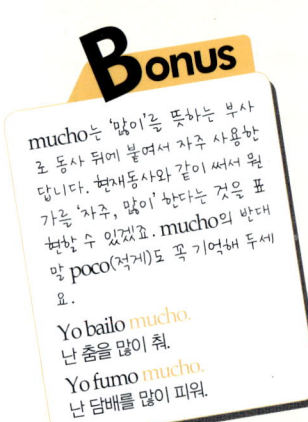

Bonus

mucho는 '많이'를 뜻하는 부사로 동사 뒤에 붙여서 자주 사용한답니다. 현재동사와 같이 써서 뭔가를 '자주, 많이' 한다는 것을 표현할 수 있겠죠. mucho의 반대말 poco(적게)도 꼭 기억해 두세요.

Yo bailo mucho.
난 춤을 많이 춰.
Yo fumo mucho.
난 담배를 많이 피워.

PASO 3 도전! 회화 연습

이 상황은 뭐 때문이야? _____ (situación)

176 Capítulo 2

Debo a ~
나는 ~에게 ~을 빚졌어, ~는 ~덕분이야

〈deber a +사람〉은 '~에게 빚을 지다'라는 패턴이랍니다. Te debo cinco dólares(너에게 5달러 빚졌어, 5달러 줄 거 있어)에서 처럼 '얼마 줄 거 있어'라는 의미도 되고요. 상대에게 뭔가를 빚져서 고마움의 표시를 전할 경우에도 쓰일 수 있겠죠.

PASO 1 회화 패턴 연습

이 결혼식은 너 덕분이야.
Esta boda te la debo a ti.

이 계약은 너 덕분이야.
Este contrato te lo debo a ti.

이 일자리는 너 덕분이야.
Este puesto te lo debo a ti.

이 여행은 너 덕분이야.
Este viaje te lo debo a ti.

PASO 2 리얼 회화 연습

 레스토랑에서 한 고객에게 음식을 쏘는 장면입니다.

A: 얼마예요?
B: **A esto te invitamos en el restaurante.**
A: **Muchas gracias.**
B: **De nada.**

A: **¿Cuánto te debo?**
B: 이건 우리 레스토랑에서 쏩니다.
A: 감사해요.
B: 천만에요.

PASO 3 도전! 회화 연습

이 프로젝트는 너에게 빚졌어. _____ (proyecto)

• TIP
감사의 표현과 대답하는 표현을 공부해 봅시다.
- **Muchas gracias.** 아주 감사해요.
- **Muchísimas gracias.** 정말 감사해요.
- **Mil gracias.** 정말 감사해요.(mil:천 번)
- **Un montón de gracias.** 엄청 감사해요.
- **Te lo agradezco mucho.** 아주 감사해요.
- **De nada.** 천만에요.
- **No hay de qué.** 천만에요.

• 새로운 어휘
boda   f. 결혼식
contrato   m. 계약
puesto   m. 직, 지위
viaje   m. 여행
copa   f. 한 잔의 술

누군가에게 술이나 식사를 사주거나 쏘고 싶을 때는 invitar 동사를 써야 합니다. '초대하다, 사 주다'의 의미고 쓰이죠. invitar 동사 뒤에 전치사 a를 넣고 음료 등을 넣을 수 있어요.

Te invito a un café. 내가 커피 살게.
Te invito a una copa. 내가 한 잔 살게.

118

Deberías + 동사원형   너는 ~해야 해

deber의 단순조건시제 2인칭 단수형이 deberías입니다. 상대에게 충고나 조언할 때 유용하게 쓰일 수 있어요. Debes ~는 다소 직설적인 어투로 들릴 수 있다면, Deberías~는 간접적이면서도 공손한 충고가 될 수 있답니다.

PASO 1   회화 패턴 연습

넌 더 적게 일해야 해.
Deberías trabajar menos.

넌 담배를 덜 피워야 해.
Deberías fumar menos.

넌 공부를 더 많이 해야 해.
Deberías estudiar más.

넌 더 먹어야 해.
Deberías comer más.

• **TIP**

시간표현을 스페인어로 배워 볼까요? 시간은 ser동사의 es와 son을 써야 해요. 여성 정관사 la와 las를 써야 하고요.
- ¿Qué hora es? 몇 시야?
- Es la una y cinco. 1시 5분이야.
- Son las dos y diez. 2시 10분이야.
- Son las tres y cuarto. 3시 15분이야.
- Son las cuatro y veinte. 4시 20분이야.
- Son las cinco y media. 5시 30분이야.

PASO 2   리얼 회화 연습

 스페인어가 잘 늘지 않는 친구에게 연습이 해결책이라고 충고합니다.

A: Hace seis meses que estudio español. Pero hablo muy mal.
B: 넌 연습을 더 많이 해야 해. Es cuestión de práctica.
A: Necesito practicar con un nativo.
B: Yo te busco un amigo nativo.

A: 스페인어 공부한 지 6개월 되었어. 그런데 말을 아주 못해.
B: **Deberías practicar más.** 연습의 문제야.
A: 원어민과 연습해야 해.
B: 내가 원어민 친구 한 명 찾아줄게.

• **새로운 어휘**

menos	더 적게
mal	나쁘게
práctica	f. 연습
nativo/a	m. 원어민

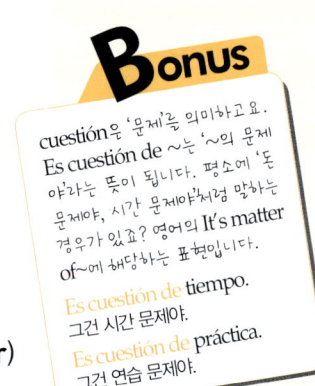

Bonus

cuestión은 '문제'를 의미하고요. Es cuestión de ~는 '~의 문제야'라는 뜻이 됩니다. 평소에 '돈 문제야, 시간 문제야'처럼 말하는 경우가 있죠? 영어의 It's matter of~에 해당하는 표현입니다.
Es cuestión de tiempo. 그건 시간 문제야.
Es cuestión de práctica. 그건 연습 문제야.

PASO 3   도전! 회화 연습

넌 더 많이 나가야 해. _____ (salir)

CAPÍTULO 3

간접목적어를 취하는 특수동사패턴

Lección 22

Gustar 좋아하다

gustar 동사는 '좋아하다'는 뜻으로 스페인어에서 독특한 문법 규칙을 갖고 있는 대표동사입니다. 이 동사의 문법규칙만 완벽하게 알면 다음 과에서 배우게 될 동사들도 똑같이 적용되기 때문에 쉽게 배울 수 있어요. 가장 중요한 건 gustar 동사는 지금까지 배운 주격 인칭대명사인 yo, tú, él, ella...를 쓸 수 없어요. 대신 간접목적어인 me, te, le...를 써야 합니다. 동사도 3인칭형인 gusta와 gustan만 쓸 수 있어요. 요 두 가지만 기억해 두고 이제 본격적으로 gustar 동사를 활용한 다양한 회화패턴을 배워 봅시다.

gustar 동사 변화

A mí	me 나에게	
A ti	te 너에게	
A él/ella/usted	le 그, 그녀, 당신에게	gusta
A nosotros	nos 우리에게	gustan
A vosotros	os 너희에게	
A ellos/ellas/ustedes	les 그들, 그녀들, 당신들에게	

Gustar 동사를 배우면 이런 표현을 말할 수 있어요!

1	나는 ~가 좋아	Me gusta/n ~
2	나는 ~하는 게 좋아	Me gusta + 동사원형
3	너는 ~가 마음에 들어? ~가 좋아?	¿Te gusta/n~?
4	나는 ~가 완전 싫어, ~전혀 좋아하지 않아	No me gusta/n nada ~
5	나는 네가 ~하는 게 싫어	No me gusta que (tú) ~
6	내가 가장 좋아하는 것은 ~야	Lo que más me gusta es ~
7	나는 ~을 정말 하고 싶어, ~하면 좋겠어	Me gustaría + 동사원형

간접목적어를 취하는 특수동사패턴

Me gusta/n ~ 나는 ~가 좋아

gustar 동사는 3인칭 단수 gusta와 복수형인 gustan을 주로 쓸 수 있어요. 반드시 간접목적어 (me/te/le)가 동사 앞에 와야 하죠. 뒤에 복수명사가 올 경우에만 gustan이 됩니다. Me gustan 뒤에 los libros(책), los animales(동물)등을 넣어 연습해 볼까요?

PASO 1 회화 패턴 연습

난 음악이 좋아.
Me gusta la música.

난 테니스가 좋아.
Me gusta el tenis.

난 비 오는 날이 좋아.
Me gustan los días de lluvia.

난 책이 좋아.
Me gustan los libros.

• TIP

스페인어로 사계절을 배워 봅시다.
봄	primavera
여름	verano
가을	otoño
겨울	invierno

- Me gusta la primavera.
  난 봄이 좋아.
- Me gusta el verano.
  난 여름이 좋아.
- Me gusta el otoño.
  난 가을이 좋아.
- Me gusta el invierno.
  난 겨울이 좋아.

• 새로운 어휘

tenis	m. 테니스
lluvia	f. 비
sol	m. 태양
tanto	그렇게 많이
nublado	흐린, 구름 낀

PASO 2 리얼 회화 연습

 좋아하는 날씨에 대해 얘기하는 장면이네요.

A: Desde que estoy aquí en Sevilla 햇볕 쨍쨍한 날이 좋아.
B: A mí no tanto. A mí me gustan más los días nublados.
A: ¿Sí? ¿Tú qué haces cuando está nublado?
B: Yo no salgo. Me quedo en casa. Leo y veo la tele.

A: 난 여기 세비야에 온 이 후로 me gustan los días de sol.
B: 난 별로. 난 흐린 날이 더 좋아.
A: 그래? 흐릴 때 뭐 하는데?
B: 난 나가지 않아. 집에 있으면서 책 읽고 텔레비전도 봐.

PASO 3 도전! 회화 연습

바람 부는 날이 좋아. _____ (**viento**)

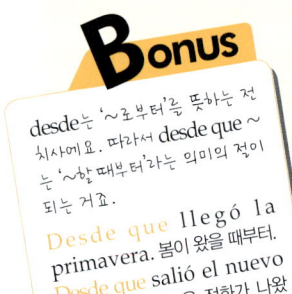

desde는 '~로부터'를 뜻하는 전치사에요. 따라서 desde que는 '~할 때부터'라는 의미의 접이 되는 거죠.
Desde que llegó la primavera. 봄이 왔을 때부터.
Desde que salió el nuevo teléfono. 새로운 전화가 나왔을 때부터.

Me gusta + 동사원형 나는 ~하는 게 좋아

Me gusta는 '~을 좋아하다'는 뜻이죠. 사람, 음식, 장소 등 모든 분야를 이 패턴을 사용해 표현하는 것을 좋아합니다. 물론 동사원형이 올 수도 있겠죠. No를 앞에 붙여 No me gusta~라고 말하면 '~ 하는 게 싫어'라는 뜻이 되겠죠.

PASO 1 회화 패턴 연습

난 밤에 나가 노는 걸 좋아해.
Me gusta salir de noche.

난 춤추는 게 좋아.
Me gusta bailar.

난 너와 얘기하는 게 좋아.
Me gusta hablar contigo.

난 요리하는 걸 좋아해.
Me gusta cocinar.

PASO 2 리얼 회화 연습

 멋진 레스토랑에서 남녀가 서로 데이트하는 장면입니다.

A: Es un restaurante muy bonito. Gracias por traerme.
B: De nada.
A: 난 너와 얘기하는 게 좋아. ¿Puedo verte de nuevo?
B: Yo te llamaré. ¿Me llevas a mi casa?

A: 아주 아름다운 레스토랑이야. 날 데려와 줘서 고마워.
B: 천만에.
A: **Me gusta hablar contigo.** 내가 널 다시 볼 수 있을까?
B: 내가 전화할게. 우리 집에 데려다 줄래?

PASO 3 도전! 회화 연습

난 텔레비전 보는 걸 좋아해. _____

• TIP

gustar 동사와 부사를 써서 좋아하는 정도를 다르게 표현해 볼까요?
- Me gusta muchísimo. 정말 많이 좋아해.
- Me gusta mucho. 많이 좋아해.
- Me gusta bastante. 꽤 좋아해.
- No me gusta mucho. 많이 좋아하지는 않아.
- Me gusta. 좋아해.
- No me gusta. 좋아하지 않아.
- No me gusta nada. 전혀 좋아하지 않아.

• 새로운 어휘

salir de noche 밤에 나가 놀다
bonito 아름다운
traer 데리고 오다
de nuevo 다시

Bonus

Gracias por 다음에는 명사 말고도 동사도 올 수 있답니다. 뜻은 '~해줘서 고마워'가 되겠죠.
Gracias por enseñarme tu casa. 네 집을 보여줘서 고마워.
Gracias por decirme tu secreto. 너의 비밀을 얘기해 줘서 고마워.

간접목적어를 취하는 특수동사패턴

¿Te gusta/n ~? 너는 ~가 마음에 들어?, ~가 좋아?

'네가 ~을 좋아하니?'라고 물어보고 싶다면 ¿Te gusta/n ~?의 패턴을 사용하면 됩니다. 뒤에 단수명사 또는 동사원형이 오면 gusta, 복수명사가 오면 gustan을 쓰면 되죠.

PASO 1 회화 패턴 연습

넌 재즈가 좋아?
¿Te gusta el jazz?

넌 춤이 좋아?
¿Te gusta el baile?

넌 요리하는 거 좋아해?
¿Te gusta cocinar?

넌 꽃이 마음에 들어?
¿Te gustan las flores?

• **TIP**

텔레비전 프로그램의 어휘들을 더 자세히 공부해 볼까요?

뉴스	Informativos
코미디 프로	Programa de humor
스포츠 프로	Programa de deportes
음악 방송	Programa musical
경연 프로	Concurso
토론 프로	Programa de debate
연예프로	Programa del corazón
리얼리티 프로	Reality Show
드라마	Serie, Telenovela

PASO 2 리얼 회화 연습

 좋아하고 싫어하는 텔레비전 프로그램에 대해 얘기하고 있어요.

A: ¿Cuáles son los programas que más te gustan?
B: A mí me gustan los programas de Reality Show como Running Man.
A: 넌 연예 프로그램을 좋아하니?
B: Sí, me gustan. ¡Pero no soporto los debates en televisión!

A: 네가 가장 좋아하는 프로그램은 뭐야?
B: 난 러닝맨과 같은 리얼리티 쇼 프로그램이 좋아.
A: ¿Te gustan los programas del corazón?
B: 그래, 좋아해. 그런데 TV토론은 견딜 수 없어!

• **새로운 어휘**

jazz	m. 재즈
programa	m. 프로그램
soportar	견디다
debate	m. 토론
tipo	m. 종류

뭔가 아주 싫어하는 대상 또는 사람이 있다면 No soporto ~패턴을 사용해 보세요. '견딜 수 없어' 즉 견딜 수 없을 정도로 싫다는 의미이겠죠. 유사표현으로는 No aguanto.가 있어요.
No soporto ese tipo de películas. 난 그런 종류의 영화를 견딜 수 없어.

PASO 3 도전! 회화 연습

넌 인형이 마음에 들어? _____ (muñecas)

No me gusta/n nada ~
나는 ~가 완전 싫어, ~전혀 좋아하지 않아

Me gusta 앞에 no를 붙여 쓰면 No me gusta ~(난 ~가 싫어, 좋아하지 않아)가 되겠죠. 좀 더 부정을 강하게 표현하려면 nada(전혀)를 함께 붙여 써 보세요. 정말 싫어하는 것이 있다면 No me gusta/n nada~라고 말을 해 보세요.

PASO 1 회화 패턴 연습

난 밤에 나가 노는 것을 전혀 좋아하지 않아.
No me gusta nada salir de noche.

난 사진 찍는 것을 전혀 좋아하지 않아.
No me gusta nada sacar fotos.

난 타투를 전혀 좋아하지 않아.
No me gustan nada los tatuajes.

난 혼자 여행하는 걸 전혀 좋아하지 않아.
No me gusta nada viajar solo.

PASO 2 리얼 회화 연습

 휴가 때 좋아하는 활동에 대해 얘기하고 있어요.

A: ¿Qué te gusta hacer cuando vas de vacaciones?
B: Me gusta descansar cerca del mar o ir de compras.
 Pero 박물관이나 교회 방문하는 건 완전 싫어해.
A: ¿Qué sueles comprar?
B: Suelo comprar artesanía o souvenirs.

A: 넌 여행할 때 뭐 하는 걸 좋아해?
B: 난 해변 근처에서 쉬거나 쇼핑하는 거 좋아해.
 그런데 no me gusta nada visitar museos o iglesias.
A: 뭐를 주로 사니?
B: 수공예품이나 기념품을 주로 사.

PASO 3 도전! 회화 연습

난 스포츠를 전혀 좋아하지 않아.

TIP

'싫어하다'고 표현할 때는 detestar와 odiar동사를 써도 된답니다. 다만, gustar동사와 같은 변화가 아니라 일반동사처럼 동사변화하게 돼요.

- Detesto las tareas domésticas.
 집안 일이 싫어.
- Odio levantarme pronto.
 일찍 일어나는 게 싫어.
- Odio el ruido de mi despertador.
 자명종 소리 싫어.

새로운 어휘

tatuaje   m. 타투
ir de compras 쇼핑 가다
mar   m. 바다
museo   m. 미술관
iglesia   f. 교회
artesanía   f. 수공예품
souvenir   m. 기념품

Bonus

soler는 '~하는 경향이 있다, 주로 ~하다, ~하곤 한다'는 뜻이에요. 영어로 usually do에 해당하는 표현이에요. -ue형 불규칙 동사로 1인칭 동사가 suelo입니다. 뒤에는 동사원형이 와야 해요.

Suelo comprar la comida en el mercado.
난 시장에서 음식을 주로 사.

No me gusta que (tú)~ 나는 네가 ~하는 게 싫어

상대방이 하는 말과 행동이 마음에 들지 않을 때는 No me gusta que (tú) ~ 패턴을 사용해서 말해 보세요. '네가 ~하는 게 싫어, 마음에 들지 않아'를 의미합니다. que절에는 당연히 접속법 현재형을 써야 하겠죠.

PASO 1 회화 패턴 연습

네가 나에 대해 그렇게 이야기하는 거 싫어.
No me gusta que hables así de mí.

네가 나를 그렇게 쳐다 보는 거 싫어.
No me gusta que me mires así.

난 네가 나를 그렇게 부르는 거 싫어.
No me gusta que me llames así.

난 네가 내 삶에 끼어드는 게 싫어.
No me gusta que te metas en mi vida.

• TIP

무인칭의 재귀 대명사 se를 사용한 다음 표지판을 읽어 볼까요?
- No se permite la entrada sin casco. 헬멧 없이 출입 안됨
- Se prohibe el paso. 통행 금지
- No se puede entrar. 출입 안됨
- No se admiten tarjetas de crédito. 신용카드 받지 않음
- No se permite jugar a pelota. 공놀이 허용 안 함
- Se ruega silencio. 침묵 요함
- Se recomienda mantener el cinturón de seguridad abrochado. 안전벨트 착용 요함

• 새로운 어휘

así	그렇게
meter	끼어들다
prohibido	금지된

PASO 2 리얼 회화 연습

 질투심 많은 여자는 남자친구가 다른 여자와 말하는 것을 못 견뎌 하는군요.

A: ¿Qué haces aquí?
B: ¿Está prohibido hablar con otras chicas?
A: 난 네가 다른 여자들과 얘기하는 게 싫어.
B: ¡Qué celosa eres!

A: 너 여기서 뭐 해?
B: 다른 여자들과 얘기하는 게 금지된 거니?
A: No me gusta que hables con otras chicas.
B: 너 진짜 질투심 많구나!

PASO 3 도전! 회화 연습

난 네가 다른 여자들 쳐다보는 거 싫어. _____

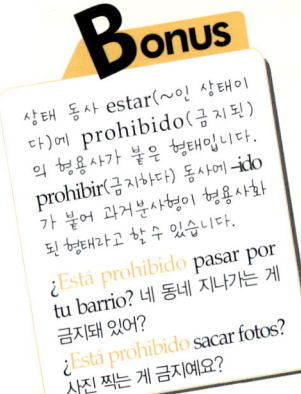

상태 동사 estar(~인 상태이다)에 prohibido(금지된)의 형용사가 붙은 형태입니다. prohibir(금지하다) 동사에 -ido가 붙어 과거분사형이 형용사화 된 형태라고 할 수 있습니다.

¿Está prohibido pasar por tu barrio? 네 동네 지나가는 게 금지돼 있어?

¿Está prohibido sacar fotos? 사진 찍는 게 금지예요?

Lo que más me gusta es~
내가 가장 좋아하는 것은 ~야

이번엔 '~하는 것은'을 뜻하는 lo que구문과 me gusta를 합쳐서 연습해 봅시다. Lo que más me gusta es ~라고 말하면 '내가 가장 좋아하는 것은 ~'이라는 뜻이 돼요. 반대로 Lo que menos me gusta es ~는 '내가 가장 싫어하는 것은~'이 되겠죠?

PASO 1 회화 패턴 연습

내가 가장 좋아하는 것은 스페인 음식이야.
Lo que más me gusta es la comida española.

내가 가장 좋아하는 것은 사람들이야.
Lo que más me gusta es la gente.

내가 가장 좋아하는 것은 날씨야.
Lo que más me gusta es el tiempo.

내가 가장 좋아하는 것은 스페인 언어야.
Lo que más me gusta es el idioma español.

PASO 2 리얼 회화 연습

 친절하고 쾌활한 스페인 사람들이 아주 맘에 든다고 말합니다.

A: ¿Qué es lo que más te gusta de España?
B: 가장 맘에 드는 건 사람들이에요. Son muy simpáticos y alegres.
A: ¿Te atraen los chicos españoles?
B: Claro. Me atraen mucho. Son muy atractivos.

A: 스페인에 대해 가장 좋아하는 게 뭐예요?
B: **Lo que más me gusta es la gente.** 아주 친절하고 유쾌해요.
A: 스페인 남자들도 매력적으로 느껴지나요?
B: 물론이죠. 저에겐 아주 매력적으로 느껴져요.
   스페인 남자들은 아주 매력적이죠.

PASO 3 도전! 회화 연습

내가 가장 좋아하는 것은 스페인 음악이야.

TIP

상대가 마음에 든다고 고백할 때는 다음과 같은 표현을 쓸 수 있어요. 이 때는 tú(너)가 주어가 되기 때문에 gustas가 와야 하겠죠?

- Me caes muy bien.
  넌 맘에 들어.(너와 난 잘 맞아)
- Me gustas.
  난 네가 좋아.
- Me atraes.
  나에게 매력적이야.

새로운 어휘

gente   f. 사람들
atraer   끌어 당기다
atractivo 매력적인
idea   f. 생각

Bonus

여기에 또 간접목적어를 취하는 동사가 있군요. 바로 atraer입니다. 용법은 gustar동사와 똑같고요. 뜻은 '~가 끌려, 매력적이야, 관심이 가'가 되죠. 뒤에 사람, 대상, 사물 모두 올 수 있어요.

Me atrae tu hermana.
네 여동생에게 끌려.
Me atrae tu idea.
네 생각이 매력적이야.

Me gustaría + 동사원형
나는 ~을 정말 하고 싶어, ~하면 좋겠어

gustaría는 gustar의 단순조건시제이고 뒤에는 동사원형이 와야 하겠죠. '(정말)~하고 싶어'라는 약간은 가능성이 희박한 사실에 대한 안타까움과 유감을 표현할 때 쓸 수 있어요. 영어의 I would like to~에 해당하는 패턴이라고 할 수 있어요.

PASO 1 회화 패턴 연습

널 안아주고 싶어.
Me gustaría darte un abrazo.

시험에 합격했으면 좋겠어.
Me gustaría aprobar el examen.

그녀가 결혼했는지 알고 싶어.
Me gustaría saber si está casada.

널 만나고 싶어.
Me gustaría verte.

• TIP
친구간의 샘의 중요성을 강조하는 스페인 속담이 있어요.
Las cuentas claras, las amistades largas.
계산이 정확해야 우정이 오래간다.

cuenta	f. 계산
claro/a	명확한
amistad	f. 우정
largo/a	긴

• 새로운 어휘
abrazo	m. 포옹
aprobar	합격하다
edad	f. 나이
regresar	돌아가다
año	m. 연, 해
como	처럼, 같이, ~그대로
mejor	더 좋은
vida	f. 삶

PASO 2 리얼 회화 연습

 만약 타임머신이 있다면 몇 살로 되돌아가고 싶은지 서로 물어보는군요.

A: ¿Tú a qué edad te gustaría regresar?
B: 난 20살로 되돌아 가고 싶어. ¿Y tú?
A: Yo estoy muy bien como estoy. ¿Por qué a los veinte años?
B: Es el mejor año de mi vida.

A: 넌 몇 살로 되돌아 가고 싶어?
B: **Me gustaría regresar a los veinte años.** 넌?
A: 난 지금 이대로 만족해. 왜 20살이야?
B: 그게 내 삶의 최고의 해야.

PASO 3 도전! 회화 연습

하루 종일 자고 싶어.

상대 최상급을 만드는 법을 배워볼까요? 아주 간단해요. 〈정관사 + 비교급〉을 쓰면 끝. el mejor ~는 '최고의 ~'를 의미하죠. the best ~와 동일한 표현이에요.
Es el mejor alumno de clase.
그는 수업에서 최고의 학생이야.
Es el mejor actor de Corea.
한국에서 최고의 배우야.

Lección 23
Encantar ~를 정말 좋아하다

gustar 동사만큼 많이 쓰이는 동사 encantar 동사입니다. 뜻은 '~을 아주 많이 좋아하다'는 뜻이죠. gustar가 like라면, encantar는 love를 의미합니다. 뭔가를 좋아한다라고 표현할 때 가장 최상급의 표현이라고 할 수 있죠. 당연히 gustar 동사와 같은 문법규칙을 갖고 있는 동사예요. 정말 좋아하는 것이 있다면 encantar 동사를 사용해서 한 번 표현해 보세요. 그럼, 스페인 사람들과 감정표현에 있어 공감대가 좀 더 가까워 질 수 있어요.

encantar 동사 변화		
A mí	me 나에게	
A ti	te 너에게	
A él/ella/usted	le 그,그녀, 당신에게	encanta
A nosotros	nos 우리에게	encantan
A vosotros	os 너희에게	
A ellos/ellas/ustedes	les 그들, 그녀들, 당신들에게	

Encantar 동사를 배우면 이런 표현을 말할 수 있어요!

1	나는 ~를 엄청 많이 좋아해요	Me encanta/n + 명사
2	나는 ~하는 걸 엄청 좋아해요	Me encanta + 동사원형
3	나는 정말 ~하고 싶은데, ~하면 참 좋을 텐데	Me encantaría + 동사원형

간접목적어를 취하는 특수동사패턴

126

Me encanta/n + 명사   나는 ~를 엄청 많이 좋아해요

감정표현이 발달한 스페인에서는 뭔가를 좋아하는 표현이 참으로 다양하답니다. Me encanta/n이 그 중 하나이니까 좋아하는 것들을 넣어 자유롭게 자신의 취향과 감정을 표현해 보세요. 뒤에 단수 혹은 복수명사를 넣어 연습해 보세요.

PASO 1   회화 패턴 연습

네 집이 엄청 좋아.
Me encanta tu casa.

난 멕시코 음식 엄청 좋아해.
Me encanta la comida mexicana.

난 해변을 엄청 좋아해.
Me encanta la playa.

난 개가 엄청 좋아.
Me encantan los perros.

• TIP

'정말 많이 좋아한다'는 의미로 fascinar, entusiasmar, apasionar 등의 동사를 사용해서 말할 수 있어요.

- Me fascina la comida española.
  스페인 음식 너무 좋아.
- Me entusiasma el flamenco.
  플라멩코 정말 좋아.
- Me apasiona el fútbol.
  축구 정말 좋아.

• 새로운 어휘

playa	f. 해변
perro	m. 개
guapo	잘생긴

PASO 2   리얼 회화 연습

 여자가 산책하는 개를 예쁘다고 말하는 군요.

A: **¡Qué guapo es el perro!**
B: **¿Te gustan los perros?**
A: **Es que** 개 정말 좋아해요.
B: **Parece que te ha caído bien.**

A: 개가 정말 잘 생겼어요!
B: 개 좋아해요?
A: **me encantan los perros.**
B: 당신이 맘에 들었나 봐요.

Bonus

'(누가) 좋다, 마음에 들다'는 말을 하기 위해 스페인에서는 caer 동사와 간접목적어를 함께 쓴답니다. 뒤에는 반드시 사람 또는 동물만 올 수 있어요. 누군가가 마음에 들면 me cae bien, 누군가가 그냥 싫으면 me cae mal이라고 하면 돼요.
Me ha caído muy bien mi profesora.
내 선생님이 아주 마음에 들었어.

PASO 3   도전! 회화 연습

난 캐러멜을 엄청 좋아해. _____ (caramelos)

Me encanta + 동사원형
나는 ~하는 걸 엄청 좋아해요

이번엔 encantar 동사 뒤에 동사원형을 넣어서 말해 볼까요? 뜻은 '~하는 걸 엄청 좋아해'가 되겠네요.

PASO 1 회화 패턴 연습

난 언어 배우는 걸 정말 많이 좋아해.
Me encanta aprender idiomas.

난 농담하는 걸 정말 많이 좋아해.
Me encanta hacer bromas.

난 여행을 정말 많이 좋아해.
Me encanta viajar.

난 플라멩코 음악 듣는 걸 정말 많이 좋아해.
Me encanta escuchar música flamenca.

• TIP
A mí también, A mí no, A mí sí, A mí tampoco에 대해 알아 봅시다.

- A mí me encanta la música.
  난 음악이 정말 좋아.
- A mí también.
  나도 좋아.(긍정→긍정)
- A mí no.
  난 싫어.(긍정→부정)
- A mí no me gusta el fútbol.
  난 축구 좋아하지 않아.
- A mí tampoco.
  나도 안 좋아해.(부정→부정)
- A mí sí.
  난 좋아.(부정→긍정)

• 새로운 어휘

broma	m. 농담
diferente	다른
país	m. 나라
flipar	무척 좋아하다
mujeriego	m. 바람둥이

PASO 2 리얼 회화 연습

 서로 가장 좋아하는 것에 대해 얘기하고 있어요.

A: 난 다른 사람들 만나는 게 너무 좋아.
B: A mí también me encanta conocer a chicas guapas de diferentes países. Lo flipo, de verdad.
A: ¡Qué mujeriego eres!
B: Si me lo dices...

A: **Me encanta conocer gente diferente.**
B: 나도 다른 나라의 예쁜 여자들 만나는 게 너무 좋아. 정말 좋아하지, 진짜.
A: 바람둥이 같으니!
B: 네가 그렇게 말한다면...

Lo flipo.는 '난 그게 정말 좋아'라는 스페인에서 쓰는 구어체랍니다. flipar가 '~가 정말 좋아, 즐겨'라는 의미예요. 또한 간접목적어를 동반해서 쓰이기도 한답니다.

Yo flipo con esta película.
난 이 영화 보면서 많이 즐겨.
Me flipa esta película.
난 이 영화 진짜 좋아.

PASO 3 도전! 회화 연습

난 선탠하는 게 정말 좋아. ＿＿＿＿＿＿＿＿＿ (tomar el sol)

Me encantaría + 동사원형

나는 정말 ~하고 싶은데, ~하면 참 좋을 텐데

encantar 동사의 단순조건시제인 encantaría가 들어간 회화패턴을 배워 볼까요? Me encantaría ~라고 말하면, 뭔가 실현가능성이 희박한 소망이나 희망을 표현할 수 있어요. '~하면 참 좋을 텐데'라는 의미가 되겠죠. 또는 상대가 어떤 제안을 했을 때, 이 패턴을 사용하면 정중한 거절을 할 수 있답니다. '정말 ~하고 싶은데'라는 뜻이 됩니다.

PASO 1 회화 패턴 연습

더 큰 집에서 살면 참 좋을 텐데.
Me encantaría vivir en una casa más grande.

이번 주말에 존과 데이트 하면 참 좋을 텐데.
Me encantaría salir con John este fin de semana.

바다 근처에 살면 참 좋을 텐데.
Me encantaría vivir cerca del mar.

리마에 가면 참 좋을 텐데.
Me encantaría visitar Lima.

• TIP

'시장이 반찬'을 의미하는 스페인 속담을 배워 볼까요?
A buen hambre no hay pan duro. 시장이 반찬
buen 상당한(bueno가 명사 앞에서 'o'가 탈락됨)

hambre f. 배고픔
duro/a 딱딱한

• 새로운 어휘

grande 큰
fin de semana 주말
cerca de 가까이
comunicarse 소통하다

PASO 2 리얼 회화 연습

 토요일 친구의 파티에 가고 싶지만 고향에 가야 한다고 하네요.

A: ¿Quieres ir a la fiesta de Álex el sábado?
B: 정말 가고 싶은데.
   Pero lo que pasa es que tengo que ir a mi pueblo.
A: ¿Por qué? ¿Qué ha pasado?
B: Mi madre está en el hospital.

A: 토요일에 알렉스 파티에 갈래?
B: **Me encantaría ir.** 그런데 사실은 내가 고향에 가야 하거든.
A: 왜? 무슨 일이야?
B: 우리 엄마가 병원에 계셔.

Bonus

'사실은… 문제는 말이지'처럼 말을 시작하고 싶다면 Lo que pasa es que ~ 패턴을 사용해서 표현해 보세요. 뭔가에 대한 변명 등을 얘기할 때 많이 쓴답니다. 영어의 The thing is that ~과 동일한 표현이에요.
Lo que pasa es que María no sabe comunicarse.
사실은 마리아는 소통할 줄 몰라.

PASO 3 도전! 회화 연습

알렉스의 파티에 가면 참 좋을 텐데. _____

Lección 24

Interesar ~에 관심있다, 흥미가 있다

interesar는 '~에 관심 있다, 흥미 있다'는 뜻의 동사입니다. 영어의 I'm interested ~와 동일한 표현의 동사입니다. gustar와 같은 문법 구조를 갖고 있고요. 즉, 앞에 간접목적어가 오고 동사는 3인칭형 동사인 interesa와 interesan만 쓰인다는 얘기죠. 관심사를 얘기할 때 스페인 사람들이 즐겨 쓰는 동사이니 확실히 알아둡시다. 동사변화부터 암기해 볼까요?

interesar 동사 변화

A mí	me 나에게	
A ti	te 너에게	
A él/ella/usted	le 그,그녀, 당신에게	interesa
A nosotros	nos 우리에게	interesan
A vosotros	os 너희에게	
A ellos/ellas/ustedes	les 그들, 그녀들, 당신들에게	

CHECK Interesar 동사를 배우면 이런 표현을 말할 수 있어요!

1	나는 ~에 관심 있어, ~에 흥미가 있어	Me interesa/n~
2	나는 ~에 전혀 관심 없어	No me interesa/n nada~
3	내가 관심 있는 것은 ~야	Lo que me interesa es~

간접목적어를 취하는 특수동사패턴

Me interesa/n~ 나는 ~에 관심 있어, ~에 흥미가 있어

interesar 동사 역시 간접목적어를 동반하며 3인칭형만 쓰이는 동사입니다. '~에 관심 있어, 흥미가 있어'라는 표현을 하고 싶다면 Me interea/n~ 패턴을 사용해 보세요. 뒤에 복수명사가 오면 interesan으로만 바꿔 주면 되겠죠.

PASO 1 회화 패턴 연습

난 과학에 관심 있어.
Me interesan las ciencias.

난 역사에 관심 있어.
Me interesa la historia.

난 환경에 관심 있어.
Me interesa la ecología.

난 스포츠에 관심 있어.
Me interesan los deportes.

• TIP

Tener interés en(por)~는 '~에 관해 흥미가 있다'는 표현도 덤으로 익혀 두세요.

- Tengo interés por los idiomas.
  언어에 흥미가 있어.
- Tengo interés por el piso.
  아파트에 관심 있어.
- Tengo interés por el fútbol.
  축구에 관심 있어.

• 새로운 어휘

ciencia	f.	과학
historia	f.	역사
ecología	f.	환경
sobre todo		특히
sobre		~에 관해
cultura	f.	문화

PASO 2 리얼 회화 연습

 친구가 과학과 문화에 관심과 흥미가 있다고 말합니다.

A: ¿Te interesan las ciencias?
B: Bastante, sobre todo me interesa la Geología.
   Y me encanta leer cosas sobre ciencia.
A: ¿Y qué más temas te interesan?
B: 다른 나라 문화를 아는데 관심 있어.

A: 넌 과학에 관심 있니?
B: 충분히, 특히 지질학에 관심 있어.
   그리고 과학에 관한 것들을 읽는 걸 진짜 좋아해.
A: 그리고 또 어떤 테마에 관심 있어?
B: **Me interesa conocer la cultura de otros países.**

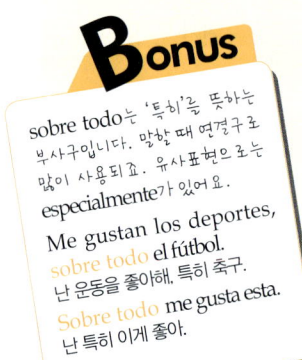

PASO 3 도전! 회화 연습

난 스페인 요리에 관심 있어. _____ (cocina)

130 No me interesa/n nada~ 나는 ~에 전혀 관심 없어

뭔가에 대해 전혀 관심이 없다고 표현하려면 No me interesa/n nada ~라고 말을 해 보세요. nada(전혀)를 써서 부정의 의미가 좀 더 강조됩니다. 앞에 반드시 no는 함께 써야겠죠?

PASO 1 회화 패턴 연습

난 건축엔 전혀 관심 없어.
No me interesa nada la arquitectura.

난 정치엔 전혀 관심 없어.
No me interesa nada la política.

난 박물관엔 전혀 관심 없어.
No me interesan nada los museos.

난 역사엔 전혀 관심 없어.
No me interesa nada la historia.

• TIP
영화(película)의 종류를 스페인어로 배워 봅시다.

película de amor 멜로 영화
película de aventuras 모험 영화
película de ciencia ficción SF 영화
película de dibujos animados 만화 영화
película de acción 액션 영화
película de terror 공포 영화
película del oeste 서부 영화
película de suspense 서스펜스 영화
película histórica 사극 영화

PASO 2 리얼 회화 연습

 서로의 관심사가 다른 두 친구, 너무 달라 공통점이 없다고 얘기합니다.

A: ¿Te gusta ver películas en español?
B: Sí, aunque a veces no lo entiendo todo. ¿Y a ti?
A: 난 스페인 영화엔 전혀 흥미 없어.
　 Prefiero comer o charlar en un bar.
B: Somos muy distintos. No tenemos cosas en común.

A: 넌 스페인어로 영화 보는 거 좋아해?
B: 응, 하지만 가끔은 다 이해 못해. 넌?
A: **A mí no me interesa nada el cine español.**
　 바에서 먹고 수다 떠는 걸 더 좋아해.
B: 우리는 아주 많이 달라. 우린 공통점이 없어.

• 새로운 어휘
aunque 그러나, 그런데
distinto 다른
común 공통적인
manera f. 방법
sencillo/a 소박한
ganar (돈을) 벌다

aunque 다음에 직설법 시제가 나오게 되면 '그런데, 그러나'의 의미로 쓰여요. 모두들 다 아는 pero(그러나)와 동일한 의미가 되죠. aunque 다음에는 반드시 절이 나와야 해요.
Viste de una manera sencilla aunque gana mucho dinero. 돈을 많이 벌지만 소박한 옷을 입어.

PASO 3 도전! 회화 연습

난 클래식 음악엔 전혀 관심 없어.

131
Lo que me interesa es~ 내가 관심 있는 것은 ~야

Lo que ~구문과 me interesa ~패턴이 합쳐진 형태의 표현을 공부해 볼까요? '내가 관심 있는 것은 ~'라고 말을 시작하고 싶다면 Lo que me interesa es ~라고 표현해 보세요. Lo que만 붙였을 뿐인데, 말이 훨씬 더 세련되고 고급스러워 보일 겁니다.

PASO 1   회화 패턴 연습

내가 관심 있는 것은 영화야.
Lo que me interesa es el cine.

내가 관심 있는 것은 건축이야.
Lo que me interesa es la arquitectura.

내가 관심 있는 것은 사람들이야.
Lo que me interesa es la gente.

내가 관심 있는 것은 스페인 음식이야.
Lo que me interesa es la comida española.

PASO 2   리얼 회화 연습

스페인에 대해 가장 관심 있는 분야와 꿈에 대해 얘기를 하고 있어요.

A: ¿Qué es lo que más te interesa de España?
B: 내가 스페인에 대해 관심 있는 건 박물관이야. Y la arquitectura.
A: ¿Te interesa vivir un tiempo en España?
B: Claro. Mi sueño es conseguir un trabajo y vivir en España.

A: 스페인에 대해 네가 가장 관심 있는 것이 뭐야?
B: **Lo que me interesa de España son los museos.** 그리고 건축.
A: 스페인에 한 동안 사는데 관심 있어?
B: 물론이지. 내 꿈이 일자리 구해서 스페인에 사는 거야.

PASO 3   도전! 회화 연습

내가 관심 있는 것은 라틴아메리카 문화야. _____

• TIP

영화 Mama mia의 "I have a dream"(Ayer soñé)의 스페인어 버전 노래 가사 한 소절을 배워 볼까요?
Mi sueño es mi gran canción/Me hará vencer cualquier temor/Todo cuento de hadas puede ser real/Cree en tu futuro/aunque salga mal...
나의 꿈은 나의 위대한 노래/내가 그 어떤 두려움도 이길 수 있게 해/모든 요정의 이야기도 진짜일 수 있어/네 미래를 믿어/잘 되지 않더라도...

• 새로운 어휘

un tiempo 당분간
sueño m. 꿈
dar la vuelta 한 바퀴 돌다
príncipe azul m. 백마 탄 왕자님

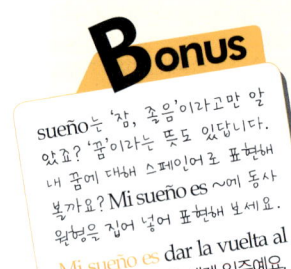

sueño는 '잠, 졸음'이라고만 알았죠? '꿈'이라는 뜻도 있답니다. 내 꿈에 대해 스페인어로 표현해 볼까요? Mi sueño es ~에 동사 원형을 집어 넣어 표현해 보세요.
Mi sueño es dar la vuelta al mundo. 내 꿈은 세계 일주예요.
Mi sueño es encontrar el príncipe azul. 내 꿈은 백마 탄 왕자님을 만나는 거예요.

Lección 25
Apetecer ~하고 싶다, ~가 당기다

apetecer 동사는 gustar 동사처럼 간접목적어를 취하는 동사입니다. '~하고 싶다, ~가 당기다'라는 뜻을 갖고 있어요. 스페인 구어체에서 정말 자주 나오는 표현이므로 꼭 암기해 두면 유용하게 쓸 수 있을 거예요. 그럼, 이제 apetecer 동사의 용법과 자주 쓰는 패턴을 함께 공부해 볼까요?

apetecer 동사 변화

A mí	me 나에게	
A ti	te 너에게	
A él/ella/usted	le 그, 그녀, 당신에게	apetece
A nosotros	nos 우리에게	apetecen
A vosotros	os 너희에게	
A ellos/ellas/ustedes	les 그들, 그녀들, 당신들에게	

Apetecer 동사를 배우면 이런 표현을 말할 수 있어요!

1	나는 ~하고 싶어	Me apetece + 동사원형
2	나는 ~가 먹고 싶어, ~가 당겨	Me apetece/n + 명사
3	너는 ~하고 싶니?	¿Te apetece ~ ?

간접목적어를 취하는 특수동사패턴

Me apetece + 동사원형   나는 ~하고 싶어

apetecer 동사 역시 gustar 동사처럼 간접목적어를 취하는 동사입니다. Me apetece~는 '난 ~하고 싶어'라는 뜻의 구어적 표현이죠. 영어의 feel like ~ing와 같은 뜻이고요. 뒤에 동사원형이 올 수 있어요.

PASO 1 회화 패턴 연습

나 산책하고 싶어.
Me apetece dar un paseo.

나 춤추러 가고 싶어.
Me apetece ir a bailar.

나 맥주 마시고 싶어.
Me apetece tomar una cerveza.

나 담배 한 대 피우고 싶어.
Me apetece fumar un cigarrillo.

• TIP
스페인의 식사 시간대와 관련 어휘를 공부해 봅시다.
스페인 사람들은 4끼에서 5끼를 먹는답니다.

아침 el desayuno 8:00~9:00
브런치 el almuerzo 11:00~12:00
점심 la comida   2:00~4:00
간식 la merienda 5:00~6:00
저녁 la cena   9:00~11:00
동사: desayunar(아침 먹다), almorzar(브런치 하다), comer(점심 먹다), merendar(간식 먹다), cenar(저녁 먹다)

PASO 2 리얼 회화 연습

 이번 주 토요일에 만나 쇼핑 가기로 합니다.

A: ¿Qué te apetece hacer este sábado?
B: 난 쇼핑 가고 싶어.
A: ¿A qué hora quedamos?
B: ¿Te va bien a las once?

A: 이번 토요일에 뭐 하고 싶어?
B: **Me apetece ir de compras.**
A: 몇 시에 만날까?
B: 11시 괜찮아?

• 새로운 어휘

fumar   담배 피우다
cigarrillo   담배 한 개피
quedar   만나다
delante de   ~앞에

PASO 3 도전! 회화 연습

나 해변 가고 싶어. _____ (playa)

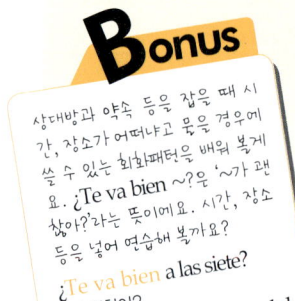

상대방과 약속 등을 잡을 때 시간, 장소가 어떠냐고 물을 경우에 쓸 수 있는 회화패턴을 배워 볼게요. ¿Te va bien ~?은 '~가 괜찮아?'라는 뜻이에요. 시간, 장소 등을 넣어 연습해 볼까요?

¿Te va bien a las siete?
7시 괜찮아?
¿Te va bien delante del cine? 영화관 앞 괜찮아?

133

Me apetece/n + 명사 나는 ~가 먹고 싶어, ~가 당겨

Me apetece/n 뒤에 명사도 올 수 있어요. 단, 복수명사가 오게 되면, apetecen이 되겠죠? apetecer는 gustar 동사와 다르게 부정관사가 올 수도 있어요. apetecer 다음엔 주로 음식들이 온답니다.

PASO 1 회화 패턴 연습

난 맥주가 먹고 싶어.
Me apetece una cerveza.

난 커피 마시고 싶어.
Me apetece un café.

난 올리브 열매가 먹고 싶어.
Me apetecen unas aceitunas.

난 타코스 먹고 싶어.
Me apetecen unos tacos.

• **TIP**

상대방의 제안을 받아 들일 때는 이런 표현들을 써 보세요.

- Sí, vale. 그래. 좋아
- Buena idea. 좋은 생각이야.
- Me apetece. 그러고 싶어.
- Súper bien. 아주 좋아.

• **새로운 어휘**

aceituna	f. 올리브 열매
helado	m. 아이스크림
buenísimo	아주 맛있는
un poco	조금

PASO 2 리얼 회화 연습

 친구가 아이스크림을 권하지만 지금은 커피만 마시고 싶다고 하네요.

A: **El helado está buenísimo. ¿Te apetece un poco?**
B: **No, gracias, ahora no.**
A: **¿No quieres comer nada?**
B: **Ahora** 커피만 마시고 싶어.

A: 아이스크림 진짜 맛있다. 조금 먹을래?
B: 아니, 고마워, 지금은 아니야.
A: 아무것도 먹기 싫어?
B: 지금은 **solo me apetece un café.**

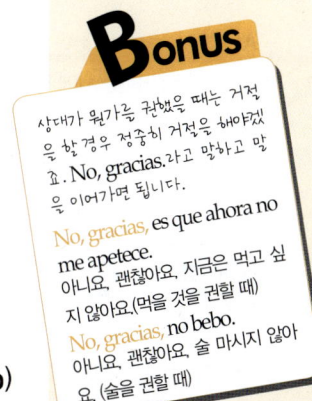

Bonus

상대가 뭔가를 권했을 때는 거절을 할 경우 정중히 거절을 해야겠죠. No, gracias.라고 말하고 말을 이어가면 됩니다.

No, gracias, es que ahora no me apetece.
아니요, 괜찮아요, 지금은 먹고 싶지 않아요.(먹을 것을 권할 때)
No, gracias, no bebo.
아니요, 괜찮아요, 술 마시지 않아요.(술을 권할 때)

PASO 3 도전! 회화 연습

난 아이스크림 먹고 싶어. ＿＿＿＿＿＿＿＿＿ (helado)

¿Te apetece ~? 너는 ~하고 싶니?

이번엔 '네가 ~하고 싶어?'라고 질문하는 방법을 배워 볼까요? Me를 Te로만 바꿔주면 되겠죠? ¿Te apetece ~?라고 말하면 됩니다.

PASO 1 회화 패턴 연습

오늘 저녁 외식하고 싶어?
¿Te apetece cenar fuera?

맥주 한 잔 할래?
¿Te apetece tomar una cerveza?

산책 하고 싶어?
¿Te apetece dar un paseo?

춤추러 가고 싶어?
¿Te apetece ir a bailar?

• **TIP**

대략의 시간을 표현해 볼까요?

- sobre las 11h
  약 11시에
- a las 9h aproximadamente
  약 9시에
- a las 12 más o menos
  약 12시에
- entre las 5h y las 6h
  5시와 6시 사이에
- Serían las 8h o algo así.
  8시쯤 되었을 거야.

• **새로운 어휘**

centro	m. 시내
sobre	약
limpiar	청소하다
tocar	~의 차례다
terminar	끝내다
allá	저리, 그 쪽으로

PASO 2 리얼 회화 연습

 청소를 끝내고 오후에 친구를 만나 한 잔 하기로 합니다.

A: 오늘 오후에 나와 함께 뭐 먹으러 갈래?
B: Sí, vale. ¿A qué hora quedamos?
A: Voy al centro sobre las cinco.
B: Hoy me toca limpiar, pero cuando termine, voy para allá.

A: ¿Te apetece venir esta tarde a tomar algo conmigo?
B: 그래, 좋아. 몇 시에 만날까?
A: 나는 5시쯤에 시내로 가.
B: 오늘 내가 청소할 차례야. 그런데 끝내면, 그 쪽으로 갈게.

PASO 3 도전! 회화 연습

영화관에 가고 싶어? _____

Me toca a mí.는 '내 차례야' 라는 뜻이죠. 영어의 It's my turn.입니다. '네 차례야.'라고 말하고 싶다면, Te toca a ti.라고 하면 되겠죠? A mí, a ti는 생략 가능하고요.
(A mí) me toca fregar los platos. 내가 설거지 할 차례야.
(A mí) me toca jugar. 내가 놀 차례.(카드 놀이 할 때)

Lección 26

Doler ~가 아프다

doler 동사는 gustar 동사와 같은 문법규칙을 갖는 동사입니다. 간접목적어와 3인칭형 동사만으로 구성되는 동사입니다. '~가 아프다'라는 뜻을 갖고 있어요. 외국에서 약국과 병원에서 유용하게 쓰일 수 있는 표현이니 꼭 기억했다가 위급상황에서 당황하지 않도록 해야겠죠? 그럼, 이제부터 doler 동사의 패턴을 연습해 볼까요?

doler 동사 변화

A mí	me 나에게	
A ti	te 너에게	
A él/ella/usted	le 그, 그녀, 당신에게	duele
A nosotros	nos 우리에게	duelen
A vosotros	os 너희에게	
A ellos/ellas/ustedes	les 그들, 그녀들, 당신들에게	

Doler 동사를 배우면 이런 표현을 말할 수 있어요!

1	너는 ~ 아파?	¿Te duele ~?
2	나는 ~가 아파	Me duele/n ~

간접목적어를 취하는 특수동사패턴

135

¿Te duele ~? 너는 ~아파?

doler 동사도 gustar 동사와 마찬가지로 3인칭형 동사만 쓰는 특수 동사예요. '너 (어디) 아프니?'라고 물어볼 때는 이 패턴을 써 보세요. ¿Te duele~?에 la cabeza(머리), el estómago(배) 등의 신체부위의 단어를 바꿔가며 연습해 볼까요? los dientes(이), los pies(발)처럼 복수명사가 오게 되면 duelen으로 써야 해요.

PASO 1 회화 패턴 연습

너 머리 아파?
¿Te duele la cabeza?

너 배 아파?
¿Te duele el estómago?

너 이 아파?
¿Te duelen los dientes?

너 다리 아파?
¿Te duelen las piernas?

• **TIP**

아픈 증상을 표현할 때는 tener 동사를 사용해 보세요.

- Tengo un resfriado. 감기 걸렸어.
- Tengo gripe. 독감 걸렸어.
- Tengo una indigestión. 소화불량이야.
- Tengo diarrea. 설사가 있어.
- Tengo anginas. 편도선염 걸렸어.
- Tengo gastritis. 위염 있어.
- Tengo alergia. 알레르기 있어.
- Tengo escalofríos. 몸살 있어.

PASO 2 리얼 회화 연습

 두통이 있는 친구에게 약을 주며 걱정해 주고 있네요.

A: Tienes mala cara. ¿Qué pasa?
B: Es que estoy muy mal. Me duele la cabeza.
A: Toma esto. En media hora ya no te duele.
   아직 아프니?
B: Todavía tengo dolor.

A: 안색이 안 좋구나. 무슨 일 있어?
B: 컨디션이 아주 안 좋아. 머리가 아파.
A: 이것 먹어. 30분 후면 아프지 않을 거야. ¿Todavía te duele?
B: 아직 아파.

• **새로운 어휘**

estómago	m. 위, 배
diente	m. 이
pierna	f. 다리
media hora	30분
todavía	아직

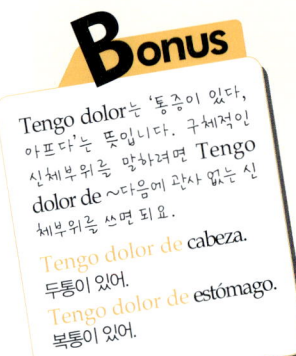

Tengo dolor는 '통증이 있다, 아프다'는 뜻입니다. 구체적인 신체부위를 말하려면 Tengo dolor de ~다음에 관사 없는 신체부위를 쓰면 되요.

Tengo dolor de cabeza.
두통이 있어.
Tengo dolor de estómago.
복통이 있어.

PASO 3 도전! 회화 연습

너 목 아파? _____ (cuello)

136

Me duele/n ~ 나는 ~가 아파

'나는 어디가 아파'라고 말하고 싶다면 Me duele/n~ 다음에 신체부위를 넣으면 돼요. 여기 신체부위에는 반드시 정관사를 쓰는 거 잊지 마세요.

PASO 1 회화 패턴 연습

나는 배가 아파.
Me duele el estómago.

나는 목구멍이 아파.
Me duele la garganta.

나는 등이 아파.
Me duele la espalda.

나는 어금니가 아파.
Me duelen las muelas.

PASO 2 리얼 회화 연습

 하루 종일 하이힐을 신고 일한 친구는 발이 많이 아프다고 말합니다

A: 발이 너무 많이 아파. Ya no puedo dar ni un paso.
B: Claro. Esos tacones tan altos te hacen daño.
A: He estado todo el día de pie y me duelen un montón.
B: Ponte algo más cómodo.

A: **Me duelen muchísimo los pies.** 이제 더 이상 한 발짝도 걸을 수가 없어.
B: 물론이지. 그렇게 높은 굽이니까 아프겠지.
A: 하루 종일 서 있어서 엄청 아파.
B: 좀 편한 걸로 신어.

PASO 3 도전! 회화 연습

나는 손가락이 아파. _____ (dedos)

• TIP

몸 상태나 컨디션을 표현할 때는 encontrarse, sentirse, estar동사 등을 활용해 보세요.
- No me encuentro bien.
  나 컨디션이 좋지 않아.
- No me siento bien.
  느낌이 좋지 않아.
- Estoy cansado. 피곤해.
- Estoy mareado. 어지러워.
- Estoy enfermo. 아파.
- Estoy resfriado. 감기 걸렸어.

• 새로운 어휘

garganta	f. 목구멍
muela	f. 어금니
pie	m. 발
paso	m. 걸음, ~보
hacer daño	다치게 하다
estar de pie	서 있다
un montón	엄청
cómodo	편안한
picante	매운
tobillo	m. 발목

###

hacer daño a ~는 '~에게 다치게 하다, 상처 입히다'라는 뜻이에요. 영어의 hurt입니다. 예문으로 몇 개의 문장을 만들어 볼까요?

La comida picante **me hace daño** al estómago. 매운 음식은 위를 나쁘게 해.
Me hace daño en el tobillo. 발목이 아프게 해.

Lección 27
Parecer ~인 것 같다, ~를 닮다

parecer는 1인칭이 parezco로 변하는 불규칙 동사입니다. 재귀동사인 parecerse가 되면 '~을 닮다'는 뜻이 됩니다. me,te,le와 같은 간접목적어와 같이 오면 '~처럼 보이다, ~인 것 같다'등의 의미로도 쓰이죠. 주로 의견이나 생각을 말할 때 많이 쓰인답니다.

parecerse(~를 닮다) 동사 변화

yo 나	me parezco
tú 너	te pareces
él, ella, usted 그, 그녀, 당신	se parece
nosotros 우리	nos parecemos
vosotros 너희	os parecéis
ellos, ellas, ustedes 그들, 그녀들, 당신들	se parecen

parecerle(~처럼 보이다, ~인 것 같다) 동사 변화

A mí	me 나에게	
A ti	te 너에게	
A él/ella/usted	le 그, 그녀, 당신에게	parece
A nosotros	nos 우리에게	parecen
A vosotros	os 너희에게	
A ellos/ellas/ustedes	les 그들, 그녀들, 당신들에게	

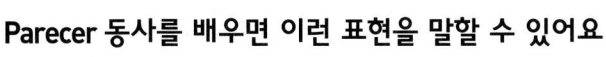

Parecer 동사를 배우면 이런 표현을 말할 수 있어요!

1	나에겐 너는 ~해 보여	(A mí) me pareces + 형용사
2	나에겐 ~하게 보여, ~한 것 같아	Me parece/n + 형용사
3	~한 사람인 것 같아 보여	Parece una persona + 형용사
4	나는 ~를 닮았어	Me parezco a ~
5	(내 생각엔) ~한 것 같아	(Me) parece que ~
6	~하는 것은 내 생각엔 ~해보여	Me parece ~ que ~

간접목적어를 취하는 특수동사패턴

(A mí) me pareces + 형용사   나에겐 너는 ~해 보여

상대방의 외모나 성격 등에 대한 나의 의견을 이야기 할 때 쓸 수 있는 회화 패턴입니다. '나에게 넌 (어때) 보여'라는 의미랍니다. 이 패턴에 bonita(아름다운), guapa(예쁜), cariñosa(다정한)등의 단어를 집어 넣어 연습해 보세요.

PASO 1   회화 패턴 연습

나한테는 넌 아주 잘생겼어.
A mí me pareces muy guapo.
나한테는 넌 아주 매력적이야.
A mí me pareces muy atractivo.
나한테는 넌 공주 같아.
A mí me pareces una princesa.
나한테는 넌 천사 같아.
A mí me pareces un ángel.

• TIP

중성 지시 대명사에 대해 학습해 봅시다. 스페인어 지시 대명사에는 중성이 있어요. 바로 이것(esto), 그것(eso), 저것(aquello)입니다. 특정 사물이 아닌 뭔가를 가리킬 때 쓸 수 있겠죠.
- Eso es lo que yo pienso.
  그게 내가 생각하는 거야.
- Esto es mi regalo.
  이게 내 선물이야.
- ¿Qué es aquello? 저건 뭐야?

PASO 2   리얼 회화 연습

 국제 결혼에 대해 얘기를 나누면서 친구를 치켜세워 주는 장면이네요.

A: ¿Tú has pensado en el matrimonio internacional alguna vez?
B: ¿Tú crees que a los chicos extranjeros les gustaría yo?
A: 넌 나한테는 아주 예뻐.
B: No me halagues.

A: 넌 국제결혼에 대해 생각해 본 적 있어?
B: 넌 외국남자들이 날 좋아할 거라고 생각해?
A: **A mí me pareces muy guapa.**
B: 비행기 태우지 마.

• 새로운 어휘

atractivo/a   매력적인
princesa   f. 공주
ángel   m. 천사
matrimonio internacional
                  국제결혼
extranjero/a   외국의
halagar   아부하다
divorcio   m. 이혼
cirugía plástica f. 성형수술

¿Has pensado ~ alguna vez?는 '~에 대해 생각해 본 적 있어?'라는 의미의 표현이죠. convivencia de pareja(커플 동거), emigración(이민) 등을 넣어 연습해 볼까요?

¿Tú has pensado en el divorcio alguna vez? 넌 이혼에 대해 생각해 본 적 있어?
¿Tú has pensado en la cirugía plástica alguna vez? 넌 성형수술에 대해 생각해 본 적 있어?

PASO 3   도전! 회화 연습

내가 보기엔 넌 아주 똑똑해.

138

Me parece/n + 형용사 나에겐 ~하게 보여, ~한 것 같아

Me parece/n ~ 다음에 형용사 또는 부사가 오게 되면 '~가 ~하게 보여, ~인 것 같아'의 의미가 됩니다. 형용사도 명사의 성과 수에 일치해야 해요. 물건 등을 살 때 그것에 대한 의견을 얘기할 때 많이 쓰여요.

PASO 1 회화 패턴 연습

이 원피스는 아주 예쁜 것 같아.
Este vestido me parece muy bonito.

이 치마 조금 큰 것 같아.
Esta falda me parece un poco grande.

이 모자 아주 이상해 보여.
Este sombrero me parece muy raro.

이 재킷은 조금 촌스러워 보여.
Esta chaqueta me parece un poco cursi.

PASO 2 리얼 회화 연습

 두 친구의 옷에 대한 취향이 서로 다릅니다.

A: 이 바지는 진짜 세련되게 보여.
B: Pues a mí me parecen demasiado llamativos.
A: Últimamente están de moda los pantalones de cuadros.
B: Pues no es mi gusto.

A: Estos pantalones me parecen supermodernos.
B: 음 난 지나치게 화려한 것 같아.
A: 최근에는 체크무늬 바지가 유행이야.
B: 음 내 취향은 아니야.

PASO 3 도전! 회화 연습

이 바지는 조금 비싼 것 같아. _____ (caro)

• **TIP**

지시 형용사 '이, 그, 저'를 공부해 볼까요? 지시 형용사는 사람을 가리킬 때나 물건을 살 때 가장 많이 쓰여요.
este/ese/aquel jersey
이/그/저 스웨터
esta/esa/aquella camiseta
이/그/저 셔츠
estos/esos/aquellos zapatos
이/그/저 구두
estas/esas/aquellas sandalias
이/그/저 샌들

• **새로운 어휘**

supermoderno/a 완전 모던한
llamativo/a 눈에 띄는
últimamente 최근에
moda f. 유행, 패션
de cuadros 체크무늬의
gusto m. 취향
ajustado 꽉 낀, 꽉 조인
pana f. 코르덴

estar de moda는 '유행이다'는 뜻이에요. '유행이 지났다고 표현하고 싶다면 estar pasada de moda를 사용하면 돼요.
Los vaqueros ajustados están muy de moda.
꽉 낀 청바지가 아주 유행이야.
Los pantalones de pana están pasados de moda.
코르덴 바지는 유행이 지났어.

Parece una persona + 형용사 ~한 사람인 것 같아 보여

다른 사람에 대한 생각을 얘기할 때는 Parece una persona ~라는 표현을 써 볼까요? '~한 사람인 것 같아, ~한 사람 같아 보여'라는 뜻이 된답니다. 물론, una persona 대신에 un chico(남자), una chica(여자)처럼 바꿔 써도 되겠죠?

PASO 1 회화 패턴 연습

아주 지루한 사람 같아 보여.
Parece una persona muy aburrida.

다소 진지한 사람 같아 보여.
Parece una persona un poco seria.

꽤 친절한 사람 같아 보여.
Parece una persona bastante simpática.

조금 소심한 사람 같아 보여.
Parece una persona un poco tímida.

PASO 2 리얼 회화 연습

 클래스에 새로 온 이탈리아 친구에 대해 이야기 하고 있어요.

A: ¿Te gusta la chica italiana de nuestra clase?
B: Sí, 아주 유쾌한 사람인 것 같아. Se parece a Madonna.
A: Sí, ¿verdad? Y parece bastante maja.
B: Y también parece muy joven. No aparenta su edad.

A: 우리 수업에 있는 이탈리아 여자 맘에 들어?
B: 응, parece una persona muy agradable. 마돈나를 닮았어.
A: 그래, 그렇지? 꽤 매력적으로 보여.
B: 그리고 또 아주 젊어 보여. 그 나이로 보이지 않아.

PASO 3 도전! 회화 연습

아주 사교적인 사람 같아 보여.

• TIP

강세가 있고 없음에 따라 의미가 달라지는 동음이의어에 대해 배워 봅시다.
• él 그 남자 : Él ha ido a Valencia. 그는 발렌시아에 갔어.
▫ el 남성 정관사 : El libro está en la mesa. 책이 탁자에 있어.
• té 마시는 차 : Quiero tomar un té. 차를 마시고 싶어
▫ te 목적격 대명사 : Te quiero mucho. 널 많이 사랑해.
• tú 너 : Tú eres muy guapo. 넌 아주 잘 생겼어.
▫ tu 너의 : Tu vestido es muy elegante. 네 원피스 아주 우아해.

• 새로운 어휘

persona f. 사람
aparentar (어떤) 나이로 보이다
majo/a 매력적인
edad f. 나이

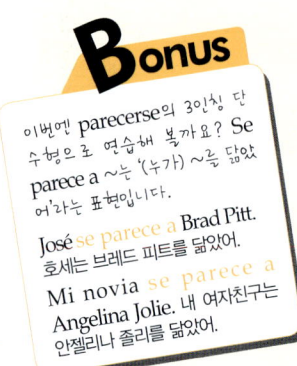

이번엔 parecerse의 3인칭 단수형으로 연습해 볼까요? Se parece a ~는 '(누가) ~을 닮았어'라는 표현입니다.
José se parece a Brad Pitt. 호세는 브레드 피트를 닮았어.
Mi novia se parece a Angelina Jolie. 내 여자친구는 안젤리나 졸리를 닮았어.

Me parezco a ~ 난 ~를 닮았어

parecer는 대명사가 붙고 안 붙고에 따라서 쓰임새가 아주 다른 동사예요. 이번엔 재귀대명사를 붙이면 어떤 의미가 될까요? parecer에 재귀 대명사 se가 붙으면 '(누구)를 닮다'는 뜻이 됩니다. 비교의 대상이 있는 경우에는 전치사 a를 붙이면 돼요.

PASO 1 회화 패턴 연습

난 외모가 아빠를 많이 닮았어.
Yo me parezco mucho a mi padre físicamente.
난 성격이 엄마를 꽤 닮았어.
Yo me parezco bastante a mi madre de carácter.
난 브레드 피트를 꽤 닮았어.
Yo me parezco bastante a Brad Pitt.
난 아빠를 하나도 닮지 않았어.
No me parezco nada a mi padre.

• TIP
'부전자전'에 해당하는 속담 하나를 배워 볼까요?
De tal palo, tal astilla. 그 아버지에 그 아들

de	~로 부터
tal	그런
palo	목재, 막대기
astilla	(나무의) 부스러기

• 새로운 어휘
físicamente	외모적으로
carácter	m. 성격
gota	f. 방울
igual	똑 같은
parecido	비슷한

PASO 2 리얼 회화 연습

 가족끼리 서로 닮았냐고 묻고 있어요.

A: ¿Te pareces mucho a tu padre?
B: Sí, 아빠를 꽤 닮았어.
A: ¿Y a tu hermana?
B: Somos como dos gotas de agua.

A: 넌 네 아빠를 많이 닮았니?
B: 응, me parezco bastante a mi padre.
A: 그리고 네 여동생하고 닮았어?
B: 우리는 똑같이 생겼어.

PASO 3 도전! 회화 연습

난 내 동생을 많이 닮았어. _____

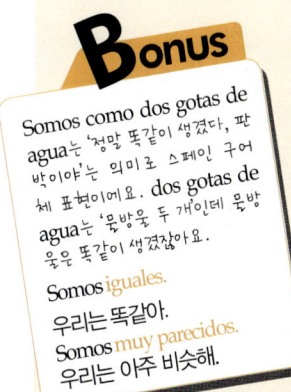

Somos como dos gotas de agua는 '정말 똑같이 생겼다, 판박이야'는 의미로 스페인 구어체 표현이에요. dos gotas de agua는 '물방울 두 개'인데 물방울은 똑같이 생겼잖아요.
Somos iguales.
우리는 똑같아.
Somos muy parecidos.
우리는 아주 비슷해.

(Me) parece que ~ (내 생각엔) ~한 것 같아

parecer(~인 것 같다)의 3인칭 단수형인 parece 뒤에 que 절이 오게 되면 '(~생각엔) ~한 것 같아'라는 뜻이 된답니다. 앞에는 간접 목적어 me가 올 수 있지만 생략도 가능해요. 자신의 생각 또는 의견을 표현할 때 사용할 수 있어요.

PASO 1 회화 패턴 연습

파블로는 다소 이기적인 것 같아.
Me parece que Pablo es un poco egoísta.

그 빨강 원피스 정말 우아한 것 같아.
Me parece que el vestido rojo es muy elegante.

그녀가 대학생인 것 같아.
Me parece que ella estudia en la universidad.

아주 멀지는 않은 것 같아.
Me parece que no está muy lejos.

• TIP
스페인어에도 동사와 전치사가 합쳐진 동사구들이 있어요. 다음과 같은 동사구들은 암기해야 합니다.
acordarse de ~에 대해 기억하다
enamorarse de ~에게 반하다
ocuparse de ~를 떠맡다
alegrarse de ~에 대해 기뻐하다
encargarse de ~에 대해 책임지다
confiar en ~를 믿다
pensar en ~에 대해 생각하다
fijarse en ~에 대해 주목하다
pasar por ~을 들르다
salir con ~와 데이트하다

PASO 2 리얼 회화 연습

 덤벙대는 친구가 우산을 놓고 갈 뻔 하네요.

A: 비 올 것 같아. Ya me voy.
B: Yo también me voy.
A: No te olvides del paraguas.
B: Ah, ¡qué despistada soy yo!

A: **Me parece que va a llover.** 이제 나 가야겠어.
B: 나도 갈래.
A: 우산 잊지 마.
B: 아이고! 난 너무 덤벙대!

• 새로운 어휘
elegante — 우아한
lejos — 먼
egoísta — 이기적인
ya — 이제
olvidarse de — ~을 잊다
paraguas — m. 우산
despistado/a — 덤벙대는

también은 '~도 역시'라는 뜻이고요. Yo también은 상대가 무슨 말을 했을 때 똑같이 긍정으로 동조할 때 쓰는 회화 패턴이죠. 부정으로 동조할 때는, 즉 '나도 ~하지 않아'라고 말하고 싶다면 Yo tampoco.라고 말하면 되겠죠?
Yo también vivo en Chile.
나도 칠레에 살아.

PASO 3 도전! 회화 연습

당신이 실수하신 것 같아요. _____ (equivocado)

Me parece ~ que ~
~하는 것은 내 생각엔 ~해 보여

Me parece ~는 '내 생각엔 ~해 보여, ~인 것 같아'라는 뜻이에요. 여기에 que절을 덧붙이면 '~하는 게 ~해 보여'의 의미가 됩니다. 단 que절에는 접속법 시제가 와야 한다는 점, 꼭 기억하세요. 어떤 사건, 사실에 관해 나의 의견을 표현할 때 주로 쓰인답니다.

PASO 1 회화 패턴 연습

네가 그렇게 말하다니 부당하다고 생각해.
Me parece injusto que digas eso.

네가 그렇게 행동했다니 끔찍해 보여.
Me parece horrible que te hayas portado así.

네가 받아들였다니 멋져 보여.
Me parece estupendo que hayas aceptado.

네가 크리스마스에 결혼하는 거 멋져 보여.
Me parece fantástico que te cases el día de Navidad.

PASO 2 리얼 회화 연습

 같이 사는 룸메이트가 집안일을 전혀 도와주지 않는다고 불평합니다.

A: **Mi compañera de piso no hace nada. Nunca ayuda a limpiar. Al final, yo tengo que hacerlo todo.**
B: 그녀가 아무것도 안 하는 건 불공평해 보여.
A: **Tengo que hablar con ella.**
B: **Sí, ella no tiene derecho.**

A: 내 룸메이트는 아무것도 하지 않아. 절대 청소하는 걸 도와주지 않아. 결국, 내가 다 해야 해.
B: **Me parece injusto que no haga nada.**
A: 그녀와 얘기해야겠어.
B: 그래, 그녀는 그럴 권한이 없어.

PASO 3 도전! 회화 연습

네가 심리학자라는 게 거짓말 같아 보여. _____

• TIP

부정적 의미를 만드는 접두어를 배워 봅시다. des, in, im, ir가 바로 부정 접두어입니다.
desorganizado 조직적이지 않은
deshonesto 정직하지 않은
imprudente 신중하지 못한
impaciente 인내심이 없는
inconsciente 무의식의
incompetente 무능한
irresponsable 책임감이 없는

• 새로운 어휘

injusto/a 부당한
horrible 끔찍한
portarse 행동하다
así 이렇게, 그렇게
estupendo/a 멋진
fantástico/a 환상적인
al final 마침내, 결국
derecho m. 권리
insultar 모욕하다
rechazar 거절하다

Bonus

No tiene derecho.는 '권한, 권리가 없어'라는 뜻이에요. tener derecho a ~는 '~할 권리, 권한이 있다'라는 의미가 돼요.
No tiene derecho a insultarme.
나를 모욕할 권한이 없어.
No tiene derecho a rechazarme.
나를 거절할 권한이 없어.

간접목적어를 취하는 특수동사패턴

Lección 28
Importar 중요하다

importar는 '중요하다, 상관있다'는 뜻으로 영어의 matter, import, care 등에 해당돼요. gustar 동사와 같은 공식을 갖고 있죠. 간접목적어를 동반해서 3인칭 동사를 써야 합니다. importar 동사를 사용해서 질문하면 아주 예의 바르고 공손한 표현이 된답니다. 평소에 '~하는 건 상관없어'라는 말을 할 때도 바로 이 동사를 써야 하죠. 아주 유용한 동사이니 이번 기회에 완벽하게 학습해 놓으면 좋겠죠? 그럼, 한 번 시작해 볼까요?

importar 동사 변화

A mí	me 나에게	
A ti	te 너에게	
A él/ella/usted	le 그, 그녀, 당신에게	importa
A nosotros	nos 우리에게	importan
A vosotros	os 너희에게	
A ellos/ellas/ustedes	les 그들, 그녀들, 당신들에게	

Importar 동사를 배우면 이런 표현을 말할 수 있어요!

1	너는 ~해 줄 수 있어?, ~하는 게 괜찮아?	¿Te importa ~?
2	내가 ~해도 괜찮겠어요?	¿Te importa si (yo)~?
3	나는 ~가 ~하는 거 상관없어, 중요하지 않아	No me importa que ~
4	나에게 중요한 것은, 내가 상관하는 것은~	Lo que (me) importa es ~
5	~해 주시겠어요?, ~하는 게 괜찮으시겠어요?	¿Le importaría ~?

간접목적어를 취하는 특수동사패턴

¿Te importa~ 너는 ~해 줄 수 있어?, ~하는 게 괜찮아?

importar는 '상관 있다, 중요하다'는 뜻의 동사로 간접목적어와 항상 함께 쓰여요. ¿Te importa ~? 다음에 동사원형이 와서 '~하는 게 괜찮아?'라는 의미가 되는 거죠. 스페인에서 가장 정중하게 예의 바르게 말하고 싶을 때는 이 동사를 써 보세요.

PASO 1 회화 패턴 연습

사진 한 장 좀 찍어 줄래요?
¿Te importa sacarme una foto?

물 한 잔 좀 갖다 줄래요?
¿Te importa traerme un vaso de agua?

다시 한 번만 말해 줄래요?
¿Te importa decírmelo otra vez?

제 책들 좀 보관해 줄 수 있어요?
¿Te importa guardarme los libros?

• TIP

'티끌 모아 태산'이라는 스페인 속담을 배워 볼까요?
Muchos pocos hacen un mucho. 직역하면 '적은 게 많이 모이면 많은 게 된다'입니다.

mucho 많은
poco 적은
hacer 만들다

• 새로운 어휘

otra vez 다시 한 번
pañuelo m. 스카프, 손수건
pasar por 들르다
razón f. 이유

PASO 2 리얼 회화 연습

 친구의 스카프를 빌려줄 수 있냐고 부탁하는군요.

A: Resulta que mi hermana se casa este domingo.
B: ¿Ah, sí?
A: Y quería pedirte un favor... 그 예쁜 파란 스카프 좀 빌려줄 수 있을까?
B: Claro que te lo dejo. Pasa por mi casa esta tarde...

A: 이번 주 일요일에 내 여동생이 결혼하게 됐어.
B: 아, 그래?
A: 그래서 부탁을 하나 하려고 했어... ¿Te importa prestarme ese pañuelo azul tan bonito?
B: 물론 빌려주지. 오늘 오후에 우리 집에 들려.

resultar(결과적으로 ~가 되다) 동사 다음에 que절이 와서 '(결과적으로) ~하게 됐어'라는 뜻이 돼요. 스페인 사람들이 많이 쓰는 회화적 표현 중의 하나예요. Resulta que ~라고 말을 시작해 보세요.

Resulta que no vamos a ir.
우리가 못 가게 됐어.
Resulta que tú tenías razón.
결과적으로 네 말이 맞았어.

PASO 3 도전! 회화 연습

전화 잠시만 빌려줄 수 있겠니? _____ (dejar)

214   Capítulo 3

¿Te importa si (yo)~ 내가 ~해도 괜찮겠어요?

importar(중요하다)동사의 3인칭 단수형인 importa 앞에 간접목적어를 쓰고 si절이 오게 되면 '내가~해도 괜찮겠어요?'라는 정중한 표현이 되죠. Te importa 다음에 que절이 와도 같은 의미를 전달할 수 있어요.

PASO 1 회화 패턴 연습

제가 전화를 사용해도 괜찮겠어요?
¿Te importa si uso el teléfono?

제가 잠시 나가도 괜찮겠어요?
¿Te importa si salgo un rato?

여기 앉아도 괜찮겠어요?
¿Te importa si me siento aquí?

마지막 껌은 제가 먹어도 괜찮겠어요?
¿Te importa si me como el último chicle?

• TIP

¿Te importa~?라는 질문은 아주 정중한 질문이므로 대답 역시 상대가 무색하지 않도록 허락함을 표현해야 해요. 수락할 때는 '긍정의 의미로, No라고 대답해야겠죠? 그래야만 '상관없다'는 의미가 됩니다.

- ¿Te importa si pongo música?
  내가 음악 틀어도 상관없어?
- No, no. En absoluto.
  응, 전혀 상관 없어.
- No, que va.
  응, 전혀 상관 없어.
- Es que estoy estudiando ahora.
  지금 공부하고 있잖아.
  (변명, 거절)

• 새로운 어휘

usar   사용하다
chicle   m. 껌

PASO 2 리얼 회화 연습

 친구가 더워서 창문을 열어도 되는지 물어봅니다.

A: ¡Qué calor! ¿No tienes calor?
B: No, no... Estoy bien.
A: 내가 창문 열어도 괜찮어?
   Es que, de verdad, tengo mucho calor.
B: Ábrela, ábrela.

A: 완전 덥다! 넌 덥지 않아?
B: 아니, 아니... 괜찮아.
A: ¿Te importa si abro la ventana? 나 진짜 덥거든.
B: 열어, 열어.

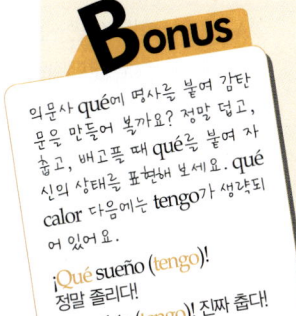

의문사 qué에 명사를 붙여 감탄문을 만들어 볼까요? 정말 덥고, 춥고, 배고플 때 qué를 붙여 자신의 상태를 표현해 보세요. qué calor 다음에는 tengo가 생략되어 있어요.

¡Qué sueño (tengo)!
정말 졸리다!
¡Qué frío (tengo)! 진짜 춥다!

PASO 3 도전! 회화 연습

제가 에어컨 꺼도 괜찮겠어요? _____ (apagar)

No me importa que ~
나는 ~가 ~하는 거 상관없어, 중요하지 않아

No me importa는 '~가 상관 없어, 중요하지 않아'라는 뜻이에요. que절이 와서 '(누가) ~하는 것은 상관없어'라는 의미가 되는 거죠. 영어의 I don't mind if~과 동일한 표현입니다.

PASO 1   회화 패턴 연습

네 가족이 와도 상관없어.
No me importa que venga tu familia.

네가 조금 늦게 와도 상관없어.
No me importa que llegues un poco tarde.

비가 와도 상관없어.
No me importa que llueva.

네가 나에게 거절해도 상관없어.
No me importa que me digas que no.

• **TIP**

'전혀 상관 없다'는 구어적 표현을 몇 개 더 알아 볼까요?

- No me importa un pimiento.
- No me importa un bledo.
- No me importa un comino.
- No me importa un pito.

bledo   *m.* 하찮은 것
comino   *m.* 양념의 한 종류
pito   *m.* 호루라기

PASO 2   리얼 회화 연습

 이상형에 대해 얘기 하고 있어요.

A: ¿Cuál es tu pareja ideal?
B: Mi pareja ideal es una persona romántica, cariñosa y divertida.
A: ¿No te importa la edad?
B: No, 나보다 나이 많은 것은 상관없어.

A: 네 이상형은 어떤 사람이야?
B: 내 이상형은 로맨틱하고, 다정하고 재미있는 사람이야.
A: 나이는 상관없어?
B: 응, no me importa que sea mayor que yo.

• **새로운 어휘**

pareja ideal   *f.* 이상형
romántico/a   로맨틱한
cariñoso/a   다정한
edad   *f.* 나이
altura   *f.* 키
carácter   *m.* 성격

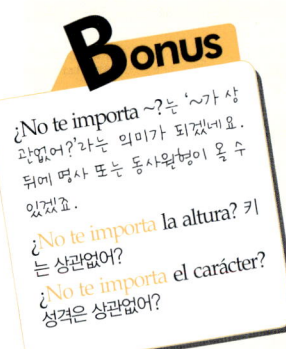

¿No te importa ~?는 '~가 상관없어?'라는 의미가 되겠네요. 뒤에 명사 또는 동사원형이 올 수 있겠죠.
¿No te importa la altura? 키는 상관없어?
¿No te importa el carácter? 성격은 상관없어?

PASO 3   도전! 회화 연습

네가 나에게 전화 안 해도 상관없어. _____ (llamar)

Lo que (me) importa es ~

나에게 중요한 것은, 내가 상관하는 것은~

이번엔 스페인어에서 툭하면 나오는 Lo que~구문을 함께 써 볼까요? Lo que me importa es ~는 '나에게 중요한 것은'이라는 뜻이 됩니다. 물론 뒤에 명사뿐만 아니라 que절도 나올 수 있어요.

PASO 1 회화 패턴 연습

나에게 중요한 것은 네 의견이야.
Lo que me importa es tu opinión.

나에게 중요한 것은 나이야.
Lo que me importa es la edad.

나에게 중요한 것은 성격이야.
Lo que me importa es el carácter.

나에게 중요한 것은 품질이야.
Lo que me importa es la calidad.

PASO 2 리얼 회화 연습

 아파트를 구하고 있는 친구에게 이모의 아파트를 소개시켜 주려고 합니다.

A: **¿Conoces algún piso? Busco un piso.**
B: **Sí, conozco uno. Mi tía tiene un piso.
¿Te importa que esté un poco lejos de aquí?**
A: **No,** 나에게 중요한 건 가격이야.
B: **Creo que no es muy caro.**

A: 어떤 아파트를 알고 있니? 아파트를 찾고 있어.
B: 응, 하나 알아. 우리 이모가 아파트가 있어. 여기서 조금 멀어도 돼?
A: 응, **lo que me importa es el precio.**
B: 내 생각엔 많이 비싸지 않은 것 같아.

PASO 3 도전! 회화 연습

나에게 중요한 것은 월급이야. _____ (sueldo)

• TIP

가족의 어휘를 좀 더 공부해 볼까요?

tío	m. 삼촌, 이모부
tía	f. 숙모, 이모
primo	m. 사촌형제
prima	f. 사촌자매
sobrino	m. 남자 조카
sobrina	f. 여자 조카
nieto	m. 손자
nieta	f. 손녀
cuñado	m. 처남, 매제
cuñada	f. 시누이, 올케
suegro	m. 시아버지, 장인
suegra	f. 시어머니, 장모

• 새로운 어휘

opinión	f. 의견
calidad	f. 품질
precio	m. 가격
lejos	멀리
caro	비싼

Bonus

¿Te importa ~다음에 que절도 나올 수 있답니다. 차이점은 que절 다음에는 접속법 동사가 와야 한다는 거예요. '~하는 게 상관 있어?, ~하는 게 중요해?, 괜찮아?'라는 뜻이 되죠.

¿Te importa que tu novio se olvide de tu cumpleaños? 네 남자친구가 네 생일을 잊어버려도 괜찮니?

¿Le importaría ~?

~해 주시겠어요?, ~하는 게 괜찮으시겠어요?

importar의 단순조건시제인 importaría를 사용하게 되면 가장 정중하고 예의 바르게 부탁을 할 수 있어요. 주로 낯선 사람에게 부탁하거나 친구에게 아주 정중하면서도 어려운 부탁을 할 경우에 사용할 수 있는 적절한 회화패턴이에요.

PASO 1 회화 패턴 연습

음악 조금만 더 줄여 주시겠어요?
¿Le importaría bajar la música un poco más?

담배 좀 꺼 주실 수 있으신가요?
¿Le importaría apagar el cigarrillo?

잠시 나가 주실 수 있으신가요?
¿Le importaría salir un momento, por favor?

30분만 더 기다려 줄 수 있으신가요?
¿Le importaría esperar media hora más, por favor?

• TIP

스페인어로 화장실을 표현하는 말은 여러 가지가 있어요.
baño   m. 화장실
servicio   m. 화장실
lavabo   m. 세면대
aseo   m. 화장실

- Voy al baño.
  나 화장실 가.
- Voy al lavabo.
  나 화장실 가.
- Profe, necesito ir al lavabo.
  선생님, 저 화장실 가야 해요.
- ¿El servicio, por favor?
  화장실은요? (포멀함)

PASO 2 리얼 회화 연습

 화장실에 가느라 짐을 잠시 봐 달라고 부탁합니다.

A: Perdone... 제 가방 좀 지켜주실 수 있으신가요?
   Es que tengo que ir un momento al lavabo.
B: Claro, vaya tranquila. No se preocupe.
A: Muchísimas gracias.
B: Nada, tranquila.

A: 실례합니다만... ¿Le importaría vigilar mi equipaje?
   제가 잠깐 화장실에 가야 해서요.
B: 물론이죠, 편히 갔다 오세요. 걱정 마시고요.
A: 정말 감사합니다.
B: 아니에요, 안심하세요.

• 새로운 어휘

apagar   끄다
un momento   잠깐
vigilar   감시하다
equipaje   m. 수하물
lavabo   m. 세면대, 화장실

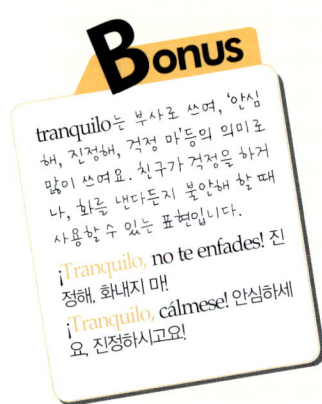

tranquilo는 부사로 쓰여, '안심해, 진정해, 걱정 마'등의 의미로 많이 쓰여요. 친구가 걱정을 하거나, 화를 낸다든지 불안해 할 때 사용할 수 있는 표현입니다.

¡Tranquilo, no te enfades! 진정해, 화내지 마!
¡Tranquilo, cálmese! 안심하세요, 진정하시고요!

PASO 3 도전! 회화 연습

좀 작게 말씀해 주실 수 있으신가요? _____ (bajo)

CAPÍTULO 4

의문사를 활용한 회화패턴

lección 29 - Qué 무엇

qué는 '무엇'을 뜻하는 의문사로 스페인어에서 가장 자주 사용되는 의문사 중 하나죠. 영어의 what 또는 which에 해당됩니다. 뒤에 동사가 바로 올 수도 있고 명사도 올 수 있어요.(cuál은 뒤에 명사를 취할 수 없어요) 의문사 앞에 a, con, para, de 등의 전치사들도 놓일 수 있어요. 따라서 만들 수 있는 회화 패턴 또한 정말 다양하네요. 그럼, 지금부터 하나씩 차근차근 중요한 표현들을 익혀 볼까요?

CHECK 의문사 Qué를 배우면 이런 표현을 말할 수 있어요!

1	무엇을 ~하니?	¿Qué + 동사 + 주어 ~?
2	~는 어때?, ~는 어땠어?, 잘 돼가?	¿Qué tal ~?
3	어떤, 무슨 ~를 갖고 있니?	¿Qué + 명사 + tienes?
4	너는 뭐 ~ 할 거야?	¿Qué vas a ~?
5	어떤 종류의 ~를 하니?	¿Qué tipo de ~?
6	몇 시에 ~가 있어?, ~는 몇 시야?	¿A qué hora es ~?
7	몇 시에 ~하니?	¿A qué hora + 동사 + 주어?
8	~는 무슨 색깔이야?	¿De qué color ~?
9	~는 뭐로 되어 있어?	¿De qué es/son ~?
10	무엇에 관해 ~해?	¿De qué ~?
11	얼마나 자주 ~를 하니?	¿Con qué frecuencia ~?
12	뭘 위해, 뭐 하려고 ~하니?	¿Para qué ~?
13	완전, 정말 ~해!	¡Qué + 형용사, 부사!
14	정말 ~한 ~야! ~가 정말 ~하구나!	¡Qué + 명사 + tan + 형용사!

의문사를 활용한 회화패턴

148

¿Qué + 동사 + 주어~ ? 무엇을 ~하니?

의문사 qué는 '무엇'을 의미하는 의문사로 뒤에 동사가 오면 '뭐 ~하니?'의 의미가 돼요. ¿Qué haces?는 '지금 뭐 하니?'라는 뜻이 돼요. 또는 직업을 묻는 표현으로 '직업이 뭐니?'라는 의미가 되기도 해요.

PASO 1   회화 패턴 연습

무엇을 요리하니?
¿Qué cocinas?

무엇을 사니?
¿Qué compras?

무엇을 공부하니?
¿Qué estudias?

무엇을 원하니?
¿Qué quieres?

• TIP

probar와 probarse동사에 대해 공부해 봅시다.
probar는 '~시험해 보다, ~먹어 보다'는 뜻이고요.
재귀동사 probarse는 '~을 입어보다'는 뜻이랍니다.

• ¿Por qué no pruebas la sopa?
수프를 먹어보지 않을래?

• ¿Por qué no te pruebas el vestido?
원피스를 입어보지 않을래?

• Por probar no se pierda nada.
"시험해 본다고 잃는 건 없어"

PASO 2   리얼 회화 연습

 엄마가 맛있는 크로켓을 요리하고 있어요.

A: Mamá, ¿뭐 요리하세요?? Huele muy bien.
B: Estoy haciendo unas croquetas.
A: ¡Qué bien! Es mi comida favorita.
B: Ya está lista. ¿Quieres probar?

A: 엄마, ¿qué cocinas? 아주 좋은 냄새가 나요.
B: 크로켓 만들고 있어.
A: 잘 됐다! 제가 제일 좋아하는 음식이에요.
B: 이제 다 준비됐어. 먹어볼래?

• 새로운 어휘

oler	냄새가 나다
croqueta	f. 크로켓
listo/a	준비된
probar	먹어보다

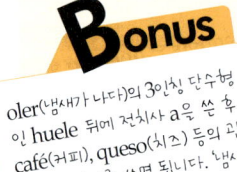

oler(냄새가 나다)의 3인칭 단수형인 huele 뒤에 전치사 a을 쓴 후 café(커피), queso(치즈) 등의 관사 없는 명사를 쓰면 됩니다. 냄새가 좋다, 나쁘다라고 표현하고 싶다면, Huele muy bien.(아주 좋은 냄새가 나), Huele fatal.(냄새가 완전 나빠)라고 말하면 되겠죠.
Huele a tabaco. 담배 냄새 나.

PASO 3   도전! 회화 연습

무엇을 보니? _____ (ver)

¿Qué tal ~? ~는 어때?, ~는 어땠어?, 잘 돼가?

의문사 qué에 tal이 붙어 ¿qué tal?이 되면 '~가 어때?'라는 뜻이 됩니다. 평소에 안부를 물을 때 스페인에서 가장 많이 쓰이는 표현이죠. qué tal 다음에 여러 명사를 붙여서 상태나 안부 등을 물어 보세요.

PASO 1 회화 패턴 연습

그 산책은 어땠어요?
¿Qué tal ese paseo?

그 여행은 어땠어요?
¿Qué tal ese viaje?

음식은 어땠어요?
¿Qué tal la comida?

저녁식사는 어땠어요?
¿Qué tal la cena?

• TIP

solo는 여러 가지 의미를 갖고 있어요.

① 혼자의, 외로운
- Me siento muy sola.
  난 아주 외로워.

② 싱글의
- No tengo novio, ahora estoy sola.
  난 남자친구가 없어, 지금 싱글이야.

③ 단지
- Solo tengo ese problema.
  난 단지 그 문제만 있어.

• 새로운 어휘

paseo	m. 산책
genial	훌륭한
guía	f. 가이드 북
escritor/a	m.f. 작가
solo	단지
afición	f. 취미

PASO 2 리얼 회화 연습

 친구가 여행을 하고 난 뒤 여행 가이드 북을 쓰기로 했다고 말합니다.

A: 여행은 어땠어?
B: Genial. ¿Sabes qué? Estoy escribiendo una guía del viaje.
A: Ahora además de profesora eres escritora.
B: Solo es mi afición.

A: ¿Qué tal el viaje?
B: 완전 좋았어. 있잖아. 나 여행 가이드 북 쓰고 있어.
A: 지금은 선생님뿐만 아니라 작가도 되는구나.
B: 단지 취미일 뿐이야.

además de ~는 '~이외에도, ~뿐만 아니라'는 뜻입니다. 뒤에 명사뿐만 아니라 동사원형도 올 수 있죠.
Marga es inteligente, además de ser divertida.
마르가는 재미있을 뿐만 아니라 똑똑하기까지 해.

PASO 3 도전! 회화 연습

그 영화는 어땠어요? _____ (película)

¿Qué + 명사 + tienes?

어떤, 무슨 ~를 갖고 있니?

qué는 뒤에 명사를 취할 수 있어요. 뜻은 '무슨, 어떤 ~'가 되겠죠. tener 동사를 써서 ¿Qué + 명사 + tienes? 패턴을 연습해 봅시다. 다음 회화 패턴의 예문들은 평소 많이 쓰는 숙어적 표현이니 암기해 두면 유용합니다.

PASO 1 회화 패턴 연습

나이가 어떻게 돼요?
¿Qué edad tienes?

무슨 사이즈인가요?
¿Qué talla tienes?

키가 어떻게 돼요?
¿Qué altura tienes?

무슨 성을 갖고 있나요?
¿Qué apellido tienes?

• TIP

'말조심'을 강조하는 스페인 속담을 배워 봅시다.
Por la boca muere el pez.
"입으로 물고기가 죽는다"
En la boca cerrada no entran moscas.
"입을 다물면 파리가 들어가지 않는다"

boca	f. 입
morirse	죽다
pez	m. 물고기
cerrado/a	닫힌
entrar	들어가다
mosca	f. 파리

PASO 2 리얼 회화 연습

 스페인어를 배우는데 동사변화와 'r'발음이 가장 힘들다고 합니다.

A: 스페인어에 어떤 어려움을 갖고 있니?
B: Para mí, lo más difícil son los verbos.
A: ¿Qué cosas te cuestan más?
B: Me cuesta mucho pronunciar la erre.

• 새로운 어휘

talla	f. 사이즈
altura	f. 키
apellido	m. 성
dificultad	f. 어려움
verbo	m. 동사
costar	힘들다

A: ¿Qué dificultades tienes con el español?
B: 나에게 가장 어려운 것은 동사예요.
A: 어떤 것들이 가장 힘들어요?
B: 'r' 발음이 힘들어요.

Bonus

〈lo más + 형용사〉는 '가장 ~한 것'이라는 의미의 숙어적 표현입니다. 즉 lo 다음에 비교급의 취한형태죠. lo más difícil(가장 어려운 것), lo más fácil(가장 쉬운 것), lo más bonito(가장 예쁜 것) 등의 형태로 쓰일 수 있겠죠.
Lo más difícil es la audición. 가장 어려운 것은 청취예요.

PASO 3 도전! 회화 연습

미래에 어떤 계획을 갖고 있니? _____ **(plan, futuro)**

¿Qué vas a ~? 너 뭐 ~할 거야?

〈ir a + 동사원형〉과 의문사 qué가 합쳐진 형태입니다. 평소의 주말 계획 등을 물어볼 때 유용하게 쓰이는 패턴이니 이번 기회에 꼭 암기해 두세요. ¿Qué vas a ~?에 여러 동사를 넣어 연습해 볼까요?

PASO 1 회화 패턴 연습

너 이번 주말에 뭐 할 거야?
¿Qué vas a hacer este fin de semana?

너 시장에서 뭐 살 거야?
¿Qué vas a comprar en el mercado?

네 여동생에게 뭐 선물할 거야?
¿Qué vas a regalar a tu hermana?

너는 뭐를 원할 거야?(식당 등에서 주문 받을 때)
¿Qué vas a querer?

PASO 2 리얼 회화 연습

 안토니오 파티에 뭘 갖고 갈 건지 물어봅니다.

A: ¡Hola, Mamen! ¿Qué tal?
B: Bien, bien. Oye, ¿안토니오 파티에 뭐 가져 갈 거야?
A: No sé, supongo que una botella de vino o algo así. ¿Y tú?
B: Entonces, yo una tarta.

A: 안녕, 마멘! 잘 지냈어?
B: 잘 있었어. 저기, ¿qué vas a llevar a la fiesta de Antonio?
A: 모르겠어. 내 생각엔 와인 한 병이나 뭐 그런 거. 넌?
B: 그럼, 난 케이크.

PASO 3 도전! 회화 연습

너는 뭐 마실 거야? _____

• TIP

상대방의 주의를 환기시키거나 관심을 끌고자 할 때, 많이 쓰는 명령형이 있어요.
oye, oiga, mira, mire 등이 있어요.

- Oye, espera que te presento.
야, 기다려 봐, 내가 너한테 소개시켜 줄게.(tú)

- Oiga, ¡cóbreme, por favor!
여보세요, 돈 받으세요!(usted)

- Mira, allí viene. 이 봐, 저기 온다.(tú)

- Mire, le presento al señor López.
저기요, 로페스씨 소개 시켜 드릴게요.(usted)

• 새로운 어휘

regalar	선물하다
suponer	생각하다
botella	f. 병
tarta	f. 케이크

Bonus

o algo así는 '뭔가, 남짓'이라는 의미의 숙어적 표현이에요. 영어의 something like that과 동일한 표현이에요.
El vecino es músico **o algo así**. 이웃집 남자는 음악가인가 뭔가 그래.
La película dura una hora y media **o algo así**. 영화가 1시간 반 남짓 걸려.

¿Qué tipo de ~? 어떤 종류의 ~를 하니?

tipo는 '종류, 타입, 스타일'이라는 뜻이고요. ¿Qué tipo de ~다음에 명사가 오게 되면 '어떤 종류의 ~를 ~하니?'의 의미가 됩니다. 영어의 what type of ~와 동일한 회화패턴입니다. 여러 명사를 넣어 연습해 볼까요?

PASO 1 회화 패턴 연습

어떤 종류의 음악을 좋아하니?
¿Qué tipo de música te gusta?

어떤 종류의 스포츠를 연습하니?
¿Qué tipo de deporte practicas?

어떤 종류의 아파트를 찾고 있어?
¿Qué tipo de piso estás buscando?

어떤 종류의 영화를 보고 싶어?
¿Qué tipo de película quieres ver?

• TIP

'남의 떡이 더 커 보인다'는 속담을 배워 봅시다.
El pasto del vecino siempre parece más verde.
직역하면 '이웃 집 잔디가 더 푸르게 보인다"라는 뜻이네요.

pasto	m. 잔디
vecino	m. 이웃 사람
siempre	항상
verde	푸른

• 새로운 어휘

anuncio	m. 광고
semana	f. 주
alquiler	m. 임대

PASO 2 리얼 회화 연습

 자동차 렌트 회사에 전화를 걸어 렌트하고 싶다고 말합니다.

A: Autos Amigo. ¿Dígame?
B: Hola. Necesito un coche de alquiler.
A: 어떤 종류의 차를 원하세요? ¿Y para cuánto tiempo?
B: Quiero el más barato, para una semana.

A: 아미고 자동차입니다. 여보세요?
B: 안녕하세요. 렌터카가 필요해요.
A: **¿Qué tipo de coche quiere?** 그리고 얼마 동안이요?
B: 제일 싼 걸로 원해요. 1주일 쓸 거예요.

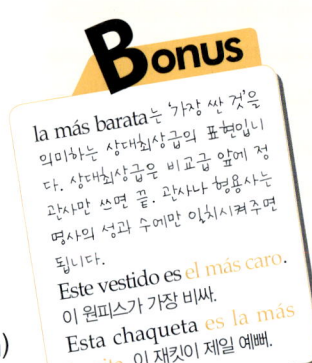

la más barata는 가장 싼 것을 의미하는 상대최상급의 표현입니다. 상대최상급은 비교급 앞에 정관사만 쓰면 끝. 관사나 형용사는 명사의 성과 수에만 일치시켜주면 됩니다.
Este vestido es el más caro. 이 원피스가 가장 비싸.
Esta chaqueta es la más bonita. 이 재킷이 제일 예뻐.

PASO 3 도전! 회화 연습

어떤 종류의 음식을 좋아하니? _____ (comida)

153

¿A qué hora es ~? 몇 시에 ~가 있어?, ~는 몇 시야?

¿Qué hora es?는 '몇 시야?'라는 시간을 묻는 표현이죠. 여기에 전치사 a(~에)만 붙여 쓰면 '몇 시에 ~가 있어?'라는 의미가 된답니다. 행사나 수업 등의 시간을 물을 때 쓰는 회화패턴입니다. 여기서 ser 동사는 '~가 열리다'의 의미로 쓰여요.

PASO 1   회화 패턴 연습

수학 수업은 몇 시야?
¿A qué hora es la clase de matemáticas?

결혼식은 몇 시야?
¿A qué hora es la boda?

장례식은 몇 시야?
¿A qué hora es el entierro?

파티는 몇 시야?
¿A qué hora es la fiesta?

• **TIP**

시간표현을 좀 더 살펴 볼까요?

A las ocho	8:00시에
ocho y cinco	8:05
ocho y cuarto	8:15
ocho y veinte	8:20
ocho y veinticinco	8:25
ocho y media	8:30
nueve menos cuarto	8:45
nueve menos diez	8:50
A las once de la mañana	11h
A las cinco de la tarde	17h
A las doce de la noche	24h

• **새로운 어휘**

baile	m. 춤
estudio	m. 스튜디오
número	m. 숫자
segundo/a	두 번째의
derecha	f. 오른쪽
aula	f. 교실
sala	f. 홀, ~실, 거실

PASO 2   리얼 회화 연습

 춤 수업의 시간과 장소를 묻고 있어요.

A: 로사의 춤 수업은 몇 시에 있어요?
B: Ha empezado ya, a las cinco.
A: ¿En qué estudio es?
B: En el número dos, la segunda a la derecha.

A: ¿A qué hora es la clase de baile de Rosa?
B: 벌써 시작했어요, 5시에요.
A: 무슨 스튜디오에서요?
B: 2번 스튜디오입니다, 2층 오른쪽이에요.

¿En qué estudio es ~? 역시 ~가 어느 스튜디오에서 열려?라는 행사 등이 열리는 장소를 묻는 표현이에요.

¿En qué aula es la clase? 수업이 몇 번 교실이야?
¿En qué sala es la conferencia? 컨퍼런스가 몇 호에서 있어?

PASO 3   도전! 회화 연습

입학식은 몇 시야? _____ (inauguración)

¿A qué hora + 동사 + 주어? 몇 시에 ~하니?

'몇 시에'라는 패턴 하나만 외워두면 되겠죠? 바로 ¿A qué hora? 입니다. 뒤에 동사만 활용해서 넣어주면 끝. desayunas(아침 먹기), cenas(저녁 먹기), te acuestas(잠자기) 처럼 2인칭 단수 현재형으로 동사 변화해서 패턴 연습을 해 보세요.

PASO 1 회화 패턴 연습

몇 시에 퇴근해?
¿A qué hora sales del trabajo?

몇 시에 점심 먹으러 나가?
¿A qué hora sales a comer?

몇 시에 막달레나가 수업해?
¿A qué hora da clase Magdalena?

몇 시에 진료 약속 있어?
¿A qué hora tienes la cita con el médico?

• **TIP**

대중교통이나 방송 등의 공식적인 정보 제공을 위해서는 이렇게도 말해요.
- A las quince horas. 15시에
- A las veintidós horas. 22시에

'몇 시부터 몇 시까지'를 표현할 때는 de ~ a ~를 사용해 보세요.
- Está abierto de ocho a dos.
  8시부터 2시까지 오픈
- Está cerrado de dos a cuatro.
  2시부터 4시까지 클로징

• **새로운 어휘**

dar clase	수업을 하다
cita	f. 약속
salir del trabajo	퇴근하다
salir a comer	점심 먹으러 나가다
entrar a trabajar	출근하다
quedarse	남다
trabajar horas extras	야근하다

PASO 2 리얼 회화 연습

 친구의 출근시간과 근무시간을 묻는 장면입니다.

A: 몇 시에 출근해?
B: A las nueve.
A: ¿Cuántas horas trabajas?
B: Ocho horas. Pero a veces me quedo a trabajar horas extras.

A: ¿A qué hora entras a trabajar?
B: 9시에.
A: 몇 시간 일해?
B: 8시간. 그런데 가끔 야근한다고 남을 때도 있어.

¿Cuántas horas ~?는 '몇 시간을 ~해?'라는 의미의 회화 패턴입니다. 영어의 how many hours ~?와 동일한 의문사 표현이죠.
¿Cuántas horas estudias?
몇 시간 공부해?
¿Cuántas horas duermes?
몇 시간 자니?

PASO 3 도전! 회화 연습

몇 시에 프랑스어 수업을 시작 하니? _____

¿De qué color ~? ~는 무슨 색깔이야?

색깔을 물을 때는 주로 전치사 de가 앞에 와서 ¿De qué color ~?라고 말합니다. 물건의 색깔을 물을 때는 ¿De qué color es/son ~?라고 말하면 돼요. 머리색깔, 눈동자 색 또는 피부색을 물을 때는 ¿De qué color tienes ~?라고 말하면 됩니다.

PASO 1 회화 패턴 연습

네 머리카락은 무슨 색이야?
¿**De qué color** tienes el pelo?

네 눈동자는 무슨 색이야?
¿**De qué color** son tus ojos?

네 차는 무슨 색이야?
¿**De qué color** es tu coche?

새로 산 신발은 무슨 색이야?
¿**De qué color** son tus zapatos nuevos?

• TIP
색깔 어휘를 공부해 볼까요?

검정색	negro
하얀색	blanco
빨강색	rojo
노랑색	amarillo
녹색	verde
회색	gris
갈색	marrón
파랑색	azul
주황색	naranja
분홍색	rosa
자주색	morado
보라색	lila

• 새로운 어휘

color	m. 색깔
zapatos	m. 신발, 구두
pelirrojo/a	빨강 머리의
largo	긴
rizado	곱슬머리의
corto	짧은
liso	직모의

PASO 2 리얼 회화 연습

 상대의 머리카락 색깔과 눈동자 색깔을 물어보고 있어요.

A: 머리카락은 무슨 색이에요?
B: Soy pelirroja. Tengo el pelo largo y rizado.
A: ¿De qué color son tus ojos?
B: Tengo los ojos azules.

A: ¿**De qué color tienes el pelo?**
B: 전 빨강머리예요. 긴 머리에 곱슬머리입니다.
A: 눈은 무슨 색입니까?
B: 파랑색입니다.

머리색깔, 헤어스타일 또는 눈동자를 묘사할 때는 반드시 tener(가지다)동사를 써야 해요. Tengo el pelo ~, Tengo los ojos ~ 에 다양한 색깔 또는 모양을 넣어 표현해 볼까요?
Tengo el pelo corto y liso.
난 머리가 짧고 직모야.
Tengo los ojos grises. 난 눈동자가 회색이야.

PASO 3 도전! 회화 연습

네 피부색은 뭐야? _____ (piel)

¿De qué es/son ~? ~는 뭐로 되어 있어?

전치사 de는 '재료, 재질'을 나타냅니다. ¿De qué es ~?는 '뭐로 되어 있어?'라는 의미로 물건 혹은 식품의 재료나 재질을 묻는 의문문이에요.

PASO 1 회화 패턴 연습

그 목걸이는 뭐로 되어 있어?
¿De qué es **el collar**?

그 가구는 뭐로 되어 있어?
¿De qué es **el mueble**?

샐러드는 뭐로 되어 있어?
¿De qué es **la ensalada**?

파에야는 뭐로 되어 있어?
¿De qué es **la paella**?

• **TIP**

다양한 요리법의 어휘들을 배워 볼까요?

frito/a/os/as	튀긴, 볶은
guisado/a/os/as	끓인
cocido/a/os/as	삶은
asado/a/os/as	구운
crudo/a/os/as	날 것의
al horno	오븐에 구운
a la plancha	그릴 구이
al vapor	찐

• **새로운 어휘**

collar	m. 목걸이
mueble	m. 가구
ensalada	f. 샐러드
sopa	f. 수프
de primero	전채요리로는
pollo	m. 치킨
fideo	m. 면
naranja	f. 오렌지
tomate	m. 토마토
pimiento	m. 피망

PASO 2 리얼 회화 연습

 레스토랑에서 전채 요리 중 수프의 재료에 대해 묻고 있습니다.

A: Perdone, ¿qué hay de primero?
B: Hay sopa y ensalada.
A: 수프는 뭐로 되어 있어요?
B: Es de pollo. Lleva verduras, fideos y pollo.

A: 죄송한데요, 전채요리로는 뭐가 있어요?
B: 수프와 샐러드가 있어요.
A: ¿De qué es la sopa?
B: 닭고기예요. 채소, 면 그리고 닭고기가 들어가요.

PASO 3 도전! 회화 연습

샌드위치는 뭐로 되어 있어? _____ **(bocadillo)**

llevar 동사 다음에 음식재료가 나오면 '~가 들어가요'라는 뜻이 돼요. 식당 등에서 음식의 재료를 물을 때 사용할 수 있겠죠. ¿Qué lleva?(뭐가 들어가요?)라고 물으면 이렇게 대답하면 돼요.
La sangría lleva naranja.
상그리아에 오렌지가 들어가요.
El gazpacho lleva tomate y pimiento. 가스파초에 토마토와 피망이 들어가요.

¿De qué ~? 무엇에 관해 ~해?

여기서 전치사 de는 '~에 대해, ~관해'을 의미해요. 물론 의문사 앞에 위치해야 하고요. ¿De qué?는 '뭐에 관해'라는 뜻이 됩니다.

PASO 1 회화 패턴 연습

그 영화는 뭐에 관한 거야?
¿**De qué** trata la película?

뭐에 관해 이야기 했니?
¿**De qué** hablaste?

뭐에 관해 이야기하는 거니?
¿**De qué** hablas?

뭐에 대해 쓰니?
¿**De qué** escribes?

PASO 2 리얼 회화 연습

 어제 본 스페인 영화가 아주 재미있었다고 말합니다.

A: Quiero ver una película española. Se llama ´Chico y Rita´.
B: 영화가 뭐에 관한 거야?
A: Va del amor de Chico y Rita.
   Es una película de dibujos animados.
B: Suena muy interesante.

A: 스페인 영화를 보고 싶어. '치코 앤 리타'라고 해.
B: ¿De qué trata la película?
A: 치코와 리타의 사랑에 관한 거야. 애니메이션 영화지.
B: 흥미롭게 들리는데.

PASO 3 도전! 회화 연습

나한테 무슨 말 하는 거니? _____

• **TIP**

'유유상종'이라는 스페인 속담을 배워 볼까요?
Dime con quién andas y te diré quién eres.
직역하면 '누구와 돌아 다니는지 말해 주면 네가 누구인지 말해 줄게'라는 뜻이에요.

decir   말하다
andar   걷다, 돌아 다니다

• **새로운 어휘**

tratar de   ~에 관한 것이다
dibujos animados   m. 만화
sonar   ~들리다
perder   잃다
vista   f. 시력
luchar   투쟁하다
eutanasia   f. 안락사

Va de ~라는 표현을 공부해 볼까요? '~에 관한 거야'라는 뜻입니다. 물론 Trata de~와 동일한 표현이죠. Ir 동사는 정말 많은 뜻을 가지고 있죠?
Va de un chico español que lucha por la eutanasia. 안락사를 위해 투쟁하는 한 스페인 남자에 관한 거야.

158

¿Con qué frecuencia ~? 얼마나 자주 ~를 하니?

frecuencia는 '빈번함, 횟수, 빈도'를 뜻하는 명사고요. ¿Con qué frecuencia ~? 다음에 동사가 와서 '얼마나 자주 ~를 하니?'를 의미하는 회화패턴이 돼요. 영어의 how often ~?과 동일한 의미를 지니고 있어요.

PASO 1 회화 패턴 연습

얼마나 자주 가족을 만나니?
¿Con qué frecuencia ves a tu familia?

얼마나 자주 휴가를 가지니?
¿Con qué frecuencia tienes vacaciones?

얼마나 자주 치과에 가니?
¿Con qué frecuencia vas al dentista?

얼마나 자주 해외 여행을 가니?
¿Con qué frecuencia viajas al extranjero?

• TIP

vez를 사용한 빈도부사를 학습해 봅시다.
vez는 '번'를 뜻하고 복수형은 veces예요.

una vez al día   하루에 한 번
dos veces a la semana
일주일에 두 번
tres veces al mes
한 달에 세 번
una o dos veces al año
일 년에 한 두 번
muchas veces   많이
varias veces   여러 번
pocas veces   아주 적게

• 새로운 어휘

dentista   m.f. 치과의사
extranjero   m. 외국

PASO 2 리얼 회화 연습

 스페인어 수업을 얼마나 자주 가는지 서로 물어보네요.

A: 얼마나 자주 스페인어 수업에 가?
B: Dos o tres veces a la semana. ¿Y tú?
A: Yo estudio por mi cuenta.
   Y acabo de conocer una chica de aquí.
B: Por eso hablas muy bien español.

A: ¿Con qué frecuencia vas a clases de español?
B: 일주일에 두 세 번. 넌?
A: 난 내 스스로 공부해. 그리고 여기 여자 한 명 금방 알게 됐어.
B: 그래서 스페인어를 아주 잘 하는구나.

por mi cuenta는 '나 혼자, 나 스스로'라는 뜻의 표현입니다. trabjar por mi cuenta(자영업하다), estudiar por mi cuenta(독학하다)라는 표현은 기억해 두면 유용하게 사용할 수 있겠죠? Yo tengo que hacerlo por mi cuenta. 내가 스스로 그것을 해야 해.

PASO 3 도전! 회화 연습

얼마나 자주 헬스클럽에 가? _____ (gimnasio)

159

¿Para qué ~? 뭘 위해, 뭐 하려고 ~하니?

qué 앞에 목적 전치사 para가 붙어서 para qué가 됩니다. '무엇을 위해, 뭐 때문에, 뭐 하려고'를 의미하죠. 무슨 일에 대한 목적, 이유를 묻거나 어떤 사물의 용도 등을 물을 때 사용할 수 있는 회화 패턴이에요.

PASO 1 회화 패턴 연습

넌 뭐 하려고 자전거를 원하니?
¿**Para qué** quieres una bicicleta?

넌 무엇을 위해 일을 그렇게 많이 하니?
¿**Para qué** trabajas tanto?

넌 뭐 하려고 스페인어를 공부해?
¿**Para qué** estudias español?

무슨 용도야?
¿**Para qué** sirve?

• TIP

스페인에 가게 되면 그 나라의 문화와 관습에 적응해서 따르며 살아가야겠죠.
그럴 때 쓸 수 있는 속담을 하나 배워 볼까요?
Donde fueres, haz lo que vieres.
"로마에 가면 로마 법을 따르라"

여러분들도 이 속담을 염두해 두고 여행 또는 유학 생활을 하기를 바래요.

• 새로운 어휘

servir	쓸모 있다, 소용 있다
soñar	꿈꾸다
cantante	m.f. 가수
media naranja	짝, 솔메이트

PASO 2 리얼 회화 연습

 친구가 가수의 꿈을 이루기 위해 돈이 필요하다고 하는군요.

A: 뭐 하려고 돈을 원해?
B: Lo quiero para aprender a cantar.
A: Yo no sabía que tú querías cantar.
B: Sí, siempre he soñado con ser cantante.

A: ¿Para qué quieres el dinero?
B: 노래하는 걸 배우기 위해 원해.
A: 난 네게 노래를 하고 싶어하는 줄 몰랐어.
B: 그래, 난 항상 가수가 되는 꿈을 꿔 왔어.

Bonus

soñar con은 '~에 대해 꿈을 꾸다'라는 숙어적 표현입니다. 현재완료 1인칭 동사를 써서 he soñado con에 여러 동사를 붙여 연습해 봅시다.
He soñado con dar la vuelta al mundo.
세계 일주하는 꿈을 꿔 왔어.
He soñado con encontrar a mi media naranja.
내 짝을 만나는 꿈을 꿔 왔어.

PASO 3 도전! 회화 연습

뭐 하려고 바르셀로나에 정착하려고 해? _____

160 ¡Qué + 형용사, 부사! 완전, 정말 ~해!

Qué 다음에 형용사 또는 부사가 와서 감탄문이 될 수 있어요. 스페인 사람들은 qué를 사용한 감탄문을 정말 많이 사용한답니다. Qué에 guapa(예쁜), bonita(아름다운), linda(아름다운), bella(아름다운)등을 붙여 칭찬해 보세요.

PASO 1 회화 패턴 연습

정말 심하다!
¡Qué fuerte!

대박!
¡Qué guay!

정말 맛있다!
¡Qué rica!

완전 멋지다! (스페인 구어체)
¡Qué chulada!

• TIP

최상급의 의미를 지니는 일부 형용사들은 muy를 쓰지 못하는 경우도 있어요. 다음과 같은 형용사들은 realmente(진짜, 정말), verdaderamente(진실로, 정말)과 함께 쓰인답니다.

delicioso	맛있는
fantástico	환상적인
estupendo	멋진
genial	훌륭한
horrible	끔찍한
precioso	아름다운
maravilloso	멋진

PASO 2 리얼 회화 연습

 아침에 얼굴이 너무 많이 부어서 면접에 어떻게 가냐고 불평합니다.

A: ¡Increíble! ¡Parezco una Mujer- Elefante!
B: 완전 과장한다! Estás un poco hinchadita nada más.
A: ¿Un poco hinchada? ¿Cómo voy con esta cara a la entrevista?
B: No te preocupes. Todo te irá bien.

A: 믿을 수 없어! 난 코끼리 여자 같아!
B: ¡Qué exagerada! 조금 부었을 뿐이야.
A: 조금 부었다고? 이 얼굴로 어떻게 면접에 가?
B: 걱정 마. 모든 게 잘 될 거야.

• 새로운 어휘

fuerte	심한, 강한
exagerado/a	과장된
chulada	멋진
guay	대박
hinchado/a	부은
cara	f. 얼굴
entrevista	f. 인터뷰, 면접
negocio	m. 사업, 비즈니스

ir동사의 미래형 3인칭 단수형이 irá입니다. 간접목적어와 함께 쓰여 Te irá bien ~의 패턴은 '~가 잘 될 거야'라는 의미가 된답니다.
Te irá bien en tu nuevo trabajo.
새로 시작한 일이 잘 될 거야.
Te irá bien el nuevo negocio.
새로운 사업이 잘 될 거야.

PASO 3 도전! 회화 연습

완전 말랐구나! _____ (delgado)

¡Qué + 명사 + tan + 형용사!
정말 ~한 ~야! ~가 정말 ~하구나!

〈Qué + 명사 + tan + 형용사〉패턴을 외워두면 아주 유용하게 쓰입니다. 어떤 사물이나 사람에 대해 감정 표현할 때 사용해요. 감정표현을 많이 하는 스페인 사람들은 사물, 사람, 대상 등을 보고 이런 식의 감탄문을 즐겨 쓴답니다.

PASO 1   회화 패턴 연습

햄버거 정말 크다!
¡Qué hamburguesa tan grande!

식당이 진짜 비싸다!
¡Qué restaurante tan caro!

아파트가 정말 예뻐!
¡Qué piso tan bonito!

그림 정말 예쁘다!
¡Qué cuadro tan bonito!

PASO 2   리얼 회화 연습

 새로 이사한 친구의 크고 아름다운 집에 감탄하고 있네요.

A: 거실이 정말 크네! ¿Cómo encontraste esta casa?
B: Mi primo estaba buscando a alguien para alquilar. Así que se me ocurrió la idea de alquilarla yo.
A: Es una casa preciosa.
B: Sí, estoy muy contenta con esta casa.

A: ¡Qué salón tan grande! 이 집을 어떻게 구했어?
B: 내 사촌이 세 놓을 사람을 구하고 있었지. 그래서 렌트할 생각이 떠올랐어.
A: 아름다운 집이야.
B: 그래, 난 이 집에 아주 만족해.

PASO 3   도전! 회화 연습

정말 예쁜 여자야! _____ (guapa)

• TIP

스페인어에서 '그래서'를 의미하는 접속사는 여러 개가 있어요. por eso, entonces, así que가 있습니다.

- Estaba cansada, así que me fui.
  피곤해서 갔어.
- Estaba estresado, así que decidí ir al spa.
  스트레스 받아서 스파에 가기로 결정했어.
- Estaba lleno, así que no comí.
  배불러서 안 먹었어.

• 새로운 어휘

cuadro	m. 그림
salón	m. 거실
alguien	누군가
alquilar	세 놓다
idea	f. 생각

ocurrirse는 간접목적어(me/te/le)와 함께 쓰여 '(누구)에게 생각이 떠오르다'는 뜻이 돼요. 단순 과거형을 써서 Se me ocurrió ~ 라고 한다면 '(갑자기) ~생각이 떠올랐어'라는 의미가 됩니다. 물론 뒤에 동사원형도 올 수 있어요.
Se me ocurrió ir a visitarle. 당신을 방문하러 가는 생각이 떠올랐어.

Lección 30

Cómo — 어떻게

cómo는 '어떻게'를 뜻하는 의문사입니다. 스페인어를 처음 접하는 분들은 ¿Cómo te llamas?(네 이름이 뭐니?), ¿Cómo estás?(어떻게 지내니?)등의 말들은 쉽게 들어봤을 거예요. 성격, 상태, 가격 등을 물을 때도 이 의문사가 쓰인답니다. cómo를 사용하여 감탄문도 만들 수 있어요. 그럼, 지금부터 cómo가 들어간 여러 회화 패턴을 연습해 볼까요?

의문사 Cómo를 배우면 이런 표현을 말할 수 있어요!

1	~는 어떻게 생겼어?, ~는 어떤 사람이야?	¿Cómo es/son ~?
2	~는 (상태, 컨디션이) 어때?	¿Cómo está/s ~?
3	어떻게 ~하는 거야?	¿Cómo se ~?
4	~가 얼마 해요?	¿A cómo tiene ~?
5	내가 어떻게 ~하겠어요?	¿Cómo (me) voy a + 동사원형?
6	얼마나, 어찌나 ~한지!	¡Cómo ~ ¡

의문사를 활용한 회화패턴 237

162

¿Cómo es/son ~? ~는 어떻게 생겼어?, ~는 어떤 사람이야?

의문사 cómo와 ser 동사가 함께 오게 되면 그 사람의 외모나 성격을 묻는 말이 돼요. 상대의 외모나 성격을 묻고 싶다면 ¿Cómo eres?라고 말하면 돼요. 혹은 친구 등의 제3자의 외모나 성격을 물을 때는 ¿Cómo es ~?, ¿Cómo son ~?의 패턴을 활용해 보세요.

PASO 1 회화 패턴 연습

네 남편은 어떤 사람이야?
¿**Cómo es** tu marido?

스페인어 선생님은 어떤 분이셔?
¿**Cómo es** tu profesor de español?

네 상사는 어떤 사람이야?
¿**Cómo es** tu jefe?

새로 이사 간 아파트는 어때?
¿**Cómo es** tu nuevo piso?

• TIP

스페인에서는 신체부위 앞에는 소유형용사를 쓰지 않고 정관사를 써야 합니다.

Tengo el pelo largo.
긴 머리를 갖고 있어.
Tengo la cara hinchada.
얼굴이 부었어.
Tengo las manos sucias.
손이 더러워.
Tengo los ojos azules.
파란색 눈동자를 갖고 있어.

• 새로운 어휘

describir	묘사하다
rubio/a	금발의
ropa	f. 옷
morado/a	자주색의
tirantes	m. 끈
vaqueros	m. 청바지
zapatos de tacón	m. 하이힐

PASO 2 리얼 회화 연습

 상대의 외모에 대해 묻고 서술하고 있네요.

A: 넌 어떻게 생겼어? ¿Te importa describirte?
B: Soy rubia. Y soy muy alta. Tengo el pelo largo y liso.
A: ¿Qué ropa llevas ahora?
B: Llevo una camiseta morada de tirantes y unos vaqueros.

A: ¿**Cómo eres?** 조금만 설명해 줄 수 있어?
B: 난 금발에 키가 아주 커. 머리카락은 길고 직모야.
A: 지금 어떤 옷을 입고 있어?
B: 보라색 끈 나시 티셔츠에 청바지를 입고 있어.

llevar 동사 뒤에 옷이나 악세서리가 오게 되면 '~을 입고, 착용하고 있다'는 의미가 돼요. 주로 외모를 서술할때 많이 쓰이는 동사죠. ¿Qué ropa llevas?(어떤 옷을 입고 있어?)라고 물으면, Llevo ~ 에 옷, 악세서리, 신발 등을 넣어서 말하면 되겠죠.
Llevo unos zapatos de tacón. 하이힐을 신고 있어.

PASO 3 도전! 회화 연습

네 룸메이트는 어떤 사람이야? _____

¿Cómo está/s ~? (상태, 컨디션이) 어때?

cómo는 '어떻게'를 의미하는 의문사입니다. estar 동사와 함께 쓰여 상태나 컨디션을 물을 때 사용하면 돼요. 친한 사이에서는 ¿Cómo estás?, 처음 보거나 포멀한 상황에서는 ¿Cómo está usted?라고 말하면 됩니다.

PASO 1   회화 패턴 연습

너 잘 지내니?
¿Cómo estás tú?

잘 지내시죠?
¿Cómo está usted?

여자친구는 잘 지내?
¿Cómo está tu novia?

네 아내는 잘 지내?
¿Cómo está tu mujer?

PASO 2   리얼 회화 연습

 크리스마스 날 전화통화로 서로 인사를 나누는 장면입니다.

A: Hola. ¡Feliz Navidad!
B: 잘 있어?
A: Yo estoy con la familia celebrando la Navidad, ¿y tú?
B: Yo también me lo estoy pasando muy bien con mis amigos.

A: 안녕, 메리 크리스마스!
B: ¿Cómo estás?
A: 난 가족과 함께 크리스마스를 축하하고 있어, 넌?
B: 나도 내 친구들과 아주 잘 보내고 있어.

PASO 3   도전! 회화 연습

가족은 잘 있니? _____

• TIP

feliz는 '행복한'이라는 뜻의 형용사에요. 축하의 인사를 전할 때 많이 쓰는 형용사죠. 이런 표현들은 평소에 많이 쓰이는 축하인사말이니 외워두면 유용하겠죠?

¡Feliz Cumpleaños! 생일 축하해!
¡Feliz Año Nuevo!
새 해 복 많이 받아!

Cumpleaños feliz
Cumpleaños feliz
Te deseamos todos
Cumpleaños feliz
생일 축하합니다
생일 축하합니다
우리 모두 바래요
생일 축합니다

• 새로운 어휘

celebrar   축하하다
mujer   f. 부인, 아내

Bonus

pasárselo bien은 '재미있게 잘 지내다'는 뜻의 숙어적 표현이에요. 영어의 have a good time에 해당하는 표현이죠. 따라서 Me lo estoy pasando muy bien. 은 재미있게 잘 지내고 있어'라는 뜻이 되겠죠. 질문은 ¿Qué tal te lo estás pasando? (어떻게 재미있게 잘 지내고 있니?)로 하면 되겠죠?

¿Cómo se ~? 어떻게 ~하는 거야?

의문사 cómo 다음에 재귀 대명사 se와 3인칭 단수형 동사가 함께 오면 '어떻게 ~하는 거예요?' 라는 뜻이 됩니다. 여기서 se는 무인칭의 재귀대명사로 주어가 따로 없어요. 주어는 '일반적인 사람들'을 가리키는 거죠.

PASO 1   회화 패턴 연습

헬로우를 스페인어로 어떻게 말해?
¿Cómo se dice "hello" en español?

가스파초 어떻게 만드는 거야?
¿Cómo se hace el gazpacho?

네 이름 스펠링이 어떻게 돼?
¿Cómo se escribe tu nombre?

'r'은 어떻게 발음하는 거야?
¿Cómo se pronuncia 'erre'?

• TIP

- 칼솟(calsot):스페인 카탈루냐 지방에서 즐겨먹는 양파숯불구이입니다. 매년 1월에서 3월까지 발스에서는 칼솟타다 축제가 열립니다.
알뜰하기로 유명한 카탈루냐의 한 농부가 상한 칼솟을 버리기 아까워서 불에 구워 먹은 것에서 칼솟이 유래했다고 합니다.

- 가스파초(gazpacho): 안달루시아에서 즐겨먹는 차가운 토마토 야채수프. 토마토, 피망, 오이, 마늘 등을 갈아 만든 여름 특산 음식입니다.

PASO 2   리얼 회화 연습

 모르는 단어의 의미를 물어봅니다.

A: "대박"을 스페인어로 어떻게 말해?
B: Se dice "Guay".
A: ¿Qué significa "nini"?
B: "Nini" significa '백수'. El que no estudia ni trabaja.

A: ¿Cómo se dice "대박" en español?
B: '구아이'라고 해.
A: '니니'는 무슨 의미야?
B: '니니'는 '백수'를 의미해. 공부도 안 하고 일도 안 하는 사람.

• 새로운 어휘

nombre	m. 이름
pronunciar	발음하다
refrán	m. 속담
palabra	f. 단어

PASO 3   도전! 회화 연습

"칼솟"은 어떻게 먹어요? _____

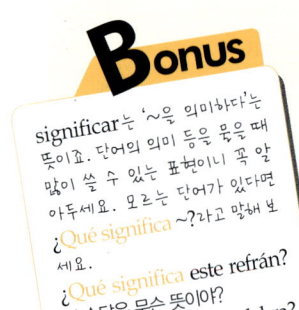

significar는 '~을 의미하다'는 뜻이죠. 단어의 의미 등을 물을 때 많이 쓸 수 있는 표현이니 꼭 알아두세요. 모르는 단어가 있다면 ¿Qué significa ~?라고 말해 보세요.
¿Qué significa este refrán?
이 속담은 무슨 뜻이야?
¿Qué significa esta palabra?
이 단어는 무슨 뜻이야?

240   Capítulo 4

¿A cómo tiene ~? ~가 얼마 해요?

이 표현은 주로 가격의 변동이 있는 물건을 살 때 쓰여서 주로 시장에서 장을 볼 때 사용할 수 있어요. ¿A cómo tiene + 식품?의 패턴에 식품 이름만 바꿔 끼워 놓으면 되는 거죠. 같은 유사 표현으로는 ¿A cuánto está/n ~?이 있어요.

PASO 1 회화 패턴 연습

사과는 얼마 해요?
¿**A cómo tiene** las manzanas?

하몽은 얼마 해요?
¿**A cómo tiene** el jamón?

생태는 얼마 해요?
¿**A cómo tiene** la merluza?

토마토는 얼마 해요?
¿**A cómo tiene** los tomates?

• TIP
무게와 단위를 표현할 때는…

- 1kg (un kilo) de arroz 쌀 1킬로
- 1/2kg (medio kilo) de café 커피 1/2킬로
- 1/4 (un cuarto de kilo) de azúcar 설탕 1/4킬로
- 300g (gramos) de harina 밀가루 300g
- 1l (un litro) de agua 물 1리터
- 1/2 (medio litro) de aceite 기름 1/2리터

• 새로운 어휘

manzana	f. 사과
merluza	f. 생태
patata	f. 감자

PASO 2 리얼 회화 연습

 시장에서 장을 보는 장면입니다.

A: 감자는 얼마예요?
B: Las tenemos a 1,60 euros el kilo.
A: Me pone 8 kilos
B: Muy bien.

A: ¿A cómo tiene las patatas?
B: 1kg에 1,60유로예요.
A: 8킬로 주세요.
B: 아주 좋아요.

PASO 3 도전! 회화 연습

오렌지는 얼마 해요? _____ (naranja)

상점이나 시장에서 물건이나 음식을 사거나 주문할 때 스페인 사람들이 가장 많이 쓰는 패턴입니다. 바로 Me pone ~회화패턴이고요. '~주세요'라는 의미죠. 음식 이름 혹은 음식의 양만 바꿔가며 연습해 볼까요?
Me pone un kilo de naranjas. 오렌지 1킬로 주세요.

166

¿Cómo (me) voy a + 동사원형?   내가 어떻게 ~하겠어요?

의문사 cómo를 사용해서 '내가 어떻게 ~하겠어요?'라고 표현해 볼까요? 바로 〈¿Cómo (me) voy a + 동사원형?〉패턴을 사용해서 말해 보세요.

PASO 1   회화 패턴 연습

당신을 어떻게 잊을 수 있겠어요?
¿Cómo me voy a olvidar de ti?

어떻게 감히 그것을 할 수 있겠어요?
¿Cómo me voy a atrever a hacerlo?

내가 어떻게 그에게 진실을 얘기 하겠어?
¿Cómo voy a decirle la verdad?

내가 어떻게 기억을 못하겠어?
¿Cómo no me voy a acordar?

• TIP

말보다는 행동이 중요함을 의미하는 스페인 격언을 하나 배워 봅시다.

Del dicho al hecho hay gran trecho.

"말하기는 쉬우나 행하기는 어렵다" 직역하면 '말과 행동 사이에는 큰 간격이 있다'입니다. 그만큼 말을 행동으로 옮기기는 어렵다는 표현이겠죠.

dicho   m. 말
hecho   m. 행동
trecho   m. 간격

PASO 2   리얼 회화 연습

 결혼 기념일을 축하하기 위해 파티를 여는군요.

A: Hoy es el día de aniversario de nuestra boda. ¿Te acuerdas?
B: 내가 어떻게 기억 안 할 수 있겠어?
A: Vamos a hacer una fiesta.
B: Claro, tengo hecha la comida, tengo todos invitados.

A: 오늘이 우리 결혼 기념일이야. 기억해?
B: ¿Cómo no me voy a acordar?
A: 우리 파티 열자.
B: 물론, 음식도 해놨고, 손님들도 다 왔어.

• 새로운 어휘

atreverse   감히~하다
aniversario   m. 기념일
hecho/a   만든, 완성된
invitado/a   m.f. 초대객
apuntar   메모하다
guardar   보관하다

Bonus

tengo 다음에 과거분사(-ado/-ido)가 오게 되면 '~해 놨어'의 의미가 됩니다. 실제 회화상에서 더 많이 쓰이는 패턴이죠. 단, 과거분사는 뒤에 나오는 명사에 따라 성과 수를 일치시켜야 합니다.

Tengo apuntado un tema.
테마를 메모해 놨어.
Tengo guardado el dinero.
돈을 보관해 놨어.

PASO 3   도전! 회화 연습

내가 어떻게 널 혼자 두겠어? _____ (dejar, solo)

167

¡Cómo ~! 얼마나, 어찌나 ~한지!

Cómo를 써서 감탄문을 만들 수도 있어요. 뜻은 '얼마나, 어찌나 ~한지'가 됩니다. 뒤에는 동사가 와야 합니다.

PASO 1 회화 패턴 연습

머리가 어찌나 아픈지!
¡**Cómo** me duele la cabeza!

이 도시가 얼마나 많이 변했는지!
¡**Cómo** ha cambiado esta ciudad!

세월이 어떻게 흐르는지!
¡**Cómo** pasan los años!

비가 어찌나 오는지!
¡**Cómo** llueve!

• **TIP**

갑작스런, 의외의 방문을 할 경우, 문을 열고 들어가면서 '실례합니다. 들어가도 돼요?'의 뉘앙스로 스페인에서는 이런 표현들을 쓴답니다.

- ¿Molesto? 방해 되나요?
- ¿Interrumpo (algo)? 제가 방해 되나요?

• **새로운 어휘**

crecer	자라다
pasar	(시간이) 지나가다
instalarse	정착하다
ocupado/a	바쁜

PASO 2 리얼 회화 연습

 친구의 갑작스런 방문에 반가움을 금치 못하는군요.

A: ¿Molesto? ¿Puedo entrar?
B: Hola. Anita. ¡Qué guapa estás! 머리 참 많이 길었다!
A: Regresé porque tenía muchas ganas de verte.
B: ¿Dónde vas a vivir? ¿Por qué no te instalas conmigo?

A: 실례합니다. 들어가도 돼요?
B: 안녕, 아니따. 너무 예뻐졌다. ¡**Cómo** te ha crecido el pelo!
A: 네가 보고 싶어서 돌아왔어.
B: 어디서 살 거야? 우리 집에서 살지 않을래?

PASO 3 도전! 회화 연습

시간이 어떻게 흘러가는지! _____

Bonus

porque는 '왜냐하면 ~하기 때문에'라는 뜻의 접속사예요. 과거시제가 올 때는 porque 이유절에는 대부분 계속과거시제을 쓴답니다. 주로 변명 또는 이유를 설명할 때 요긴하게 쓰여요.
No pude llamarte porque estaba muy ocupado.
바빠서 너한테 전화 못했어.

Lección 31
Cuál — 어떤 것, 무엇

스페인어 의문사 중에서 학생들이 가장 어려워 하는 의문사가 바로 cuál입니다. 이번 과 학습을 통해 cuál이 들어간 회화패턴에 익숙해 지는 기회가 되길 바랍니다. 의문사 cuál은 '어떤 것'을 뜻해요. 의문사 qué가 '정의'할 때 주로 쓴다면, cuál은 둘 중 선택을 한다거나, 문맥 안에서 어떤 특정한 명사가 단 하나가 존재합니다. 중요한 차이점 중 하나, qué는 뒤에 명사가 올 수 있으나 cuál은 명사가 올 수 없어요. ¿Cuál es tuyo?(네 것이 어떤 거야?)라고 말할 때도 이 의문사를 사용하겠죠. 상대가 좋아하는 취미, 색깔, 음식 등을 얘기할 때도 반드시 cuál이 필요합니다. 다음 두 문장을 통해 qué와 cuál의 차이점을 간단히 살펴보기로 하죠.

¿Qué quieres comprar? (무엇을 사기를 원하니? : 사고자 하는 물건이 뭔지 모름)
¿Cuál quieres comprar? (어떤 것을 사기를 원하니? : 사고자 하는 물건을 서로 알고 있음)

CHECK
의문사 Cuál를 배우면 이런 표현을 말할 수 있어요!

1	네 ~는 어떤 거야?, 네 ~는 뭐야?	¿Cuál/es es/son tu/s ~?
2	네가 가장 좋아하는 ~는 뭐야?	¿Cuál es tu ~ favorito/a?
3	너는 A와 B 중에 어떤 것이 좋아?	¿Cuál te gusta más, A o B?
4	둘 중에 뭐가(뭐를) ~해?	¿Cuál de los dos ~?

의문사를 활용한 회화패턴 245

168 ¿Cuál/es es/son tu/s ~?

네 ~는 어떤 거야?, 네 ~는 뭐야?

cuál은 '어떤 것', '어느 것'을 뜻해요. '정의'를 내릴 때 사용하는 의문사 qué와는 달리 선택적인 의미를 전달할 때 쓰이죠. 주로 소유형용사인 tu를 써서 '너의 ~가 뭐야?, 어떤 거야?'라고 말할 때는 주로 cuál 의문사를 씁니다.

PASO 1 회화 패턴 연습

네 계획이 뭐야?
¿Cuál es tu plan?

네 이름이 뭐야?
¿Cuál es tu nombre?

네 주소가 뭐야?
¿Cuál es tu domicilio?

네 취미가 뭐야?
¿Cuáles son tus aficiones?

TIP

물건을 살 때는 다음과 같이 물어 보면 됩니다.

- ¿Tienen sandalias?
  샌들 있어요?
- ¿Tienen gorras?
  야구모자 있어요?
- Quería una gorra.
  야구모자를 원해요.
- Quería unas gafas.
  안경을 원해요.

새로운 어휘

domicilio	m. 주소
afición	f. 취미
plan	m. 계획
probarse	입어보다
minifalda	f. 미니스커트

PASO 2 리얼 회화 연습

 재킷을 입어 본 후 점원이 잘 맞는지 물어보는군요.

A: ¿Puedo probarme esta chaqueta?
B: Sí, claro. 사이즈가 뭐예요?
A: No sé. Es la 36...
B: ¿Qué te parece? ¿Te queda bien?

A: 이 재킷 입어봐도 돼요?
B: 네, 물론이죠. ¿Cuál es tu talla?
A: 모르겠어요. 36요...
B: 어때요? 잘 맞아요?

Bonus

¿Qué te parece ~?는 '~가 어때?'라는 의미로 상대방의 의견을 물어볼 때 쓰이는 회화패턴이에요. 뒤에 명사 또는 동사원형이 올 수 있겠죠. 동사원형이 오면 '~하는 게 어때?'라는 뜻이 돼요. 복수명사가 오면 ¿Qué te parecen?이 되는 거고요.
¿Qué te parece esta mini falda? 이 미니스커트 어때?

PASO 3 도전! 회화 연습

네 전화번호가 뭐야? _____

246 Capítulo 4

169

¿Cuál es tu ~favorito/a?
네가 가장 좋아하는 ~는 뭐야?

cuál이 들어가는 문장 중에서 가장 많이들 쓰는 회화패턴입니다. 평소에 상대가 좋아하는 색깔, 연예인, 가수, 운동 등을 물을 때 사용할 수 있어요. favorito대신에 preferido를 넣어도 같은 의미가 돼요. 명사의 성이 여성형이 되면 favorita가 되겠죠?

PASO 1   회화 패턴 연습

네가 가장 좋아하는 색깔은 뭐야?
¿Cuál es tu color favorito?
네가 가장 좋아하는 음악은 뭐야?
¿Cuál es tu música favorita?
네가 가장 좋아하는 운동은 뭐야?
¿Cuál es tu deporte favorito?
네가 가장 좋아하는 음식은 뭐야?
¿Cuál es tu comida favorita?

PASO 2   리얼 회화 연습

 좋아하는 옷 입는 스타일에 관해 얘기를 나누고 있어요.

A: 네가 가장 좋아하는 옷 입는 스타일이 뭐야?
B: Informal. Me pongo vaqueros y camiseta. ¿Y tú?
A: Yo prefiero el estilo clásico. ¿Tú te pones traje?
B: Yo nunca me pongo traje.

A: ¿Cuál es tu estilo favorito de vestirte?
B: 캐주얼한 스타일이지. 난 청바지와 티셔츠를 입어. 넌?
A: 난 클래식한 스타일이 더 좋아. 넌 정장 입어?
B: 절대로 정장은 입지 않아.

PASO 3   도전! 회화 연습

네가 가장 좋아하는 휴가지는 뭐야? _____

• TIP

다양한 의상 스타일(estilo de vestirse)을 스페인어로 배워 볼까요?

- Punky : 펑키 스타일
- Clásico : 클래식 정장 스타일
- Rapero : 래퍼 스타일
- Deportivo : 스포츠복 스타일
- Hippy : 히피 스타일
- Informal : 캐주얼 스타일

• 새로운 어휘

favorito/a	아주 좋아하는
estilo	m. 스타일
vestirse	옷을 입다
informal	평상복의
clásico/a	고전적인
traje	m. 정장
deportivas	f. 운동화
top de tirantes	끈 나시

ponerse는 재귀동사로 앞에 me/te/se등이 함께 와서 '~을 입다, 착용하다, 쓰다, 신다'등의 의미를 지니고 있다는 것은 poner 동사편에서 이미 배웠죠. 이번엔 부정어 nunca를 넣어 '난 절대로 입지 않아'를 만들어 볼까요?
Yo nunca me pongo top de tirantes.
가끔 끈 나시를 입지 않아.

¿Cuál te gusta más, A o B?

너는 A와 B 중에 어떤 것이 좋아?

의문사 cuál은 '어떤 것, 어느 것'을 뜻합니다. 주로 A와 B중에 선택하거나 옵션이 주어질 때 쓰여요. cuál이 어떤 사람을 의미하기도 합니다. cuál을 사용한 문맥 안에서는 한 개의 명사만 존재해야 해요.

PASO 1 회화 패턴 연습

파랑색 모자와 갈색 모자 중 어떤 것이 더 좋아?
¿Cuál te gusta más, el sombrero azul o el marrón?

청치마와 줄무늬 치마 중 어떤 것이 더 좋아?
¿Cuál te gusta más, la falda vaquera o la de rayas?

민무늬 원피스와 체크무늬 원피스 중 어떤 것이 더 좋아?
¿Cuál te gusta más, el vestido liso o el de cuadros?

하얀색 스웨터와 갈색 스웨터 중 어떤 것이 더 좋아?
¿Cuál te gusta más, el jersey blanco o el marrón?

• TIP

가격을 흥정하기 위해 이런 표현들도 기억해두세요~

- ¿No hay descuento?
  디스카운트는 없나요?
- ¿Puede hacerme algún descuento?
  할인 좀 해 줄 수 있어요?
- ¿Puede rebajarme un poco?
  조금 깎아 줄 수 있어요?

• 새로운 어휘

vaquero/a 청의
rayas   f. 줄무늬
cuadros   m. 체크무늬
demasiado 심하게, 지나치게
barato/a   값이 싼

PASO 2 리얼 회화 연습

 물건의 가격이 너무 비싸 좀 더 저렴한 걸로 찾고 있어요.

A: Hay de color rojo y negro. 어떤 것이 더 좋아요?
B: Quiero el negro. ¿Cuál es el precio?
A: 80 euros.
B: Es demasiado caro. ¿No hay algo más barato?

A: 빨강색과 검정이 있어요. ¿Cuál te gusta más?
B: 검정색을 원해요. 가격은 어떻게 돼요?
A: 80유로예요.
B: 너무 비싸요. 좀 더 싼 것은 없나요?

Bonus

부사 demasiado는 형용사 앞에 써서 '너무, 심하게, 과하게'를 뜻해요. demasiado를 쓰면 부정적인 의미가 됩니다. 영어의 too much와 동일한 의미죠. 명사 앞에 오게 되면 demasiada/demasiados/demasiadas처럼 성,수가 변화합니다. Es demasiada comida. 너무 음식이 많아.

PASO 3 도전! 회화 연습

서스펜스 영화와 공포 영화 중 어떤 것이 더 좋아? _____

¿Cuál de los dos ~? 둘 중에 뭐가(뭐를) ~해?

평소에 '둘 중에 뭐가 ~해?, 둘 중에 누가 ~해?'라는 말을 하고 싶을 때가 많죠? 그 때 사용할 수 있는 회화 패턴이 바로 ¿Cuál de los dos ~?입니다. 이 때 cuál은 사람을 가리킬 수도 있어요.

PASO 1   회화 패턴 연습

두 개 중에 뭐가 더 나아?
¿Cuál de los dos es mejor?

두 개 중에 뭐가 더 예뻐?
¿Cuál de los dos es más bonito?

두 개 중에 뭐가 더 커?
¿Cuál de los dos es más grande?

두 명 중 누가 더 젊어?
¿Cuál de los dos es más joven?

• TIP

'멋을 부리기는 힘들다'는 표현을 스페인어로 배워 볼까요?
  Para presumir hay que sufrir.
"뽐내기 위해서는 고통을 받아야 한다"

para	~하기 위해
presumir	멋을 부리다, 뽐내다
hay que	~해야 한다
sufrir	고통 받다

• 새로운 어휘

elegir	선택하다
entre	사이에
actividad	f. 활동
extraescolar	방과후의
callarse	조용히 하다

PASO 2   리얼 회화 연습

 스페인과 아르헨티나의 어학원을 서로 비교합니다.

A: Puedes elegir entre dos. ¿La escuela de España o la de Argentina? 둘 중 뭘 더 원해?
B: Yo creo que es mejor ir a la escuela de España.
A: Pero es más cara.
B: Sí, pero hay más actividades extraescolares.

A: 두 개 중 선택할 수 있어. 스페인 학교 혹은 아르헨티나 학교?
   ¿Cuál de las dos prefieres?
B: 내 생각엔 스페인 학교로 가는 게 더 좋은 것 같아.
A: 그런데 더 비싸.
B: 그래, 하지만 방과후 활동이 더 많아.

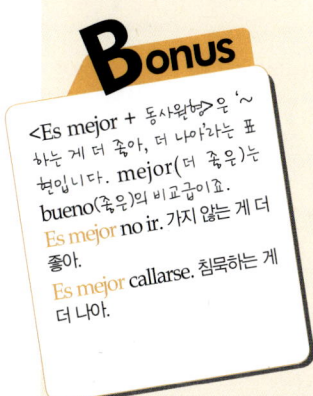

<Es mejor + 동사원형>은 '~하는 게 더 좋아, 더 나아'라는 표현입니다. mejor(더 좋은)는 bueno(좋은)의 비교급이죠.
Es mejor no ir. 가지 않는 게 더 좋아.
Es mejor callarse. 침묵하는 게 더 나아.

PASO 3   도전! 회화 연습

두 개 중에 뭐가 더 싸? _____ (barato)

Lección 32
Dónde 어디에, 어디로

dónde는 '어디'를 의미하는 의문사입니다. 스페인어는 전치사가 항상 의문사 앞에 위치해야 해요. de dónde는 '어디로부터'를, a dónde는 '어디로'를 의미하게 되겠죠. 길을 물을 때 자주 쓰는 의문사 dónde가 어떻게 쓰이는지 다양한 회화 패턴을 통해 학습해 보도록 합시다.

 의문사 **Dónde**를 배우면 이런 표현을 말할 수 있어요!

1	~가 어디에 있어요?	¿Dónde está ~?
2	어디에서 ~해?	¿Dónde ~?
3	제가 어디서 ~할 수 있나요?	¿Dónde puedo ~?
4	어디로 ~하니?	¿A dónde ~?
5	어디로부터 ~하니?	¿De dónde ~?

의문사를 활용한 회화패턴

¿Dónde está ~? ~가 어디에 있어요?

의문사 dónde가 혼자 쓰이면 대부분 '어디에'의 의미가 됩니다. estar 동사와 함께 쓰여 위치를 물을 때 사용할 수 있겠죠. 스페인에서 길 물을 때 꼭 필요한 회화패턴이니 꼭 암기하고 가세요. 단수 명사가 오면 está, 복수명사가 오면 están을 쓰면 되겠죠?

PASO 1 회화 패턴 연습

주유소가 어디에 있어요?
¿Dónde está la gasolinera?

수영장은 어디에 있어요?
¿Dónde está la piscina?

병원은 어디에 있어요?
¿Dónde está el hospital?

꼬르떼 잉글레스 백화점은 어디에 있어요?
¿Dónde está el Corte Inglés?

• TIP

길을 물을 때 유용하게 쓰이는 위치 부사구를 살펴 볼까요?

todo recto	직진
a la derecha	오른쪽에
a la izquierda	왼쪽에
al lado	옆에
al final de la calle	길 맨 끝에
en la esquina	모퉁이에
en la plaza	광장에
en la calle	거리에

• 새로운 어휘

gasolinera	f. 주유소
piscina	f. 수영장
estanco	m. 담배가게
todo recto	직진
justo	바로

PASO 2 리얼 회화 연습

 담배가게와 지하철의 위치를 묻고 있어요.

A: 담배가게는 어디에 있나요?
B: Está muy cerca de aquí. Sigue todo recto.
   Y está justo en la esquina.
A: Gracias. ¿Y hay un metro cerca de aquí?
B: Sí, hay uno delante del estanco.

A: ¿Dónde está el estanco?
B: 여기서 아주 가까워요. 똑바로 직진하세요. 그러면 바로 코너에 있어요.
A: 고마워요. 이 근처에 지하철 있어요?
B: 담배가게 앞에 하나 있어요.

길을 물을 때 가장 많이 쓰이는 패턴인 ¿Dónde está ~?을 배웠죠? 이번엔 '이 근처에 ~가 있어요?'라는 표현도 배워 볼까요? 바로 ¿Hay ~ cerca de aquí? 라고 물으면 돼요. 단 Hay 뒤에는 부정관사를 써야한다는 게 차이점이랍니다.
¿Hay un estanco cerca de aquí?
이 근처에 담배가게 있어요?

PASO 3 도전! 회화 연습

서점은 어디에 있어요? _____ (librería)

¿Dónde ~? 어디에서 ~해?

이번엔 dónde 다음에 다른 동사를 넣어 연습해 볼까요? '어디에서 ~해?'라고 묻고 싶다면 ¿Dónde ~?라고 말을 시작하면 돼요.

PASO 1 회화 패턴 연습

어디에 사니?
¿**Dónde** vives?

어디서 일해?
¿**Dónde** trabajas?

어디에 내가 사인할까?
¿**Dónde** firmo?

어디서 점심 먹어?
¿**Dónde** comes?

• TIP

주소를 물어 볼 때는 이런 표현을 써요.

- ¿Dónde vives?
  어디에 사니?
- ¿En qué dirección vives?
  어느 주소에 사니?
- ¿En qué barrio vives?
  무슨 동네에 사니?
- ¿Cuál es tu domicilio?
  주소가 뭐야?

• 새로운 어휘

firmar   서명하다
hacer la compra 장보다
andar   걷다

PASO 2 리얼 회화 연습

 친구에게 장을 어디서 보는지 물어봅니다.

A: 평소에 어디서 장을 보니?
B: Hago la compra en el mercado.
   Es <u>más</u> barato <u>que</u> en el centro comercial.
A: ¿El mercado está cerca de tu casa?
B: Sí, está muy cerca, a unos diez minutos andando.

A: ¿Dónde haces la compra normalmente?
B: 시장에서 장 봐. 마트보다 값이 더 싸.
A: 시장은 너희 집에서 가까워?
B: 응, 아주 가까워, 걸어서 약 10분 거리야.

PASO 3 도전! 회화 연습

어디서 운동해? _____ (ejercicio)

más ~que를 사용해서 비교급을 만들어 볼까요? 뜻은 '~보다 더 ~한'이고요. 반대표현은 menos~ que(~보다 덜 ~한)입니다. 이때 형용사는 주어의 성과 수에 꼭 일치시켜 주세요.
Es <u>más</u> guapo <u>que</u> Leo. 레오보다 더 잘 생겼어.
Es <u>más</u> simpática <u>que</u> su hermana. 그녀의 동생보다 더 친절해.

¿Dónde puedo ~? 제가 어디서 ~할 수 있나요?

이번엔 poder 동사를 활용해 말해 볼까요? poder는 -ue형 불규칙 동사라는 것은 poder 동사 편에서 배웠죠? '내가 어디서 ~할 수 있나요?'라고 질문하고 싶다면 ¿Dónde puedo ~?패턴을 사용해 보세요.

PASO 1 회화 패턴 연습

어디서 우표를 살 수 있어요?
¿Dónde puedo comprar un sello?

어디서 지하철 10회 승차권을 살 수 있어요?
¿Dónde puedo comprar un metrobús?

어디서 파블로를 찾을 수 있나요?
¿Dónde puedo encontrar a Pablo?

어디서 버스를 탈 수 있나요?
¿Dónde puedo coger el autobús?

PASO 2 리얼 회화 연습

택시 정류장이 어디에 있는지 물어봅니다.

A: 어디서 택시를 탈 수 있나요?
B: Hay una parada de taxi a dos cuadras.
A: ¿En qué calle está?
B: Está en la calle Las Flores.

A: ¿Dónde puedo coger el taxi?
B: 두 블록 지나서 택시 정류장이 하나 있어요.
A: 무슨 거리에 있어요?
B: 라스 플로레스 거리에 있어요.

PASO 3 도전! 회화 연습

어디서 경찰서를 찾을 수 있나요? _____

• **TIP**

스페인어로 많은 가게이름은 -ería로 끝납니다.

librería	f. 서점
peluquería	f. 미용실
carnicería	f. 정육점
lotería	f. 복권가게
pescadería	f. 생선가게
panadería	f. 빵집
pastelería	f. 케이크 가게
hamburguesería	f. 햄버거 가게
perfumería	f. 화장품 가게
floristería	f. 꽃 가게
pizzería	f. 피자 가게
cervecería	f. 맥주 바
sombrerería	f. 모자 가게
zapatería	f. 신발 가게

• **새로운 어휘**

sello	m. 우표
metrobús	m. 10회 승차권
entrada	f. 입장권
cuadra	f. 블록
dirección	f. 주소

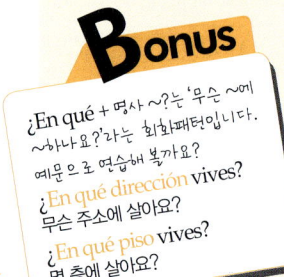

Bonus
¿En qué + 명사 ~?는 '무슨 ~에 ~하나요?'라는 회화패턴입니다. 예문으로 연습해 볼까요?
¿En qué dirección vives?
무슨 주소에 살아요?
¿En qué piso vives?
몇 층에 살아요?

¿A dónde ~? 어디로 ~하니?

의문사 dónde에 전치사 a(~로)가 합쳐진 형태랍니다. 방향을 물어볼 때 쓰는 표현이죠. 이 때 전치사 a는 떨어져 써도 되고 붙여 써도 무방해요. a를 생략해도 되고요.

PASO 1 회화 패턴 연습

어디로 가고 싶니?
¿**A dónde** quieres ir?

어디로 갈 거야?
¿**A dónde** irás?

어디로 갈 테야?
¿**A dónde** te gustaría ir?

어디로 가니?
¿**A dónde** vas tú?

• TIP

다양한 장소명을 배워 볼까요?

clínica	f. 진료실, 병원
quiosco	m. 신문 가판대
parque	m. 공원
piscina	f. 수영장
biblioteca	f. 도서관
Correos	m. 우체국
comisaría	f. 경찰서
farmacia	f. 약국
restaurante	m. 레스토랑
gimnasio	m. 헬스장
gasolinera	f. 주유소

PASO 2 리얼 회화 연습

 도시에 질린 친구는 작은 마을로 휴가를 떠나고 싶다고 말합니다.

A: Ya vienen las vacaciones. Me voy de vacaciones.
B: 어디로 갈 거야?
A: Voy a un pueblo pequeño o una isla. Estoy harto de la ciudad.
B: ¿Ah, sí? Yo prefiero quedarme en la ciudad.

A: 이제 휴가가 오고 있어. 나 휴가 떠나.
B: ¿A dónde te vas a ir?
A: 작은 마을이나 해변으로 갈 거야. 도시에 질렸어.
B: 아, 그래? 난 도시에 있는 게 더 좋아.

• 새로운 어휘

pueblo	m. 마을
ciudad	f. 도시
harto/a	싫증난, 질린
quedarse	머물다, 남다

estar 동사 뒤에 harto(질린, 싫증난)가 와서 어떤 대상이나 행위에 대해 싫증나고 짜증나는 기분을 표현할 때 사용합니다. de 다음에는 명사 또는 동사가 올 수 있어요.
Estoy harto de mi jefe.
상사에게 질렸어.
Estoy harto de no tener dinero. 돈이 없는 게 싫증나.

PASO 3 도전! 회화 연습

우리 어디로 갈까? _____ (ir a~)

¿De dónde ~? 어디로부터 ~하니?

의문사 dónde 앞에 전치사 de가 함께 오게 되면 '어디서, 어디로부터'의 뜻이 됩니다. 국적이나 출신지를 물어볼 때도 ¿De dónde eres? (어디 출신이니?)라고 물어보면 되죠.

PASO 1 회화 패턴 연습

이 시간에 어디서 오는 길이야?
¿**De dónde** vienes a estas horas?

어디 출신이야?
¿**De dónde** eres?

어디서 그것을 찾았니?
¿**De dónde** lo has sacado?

어디서 그것을 얻어냈니?
¿**De dónde** lo has conseguido?

• TIP

길을 물어볼 때 이런 표현들도 추가로 알아 두세요.

Perdona/Perdone...
실례합니다만...
¿Para ir a...? ~로 가려면...
¿Hay un/una... cerca?
근처에...가 있나요?
¿El/la...? .....는요?

- Perdona, ¿el Banco BBV?
  실례합니다만, BBV은행요?
- ¿Para ir al centro?
  시내로 가려면요?
- ¿Hay una gasolinera cerca?
  근처에 주유소 있나요?
- ¿El hotel Alfonso, por favor?
  알폰소 호텔은요?

• 새로운 어휘

sacar 알다, 발견하다
tomar la decisión 결정하다

PASO 2 리얼 회화 연습

 아내가 없어서 기다리다가 저녁을 안 먹었다고 하는군요.

A: 이 시간에 어디서 오는 길이야?
　 Te estaba esperando para cenar juntos.
B: **¿No has cenado todavía?**
A: **Como no estabas, no cené.**
B: **Ya estoy aquí. Vamos, cariño.**

A: ¿**De dónde vienes a estas horas?** 같이 저녁 먹으려고 기다리고 있었어.
B: 아직 저녁 안 먹었어?
A: 당신이 없어서 안 먹었어.
B: 이제 여기 있잖아. 가자, 자기야.

como 다음에 주어와 동사가 나오면 '~하기 때문에'를 뜻하는 접속사가 돼요. 영어의 since 또는 as와 같다고 보면 되겠죠. 이유를 나타내는 como절에는 대부분 계 과거 시제가 와야 해요. 또한 문장 첫음에 위치하게 되죠.
Como no estabas aquí, tomé la decisión por ti. 네가 없어서 내가 너 대신 결정했어.

PASO 3 도전! 회화 연습

어디서 전화하는 거야? _____ (llamar)

Lección 33
Cuándo 언제

'cuándo'는 '언제'를 의미하는 의문사입니다. 앞에 전치사가 와서 ¿Desde cuándo?(언제부터), ¿Hasta cuándo?(언제까지) 등의 표현을 할 수 있어요. 자, 그럼, cuándo가 사용된 주요 회화 패턴을 배워볼까요?

의문사 Cuándo 동사를 배우면 이런 표현을 말할 수 있어요!

1	언제 ~가 열려요?, 언제 ~해요?	¿Cuándo es ~?
2	언제 ~가 시작해요?	¿Cuándo empieza ~?
3	언제 ~할 생각이야?	¿Cuándo piensas ~?
4	언제부터 ~하니?	¿Desde cuándo ~?

의문사를 활용한 회화패턴 **257**

¿Cuándo es ~? 언제 ~가 열려요?, 언제 ~해요?

Cuándo 의문사 뒤에 ser 동사의 3인칭형 동사인 es가 오게 되면 '언제 ~가 열려?'라는 의미가 돼요. 여기서 es는 '~가 열리다'의 의미가 되는 거죠. 영어의 be held처럼요.

PASO 1   회화 패턴 연습

파티가 언제예요?
¿Cuándo es la fiesta?

개막식이 언제예요?
¿Cuándo es la inauguración?

장례식이 언제예요?
¿Cuándo es el entierro?

컨퍼런스가 언제예요?
¿Cuándo es la conferencia?

• TIP

스페인의 12월 31일을 Noche vieja라고 합니다.
자정 12시가 되면 12번의 종이 울리게 되는데 포도 12알을 먹으며 새 해 소망과 행운을 빌게 됩니다. 이 날은 스페인 모든 사람들이 광장 등으로 나와서 밤을 새면서 축제를 즐깁니다.

• 새로운 어휘

inauguración f. 개회식
entierro m. 장례식
conferencia f. 강연
expresión f. 표정

PASO 2   리얼 회화 연습

 친구에게 연말에 결혼 소식을 알리는군요.

A: Hace tiempo que no veía esa expresión en tu cara.
B: ¡Me caso!
A: ¡Felicidades! 결혼식은 언제야?
B: El día de Fin de Año, en Los Ángeles.

A: 네 얼굴에서 그런 표정 본 지가 참 오랜만이야.
B: 나 결혼해!
A: 축하해! ¿Cuándo es la boda?
B: 연말에. 로스앤젤레스에서.

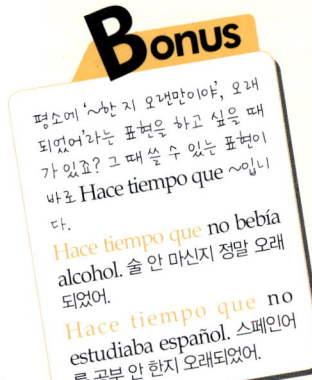

평소에 '~한 지 오랜만이야, 오래 되었어'라는 표현을 하고 싶을 때가 있죠? 그 때 쓸 수 있는 표현이 바로 Hace tiempo que ~입니다.
Hace tiempo que no bebía alcohol. 술 안 마신지 정말 오래 되었어.
Hace tiempo que no estudiaba español. 스페인어를 공부 안 한지 오래되었어.

PASO 3   도전! 회화 연습

행사가 언제예요? _____ (ceremonia)

178

¿Cuándo empieza ~? 언제 ~가 시작해요?

empezar 는 –ie형 동사로 3인칭 단수형이 empieza이고요. ¿Cuándo empieza ~?는 '언제 ~가 시작해요?'라는 회화 패턴이 됩니다.

PASO 1 회화 패턴 연습

새 학기는 언제 시작해요?
¿Cuándo empieza el nuevo semestre?

영화 페스티발 언제 시작해요?
¿Cuándo empieza el festival de cine?

요리 강좌는 언제 시작해요?
¿Cuándo empieza el curso de cocina?

컴퓨터 과정 언제 시작해요?
¿Cuándo empieza el curso de informática?

PASO 2 리얼 회화 연습

스페인어 수업 스케줄을 묻기 위해 학원을 방문했어요.

A: He venido a informarme del horario de la clase.
B: Sí, aquí tiene el folleto del horario. ¿Qué clase le interesa?
A: La clase del examen Dele. 집중코스가 언제 시작해요?
B: El próximo mes. ¿Quiere apuntarse?

A: 수업 스케줄 알아보러 왔는데요.
B: 네, 여기 스케줄 팸플릿 있어요. 어떤 수업에 관심 있어요?
A: 델레시험반요. ¿Cuándo empieza el curso intensivo?
B: 다음 달요. 등록하실래요?

PASO 3 도전! 회화 연습

공연은 언제 시작해요? _____

• TIP

명사를 만드는 접미사를 알아두면 스페인어 명사를 외우는데 도움이 될 거예요.
-ción/-sión/-miento/-je/-eza/-ura/-dad/-ida로 끝나면 대부분 명사가 됩니다.

redacción   f. 작문
revisión   f. 검사
sentimiento m. 감정
aterrizaje m. 착륙
tristeza   f. 슬픔
dulzura   f. 달콤함
nacionalidad f. 국적
salida   f. 출구

• 새로운 어휘

semestre   m. 학기
informática f. 컴퓨터 과학
informarse 정보를 얻다
horario   m. 시간표, 스케줄
folleto   m. 팸플릿
intensivo   집중적인
apuntarse   등록하다

Bonus

<He venido a + 동사원형>은 '~하러 왔어요'라는 뜻입니다. 어디를 방문하여 방문 동기 및 목적을 말할때 쓰는 표현이요.
He venido a devolver la camisa. 셔츠 환불하러 왔어요.
He venido a pedir un favor. 부탁 하나 드리러 왔어요.

¿Cuándo piensas ~? 언제 ~할 생각이야?

pensar 동사 다음에 동사원형이 와서 '~할 생각이다'라는 뜻이 된다는 것은 pensar 동사편에서 배웠죠? 이번엔 cúando에 pensar 동사를 붙여 쓰는 연습을 해 볼까요? '언제 ~할 생각이야?'라는 말을 하려면, ¿Cuándo piensas ~?의 회화패턴을 사용해 보세요.

PASO 1 회화 패턴 연습

언제 일할 생각이야?
¿Cuándo piensas trabajar?

언제 여행할 생각이야?
¿Cuándo piensas viajar?

언제 요리를 배울 생각이야?
¿Cuándo piensas aprender a cocinar?

언제 너희 나라로 돌아갈 생각이야?
¿Cuándo piensas volver a tu país?

• TIP

cuándo 대신에 이런 표현들도 함께 해 보세요.

- ¿En qué día piensas ir?
  무슨 요일에 갈 생각이니?
- ¿En qué fecha piensas ir?
  며칠에 갈 생각이니?
- ¿En qué mes piensas ir?
  무슨 달에 갈 생각이니?
- ¿En qué año piensas ir?
  몇 년도에 갈 생각이니?

• 새로운 어휘

volver	돌아가다
país	m. 나라
claro	명확한
primero	첫째, 먼저

PASO 2 리얼 회화 연습

 친구가 다음 달에 멕시코로 갈 생각이라고 말합니다.

A: 언제 멕시코로 갈 생각이야?
B: Yo quiero irme el próximo mes.
A: ¿Qué piensas hacer allí?
B: Ahora no tengo nada claro. Primero voy a viajar un poco.

A: ¿Cuándo piensas irte a México?
B: 난 다음 달에 갈 생각이야.
A: 거기서 뭐 할 생각이야?
B: 지금은 명확한 건 하나도 없어. 처음엔 조금 여행할 거야.

¿Qué piensas ~?는 '뭐를 ~할 생각이야?'라는 의미가 되겠죠? pensar 동사는 여러모로 유용하게 쓰일 수 있어요. 유사표현으로는 ¿Qué vas a ~?가 있어요.
¿Qué piensas pedir?
뭐 주문할 생각이야?
¿Qué piensas comprar?
뭐 살 생각이야?

PASO 3 도전! 회화 연습

언제 일을 그만 둘 생각이야? _____ (dejar de)

¿Desde cuándo ~? 언제부터 ~하니?

전치사 desde는 '~로부터'를 의미합니다. ¿Desde cuándo ~? 패턴은 '언제부터 ~하니?'를 뜻하겠죠. 언제부터 스페인어를 공부하는지 물어보고 싶다면 ¿Desde cuándo estudias?라고 말하면 되겠죠.

PASO 1 회화 패턴 연습

언제부터 그를 알고 있니?
¿Desde cuándo lo conoces?

언제부터 플라멩코를 추고 있어?
¿Desde cuándo bailas flamenco?

언제부터 스페인어를 공부하니?
¿Desde cuándo estudias español?

언제부터 담배를 피우고 있어?
¿Desde cuándo fumas?

• **TIP**

¿Hasta cuándo?는 '언제까지'라는 뜻입니다.

- ¿Hasta cuándo te vas a quedar aquí?
  넌 언제까지 여기 있을 거야?
- ¿Hasta cuándo tengo que esperar?
  난 언제까지 기다려야 해?
- ¿Hasta cuándo vas a estar sin trabajar?
  넌 언제까지 일 안 하고 있을 거야?

• **새로운 어휘**

conocer 알다
dinámico/a 다이나믹한
increíble 대단한, 굉장한

PASO 2 리얼 회화 연습

 오늘 헬스장에서 만난 여자에게 사랑에 빠졌다고 말합니다.

A: Estoy enamorado de una chica. Ella es dinámica, divertida y alegre.
B: 언제부터 그녀를 알고 있어?
A: Acabo de conocerla esta mañana. En el gimnasio.
B: ¡Eres increíble!

A: 어떤 여자에게 사랑에 빠졌어. 그녀는 다이나믹하고 재미있고 유쾌해.
B: ¿Desde cuándo la conoces?
A: 오늘 아침에 그녀를 금방 알았어. 헬스장에서.
B: 넌 대단해!

Bonus

acabar de는 '막 ~했어'를 뜻하는 유용한 회화 패턴입니다. 따라서 <Acabo de + 동사원형>은 '내가 금방 ~했어'라고 말할 때 사용할 수 있겠죠? llamar(전화하다), cenar(저녁 먹다), tomar café(커피 마시다) 등의 동사를 집어넣어 연습해 보세요.
Acabo de romper con mi novio. 금방 남자친구와 끝냈어.

PASO 3 도전! 회화 연습

언제부터 말을 타고 있어? _____ (caballos)

Lección 34
Quién/es 누구

quién은 '누구'를 뜻하는 의문사입니다. 영어와는 달리 복수형인 quiénes가 존재해요. 앞에 전치사 de, con 등이 와서 ¿De quién ~?(누구의 것), ¿Con quién ~?(누구와 함께)처럼 활용될 수 있어요. 자, 그럼, quién을 사용한 주요 회화 패턴을 배워 볼까요?

CHECK 의문사 Quién를 배우면 이런 표현을 말할 수 있어요!

1	~는 누구예요?	¿Quién es ~?
2	누가 ~하니?	¿Quién ~?
3	누가 ~할 거야?	¿Quién va a ~?
4	~는 누구 것이야?	¿De quién es (son) ~?
5	누구와 ~하니?	¿Con quién ~?
6	누구에게, 누구를 ~하니?	¿A quién ~?
7	너는 누구와 함께 ~할 거니?	¿Con quién vas a ~?

의문사를 활용한 회화패턴

181

¿Quién es ~? ~는 누구예요?

quién은 '누구'를 뜻하는 의문사입니다. 복수형인 quiénes도 있어요. 전화통화상에서도 '누구예요?'라고 묻고 싶다면 ¿Quién es?라고 말하면 됩니다.

PASO 1 회화 패턴 연습

당신은 누구세요?
¿Quién es usted?

저 아주머니는 누구야?
¿Quién es esa señora?

저 여자 누구야?
¿Quién es esa chica?

저 예쁜 여자 누구야?
¿Quién es aquella chica guapa?

• TIP

지시 대명사를 배워 봅시다. '이 것'은 화자와 가까운 대상, '그것'은 청자와 가까운 대상 '저것'은 둘 다 가깝지 않은 가장 멀리 있는 대상을 일컬을 때 사용해요.

이것, 이 사람
este/esta/estos/estas
그것, 그 사람
ese/esa/esos/esas
저것, 저 사람
aquel/aquella/aquellos/aquellas

• 새로운 어휘

presentar 소개시켜 주다
bigote m. 콧수염

PASO 2 리얼 회화 연습

 결혼식에서 친구의 사촌동생을 소개받습니다.

A: ¡Cuánta gente hay en la boda! 저 구릿빛 피부의 여자는 누구니?
B: ¿Quién? ¿La del vestido rojo?
A: Sí, la que está fumando.
B: Ah, es mi prima Ángeles. Es guapísima. Ahora te la presento.

A: 결혼식에 사람 진짜 많다! ¿Quién es esa chica morena?
B: 누구? ¿빨강색 원피스 입은 여자?
A: 그래, 담배 피우고 있는 여자.
B: 아, 내 사촌 앙헬레스야. 진짜 예뻐. 지금 소개시켜 줄게.

Bonus
<정관사 + de + 명사> 형태로 정관사 뒤에 명사를 생략해서 말하는 표현을 현지에서 많이 사용해요. 사람의 경우, el de ~는 '~의 남자', la de ~는 '~의 여자'를 의미하는 거죠.
El del bigote es mi compañero Raúl. 콧수염 있는 남자는 내 동료 라울이야.

PASO 3 도전! 회화 연습

저 금발머리의 남자는 누구야? _____ (aquel, rubio)

264 Capítulo 4

182

¿Quién ~? 누가 ~하니?

quién 다음에 동사가 와서 '누가 ~하니?'라는 뜻이 됩니다. 전화통화 시 누구인지 물을 때는 ¿Quién es usted? 말고도 ¿Quién le llama?, ¿Con quién hablo?, ¿De parte de quién? 등의 표현들이 있어요.

PASO 1 회화 패턴 연습

누가 가기를 원해?
¿**Quién** quiere ir?

누가 노래하는 거야?
¿**Quién** canta?

누가 파티에 와?
¿**Quién** viene a la fiesta?

누가 마드리드에 살아?
¿**Quién** vive en Madrid?

PASO 2 리얼 회화 연습

 전화통화에서 누구를 바꿔달라고 합니다.

A: ¿Podría ponerme con Cristina Cobano?
B: 누구세요?
A: Pedro Martín.
B: Un momento, le paso.

A: 크리스티나 코바노씨 바꿔줄 수 있어요?
B: ¿Quién le llama?
A: 페드로 마르틴입니다.
B: 잠시만요, 바꿔 드릴게요.

PASO 3 도전! 회화 연습

누가 개가 있어? _____ (perro)

• TIP

전화 통화에서 많이 쓰이는 스페인어 표현을 알아 봅시다.

• ¿Diga?, ¿Dígame?, ¿Sí? 여보세요, 네?
• ¿De parte de quién? 누구세요?
• ¿Podría ponerme con el señor Ramírez? 라미레스씨와 통화할 수 있을까요?
• Ahora le pongo. 지금 바꿔 드릴게요.
• Ahora paso con él. 지금 바꿔 드릴게요.
• ¿Quieres dejar algún recado? 남길 메시지 있어요?

• 새로운 어휘

poner   바꿔주다
llamar 전화하다
pasar   바꿔주다

Bonus

pasar는 '바꿔주다'는 의미도 갖고 있어요. 앞에 간접목적어 le(당신에게)가 붙어서 '(당신에게) 바꿔줄게요'라는 뜻이 되는 거죠. 이때 동사 뒤에 전치사 a말고도 con이 와도 돼요. 예를 들어, Le paso con él.(그 남자 바꿔 드릴게요)에서 처럼요. 그리고 상대방에게 잠시만요라고 말하고 싶을 때는, Un momento라고 하면 됩니다.

183

¿Quién va a ~? 누가 ~할 거야?

ir a ~ 다음에 동사원형이 와서 '~할 예정이다, ~할거야'라는 회화 패턴은 ir 동사편에서 배웠어요. 여기에 의문사 quién을 넣어서 새로운 회화 패턴을 만들어 볼까요? ¿Quién va a ~?에 여러 원형동사를 넣어 연습해 봅시다.

paso 1 회화 패턴 연습

누가 오늘 밤에 요리할 거야?
¿Quién va a cocinar esta noche?

누가 아이를 픽업할 거야?
¿Quién va a recoger al niño?

누가 맥주를 원하니?
¿Quién va a querer la cerveza?

누가 와인 갖고 올 거야?
¿Quién va a traer el vino?

• TIP

Sí(응, 그래) 또는 No(아니)를 좀 더 강조해서 말하고 싶다면 앞에 que를 붙여서 말하면 돼요. 두 번 반복해 주면 더 강조가 되겠죠.

- Que sí, que sí, yo quiero.
  그래, 그래, 난 원해.
- Que no, que no... que estás equivocado.
  아니야, 아니라니깐... 네가 틀렸어.

• 새로운 어휘

recoger	픽업하다
cumpleaños	m. 생일
hacer una fiesta	파티 하다
faltar	어기다
en punto	정각

paso 2 리얼 회화 연습

 토요일 생일날 홈파티를 열어 친구들을 초대합니다.

A: **El sábado es mi cumpleaños y hago una fiesta en casa.**
   누가 우리 집에 올 예정이야?
B: **Yo voy. Creo que Pedro y Luisa también van a ir.**
A: **Vale, te espero a partir de las ocho. No faltes.**
B: **Que no. Voy a estar en tu casa a las ocho en punto.**

A: 토요일이 내 생일이라서 우리 집에서 파티할거야.
   ¿Quién va a venir a mi casa?
B: 난 가. 페드로와 루이스도 갈 거라 생각해.
A: 알았어, 8시부터 기다릴게. 어기지 마.
B: 아니라니깐. 8시 정각에 갈 거야.

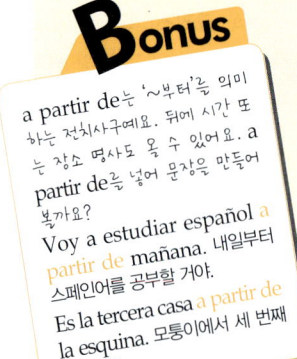

a partir de는 '~부터'를 의미하는 전치사구예요. 뒤에 시간 또는 장소 명사도 올 수 있어요. a partir de를 넣어 문장을 만들어 볼까요?
Voy a estudiar español a partir de mañana. 내일부터 스페인어를 공부할 거야.
Es la tercera casa a partir de la esquina. 모퉁이에서 세 번째 집이에요.

paso 3 도전! 회화 연습

누가 테이블 예약할 거야? _____ (reservar)

184 ¿De quién es (son) ~? ~는 누구 것이야?

전치사 de는 '소유'를 의미하는 전치사입니다. de가 의문사 quién(누구) 앞에 오게 되면 '누구의 것'이라는 의미가 됩니다.

PASO 1 회화 패턴 연습

이 집은 누구 거야?
¿De quién es esta casa?

이 가방은 누구 거야?
¿De quién es esta maleta?

이 시계는 누구 거야?
¿De quién es este reloj?

이 캐러멜들은 누구 거야?
¿De quién son estos caramelos?

PASO 2 리얼 회화 연습

 자신의 책을 가방에 넣어두고 찾고 있는군요.

A: 이 책은 누구 거야?
B: Es mío.
A: Entonces, ¿dónde está mi libro?
B: Lo has metido en tu mochila.

A: **¿De quién es este libro?**
B: 내 거야.
A: 그러면, 내 책은 어디에 있어?
B: 네 가방에 넣었잖아.

PASO 3 도전! 회화 연습

이 가방들은 누구 거야? _____ (maleta)

• TIP

사물을 받는 목적격 대명사 lo, la, los, las를 배워 볼까요?
- ¿Dónde está el queso?
  치즈 어디 있니?
- Lo he puesto en la nevera.
  냉장고에 넣었어.
- ¿Dónde está la miel?
  꿀은 어디 있니?
- La he guardado en el armario.
  찬장에 보관했어.
- ¿Dónde están los libros?
  책들은 어디 있니?
- Los he dejado en casa.
  집에 두었어.
- ¿Dónde están las manzanas?
  사과들은 어디 있니?
- Las he metido en la nevera.
  냉장고에 넣었어.

• 새로운 어휘

reloj	m.	시계
caramelo	m.	캐러멜
meter		집어 넣다
mochila	f.	백팩

Bonus

mío는 '나의 것'을 의미하는 소유 대명사입니다. 너의 것은 tuyo, 그 혹은 그녀의 것은 suyo가 되겠죠. 가리키는 사물이 여성형이면 mía, tuya, suya로 성이 변해야 해요.
Esta mochila es tuya. 이 가방은 너의 것이야.
Aquel libro es suyo. 저 책은 그의 것이야.

¿Con quién ~? 누구와 ~하니?

con은 '~와 함께'를 의미하는 전치사입니다. quién과 함께 붙여 쓰면, '누구와 함께 ~하니?'라는 뜻이 돼요. 전화통화상에서 ¿Con quién hablo?라고 말한다면, '누구세요?'라는 뜻이 됩니다.

PASO 1   회화 패턴 연습

누구와 가니?
¿Con quién vas?

누구와 사니?
¿Con quién vives?

누구와 전화 통화하니?
¿Con quién hablas por teléfono?

넌 누구와 문제가 있니?
¿Con quién tienes problemas?

• TIP

우리 말에 '두 마리 토끼를 잡으려다 한 마리도 못 잡는다'에 해당하는 스페인 속담을 배워 봅시다.
Quien mucho abarca, poco aprieta.
직역하면 '많이 품는 사람이 더 적게 끌어 안는다'는 뜻이 돼요.

quien   ~하는 사람
abarcar   품다, 끌어 안다
apretar   조이다, 꼭 끌어 안다

• 새로운 어휘

otra vez   다시 한 번
casarse   결혼하다
majo/a   매력적인(구어체)

PASO 2   리얼 회화 연습

 마리오가 재혼했다는 소식을 듣고 놀라는군요.

A: ¿Sabes? Mario se ha vuelto a casar.
B: ¿Otra vez? 누구와 결혼한 거야?
A: Pues con una chica de Santander muy maja.
B: ¡No me digas!

A: 있잖아, 마리오가 다시 결혼했대.
B: 다시? ¿Con quién se ha casado?
A: 아주 매력적인 산탄데르 여자랑.
B: 말도 안 돼.

Bonus

<volver a + 동사원형>은 '다시 ~하다'는 숙어적 표현입니다. '나는 또, 다시~했어'라고 말하고 싶을 때 쓸 수 있는 표현이죠. He vuelto a ~에 동사원형을 집어 넣어 연습해 볼까요?
He vuelto a salir con ella.
다시 그녀와 데이트 했어.
He vuelto a equivocarme.
또 실수 했어.

PASO 3   도전! 회화 연습

넌 누구와 사귀고 있니? _____ (salir con)

186

¿A quién ~? 누구에게, 누구를 ~하니?

전치사 a는 사람 앞에 오면 '~에게, ~을'를 의미해요. 따라서 A quién은 '누구를, 누구에게'를 뜻하게 되겠죠. parecerse a ~는 '~를 닮다'라는 뜻으로 항상 전치사 a를 취하는 숙어적 표현이에요.

PASO 1 회화 패턴 연습

년 누구 닮았어?
¿A quién te pareces?

누구를 선택하고 싶어?
¿A quién quieres elegir?

누구 차례야?
¿A quién le toca?

누구한테 전화할 거야?
¿A quién vas a llamar?

• **TIP**

부사로 훨씬 더 많이 쓰이는 단어들입니다.

generalmente 보통, 일반적으로
especialmente 특별히
precisamente 정확히
efectivamente 사실, 실제로
naturalmente 당연히, 물론

• **새로운 어휘**

elegir   선택하다
tocarle   ~차례이다
físicamente   외모는
carácter   m. 성격

PASO 2 리얼 회화 연습

 외모는 엄마를 성격은 아빠를 닮았다고 말하는군요.

A: 넌 누구를 닮았니?
B: Yo, físicamente, me parezco mucho a mi madre. Soy alta, como ella. Y las dos tenemos los mismos ojos.
A: ¿Y en el carácter?
B: En el carácter me parezco más a mi padre.

A: ¿A quién te pareces tú?
B: 난, 외모는, 엄마를 많이 닮았어. 엄마처럼 키가 크지. 그리고 눈도 똑같이 생겼어.
A: 그리고 성격은?
B: 성격은 아빠를 더 많이 닮았어.

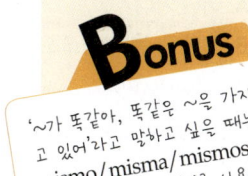

'~가 똑같아, 똑같은 ~을 가지고 있어'라고 말하고 싶을 때는 mismo / misma / mismos / mismas(같은, 동일한)를 사용해 보세요.
Tenemos el mismo pelo. 우리는 머리가 똑같아.
Tenemos la misma altura. 우리는 키가 똑같아.

PASO 3 도전! 회화 연습

누구에게 요구할 거야? _____ (pedir)

¿Con quién vas a ~? 너는 누구와 함께 ~할 거니?

이번엔 con quién(누구와 함께)와 ir a ~패턴을 함께 써서 말해 볼까요? ¿Con quién vas a ~?는 '너는 누구와 함께 ~할 거야?'라는 의미가 됩니다.

PASO 1 회화 패턴 연습

넌 누구와 살 거야?
¿Con quién vas a vivir?

넌 파티에 누구와 갈 거야?
¿Cón quién vas a ir a la fiesta?

넌 누구와 밥 먹을 거야?
¿Con quién vas a comer?

넌 누구와 저녁 먹을 거야?
¿Con quién vas a cenar?

• TIP

'용기와 도전'을 강조하는 스페인 속담을 배워 봅시다.
Quien no se arriesga, no gana.
"호랑이 굴에 들어가야 호랑이 새끼를 잡는다"
직역하면 '위험을 무릅쓰지 않으면, 이기지 못한다'는 뜻이죠.

arriesgarse 위험을 무릅쓰다
ganar 이기다

• 새로운 어휘

cambiarse 갈아입다
colega *m.f.* 동료
rechazar 거절하다

PASO 2 리얼 회화 연습

 아들은 친구들과 카실다 부인의 파티에 초대받아 간다고 말합니다.

A: **¿Dónde vas?**
B: **A casa, a cambiarme. Voy a la fiesta de Doña Casilda.**
A: 누구랑 가니?
B: **He quedado con mis colegas. Nos han invitado.**

A: 어디 가니?
B: 집에요, 옷 갈아 입으러요. 카실다 부인 파티에 가요
A: **¿Con quién vas a ir?**
B: 동료들과 만나기로 했어요. 우리 초대 받았어요.

PASO 3 도전! 회화 연습

넌 누구와 테니스 칠 거야? _____ **(jugar, tenis)**

스페인 사람들은 3인칭 복수형 동사를 써서 무인칭 구문을 자주 사용합니다. <간접목적어 + han + -ado/-ido>의 패턴을 사용해서 수동태와 같은 형태를 만들 수 있어요. Me han operado(수술 받았어), Me han llamado(전화 받았어), Me han dicho(들었어)처럼 말이죠.
Me han rechazado. 나 거절 당했어.

Lección 35

Cuánto 얼마나 많은, 얼마나 많이

스페인어 의문사 중에서 성.수 변화가 있는 유일한 의문사가 바로 cuánto입니다. 따라서 활용 빈도가 아주 높은 의문사입니다. 가격을 물을 때 사용되는 의문사이니 꼭 기억해 둬야겠네요. 뒤에 나오는 명사에 따라 cuánto, cuánta, cuántos, cuántas와 같이 변해야 해요. 뒤에 동사가 바로 나오면 cuánto밖에 나올 수 없어요. 뜻은 '얼마나 많이'가 되겠죠? cuánto를 활용한 감탄문 패턴도 만들 수 있답니다.

의문사 Cuánto 동사를 배우면 이런 표현을 말할 수 있어요!

1	~는 얼마예요?	¿Cuánto cuesta/n ~?
2	얼마를 ~하니?	¿Cuánto ~?
3	얼마나 많은 ~를 ~해?	¿Cuánto/a/os/as + 명사 ~?
4	얼마나 많은 ~를 갖고 있어?	¿Cuántos/Cuántas + 명사 + tienes?
5	몇 번 ~해?	¿Cuántas veces ~?
6	~한 지 얼마나 되었어?	¿Cuánto tiempo llevas ~?
7	~한 지 얼마나 되었어?	¿Cuánto tiempo hace que ~?
8	~가 정말 많다!	¡Cuánto/a/os/as ~!
9	얼마나 ~한지!	¡Cuánto ~!

의문사를 활용한 회화패턴

188 ¿Cuánto cuesta/n ~? ~는 얼마예요?

의문사 cuánto는 가격을 물을 때 주로 사용하겠죠? costar 동사는 -ue형 불규칙 동사로 3인칭형이 cuesta입니다. 뒤에 복수명사가 오면 cuestan이 되는 거구요. 가격을 묻는 동일한 표현인 ¿Cuánto es?, ¿Qué precio tiene?도 함께 기억해 두면 좋겠죠?

PASO 1 회화 패턴 연습

집세가 얼마예요?
¿**Cuánto cuesta** el alquiler?

입장권 얼마예요?
¿**Cuánto cuesta** la entrada?

사과 1킬로 얼마예요?
¿**Cuánto cuesta** un kilo de manzanas?

오늘의 메뉴 얼마예요?
¿**Cuánto cuesta** el menú del día?

TIP
가격을 물을 때는 이런 표현들도 함께 기억해 두세요~

- ¿Cuánto es el vuelo?
  비행은 얼마예요?
- ¿Cuánto son las gafas?
  안경은 얼마예요?
- ¿Qué precio tiene el abrigo?
  코트는 얼마예요?
- ¿Qué precio tienen los pantalones?
  바지는 얼마예요?

새로운 어휘
alquiler *m.* 세, 임대료
menú del día *m.* 오늘의 메뉴
vuelo *m.* 비행
tardar 걸리다
carrera *f.* 학업

PASO 2 리얼 회화 연습

 스페인행 비행의 가격과 소요시간에 대해 물어보고 있어요.

A: 한국에서 스페인 비행편이 얼마예요?
B: Cuesta más o menos novecientos euros.
A: ¿Cuánto tiempo se tarda en llegar?
B: Tarda unas trece horas.

A: ¿Cuánto cuesta el vuelo de Corea a España?
B: 약 900유로예요.
A: 도착하는데 얼마나 걸려요?
B: 약 13시간요.

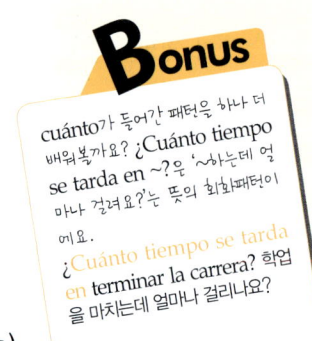

Bonus
cuánto가 들어간 패턴을 하나 더 배워볼까요? ¿Cuánto tiempo se tarda en ~?은 '~하는데 얼마나 걸려요?'는 뜻의 회화패턴이에요.
¿Cuánto tiempo se tarda en terminar la carrera? 학업을 마치는데 얼마나 걸리나요?

PASO 3 도전! 회화 연습

등록금이 얼마예요? _____ (matrícula)

¿Cuánto ~? 얼마를 ~하니?

cuánto는 '얼마나 많이'를 의미하는 의문부사로 쓰일 수 있어요. 영어의 how much에 해당하는 의문사죠. 가격을 물을 때는 ¿Cuánto es? 혹은 ¿Cuánto son?이라고 말할 수 있어요.

PASO 1 회화 패턴 연습

얼마나 많이 원하세요?
¿Cuánto quieres?

세를 얼마를 요구하세요?
¿Cuánto pides de alquiler?

얼마나 많이 필요하세요?
¿Cuánto necesitas?

얼마예요? (바나 레스토랑에서 계산서 요구할 때)
¿Cuánto te debo?

• TIP

키와 몸무게는 스페인어로 어떻게 말하죠?
medir와 pesar동사를 쓰면 돼요.

- ¿Cuánto mides? 키가 몇이야?
- Yo mido 1,80. 1미터 80이야.
- ¿Cuanto pesas? 몸무게 얼마야?
- Peso 78 kilos. 78킬로야.

• 새로운 어휘

deber   빚을 지다
vista   f. 전망
precioso/a   아름다운
cobrar   돈을 받다
patio   m. 마당

PASO 2 리얼 회화 연습

 해변을 향하고 있어 전망이 좋은 아파트를 아주 마음에 들어 합니다.

A: Me encanta este piso. Tiene una vista preciosa.
B: Sí, esta habitación da a la playa.
A: 방 하나 월세 얼마 받아요?
B: 350 euros al mes.

A: 이 아파트 정말 맘에 들어요. 전망이 아름다워요.
B: 네, 이 방은 해변으로 향해 있어요.
A: ¿Cuánto me cobras por el alquiler de una habitación?
B: 한 달에 350유로입니다.

PASO 3 도전! 회화 연습

차 렌트비가 얼마예요? _____ (cobrar, alquiler)

dar a ~다음에 장소명사가 오게 되면 '~로 향해 있다'는 뜻이 돼요.
Da al mercado. 시장으로 향해 있다.
Da al patio. 마당으로 향해 있다.
Da al peatón. 인도로 향해 있다.

¿Cuánto/a/os/as+명사~? 얼마나 많은 ~를 해?

의문사 cuánto는 '얼마나 많은'을 의미하는 의문사랍니다. 뒤에 오는 명사에 따라 여성명사가 오게 되면 cuánta가 되겠죠? cuánto와 cuánta 뒤에는 셀 수 없는 명사가 cuántos와 cuántas 다음에는 셀 수 있는 복수명사가 와야 하죠.

PASO 1   회화 패턴 연습

빠에야 만들려면 얼마나 많은 쌀이 필요해?
¿**Cuánto** arroz se necesita para la paella?

얼마나 많은 돈이 필요해?
¿**Cuánto** dinero necesitas?

얼마나 많은 사람이 미술관에 있어?
¿**Cuánta** gente hay en el museo?

얼마나 많은 옷이 옷장에 있어?
¿**Cuánta** ropa hay en el armario?

• **TIP**

스페인의 숙박형태를 알아 볼까요?

hotel	m.	호텔
hostal	m.	모텔
pensión	f.	여관
piso	m.	아파트
albergue juvenil	m.	유스호스텔
casa de huéspedes	f.	게스트 하우스
parador	m.	파라도르

• **새로운 어휘**

armario	m.	옷장
persona	f.	사람
hombre	m.	남자
mujer	f.	여자
albergue	m.	알베르게
viejo/a		오래된, 낡은

PASO 2   리얼 회화 연습

 여행객이 근처에 아는 호텔이 있는지 물어봅니다.

A: ¿Conoces algún hotel cerca de aquí?
B: 몇 명이세요?
A: Somos cinco. Dos hombres y tres mujeres.
B: Conozco un albergue. Pero es un poco viejo.

A: 이 근처에 어떤 호텔 아세요?
B: **¿Cuántas personas sois?**
A: 저희 5명입니다. 남자 두 명과 여자 세 명입니다.
B: 알베르게 하나를 알아요. 그런데 조금 오래됐어요.

PASO 3   도전! 회화 연습

스페인에 얼마나 많은 인구가 있어? _____ (habitante)

레스토랑 또는 호텔 등의 장소를 물어볼 때는 ¿Conoces algún(a) + 장소 cerca de aquí?(이 근처에 어떤 ~를 알아요?)의 패턴을 사용할 수 있어요. conocer 뒤에 장소 명사가 오면 '~을 알다, ~를 가 본 적 있다'는 뜻이 돼요.
¿Conoces algún restaurante cerca de aquí? 이 근처에 어떤 레스토랑 알아요?

191

¿Cuántos/Cuántas + 명사 + tienes?
얼마나 많은 ~를 갖고 있어?

¿Cuántos/Cuántas는 '얼마나 많은'을 의미하는 의문사입니다. 영어의 how many에 해당되죠. 상대의 나이를 물을 때 ¿Cuántos años tienes?(넌 몇 살이야?)라고 말하면 돼요. 뒤에 오는 명사의 성과 수에 따라 형태가 달라지죠.

PASO 1 회화 패턴 연습

스페인 친구가 몇 명 있어?
¿Cuántos amigos españoles tienes?

형제가 몇 명이야?
¿Cuántos hermanos tienes?

가방이 몇 개 있어?
¿Cuántas bolsas tienes?

조카가 몇 명이야?
¿Cuántos sobrinos tienes?

PASO 2 리얼 회화 연습

한국에서 만난 스페인 친구가 두 명이 있다고 합니다.

A: 넌 여기 한국에 스페인 친구들이 몇 명 있어?
B: Tengo dos. Un catalán y una madrileña. Los conocí en una fiesta.
A: ¿Cuántos años tienen ellos?
B: Son menores que yo. El catalán tiene 22 y la madrileña 25.

A: ¿Cuántos amigos españoles tienes aquí en Corea?
B: 두 명 있어. 카탈루냐 남자친구와 마드리드 여자친구. 파티에서 만났어.
A: 몇 살이야?
B: 나보다 연하야. 카탈루냐 친구는 22살이고 마드리드 친구는 25살이지.

PASO 3 도전! 회화 연습

라틴아메리카 친구가 몇 명 있어? _____

TIP

지역성이 강한 스페인 사람들은 국적보다는 출신지를 말하는 것을 더 좋아해요.
다음과 같은 지역사람들의 단어들을 알아두세요~

마드리드 사람	madrileño/a
세비야 사람	sevillano/a
카탈루냐 사람	catalán/a
갈리시아 사람	gallego/a
바스크 사람	vasco/a
코르도바 사람	cordobés/a
그라나다 사람	granadino/a
발렌시아 사람	valenciano/a
말라가 사람	malagueño/a

새로운 어휘

bolsa　　　f. 가방
catalán/a　　m.f. 카탈루냐 사람
madrileño/a　m.f. 마드리드 사람
menor　　　나이가 더 어린

Bonus

menor는 '더 어린, 연하의'을 뜻하는 비교급입니다. 반대말은 mayor(나이가 더 많은, 연상의)이고요.
Es dos años menor que yo.
나보다 두 살 연하야.
Mi novio es tres años mayor que yo. 내 남자친구는 나보다 세 살 연상이야.

192

¿Cuántas veces ~? 몇 번 ~해?

vez는 횟수를 나타낼 때 쓰는 '번'을 의미하고요. 복수형이 veces입니다. 따라서 cuántas veces는 '얼마나 많이, 몇 번, 얼마나 여러 번'을 의미하게 돼요. vez가 여성명사라서 cuántas가 되는 거구요. 영어의 how many times에 해당하는 패턴이죠.

PASO 1   회화 패턴 연습

하루에 몇 번 커피를 마셔?
¿Cuántas veces tomas café al día?

일주일에 술을 몇 번 마셔?
¿Cuántas veces bebes alcohol a la semana?

일주일에 운동을 몇 번 하니?
¿Cuántas veces haces ejercicio a la semana?

일년에 외국에 몇 번 나가?
¿Cuántas veces vas al extranjero al año?

• **TIP**

−z로 끝나는 명사는 복수형으로 만들 때 −ces가 됩니다. 이런 명사들을 예를 들어 살펴 볼까요?

vez (번) → veces
nariz (코) → narices
lápiz (연필) → lápices
voz (목소리) → voces
pez (물고기) → peces

• **새로운 어휘**

alcohol   m. 술
ejercicio   m. 운동
oportunidad f. 기회
disculpa   f. 사과
funcionar   작용하다, 잘 나가다
relación   f. 관계
significar 의미하다
nuestro/a   우리의

PASO 2   리얼 회화 연습

 남자친구가 기회를 달라며 매달리지만 여자친구는 매정하게 돌아서는군요.

A: Ya no quiero volver a verte. 몇 번이나 너에게 말해야 하니?
B: Dame solo una oportunidad más para pedirte disculpas.
A: ¿No te das cuenta de que ya no funciona nuestra relación?
B: ¿Para ti no significa nada nuestro amor?

A: 더 이상 널 보고 싶지 않아. ¿Cuántas veces te lo tengo que decir?
B: 사과할 기회를 한 번만 더 줘.
A: 우리 관계가 더 이상 지속되지 않는다는 걸 모르겠니?
B: 네겐 우리의 사랑이 아무 의미가 없는 거야?

darse cuenta de~는 '~을 깨닫다, 알아 차리다'를 뜻합니다. ⟨No te das cuenta de que~?⟩는 '모르겠니, 눈치 못 채니?'라는 뜻이죠. 상대가 말귀를 못 알아듣거나 이어나는 상황을 못 알아 차릴 때쓸 수 있는 표현이죠.
¿No te das cuenta de que ya no eres joven?
네가 이제 더 이상 젊지 않다는 걸 모르겠니?

PASO 3   도전! 회화 연습

한 달에 부모님께 몇 번 전화 드리니? _____

¿Cuánto tiempo llevas ~? ~한 지 얼마나 됐어?

llevar 동사 뒤에 시간이 나오면 '~한 지 (얼마의 시간)이 되다'라는 뜻이 된다는 것은 이미 배웠죠? 따라서 ¿Cuánto tiempo llevas ~다음에 현재 분사가 오게 되면 '~한 지 얼마나 되었어?'라는 뜻이 된답니다. 여기서 tiempo는 생략도 가능해요.

PASO 1   회화 패턴 연습

일본어 배운 지 얼마 되었니?
¿**Cuánto tiempo llevas** aprendiendo japonés?

춤 춘지 얼마나 되었어?
¿**Cuánto tiempo llevas** bailando?

남자친구 사귄 지 얼마 되었니?
¿**Cuánto tiempo llevas** saliendo con tu novio?

스페인어 공부한 지 얼마나 되었니?
¿**Cuánto tiempo llevas** estudiando español?

• TIP
사람들을 일컫는 표현들을 추가로 알아둡시다!

todo el mundo 모든 사람들
la gente 사람들
la mayoría 대부분
mucha gente 많은 사람들
casi nadie 거의 아무도
nadie 아무도

• 새로운 어휘

casi   거의
por eso   그래서
todavía   아직

PASO 2   리얼 회화 연습

 스페인에 온지 1년이 되었지만 아직 많이 배워야 한다고 말합니다.

A: 마드리드에 산 지 얼마나 되었어요?
B: Llevo casi un año.
A: Es por eso que hablas muy bien español.
B: Todavía tengo que aprender mucho.

A: ¿Cuánto tiempo llevas viviendo aquí en Madrid?
B: 거의 1년 되었어.
A: 그래서 스페인어를 아주 잘 하는구나.
B: 아직 많이 배워야 해.

PASO 3   도전! 회화 연습

스페인어 선생님 알고 지낸 지 얼마나 되었니? _____

Bonus

por eso는 '그래서, 그러니까'라는 뜻의 숙어예요. 회화체에서 유용하게 사용하는 표현이니 꼭 외워두세요. Es por eso que ~는 '그래서 ~하구나'라는 뜻이 되죠. 영어의 That's why~와 동일한 표현입니다.
Es por eso que él te quiere mucho. 그래서 그가 너를 많이 사랑하는구나.

¿Cuánto tiempo hace que~? ~한 지 얼마나 되었어?

¿Cuánto tiempo llevas ~?와 동일한 의미의 또 다른 회화 패턴이고요. 이번엔 cuánto tiempo hace que ~다음에 주어와 동사가 와야 해요. 두 개의 패턴 모두 자주 쓰이니까 같이 외워두면 유용하겠죠?

PASO 1 회화 패턴 연습

스페인어 공부한 지 얼마나 되었어?
¿Cuánto tiempo hace que estudias español?

여기서 일한 지 얼마나 되었어?
¿Cuánto tiempo hace que trabajas aquí?

플라멩코 춘 지 얼마나 되었어?
¿Cuánto tiempo hace que bailas flamenco?

담배 피운 지 얼마나 되었어?
¿Cuánto tiempo hace que fumas?

• TIP

Cuanto más … más...의 패턴도 추가로 알아두면 좋아요. '더 많이 ~하면 할수록 더 ~해져'라는 표현이에요. 여기 유명한 문구 하나가 있어요~

Cuanto más estudio, más sé.
Cuanto más sé, más olvido.
Cuanto más olvido, menos sé.
Entonces, ¿para qué estudio?
더 많이 공부할수록 더 많이 알아.
더 많이 알수록 더 많이 잊지.
더 많이 잊을수록 덜 알지.
그렇다면, 뭐 하려고 공부할까?

PASO 2 리얼 회화 연습

 런던에서 만난 친구가 최근에 라디오 방송국에서 일자리를 구했어요.

A: 런던에 산 지 얼마나 되었어?
B: Hace 10 años que vivo aquí. ¿Y tú ahora qué estás haciendo?
A: Yo acabo de conseguir el trabajo de mi vida.
　En "Radio Mundi".
B: ¡Qué envidia!

A: **¿Cuánto tiempo hace que vives en Londres?**
B: 10년째 살고 있어. 넌 지금 뭐 하고 있니?
A: 난 금방 내 삶의 최고의 일을 구했어. "라디오 문디"에서.
B: 부러워라!

• 새로운 어휘

conseguir	얻다, 획득하다
vida	f. 삶
envidia	f. 질투, 부러움
encontrar	찾다

Bonus

〈acabar de + 동사원형〉은 '금방, 막 ~하다'는 숙어적 표현이에요. Acabo de ~라고 말한다면 '나 금방, 막 ~했어'라는 뜻이 되겠죠? 그럼 동사원형을 넣어 연습해 볼까요?

<u>Acabo de</u> encontrar una novia española. 막(금방) 스페인 여자친구를 만나게 됐어.

PASO 3 도전! 회화 연습

마리 카르멘 알고 지낸 지 얼마나 되었어?

¡Cuánto/a/os/as~! ~가 정말 많다!

의문사 cuánto/a 다음에 명사가 와서 감탄문을 만들기도 해요. '~가 정말 많다'는 뜻이 되겠죠. 뒤의 명사의 성과 수에 따라 의문사 cuánto도 성, 수 변화만 시켜 주면 돼요. 뒤에 명사가 오지 않고 동사가 바로 오게 되면 '얼마나 ~하는지!'의 감탄문이 되기도 하죠.

PASO 1 회화 패턴 연습

전시회에 차가 진짜 많다!
¡Cuántos coches hay en la exposición!

내가 돈을 너무 많이 썼다!
¡Cuánto dinero me he gastado!

정말 오랜만이야!
¡Cuánto tiempo sin verte!

파티에 진짜 많은 사람이 왔네!
¡Cuánta gente ha venido a la fiesta!

PASO 2 리얼 회화 연습

 날씨 좋은 봄에 등산을 하며 사람들이 너무 많아 놀라고 있어요.

A: ¡사람 정말 많다!
B: Sí, estamos en plena primavera.
   Se ha puesto muy bonita la montaña.
A: Mira, está llena de gente.
B: ¡Uy, qué tiempo hace!

A: ¡Cuánta gente!
B: 그래, 지금 완연한 봄이야. 산이 아주 아름다워졌어.
A: 이 봐, 사람들로 가득 찼어.
B: 우와, 날씨 정말 좋다!

PASO 3 도전! 회화 연습

네 가방에 진짜 많은 캐러멜을 넣어 다니는 구나! _____

• TIP

전치사 con과 sin에 대해 좀 더 알아 볼까요? con은 '~와 함께, ~가 든, ~가 있는'을 뜻해요. 반대로, sin는 '~없이, ~하지 않고'를 뜻하죠.

- No puedo vivir sin ti.
  난 너 없이는 살 수 없어.
- Llevo dos días sin dormir.
  이틀째 못 자고 있어.
- pan con tomate
  토마토 소스를 넣은 빵(바르셀로나 전통 음식)
- café con leche
  (스페인식) 라테
- arroz con leche 라이스 푸딩 (후식의 일종)

• 새로운 어휘

exposición	f.	전시회
pleno/a		완전한
ponerse		~해지다

ponerse 동사 다음에 형용사 또는 부사가 오게 되면 '~해지다'라는 뜻이 됩니다. 내가 ~해졌다 고 말하고 싶다면 Me he puesto ~라고 말하면 되겠죠?
Carla se ha puesto muy guapa. 카를라는 아주 예뻐졌어.
Me he puesto colorado. 나는 얼굴이 빨개졌어.

196 ¡Cuánto ~! 얼마나 ~한지!

의문사 cuánto 다음에 동사가 바로 와서 감탄문을 만들 수도 있어요. '얼마나 ~한지!'라는 뜻이 됩니다.

PASO 1 회화 패턴 연습

여기서 널 보다니 얼마나 기쁜지!
¡**Cuánto** me alegra verte aquí!

얼마나 좋은지!
¡**Cuánto** me gusta!

그가 얼마나 싫은지!
¡**Cuánto** lo odio!

널 얼마나 사랑하는지!
¡**Cuánto** te quiero!

• **TIP**

'세상 참 좁다'는 스페인 속담을 배워 볼까요?
El mundo es un pañuelo.입니다. '세상이 손수건처럼 작다'는 의미겠죠? 우연히 기대치 않게 아는 사람을 만났을 때 쓸 수 있는 표현입니다.

mundo　　m. 세상
pañuelo　　m. 손수건

• **새로운 어휘**

alegrar　　기쁘게 하다
odiar　　싫어하다
esperar　　기대하다
razón　　f. 이성, 이유
cierto　　확실한, 틀림없는

PASO 2 리얼 회화 연습

 우연히 길거리에서 마주친 친구를 보며 세상은 참 좁다고 합니다.

A: 여기서 널 보다니 얼마나 기쁜지!
B: Sí, es verdad. No esperaba encontrarte aquí en la calle.
A: ¿Es verdad que el mundo es un pañuelo?
B: Con razón.

A: ¡Cuánto me alegra verte aquí!
B: 그래, 정말이야. 길거리에서 널 만날 거라고 기대하지 못했어.
A: 세상이 정말 좁은 게 사실이지?
B: 네 말이 맞아.

PASO 3 도전! 회화 연습

네가 얼마나 보고 싶은지! _____ (echar de menos)

Bonus

¿Es verdad que ~?는 '~하는 게 사실이지, 맞지?'라는 의미의 회화 패턴입니다. 유사 표현으로는 ¿Es cierto que ~?가 있어요.
¿Es verdad que no quiere venir? 그가 오길 원하지 않은 게 사실이지?
¿Es verdad que Lola tiene novio? 롤라가 남자친구가 있는 게 맞지?

Lección 36
Por qué 왜

por qué는 '왜'를 뜻하는 의문사입니다. por와 qué는 반드시 띄어 써야 합니다. 이유를 물을 때 사용하는 의문사죠. por qué 다음에 no를 붙여서 ¿Por qué no ~? 패턴을 아주 많이 사용해요. '~하는 건 어때?'하고 상대방에게 제안할 때 많이 사용합니다.

CHECK 의문사 Por qué를 배우면 이런 표현을 말할 수 있어요!

1	왜 ~하니?	¿Por qué + 동사 + 주어?
2	네가 ~하는 건 어때?	¿Por qué no ~?
3	우리 ~하지 않을래?	¿Por qué no + 1인칭 복수형 동사 + (nosotros) ~?

의문사를 활용한 회화패턴

197

¿Por qué + 동사 + 주어? 왜 ~ 하니?

por qué는 '왜'를 의미하는 의문사고요. 뒤에 동사가 나와서 '왜 ~하니?'를 뜻합니다. 상대방에게 궁금한 이유를 물을 때 쓸 수 있어요. 스페인어를 왜 공부하냐고 한 번 물어 보세요. ¿Por qué estudias español? 라고 하면 되겠죠.

PASO 1 회화 패턴 연습

왜 도시에 살지 않니?
¿Por qué no vives en la ciudad?

왜 그렇게 말하지?
¿Por qué me dices eso?

왜 메모를 하는 거야?
¿Por qué tomas notas?

왜 그런 질문을 하니?
¿Por qué preguntas eso?

• TIP

tanto/tanta는 '그렇게 많은, 그렇게 많이'를 뜻해요. 영어의 so much입니다. 뒤에 복수명사가 오면 tantos, tantas가 되겠죠.

- No bebo tanto alcohol.
  그렇게 술을 많이 마시지 않아.
- No tengo tanta hambre.
  배가 그다지 고프지 않아.
- No tengo tantos amigos.
  친구가 그렇게 많지 않아.
- No tengo tantas bolsas.
  가방이 그렇게 많지 않아.
- Te quiero tanto.
  난 널 정말 많이 사랑해.

• 새로운 어휘

tomar notas	메모하다
estrés	m. 스트레스
relajarse	긴장을 풀다
llamada	f. 전화통화

PASO 2 리얼 회화 연습

 시골에 정착한 친구는 도시의 삶에 질려 조용한 시골에 산다고 말합니다.

A: ¿Cuánto tiempo hace que vives aquí en el campo?
B: Hace más de cinco años.
A: 왜 도시에 살지 않아?
B: Me aburrí de vivir con tanto estrés. Aquí me relajo más.

A: 역시 시골에 산 지 얼마나 됐어?
B: 5년 이상 됐어.
A: ¿Por qué no vives en la ciudad?
B: 너무 많은 스트레스와 사는 게 질렸어. 여기서는 더 쉴 수 있지.

Bonus

aburrirse de ~는 '~에 질리다, 지치다, 싫증나다'는 의미예요. '난 ~하는 게 질렸어'라고 표현하고 싶다면 Me aburrí de ~패턴을 활용해 보세요.

Me aburrí de atender tantas llamadas.
전화 응대하는데 질렸어.

Me aburrí de hacer lo mismo todos los días. 매일 같은 일 하는데 싫증났어.

PASO 3 도전! 회화 연습

왜 전화를 안 받는 거야? _____ (coger, teléfono)

198

¿Por qué no ~? 네가 ~하는 건 어때?

상대에게 '~하지 않을래?, ~하는 건 어때?'라고 제안할 때 쓰는 회화 패턴이랍니다. 영어의 Why don't you ~?와 동일한 표현이죠. 친구한테 전화해서 '우리 집에 오지 않을래?'라고 제안해 보세요. ¿Por qué no vienes a mi casa?라고 하면 되겠죠.

PASO 1 회화 패턴 연습

너 파티에 오는 건 어때?
¿Por qué no vienes a la fiesta?

네가 먼저 전화해 보는 건 어때?
¿Por qué no lo llamas tú primero?

그에게 프로젝트를 제안해 보는 건 어때?
¿Por qué no le propones el proyecto?

너 이사하는 건 어때?
¿Por qué no cambias de casa?

PASO 2 리얼 회화 연습

 친구가 휴가를 내서 고국으로 갈 계획을 하고 있다고 하는군요.

A: ¿Estás contenta con la vida de aquí?
B: La mayor parte del tiempo sí. Pero hay veces que echo de menos a mi familia.
A: 가족 만나러 휴가를 갖는 건 어때?
B: Sí, ahora estoy planeando el viaje.

A: 넌 여기 삶에 만족해?
B: 대부분은 그래. 그런데 내 가족이 그리울 때가 있어.
A: ¿Por qué no te tomas unas vacaciones para ver a tu familia?
B: 응, 지금 여행을 계획하고 있어.

PASO 3 도전! 회화 연습

사라를 병원에 입원시키는 게 어때? _____

• **TIP**

발음은 같은데 뜻이 서로 다른 다음과 같은 표현도 알아 둡시다.

1) porque / por qué
- porque : 왜냐하면
  No salgo porque llueve.
  비가 와서 안 나가.
- por qué : 왜?
  ¿Por qué llegas tan tarde?
  왜 그렇게 늦게 도착해?

2) hecho / echo
- hecho : hacer 동사의 과거분사
  He hecho la comida.
  음식을 만들었어.
- echo: echar 동사의 1인칭 단수
  Echo azúcar al café.
  난 커피에 설탕 넣어.

• **새로운 어휘**

proponer   제안하다
cambiar de 변경하다
mayoría   f. 대부분
echar de menos 그리워하다

 **Bonus**

가끔 ~할 때가 있어'라고 표현하고 싶다면, hay(~가 있다)는 동사를 사용해서 Hay veces que ~의 패턴을 사용하면 돼요. veces는 vez(~번, 회)의 복수형이고요.
Hay veces que echo de menos la comida mexicana.
멕시코 음식이 가끔 그리울 때가 있어요.

¿Por qué no + 1인칭 복수형 동사 + (nosotros) ~? 우리 ~하지 않을래?

이번엔 por qué no ~다음에 1인칭 복수형 동사를 넣어 '우리 ~하지 않을래?'하고 제안해 봅시다. 상대에게 어떤 활동을 하자고 제안할 때 가장 많이 쓰는 회화패턴 중의 하나이니 이번 기회에 반드시 기억하도록 해요.

PASO 1 회화 패턴 연습

우리 영화관 가지 않을래?
¿Por qué no vamos al cine?

우리 산책하지 않을래?
¿Por qué no damos un paseo?

우리 점심 외식하지 않을래?
¿Por qué no comemos fuera?

우리 맥주 한 잔 하지 않을래?
¿Por qué no tomamos una cerveza?

• **TIP**

접속사 entonces는 세 가지 뜻을 갖고 있어요.
① 그러면, 그렇다면
Entonces, ¿vienes o no?
그러면, 올 거야 안 올 거야?
② 그 때, 그 당시에
Desde entonces
그 당시부터
③ 그래서, 그러므로
Entonces, ¿qué hacemos?
그래서, 우리 뭐 할까?

• **새로운 어휘**

ir al cine	영화관에 가다
dar un paseo	산책하다
comer fuera	외식하다
tomar una cerveza	맥주 마시다

PASO 2 리얼 회화 연습

 영화관에 가고 싶지 않은 친구에게 산책하자고 제안합니다.

A: ¿Vamos al cine?
B: ¿Al cine? No me apetece mucho...
A: Entonces, 우리 산책하지 않을래?
B: Sí, está bien.

A: 우리 영화관 갈래?
B: 영화관에? 별로 가고 싶지 않은데...
A: 그러면, ¿por qué no damos un paseo?
B: 그래, 좋아.

vamos는 ir(가다)의 1인칭 복수동사죠. '~로 가자'라고 표현하고 싶다면, vamos a 다음에 장소명사를 써 보세요. 상대에게 제안할 때 많이 쓰이죠.
Vamos a casa. 집에 갑시다.
Vamos a clase. 수업 가요.

PASO 3 도전! 회화 연습

우리 저녁 외식하지 않을래? _____ (cenar, fuera)

CAPÍTULO 5

과거시제 활용패턴

lección 37 - 현재완료

현재완료시제는 현재와 가까운 과거의 행위를 표현하고자 할 때 사용합니다. 영어에서도 have + p.p를 쓰듯이 스페인어도 〈haber + 과거분사〉를 쓰면 돼요. 과거분사는 ar동사는 -ado, er와 ir동사는 -ido만 붙여주면 끝. 다른 시제에 비해 아주 간단한 편이죠? 하지만 이 시제는 현재와 가까운 과거에만 사용되므로 과거시제 중 아주 일부만 사용할 수 있어요. '~해 본 적 있니?'라고 경험담을 물어볼 때는 현재완료를 사용해야 해요.

인칭 대명사	haber + -ado/-ido		과거분사 불규칙형	
yo	he		ver (보다)	visto
tú	has	habl-ado	escribir (쓰다)	escrito
él, ella, usted	ha	com-ido	volver (돌아오다)	vuelto
nosotros	hemos	sal-ido	decir (말하다)	dicho
vosotros	habéis		poner (놓다)	puesto
ellos, ellas, ustedes	han		hacer (하다)	hecho

CHECK 현재완료를 배우면 이런 표현을 말할 수 있어요!

1	나는 ~했어	He + -ado/-ido
2	너는 ~했어?	¿Has + -ado/-ido?
3	너는 이미, 벌써, 이제 ~했니?	¿Ya has + -ado/-ido?
4	나는 벌써, 이미 ~했어	Ya he + -ado/-ido
5	나는 아직 ~ 안 했어	Todavía no he + -ado/-ido
6	너는 ~을 해 본 적 있어?	¿Has + -ado/-ido ~ alguna vez?
7	나는 한 번도 ~해 본 적 없어, 절대로 ~하지 않았어	Yo no he + -ado/-ido nunca
8	나는 ~하기를 원했어, ~하고 싶었어	He querido + 동사원형
9	나는 ~가 좋았어, 맘에 들었어	Me ha/n gustado ~
10	나는 ~하고 있었어	He estado + ~ando/~iendo

He + -ado/-ido 나는 ~했어

최근에 한 일을 얘기할 때는 주로 이 현재완료시제를 사용합니다. 내가 무슨 일을 했을 경우엔 He +-ado/-ido의 패턴을 사용해 말해 보세요. 이 때 재귀대명사는 반드시 he 앞에 놓인답니다.

PASO 1   회화 패턴 연습

나 사과하려고 왔어.
He venido para pedirte perdón.

나 마드리드에 갔어.
He ido a Madrid.

나 산책했어.
He dado paseos.

나 쇼핑 갔어.
He ido de compras.

• TIP

현재완료와 많이 쓰이는 부사구를 알아 볼까요?

Hoy 오늘
Últimamente 최근에
Este mes 이번 달에
Este año 올 해에
Este verano 올 여름에
Esta mañana 오늘 아침에
Esta tarde 오늘 오후에
Esta noche 오늘 밤에
Esta semana 이번 주에
Estos días 요즘에
Estas vacaciones 이번 휴가에

PASO 2   리얼 회화 연습

 친구가 오늘의 안부를 묻자 최악의 날이었다고 말합니다.

A: ¿Qué tal te ha ido hoy?
B: Hoy ha sido un desastre. 수업에 지각했지, he suspendido Matemáticas.
A: ¡Qué mal!
B: Además, he perdido el autobús.

A: 오늘 어땠어?
B: 오늘은 최악이었어. **He llegado tarde a clase.** 수학 시험에 낙제했지.
A: 안 됐다!
B: 게다가, 버스도 놓쳤어.

• 새로운 어휘

pedir perdón   사과하다
desastre   m. 재앙, 최악
suspender   낙제하다
además   게다가

오늘 또는 이번 주말, 휴가 등의 최근에 뭐 했는지 안부를 물을 때 스페인 사람들이 정말 많이 쓰는 표현이 있어요. 바로 ¿Qué tal te ha ido ~?입니다. ir동사의 3인칭형 앞에 간접목적어 te 를 붙여 쓴 형태죠. 영어의 How have you been ~?과 동일한 표현입니다.

¿Qué tal te ha ido este fin de semana? 이번 주말은 어떻게 보냈어?

PASO 3   도전! 회화 연습

나 소식 들었어. _____ (oír, noticia)

¿Has + -ado/-ido? 너는 ~했어?

최근에 일어난 일을 물어볼 때는 이 현재완료 패턴을 사용해서 물어보면 돼요. ¿Has ~?의 패턴을 써서 과거분사만 바꿔가며 연습해 보세요.

PASO 1   회화 패턴 연습

너 혼자 왔어?
¿**Has venido** solo?

너 길 잃었어?
¿Te **has perdido**?

너 마리아 봤니?
¿**Has visto** tú a María?

너 집에 돌아왔니?
¿**Has vuelto** a casa?

• **TIP**

형용사에 -mente를 붙이면 부사가 됩니다. 이 때 형용사의 모음을 o에서 a로 바꿔야 합니다.

rápido → rápidamente (빨리)
lento → lentamente (천천히)
real → realmente (진짜, 정말)
tranquilo → tranquilamente (편안히)
sincero → sinceramente (솔직히)
final → finalmente (마침내)
último → últimamente (최근에)

• **새로운 어휘**

teatro *m.* 연극, 극장
estupendamente 멋지게

PASO 2   리얼 회화 연습

 최근 휴가에 뭐 했는지 경험담에 대해 얘기하고 있어요.

A: ¿Dónde has estado estas vacaciones?
B: He estado unos días en Venecia.
A: ¡Genial! 많은 것들을 했어?
B: Sí, he visitado el museo Guggenheim y he ido al teatro. Me lo he pasado estupendamente.

A: 이번 휴가에 어디에 있었어?
B: 베네치아에 몇 일 있었어.
A: 멋지다! ¿Has hecho muchas cosas?
B: 응, 구겐하임 박물관도 방문하고 연극공연장에도 갔어. 정말 멋지게 보냈어.

스페인 사람들은 pasárselo를 써서 최근의 경험담을 평가할 때 많이 사용해요. se는 재귀대명사, lo는 중성대명사로 습관적으로 pasar 앞에 붙여 써야 해요. Me lo he pasado ~ 다음에 여러 부사들을 넣어 연습해 보세요.

Me lo he pasado muy bien.
아주 잘 보냈어.
Me lo he pasado muy mal.
아주 잘 못 보냈어.

PASO 3   도전! 회화 연습

너 영화 봤어? _____ (ver, película)

¿Ya has + -ado/-ido? 너는 이미, 벌써, 이제 ~했니?

현재완료와 함께 많이 쓰이는 부사 ya를 가지고 의문문을 한 번 만들어 볼까요? 스페인에서는 우리나라와 다르게 '이미, 벌써, 이제'를 의미하는 ya를 아주 많이 사용한답니다. ¿Ya has ~?에 과거 분사를 넣어 상대방에게 질문해 보세요.

PASO 1 회화 패턴 연습

벌써 미국에 갔었어?
¿Ya has estado en Estados Unidos?

벌써 석사과정 마쳤어?
¿Ya has terminado el máster?

벌써 새 직장 구했어?
¿Ya has conseguido un nuevo trabajo?

숙제 다 했어?
¿Ya has hecho los deberes?

• TIP

스페인의 학제의 어휘를 간단히 살펴 볼까요?

초등교육 EPO(Enseñanza Primaria Obligatoria)
중등교육 ESO(Enseñanza Secundaria Obligatoria)
고등교육 bachillerato
학사과정 grado
석사과정 maestría(máster)
박사과정 doctorado
학사   graduado/a
석사   maestro/a
박사   doctor/a

PASO 2 리얼 회화 연습

 친구가 한 달 전에 출산해서 예쁜 아기를 낳았다고 하네요.

A: ¿Cómo estás? 벌써 출산했어?
B: Sí, hace un mes. Ha nacido un bebé precioso.
A: ¡Felicidades!
B: ¿Y tú qué tal el doctorado? ¿Ya lo has terminado?

A: 잘 지내? ¿Ya has dado a luz?
B: 그래, 한 달 전에. 정말 예쁜 애기가 태어났어.
A: 축하해!
B: 넌 박사과정 잘 돼가? 벌써 끝냈어?

• 새로운 어휘

máster   m. 석사과정
dar a luz 출산하다
bebé   m.f. 아기

PASO 3 도전! 회화 연습

저녁 준비 벌써 했어? _____ (preparar, cena)

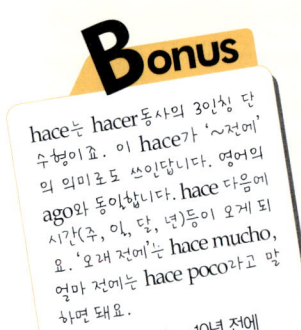

hace는 hacer동사의 3인칭 단수형이죠. 이 hace가 '~전에'의 의미로도 쓰인답니다. 영어의 ago와 동일합니다. hace 다음에 시간(주, 일, 달, 년)등이 오게 되요. '오래 전에'는 hace mucho, 얼마 전에는 hace poco라고 말하면 돼요.

Hace diez años. 10년 전에
Hace seis meses. 6개월 전에

203

Ya he + -ado/-ido 나는 벌써, 이미 ~했어

ya는 '이미, 벌써, 이제'를 의미하는 부사로 주로 현재완료 시제와 많이 쓰인답니다. 현재완료로 말할 때는 ya를 함께 써서 말하는 연습을 많이 해야 해요. '스페인어 숙제 다 했어'라고 말하고 싶다면 Ya he hecho los deberes de español.이라고 해 보세요.

PASO 1   회화 패턴 연습

학업은 이미 끝냈어.
Ya he terminado los estudios.

너한테 벌써 말했잖아.
Ya te lo he dicho.

나는 그걸 벌써 잊었어.
Ya lo he olvidado.

벌써 전화 받았어.
Ya me han llamado.

PASO 2   리얼 회화 연습

 남자친구의 핸드폰을 엿보고 다른 여자와의 관계를 의심하는군요.

A: ¿Has mirado mi teléfono?
B: Sí, ¿por qué has mandado tantos mensajes a Lili?
　 Yo 이미 전에 그녀와 함께 있는 거 봤어.
A: ¿Cuándo?
B: Me da igual. Haz lo que quieras.

A: 내 핸드폰 봤니?
B: 그래, 릴리한테 왜 이렇게 많은 문자를 보냈어?
　 난 **ya te he visto con esa antes.**
A: 언제?
B: 상관없어. 네가 하고 싶은 대로 해.

PASO 3   도전! 회화 연습

벌써 너한테 그것을 줬잖아. _____ (dar)

• **TIP**

'진퇴양난'을 의미하는 스페인어 속담을 배워 봅시다.
Estoy entre la espada y la pared.
espada는 '칼,검'을, pared은 '벽'을 뜻합니다.
직역을 하면 '벽과 칼 사이에 있다'
즉, '꼼짝 못할 위기에 처해 있다, 어려운 상황을 피할 방법이 없다'는 뜻이 됩니다.

• **새로운 어휘**

estudios　m. 학업
mandar　보내다
mensaje　m. 메시지
antes　전에
igual　같은, 동일한

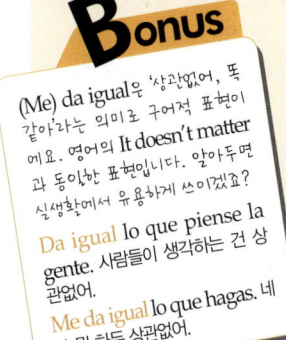

(Me) da igual은 '상관없어, 똑같아'라는 의미로 구어적 표현이에요. 영어의 It doesn't matter과 동일한 표현입니다. 알아두면 실생활에서 유용하게 쓰이겠죠?
Da igual lo que piense la gente. 사람들이 생각하는 건 상관없어.
Me da igual lo que hagas. 네가 뭘 하든 상관없어.

Todavía no he + -ado/-ido 나는 아직 ~ 안 했어

todavía는 '아직'을 뜻하는 부사로 no와 함께 주로 쓰여요. 뜻은 '아직 ~아니야'라는 뜻으로 시제는 현재완료와 많이 사용된답니다. 영어의 not yet에 해당되죠.

PASO 1 회화 패턴 연습

아직 그 영화 못 봤어.
Todavía no he visto la película.

아직 신문 안 읽었어.
Todavía no he leído el periódico.

아직 논문 못 마쳤어.
Todavía no he acabado la tesis.

아직 마리아 못 봤어.
Todavía no he visto a María.

PASO 2 리얼 회화 연습

 드라마를 보고 있는 아내에게 남편이 자꾸 잔소리를 늘어 놓습니다.

A: ¿Ya has preparado la cena?
B: 아직 준비 안 했어. Es que estoy viendo la tele.
A: ¿Has dado de comer al gato?
B: Todavía no. Ya ha empezado la telenovela.

A: 저녁 준비 다 했어?
B: **Todavía no la he preparado.** 텔레비전 보고 있잖아.
A: 고양이 밥은 줬어?
B: 아직 안 줬어. 이제 드라마 시작했어.

PASO 3 도전! 회화 연습

아직 파에야 못 먹어 봤어. _____ (probar, paella)

• TIP

현재완료 구문에서 목적격 대명사는 항상 haber 동사 앞에 놓여야 합니다.

• ¿Has leído el último libro de Mendoza?
멘도사의 최근 책을 읽었어?
▫ No lo he leído. 안 읽었어.
• ¿Has visto la película de Pedro Almodóvar?
알모도바르 영화 봤어?
▫ No la he visto. 안 봤어.
• ¿Has visto a Laura?
라우라 봤어?
▫ No la he visto. 못 봤어.

• 새로운 어휘

acabar	끝내다
tesis	f. 논문
cena	f. 저녁 식사
telenovela	f. 드라마

dar de comer a ~는 '~에게 먹이를 주다, 먹을 거리를 주다'는 의미예요. dar de beber(마실 것을 주다), dar de mamar(젖을 주다)등의 표현을 함께 알아두면 좋겠죠?
He dado de beber a José. 호세에게 마실 것을 줬어.
He dado de mamar a mi hijo. 내 아들에게 젖을 줬어.

¿Has + -ado/-ido ~ alguna vez? 너는 ~을 해 본 적 있어?

상대방에게 경험여부를 물어볼 때는 현재완료시제를 사용해야 해요. haber 동사의 2인칭 단수형인 has에 과거분사를 합쳐 쓰면 현재완료형이 만들어 지겠죠. 이 때 alguna vez(언젠가)를 함께 써야 해요. alguna vez의 위치는 앞, 중간, 뒤 모두 가능해요.

PASO 1 회화 패턴 연습

여자친구 가져본 적 있어?
¿**Has tenido** novia **alguna vez**?

담배 피워 본 적 있어?
¿**Has fumado alguna vez**?

데킬라 마셔 본 적 있어?
¿**Has probado** el tequila **alguna vez**?

혼자 여행해 본 적 있어?
¿**Has viajado** solo **alguna vez**?

PASO 2 리얼 회화 연습

 투우경기를 한 번도 보지 못한 친구에게 볼 만하다고 추천합니다.

A: 투우경기 본 적 있어?
B: Sí, una vez en Málaga. El torero estuvo genial. ¿Y tú?
A: Yo nunca. Me parece un poco cruel.
B: Pues sí. Pero es una parte de la cultura de España.
   Vale la pena verla.

A: ¿Has visto las corridas de toros alguna vez?
B: 응, 말라가에서 한 번 봤어. 투우사가 정말 멋졌어. 넌?
A: 난 한 번도 못 봤어. 조금 잔인한 것 같아.
B: 음 그렇지. 그런데 스페인 문화의 일부잖아. 볼 가치가 있어.

PASO 3 도전! 회화 연습

번지점프 해 본 적 있어? _____ (puenting)

• TIP

투우 용어를 알아두면 투우를 이해하는 데 도움이 될 거예요.

• 마타도르 matador 맨 마지막 주연 투우사
• 반데리예로 banderillero 작살을 꽂는 조연급 투우사
• 피카도르 picador 말을 타고 창으로 소를 찌르는 투우사
• 물레타 muleta 빨간색 천
• 카포테 capote 투우사의 망토
• 파세 pase 마타도르가 물레타를 흔들면 소가 돌진하는 장면

• 새로운 어휘

corrida de toros	f.	투우
torero/a	m.f.	투우사
cruel		잔인한
valer		가치가 있다
pena	f.	고통

valer la pena를 직역하면 '고통 받을 가치가 있다'는 뜻이죠. 그만큼 '~할 만하다, 가치가 있다'는 의미죠. Vale la pena ~는 영어의 It's worth~에 해당하는 표현이고요. 뭔가를 상대에게 권할때 쓸 수 있는 표현이겠죠.

Vale la pena leer su nuevo libro. 그의 새 책을 읽을 만한 가치가 있어.

Yo no he + -ado/-ido nunca
나는 한 번도 ~해 본 적 없어, 절대로 ~하지 않았어

'난 한 번도 ~을 해 본 적 없어'라고 말하고 싶을 때가 많죠? 스페인어에서 경험을 얘기할 때는 현재완료 시제를 써야 해요. 이 때 부정어 nunca(절대로)를 써야 하는데 문장 뒤에 놓을 때는 반드시 앞에 no를 써야 합니다.

PASO 1   회화 패턴 연습

난 한 번도 그녀를 본 적 없어.
Yo no la he visto nunca.

난 한 번도 영국에 가 본 적 없어.
Yo no he estado nunca en Inglaterra.

난 외국여행을 한 번도 해본 적 없어.
Yo no he viajado nunca al extranjero.

난 요가를 해 본 적 없어.
Yo no he hecho nunca yoga.

• TIP

간접목적어와 직접목적어가 함께 올 경우에는 3인칭일 경우 le, les는 se로 변화해야 해요.

• ¿Le has contado el chiste a Clara?
클라라에게 유머를 얘기했어?
□ Sí, se lo he contado. 응, 얘기했어.

• ¿Les has contado el chiste a los alumnos?
학생들에게 유머를 얘기했어?
□ Sí, se lo he contado.
응, 얘기했어.

• 새로운 어휘

Inglaterra 영국
recomendar 추천하다
bailaor/a m.f. 플라멩코 무용수

PASO 2   리얼 회화 연습

 플라멩코를 좋아하는 친구는 사라 바라하스의 팬이군요.

A: ¿Has visto alguna vez el baile flamenco?
B: Sí, muchas veces en Sevilla. ¿Y tú?
A: 난 플라멩코를 한 번도 본 적 없어.
B: Te recomiendo el de Sara Baras. Es mi bailaora favorita.

A: 플라멩코 춤을 본 적 있니?
B: 응, 세비야에서 많이 봤지. 넌?
A: **Yo no he visto nunca el flamenco.**
B: 사라 바라하스 것 추천해. 그녀가 내가 가장 좋아하는 플라멩코 무용수야.

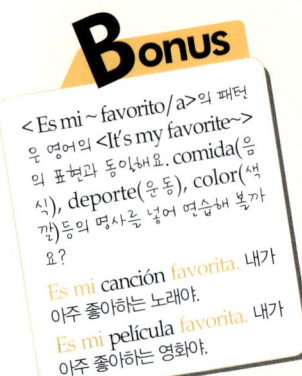

Bonus
<Es mi ~ favorito/a>의 패턴은 영어의 <It's my favorite~>의 표현과 동일해요. comida(음식), deporte(운동), color(색깔)등의 명사를 넣어 연습해 볼까요?
Es mi canción favorita. 내가 아주 좋아하는 노래야.
Es mi película favorita. 내가 아주 좋아하는 영화야.

PASO 3   도전! 회화 연습

난 사실을 절대로 얘기하지 않았어.

He querido + 동사원형

나는 ~하기를 원했어, ~하고 싶었어

querer(원하다)의 현재완료 1인칭 동사를 사용해서 내가 최근에 하고 싶었던 일을 표현할 수 있어요. 〈He querido + 동사원형〉패턴이 바로 '(최근에) ~하고 싶었어'를 의미합니다.

PASO 1 회화 패턴 연습

너에게 전화하고 싶었어.
He querido llamarte.

너를 도와 주고 싶었어.
He querido ayudarte.

너와 영화관에 가고 싶었어.
He querido ir al cine contigo.

널 클럽에 데리고 가고 싶었어.
He querido llevarte a la discoteca.

PASO 2 리얼 회화 연습

 콘서트를 보고 온 친구가 소름이 끼칠 정도로 좋았다고 자랑합니다.

A: ¿Qué tal el concierto?
B: Ha sido fantástico. Yo siempre 그 콘서트에 가고 싶었어.
A: ¿Te ha emocionado mucho?
B: Sí. El cantante me ha puesto los pelos de punta.

A: 콘서트 어땠어?
B: 환상적이었어. 난 항상 **he querido ir a ese concierto.**
A: 많이 감동 받았구나?
B: 응. 그 가수가 소름 끼치게 만들었어.

PASO 3 도전! 회화 연습

감사 드리고 싶었어요. _____ (dar, gracias)

• **TIP**

최근의 경험을 평가할 때는 Ha/n sido~표현을 써 보세요. '~였어'라는 뜻이 되겠죠.

• Ha sido un día fantástico.
환상적인 날이었어.
• Ha sido un fin de semana estupendo.
아주 멋진 주말이었지.
• Han sido unos días estupendos.
멋진 날들이었어.
• Han sido unas vacaciones aburridas.
지루한 휴가였어.

• **새로운 어휘**

fantástico/a 환상적인
emocionar   감동시키다
espectáculo m. 쇼

pelo(털)이 punta(뾰족한 끝)처럼 서게 할 정도로 '소름이 끼친다'는 의미가 되는 거죠. '플라멩코 쇼를 보고 전율이 느껴졌어'라고 표현해 볼까요? El espectáculo de flamenco me ha puesto los pelos de punta.라고 하면 돼요.
Esta película me ha puesto los pelos de punta. 이 영화가 나에게 전율이 느끼게 했어.

Me ha/n gustado ~나는 ~가 좋았어, 맘에 들었어

gustar 동사는 항상 3인칭형만 쓴다는 건 gustar동사편에서 배웠죠? 이번엔 '~가 좋았어, ~가 맘에 들었어'라는 문장을 만들어 볼까요? 최근에 한 경험에 대해 좋고 나쁨을 평가할 때 사용할 수 있어요.

PASO 1   회화 패턴 연습

난 그 영화가 정말 좋았어.
Me ha gustado mucho la película.

난 그 음식이 좋았어.
Me ha gustado la comida.

난 그 도시가 정말 많이 좋았어.
Me ha gustado mucho la ciudad.

난 그 텍스트가 좋았어.
Me han gustado los textos.

• TIP

Trabalenguas는 '같은 단어가 반복되어 혀가 꼬이면서 발음하기 어려운 말'을 일컫는 말입니다. 스페인어로 Trabalenguas을 한 번 빨리 읽어 보세요.

¿Usted no nada nada? 당신은 수영을 전혀 안 해요?
No, no traje traje. 아니오, 난 수영복을 안 가져 왔어요.
¿Cómo como?
내가 어떻게 먹냐고?
¡Como como como!
원래 먹듯이 먹지.

• 새로운 어휘

texto   m. 텍스트
actividad   f. 활동
deberes   m. 숙제

PASO 2   리얼 회화 연습

 오늘 수업에서 가장 좋고 싫었던 점에 대해 얘기합니다.

A: ¿Qué tal la clase de hoy?
B: 아주 좋았어요.
A: ¿Qué es lo que más te ha gustado?
B: Me han encantado las actividades sobre cultura. Pero no me han gustado nada los deberes.

A: 오늘 수업 어땠어?
B: **Me ha gustado mucho.**
A: 가장 좋았던 게 뭐야?
B: 문화활동이 제일 좋았어요. 그런데 숙제는 완전 싫었어요.

PASO 3   도전! 회화 연습

난 짝지어 연습하는 게 좋아. _____

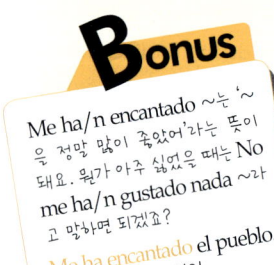

Bonus

Me ha/n encantado ~는 '~을 정말 많이 좋았어'라는 뜻이 돼요. 뭐가 아주 싫었을 때는 No me ha/n gustado nada ~라고 말하면 되겠죠?
Me ha encantado el pueblo.
그 마을이 정말 좋았어.
Me ha encantado el concierto. 콘서트가 정말 좋았어.

He estado + ~ando/~iendo 나는 ~하고 있었어

현재완료 진행형으로 '(최근까지) ~하고 있었어'라고 말하고 싶다면 〈He estado + 현재분사〉패턴을 사용해서 말해 보세요.

PASO 1 회화 패턴 연습

자고 있었어.
He estado durmiendo.
전화 통화하고 있었어.
He estado hablando por teléfono.
그것을 생각하고 있었어.
Lo **he estado pensando**.
우리 엄마를 돌봐주고 있었어.
He estado cuidando a mi madre.

PASO 2 리얼 회화 연습

 오랜 만에 만난 두 친구가 최근 근황에 대해 묻고 대답하는군요.

A: ¿Qué has estado haciendo últimamente?
B: Este verano 한 회사에서 인턴하고 있었어. ¿Y tú?
A: Hace poco he acabado el doctorado.
B: ¡Felicidades!

A: 넌 최근에 뭐하고 있었니?
B: 올 여름에는 he estado haciendo prácticas en una empresa. 넌?
A: 난 얼마 전에 박사과정을 끝냈어.
B: 축하해!

PASO 3 도전! 회화 연습

오후 내내 널 기다리고 있었어.

• **TIP**

현재완료 진행형은 다음과 같은 부사구와 주로 쓰여요.

toda la mañana   오전 내내
toda la tarde   오후 내내
toda la noche   밤새도록
todo el fin de semana
                  주말 내내
un buen rato
                  상당한 시간 동안

• **새로운 어휘**

cuidar   돌보다
últimamente   최근에
hacer práctica 인턴하다
empresa   f. 기업, 회사

Hace poco는 '얼마 전에'라는 뜻으로 현재와 가까운 느낌이죠? 따라서 현재완료시제와 함께 주로 쓰여요. '얼마 전까지만 해도, 최근까지'라고 말하고 싶다면 Hasta hace poco라고 말하면 돼요.

Hace poco he conseguido un trabajo.
얼마 전에 일을 구했어.
Hasta hace poco he estado trabajando en México.
얼마 전까지 멕시코에서 일하고 있었어.

Lección 38 - 단순과거

과거시제는 스페인어에서 가장 복잡한 문법 중의 하나입니다. 스페인어 과거시제 중 가장 많이 쓰이는 단순과거시제를 배워 보도록 해요. '~를 했다'를 의미하는 과거시제입니다. 주로 동작, 결과, 시점 등을 나타냅니다. 동사변화 또한 다소 복잡하지만 규칙형이 대부분이니 규칙형을 달달달 외운 다음 몇 가지 주요 불규칙 동사도 배워 보도록 할게요.

단순과거 규칙형 동사 변화

인칭 대명사	-ar형 동사 (estudiar 공부하다)	-er형 동사 (comer 먹다)	-ir형 동사 (escribir 쓰다)
yo	estudi-é	com-í	escrib-í
tú	estudi-aste	com-iste	escrib-iste
él, ella, usted	estudi-ó	com-ió	escrib-ió
nosotros	estudi-amos	com-imos	escrib-imos
vosotros	estudi-asteis	com-isteis	escrib-isteis
ellos, ellas, ustedes	estudi-aron	com-ieron	escrib-ieron

CHECK 단순과거를 배우면 이런 표현을 말할 수 있어요!

1	나는 ~했어	Yo + ~é (Ar 동사)
2	나는 ~했어	Yo + ~í (Er/Ir 동사)
3	나는 ~에 갔어	Fui a + 장소
4	나는 ~에 있었어	Estuve en + 장소
5	나는 ~하러 왔어	Vine a + 동사원형
6	나는~할 수 없었어	No pude + 동사원형
7	나는~를 처음으로 만났어(알았어)	Conocí a + 사람
8	너는 ~가 좋았어?, 맘에 들었어?	¿Te gustó ~?
9	나는 ~가 좋았어	Me gustó ~
10	나는 ~하려고 결정했어, 결심했어	Decidí + 동사원형
11	나는 ~하기 시작했어	Empecé a + 동사원형

과거시제 활용패턴

210 Yo + ~é (Ar 동사) 나는 ~했어

Ar형 동사의 1인칭 단수 단순과거형은 ~é로 끝납니다. Ar형 규칙동사를 동사변화해서 연습해 볼까요?

PASO 1 회화 패턴 연습

나는 학원에서 일본어를 공부했어.
Yo estudié japonés en la escuela.

나는 감자 토르티야를 요리했어.
Yo cociné una tortilla de patatas.

나는 집 청소했어.
Yo limpié la casa.

나는 일찍 일어났어.
Yo me levanté temprano.

• **TIP**

전공 학문 관련 어휘를 배워 볼까요?

Lengua　언어
Literatura　문학
Filosofía　철학
Ingeniería　공학
Derecho　법
Economía　경제학
Bellas Artes　미술
Medicina　의학
Pedagogía　교육학
Periodismo　저널리즘
Empresariales　경영학
Psicología　심리학
Enfermería　간호학

PASO 2 리얼 회화 연습

 전공과 경력에 대해 물어보고 있습니다.

A: ¿Tú qué estudiaste en la universidad?
B: 난 살라망카 대학교에서 스페인 문학을 공부했어.
A: ¿Cuánto tiempo trabajaste en la escuela?
B: Trabajé como profesora de español durante 5 años.

A: 넌 대학교에서 뭐를 공부했어?
B: **Estudié Literatura Española en la Universidad de Salamanca.**
A: 얼마 동안 학원에서 일했어?
B: 스페인어 선생님으로 5년 동안 일했어.

• **새로운 어휘**

tortilla de patatas
　f. 감자 토르티야(스페인 음식)
literatura　f. 문학
durante　~동안

PASO 3 도전! 회화 연습

난 설거지 했어. _____ (platos)

trabajar como ~는 '~로 근무하다, 일하다'는 뜻이에요. trabajar의 1인칭단수 단순과거형인 Trabajé como ~로 근무 경력을 말할 수 있어요.

Trabajé como traductora en un editorial. 출판사에서 번역가로 일했어.

Trabajé como cocinero en un restaurante. 레스토랑에서 요리사로 일했어.

Yo + ~í (Er/Ir 동사) 나는 ~했어

Er와 Ir형 규칙동사는 1인칭 단수 과거형이 모두 -í로 끝납니다. 규칙동사를 -í로 바꿔 가면서 연습해 볼까요?

PASO 1 회화 패턴 연습

나는 생선을 먹었어.
Yo comí pescado.

나는 맥주를 마셨어.
Yo bebí cerveza.

나는 산책하러 나갔어.
Yo salí a pasear.

나는 멕시코에 살았어.
Yo viví en México.

• TIP

단순과거와 많이 쓰이는 주요 부사구를 기억합시다! 정관사 el은 '~에'의 의미로 전치사 역할을 합니다.

ayer	어제
anteayer	그저께
anoche	어젯밤
el año pasado	작년에
el mes pasado	지난 달에
la semana pasada	지난 주에
hace un año	1년 전에
hace diez años	10년 전에
en junio	6월에
en verano	여름에
en 2005	2005년에
el otro día	요 전날

• 새로운 어휘

idioma	m. 언어
colegio	m. 초등학교

PASO 2 리얼 회화 연습

 언어가 취미인 친구가 무려 4개국어를 할 줄 아는군요.

A: Mi hobby son los idiomas. 초등학교에서 영어를 배웠어.
   Viví mucho tiempo en Francia.
B: ¿Cuánto tiempo viviste en Francia?
A: Viví cinco años. Y el año pasado conocí a mi novio español.
B: Así que hablas cuatro idiomas.

A: 내 취미는 언어야. **Aprendí inglés en el colegio.**
   오랫동안 프랑스에 살았지.
B: 얼마 동안 프랑스에 살았어?
A: 5년 살았어. 작년에 내 스페인 남자친구를 만났어.
B: 그래서 4개국어를 하는구나.

'얼마 동안 ~했니?'라고 말하고 싶다면, ¿Cuánto tiempo + 단순과거? 패턴을 활용하면 돼요. 이때 반드시 단순과거를 써야한다는 것만 기억해 주세요. 단순과거 2인칭 단수형은 -aste 혹은 -iste로 끝나야해요.
¿Cuánto tiempo estudiaste español? 스페인어를 얼마 동안 공부했어?

PASO 3 도전! 회화 연습

난 이메일을 썼어. _____ (correo electrónico)

Fui a + 장소   나는 ~에 갔어

ir(가다)는 불규칙 동사로 단순과거 1인칭 단수형이 fui입니다. '(어디)에 갔어'라는 말을 평소에 정말 많이 쓰게 되죠? Fui a ~다음에 장소명사를 넣어서 반복 연습해 봅시다.

PASO 1   회화 패턴 연습

일요일에 한 전시회에 갔어.
Fui a una exposición el domingo.

뭐 먹으러 바에 갔어.
Fui a un bar a tomar algo.

뭐 사러 시장에 갔어.
Fui al mercado a comprar algo.

어제 병원에 갔어.
Fui al médico ayer.

• TIP

ir와 irse 와의 차이에 대해 알아볼까요? ir는 '~로 가다'는 의미로 방향 즉 목적지가 더 중요해요. irse는 '그 자리를 뜨다, 가다'의 의미로 출발지가 더 중요하죠.

- El sábado <u>fui</u> a una exposición.
  토요일에 전시회에 갔어.
- Terminé la clase y <u>me fui</u>.
  수업 끝나고 갔어(떠났어).

• 새로운 어휘

peli   f. 영화
(película의 줄임말)
divertido/a   재미있는
charla   f. 수다

PASO 2   리얼 회화 연습

 토요일에 본 영화가 아주 재미있었다고 말하는군요.

A: ¿Qué hiciste el sábado?
B: 영화 보러 영화관에 갔어.
A: ¿Qué tal fue la "peli"?
B: La pelicula fue muy divertida.

A: 토요일에 뭐 했어?
B: **Fui al cine a ver una pelicula.**
A: 영화는 어땠어?
B: 영화는 아주 재미있었어.

ir동사와 ser동사의 단순과거형은 동일해요. 하지만 의미는 완전 달라 구별이 어렵지 않아요. '~였다'로 해석 되겠죠. ser동사의 단순과거형은 주로 3인칭형이 주로 쓰인답니다. 3인칭 단수형인 fue를 써서 연습해 볼까요?
La charla fue interesantísima. 수다는 정말 재미있었어.

PASO 3   도전! 회화 연습

지난 주에 동물원에 갔어. _____ (zoo)

302   Capítulo 5

Estuve en + 장소   나는 ~에 있었어

estar(~에 있다)동사는 불규칙 동사로 단순과거 1인칭 단수형이 estuve입니다. 전치사 en과 장소 명사가 함께 와서 '~에 있었어'라는 뜻이 됩니다. 단순과거시제는 hasta(까지), durante(동안), de ~a~(~부터~까지) desde ~hasta~(~부터 ~까지)등의 부사구와 함께 오는 경우가 많아요. 정확한 시점을 알려주는 거죠.

PASO 1   회화 패턴 연습

난 6시까지 알프레도 집에 있었어.
Estuve en casa de Alfredo hasta las seis.

난 밤 10시까지 사무실에 있었어.
Estuve en la oficina hasta las diez de la noche.

난 5년 동안 멕시코에 있었어.
Estuve en México durante cinco años.

난 2월부터 5월까지 산탄데르에 있었어.
Estuve en Santander desde febrero hasta mayo.

PASO 2   리얼 회화 연습

 집에 하루 종일 있으면서 숙제하고 쉬었다고 말하네요.

A: ¿Dónde estuviste ayer?
B: 하루 종일 집에 있었어.
A: ¿Qué hiciste?
B: No hice muchas cosas. Hice los deberes de español y descansé.

A: 어제 뭐 했어?
B: **Estuve en casa todo el día.**
A: 뭐 했어?
B: 많은 것을 못했어. 스페인어 숙제 했고 쉬었어.

PASO 3   도전! 회화 연습

난 마드리드에 1999년부터 2000년까지 있었어.

TIP

스페인어에서 날짜는 항상 기수를 사용해요. 1일은 uno와 primero 둘 다 가능하고요. 구체적인 날짜를 말할 때는 반드시 정관사 el를 써야 해요. 월과 년도 사이에는 전치사 de로 연결해야 합니다.

- ¿Qué día es hoy? 며칠이야?
- Tres de marzo. 3월 3일.
- ¿Qué día llegaste a Corea? 한국에 며칠에 도착했어?
- El uno/primero de abril. 4월 1일에.

새로운 어휘

todo el día   하루 종일
cosa   f. 일, 것
yoga   f. 요가

hacer(하다)동사 역시 불규칙 동사로 단순과거 1인칭 단수형이 hice입니다. hice가 들어간 문장을 만들어 연습해 볼까요?
Hice yoga ayer. 어제 요가를 했어.
Hice los deberes de chino. 중국어 숙제를 했어.

Vine a + 동사원형   나는 ~하러 왔어

venir(오다)동사도 불규칙 동사입니다. 단순과거 1인칭 단수형이 vine고요. 전치사 a와 동사원형이 함께 와서 '~하러 왔어'의 뜻이 되죠. 어떤 장소에 오게 된 이유나 동기를 설명하고자 할 때 쓸 수 있어요. Vine a ~에 동사원형을 넣어 연습해 볼까요?

PASO 1   회화 패턴 연습

로베르토와 얘기하러 왔어요.
Vine a hablar con Roberto.

사과하러 왔어요.
Vine a pedirte disculpas.

부탁 하나 하려고 왔어요.
Vine a pedirte un favor.

일자리 신청하러 왔어요.
Vine a solicitar un trabajo.

• TIP

'(얼마) 후에'라는 말을 하기 위해 두 가지 표현을 배워 볼까요?

> al cabo de + 시간
> 시간 + después

- Nos conocimos en 2002 y, al cabo de tres meses, nos casamos.
- Nos conocimos en 2002 y, tres meses después, nos casamos.
우리는 2002년도에 만나서 3개월 후에 결혼했어.

• 새로운 어휘

disculpa	f. 용서
favor	m. 호의
solicitar	신청하다
urgente	급한
bici	f. 자전거
(bicicleta의 줄임말)	

PASO 2   리얼 회화 연습

 밤 늦게 라몬을 급한 일로 찾아왔다고 말합니다.

A: **Hola.** 라몬을 만나러 왔어요.
B: Pero, ¿cómo viniste a estas horas? No hay metro.
A: Vine en taxi. Es algo urgente.
B: Ramón se fue a dormir. Espera..

A: 안녕하세요. **Vine a ver a Ramón.**
B: 그런데, 이 시간에 어떻게 왔어? 지하철이 없는데.
A: 택시 타고 왔어요. 급한 일이에요.
B: 라몬 자러 갔어. 기다려봐...

Bonus

평소에 스페인어로 '(무엇을 타고) 왔어'라고 표현하고 싶었나요? 그렇다면 <Vine en + 교통수단>의 패턴을 써서 말해 보세요. el barco(배), el autobús(버스), el taxi(택시)등을 넣어 연습해 볼까요?
Vine en metro. 지하철로 왔어.
Vine en bici. 자전거 타고 왔어.

PASO 3   도전! 회화 연습

수업 스케줄 알아보려고 왔어요. _____

No pude + 동사원형   나는 ~할 수 없었어

poder(할 수 있다)의 단순과거 1인칭이 pude죠. 앞에 no를 붙여 no pude 다음에 동사원형을 쓰게 되면 '~할 수 없었어', '~못 했어'의 의미가 됩니다. 주로 뭔가를 할 수 없었던 일에 대한 이유를 설명할 때 유용하게 쓰일 수 있어요.

PASO 1   회화 패턴 연습

너에게 전화를 못 했어.
No pude llamarte.

그에게 그것을 말할 수 없었어.
No pude decírselo.

어젯밤 잠을 잘 수 없었어.
No pude domir anoche.

퇴근할 수 없었어.
No pude salir del trabajo.

• **TIP**

본의 아니게 발생한 일을 표현할 때는 〈se me + 3인칭 동사〉패턴을 써 보세요. '~해 버렸어'의 뉘앙스라고 보면 되겠죠?

- Se me acabó el dinero.
  돈을 다 써 버렸어.
- Se me rompió el vaso.
  컵을 깨 버렸어.
- Se me olvidó la fecha.
  날짜를 까 먹었어.
- Se me estropeó el coche.
  차가 고장 나 버렸어.
- Se me descargó el móvil.
  핸드폰이 방전돼 버렸어.

PASO 2   리얼 회화 연습

 생활비를 버느라 학업을 끝내지 못했다고 말합니다.

A: ¿Terminaste tu carrera de la universidad?
B: 끝낼 수가 없었어요.
A: ¿Por qué no pudiste?
B: Se me acabó el dinero. Tuve que trabajar para ganarme la vida.

A: 대학교 학업은 마쳤니?
B: **No pude terminar.**
A: 왜 못 끝냈어?
B: 돈이 다 떨어졌어요. 생계를 유지하기 위해 일을 해야만 했어요.

• **새로운 어휘**

acabarse   다 떨어지다, 완전히 바닥나다
ganarse la vida 생활비를 벌다

PASO 3   도전! 회화 연습

교통이 막혀서 정시에 도착할 수 없었어. _____

Bonus

tener que~는 '~해야만 한다'라는 것은 tener 동사편에서 배웠죠? 〈Tuve que + 동사원형〉은 '~해야만 했어'라는 뜻이 돼요. tener 동사의 단순과거 1인칭 단수형이 tuve입니다.

Tuve que regresar a mi país.
우리 나라로 돌아와야 했어.

Conocí a + 사람   나는 ~를 처음으로 만났어(알았어)

conocer 동사 뒤에 사람이 오게 되면 '~을 알다'라는 뜻이 돼요. conocer의 단순과거 1인칭 단수형이 conocí이고요. Conocí a ~는 '~를 처음 만났어'라는 의미가 됩니다.

PASO 1   회화 패턴 연습

어제 루이스를 처음 만났어.
Conocí a Luis ayer.

토요일에 파코를 처음 만났어.
Conocí a Paco el sábado.

어제 파티에서 페데를 처음 만났어.
Conocí a Fede ayer en la fiesta.

일요일에 펠릭스를 처음 만났어.
Conocí a Félix el domingo.

• TIP

이야기를 할 때 연결어구를 배워 볼까요?

Una vez	한 번은
Un día	어느 날
El otro día	요전 날
(Y) entonces	그래서
(Y) en ese momento	그 순간에
Antes	전에
Luego	다음에
Después	그 후에
Más tarde	늦게, 후에
De repente	갑자기
Al final	결국

• 새로운 어휘

sábado   *m.* 토요일
domingo   *m.* 일요일

PASO 2   리얼 회화 연습

 어제 처음 만난 파울로가 아주 맘에 들었다고 합니다.

A: 어제 파울로를 처음 만났어.
B: ¿Ah, sí? ¿Qué tal?
A: Es muy simpático. Me cayó muy bien.
B: A mí también.

A: Ayer conocí a Paulo.
B: 아, 그래? 어땠어?
A: 아주 친절해. 아주 맘에 들었어.
B: 나도 그랬어.

Bonus

Me cae bien ~다음에 사람이 나와서 '~가 맘에 들어'라는 뜻이 된다는 건 현재형 동사에서 이미 배웠죠? 이번에 과거시제로 한 번 더 연습해 볼까요? caer 동사의 단순과거 3인칭 단수형이 cayó예요. 간접 목적어를 써서 Me cayó muy bien/muy mal ~다음에 사람을 넣어 연습해 봅시다.

Me cayó muy bien Alfonso.
알폰소가 아주 맘에 들었어.

PASO 3   도전! 회화 연습

지난 금요일에 알폰소를 만났어. _____ (viernes)

217

¿Te gustó ~? 너는 ~가 좋았어?, 맘에 들었어?

상대의 취향을 물을 때는 ¿Te gusta ~? 패턴은 이미 배웠죠? 지난 일에 관해 '~가 좋았어? ~가 맘에 들었어?'라고 묻고 싶다면 gustar 동사를 단순과거형으로만 변화해 주면 돼요. 즉 3인칭 단수형인 gustó로만 바꿔주면 끝. 소개팅을 나간 친구에게 그 여자가 맘에 들었냐고 스페인어로 말해 볼까요? ¿Te gustó la chica? 라고 말하면 되겠죠.

PASO 1 회화 패턴 연습

콘서트가 좋았어?
¿Te gustó el concierto?

영화가 좋았어?
¿Te gustó la película?

수업이 맘에 들었어?
¿Te gustó la clase?

연극이 맘에 들었어?
¿Te gustó la obra de teatro?

PASO 2 리얼 회화 연습

 새로 생긴 레스토랑이 맘에 들었다고 친구한테 얘기합니다.

A: Ayer estuve en el restaurante nuevo de Gran Vía.
B: ¿Qué te pareció? 음식은 맘에 들었어?
A: Me encantó. El restaurante me pareció muy agradable.
B: A mí también me gustó. Y además no me pareció caro.

A: 어제 그랑비아에 있는 새 레스토랑에 갔었어.
B: 어땠어? **¿Te gustó la comida?**
A: 완전 좋았어. 레스토랑이 아주 분위기가 좋아 보였어.
B: 나도 좋았어. 게다가 가격도 비싸지 않은 거 같았어.

PASO 3 도전! 회화 연습

쇼가 좋았어? _____ (espectáculo)

• TIP

각국의 음식은 이렇게 말하면 돼요

comida española 스페인 음식
comida mexicana 멕시코 음식
comida japonesa 일본 음식
comida china 중국 음식
comida francesa 프랑스 음식
comida italiana 이탈리아 음식
comida india 인도 음식
comida coreana 한국 음식
comida tailandesa 타이 음식
comida vietnamita 베트남 음식

• 새로운 어휘

obra de teatro *f.* 연극 작품
agradable 유쾌한, 기분 좋은

Bonus

parecer 동사 뒤에서 간접목적어와 함께 쓰여 '~해 보여'라는 의미가 된다는 건 이미 배웠죠? 이번엔 시제에 단순과거로 변화만 주었어요. parecer의 단순과거 3인칭 단수형이 pareció이고요. Me pareció ~라고 말하면 '~해 보였어'라는 의미가 되는 거죠. 과거에 먹은 음식, 만난 사람, 공연 등을 경험한 뒤 의견을 얘기할 때 많이 쓰는 회화 패턴이죠.

Me pareció muy raro.
아주 이상해 보였어.

Me gustó ~   나는 ~가 좋았어

식당, 음식, 작품 등 경험한 것을 평가할 때는 gustar 동사를 단순과거 시제를 사용해서 연습해 봅시다. gustar 동사의 단순과거 3인칭형 동사가 gustó 혹은 gustaron입니다. 복수명사가 오게 되면 gustaron를 쓰면 되겠죠?

PASO 1   회화 패턴 연습

그 책 아주 좋았어.
Me gustó mucho el libro.

그 레스토랑 충분히 좋았어.
Me gustó bastante el restaurante.

그 콘서트 좋았어.
Me gustó el concierto.

그 영화 좋았어.
Me gustó la película.

• TIP

연극 작품을 스페인어로 obra de teatro라고 하죠. 연극 작품의 어휘들을 살펴 볼까요?

un musical   뮤지컬
un drama   드라마
una comedia   코미디
una tragedia   비극

• 새로운 어휘

concierto   m. 콘서트
restaurante   m. 식당

PASO 2   리얼 회화 연습

 어제 본 연극작품이 아주 맘에 들었다고 합니다.

A: ¿Qué hiciste ayer?
B: Ayer vi una obra de teatro.
A: ¿Qué te pareció la obra de teatro?
B: 아주 좋았어.

A: 어제 뭐했니?
B: 어제 연극작품 봤어.
A: 그 연극작품은 어땠어?
B: Me gustó mucho.

과거의 한 경험이 어땠는지 물어볼 때는 parecer동사의 단순과거 시제를 활용해 보세요. parecer(~처럼 보이다)의 단순과거 3인칭 단수형이 pareció예요. ¿Qué te pareció~?에 la comida(음식), la película(영화) 등을 넣어 연습해 봅시다.

¿Qué te pareció el libro?
그 책은 어땠어?

¿Qué te pareció la película?
그 영화는 어땠어?

PASO 3   도전! 회화 연습

그 연극 작품 아주 좋았어. _____ (obra de teatro)

Capítulo 5

219

Decidí + 동사원형 나는 ~하려고 결정했어, 결심했어

decidir(결정하다)의 단순과거 1인칭형은 decidí고요. 뒤에 반드시 동사원형을 쓰면 돼요. (과거에) 일을 그만 두고 스페인에 가기로 결정했다고 스페인어로 말해 볼까요? Decidí dejar de trabajar e irme a España.

PASO 1   회화 패턴 연습

새 침대를 사기로 결정했어.
Decidí comprar una cama nueva.

이혼하기로 결심했어.
Decidí divorciarme.

집 이사하기로 결정했어.
Decidí cambiar de casa.

스페인으로 가기로 결정했어.
Decidí irme a España.

PASO 2   리얼 회화 연습

 스페인어를 왜 공부하기 시작했는지를 물어보고 있어요.

A: ¿Por qué decidiste estudiar español?
B: **공부하기로 결심했어** porque quería conocer los chicos españoles.
A: O sea que quieres echarte un novio español.
B: Sí, para mí los españoles son muy atractivos.

A: 왜 스페인어 공부하기로 결심했어?
B: 스페인 남자를 만나기를 원했기 때문에 **Decidí estudiar español.**
A: 그러니깐 스페인 남자친구를 사귀기를 원한다는 거네.
B: 그래, 나에겐 스페인 남자들이 아주 매력적이야.

PASO 3   도전! 회화 연습

파티에 안 가기로 결정했어.

• TIP

전치사 para의 쓰임새를 간단히 살펴 볼까요? para는 '~를 위해, ~향하여, ~에게는, ~까지'등의 의미를 갖고 있어요.

- Lo voy a hacer para ti.
  너를 위해 그걸 할 거야.
- Voy a salir mañana para Madrid.
  내일 마드리드로 떠날 거야.
- Este trabajo es para el viernes.
  이 일은 금요일까지야.
- Para mí no es buena idea.
  나에게는 좋은 생각이 아니야.

• 새로운 어휘

divorciarse	이혼하다
echarse un novio	남자 친구를 만들다
para mí	나에게는
atractivo	매력적인

Bonus

o sea는 앞에 한 말을 알아듣기 쉽게 풀어서 말할 때 쓰는 유용한 회화 표현입니다. '그러니깐, 즉' 의 의미하고요 que는 생략 가능합니다.

O sea que está separado. 그러니깐 별거 상태라는 거네요.
O sea que no estás de acuerdo. 그러니깐 동의하지 않는다는 거네요.

Empecé a + 동사원형   나는 ~하기 시작했어

'~하기 시작했어'라고 말하고 싶다면, 〈Empecé a + 동사원형〉패턴을 사용하면 돼요. empezar 동사의 단순과거 1인칭형이 empecé고요. 전치사 a 뒤에 반드시 동사원형을 써야 해요. 〈a los 나이 años〉는 '몇 살에'를 뜻하는 또 다른 패턴이네요.

PASO 1   회화 패턴 연습

18살에 담배를 피우기 시작했어.
Empecé a fumar a los 18 años.

17살에 여행을 하기 시작했어.
Empecé a viajar a los 17 años.

21살에 일하기 시작했어.
Empecé a trabajar a los 21 años.

8살에 춤추기 시작했어.
Empecé a bailar a los 8 años.

• **TIP**

empezar와 같은 동사변화형을 갖고 있는 다음과 같은 동사들도 기억해 두세요!

comenzar(시작하다) : comencé
almorzar(점심먹다): almorcé
cruzar(건너다): crucé

• **새로운 어휘**

país   m. 나라
viajero/a   여행을 좋아하는, 여행가

PASO 2   리얼 회화 연습

 15살 때부터 여행을 하기 시작해서 여행 없이는 살 수 없다고 합니다.

A: ¿Cuándo empezaste a viajar?
B: 15살 때 부모님과 함께 여행하기 시작했어.
   Y conocí muchos países extranjeros.
A: Eres muy viajera, ¿verdad?
B: Sí, yo no podré vivir sin viajar.

A: 언제 여행하기 시작했어?
B: **Empecé a viajar a los 15 años con mis padres.**
   그리고 많은 외국나라를 알게 됐어.
A: 넌 정말 여행을 좋아하는 구나, 그렇지?
B: 그래, 난 여행하지 않고는 살 수 없을 거야.

Bonus

전치사 sin은 뒤에 동사원형이 오게 되면 '~하지 않고'의 뜻이 돼요. 영어의 without처럼 많이 쓰죠. 평소에 '~하지 않고는 살 수 없을 거야'라는 말을 많이들 하죠? 그 때 쓸 수 있는 회화 패턴이 바로 No podré vivir sin ~ 입니다.
Yo no podré vivir sin bailar.
춤추지 않고 살 수 없을 거야.

PASO 3   도전! 회화 연습

21살 때 스페인어를 공부하기 시작했어.

Lección 39

계속과거 ~하곤 했어, ~했었지

스페인어에서는 과거의 회상, 습관, 상황, 묘사, 상태, 감정, 이유 등을 표현하기 위해서는 주로 계속과거를 사용합니다. 계속과거는 단순과거처럼 변화형이 복잡하지 않아요. 불규칙도 ser, ir, ver 이렇게 세 가지 동사밖에 없어요. 일단 변화형을 외운 다음 계속과거를 사용한 주요 회화패턴을 배워 보도록 해요.

계속과거 규칙형 동사 변화

인칭 대명사	-Ar형 동사 (estudiar 공부하다)	-Er형 동사 (comer 먹다)	-Ir형 동사 (escribir 쓰다)
yo	estudi-aba	com-ía	escrib-ía
tú	estudi-abas	com-ías	escrib-ías
él, ella, usted	estudi-aba	com-ía	escrib-ía
nosotros	estudi-ábamos	com-íamos	escrib-íamos
vosotros	estudi-abais	com-íais	escrib-íais
ellos, ellas, ustedes	estudi-aban	com-ían	escrib-ían

계속과거 불규칙형 동사 변화

인칭 대명사	ser (~이다)	ir (가다)	ver (보다)
yo	era	iba	veía
tú	eras	ibas	veías
él, ella, usted	era	iba	veía
nosotros	éramos	íbamos	veíamos
vosotros	erais	ibais	veíais
ellos, ellas, ustedes	eran	iban	veían

CHECK 계속과거를 배우면 이런 표현을 말할 수 있어요!

1	어렸을 적엔 ~했었어	De pequeño/a ~
2	예전에는 ~했었지	Antes ~
3	내가 몇 살이었을 때 ~	Cuando (yo) tenía ~(años)
4	내가 ~하고 있었을 때, ~했었어	Cuando yo + 계속과거, 계속과거
5	나는 ~하고 있었어	Yo estaba + 현재 분사
6	나는 ~가 ~했는지 몰랐어	No sabía que ~

De pequeño/a ~ 어렸을 적엔 ~했었어

과거의 어린 시절을 회상하고 싶다면 이 패턴을 사용해서 말해 보세요. De niño/a(어렸을 때), De joven(젊었을 때), Cuando era niño(어렸을 때), Cuando era joven(젊었을 때) 등의 과거를 회상하는 절이 올 때는 반드시 계속과거를 써야 해요.

PASO 1 회화 패턴 연습

어렸을 적엔 아주 장난꾸러기였어.
De pequeño era muy travieso.

어렸을 적엔 조금 소심했어.
De pequeño era un poco tímido.

어렸을 적엔 안경을 썼었어.
De pequeña llevaba gafas.

어렸을 적엔 내 강아지와 놀았어.
De pequeño jugaba con mi perro.

• TIP
결과나 행동을 말할 때는 단순과거를, 상황 또는 묘사를 말할 때는 계속과거를 주로 씁니다.

- ¿Por qué no viniste a clase?
  수업에 왜 안 왔어?
- Es que estaba muy cansado.
  아주 피곤했었어.
- ¿Por qué no saliste a pasear?
  왜 산책 안 나갔어?
- Hacía mal tiempo.
  날씨가 나빴어.

• 새로운 어휘
travieso/a   장난꾸러기의
pequeño/a   작은, 어린
jugar con   ~와 놀다

PASO 2 리얼 회화 연습

 아들이 엄마의 어린 시절에 대해 물어보고 있네요.

A: Mamá, cuando eras pequeña, ¿dónde vivías?
B: Vivía en un pueblo muy pequeño.
A: ¿Cómo te llevabas con tus amigos?
B: 어렸을 때는 아주 소심해서 친구가 많이 없었단다.

A: 엄마, 어렸을 때는 어디 살았어요?
B: 아주 작은 마을에 살았단다.
A: 친구들과는 잘 지냈어요?
B: De pequeña era muy tímida y no tenía muchos amigos.

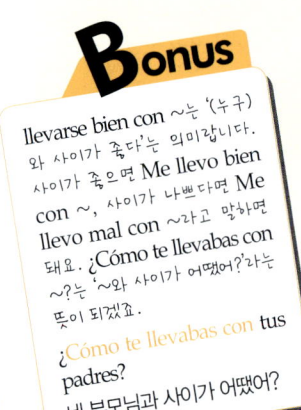

llevarse bien con ~는 '(누구)와 사이가 좋다'는 의미랍니다. 사이가 좋으면 Me llevo bien con ~, 사이가 나쁘다면 Me llevo mal con ~라고 말하면 돼요. ¿Cómo te llevabas con ~?는 '~와 사이가 어땠어?'라는 뜻이 되겠죠.
¿Cómo te llevabas con tus padres?
네 부모님과 사이가 어땠어?

PASO 3 도전! 회화 연습

어렸을 적엔 머리가 아주 짧았어. _____ (pelo corto)

Capítulo 5

Antes~ 예전에는 ~했었지

antes는 '예전에는, 옛날에는, 이전에는'의 뜻으로 뒤에는 항상 계속과거 시제가 와야 해요. 과거를 회상할 때 주로 쓰이죠.

PASO 1 회화 패턴 연습

예전에는 긴 곱슬 머리였어.
Antes llevaba el pelo largo y rizado.

예전에는 자전거 타고 다녔어.
Antes iba en bicicleta.

예전에는 우리 도시에 지하철이 없었어.
Antes no había metro en mi ciudad.

예전에는 일을 많이 했었어.
Antes trabajaba mucho.

PASO 2 리얼 회화 연습

 옛날에 포르투갈에서 직물회사에서 일했다고 말합니다.

A: Yo 예전에 포르투갈에 살았었어.
B: Ah, ¿sí? ¿Y qué hacías en Portugal?
A: Trabajaba en una empresa textil holandesa.
B: ¿Ya no vas a volver a Portugal?

A: 나는 **antes vivía en Portugal.**
B: 아, 그래? 포르투갈에서 뭐 했었어?
A: 네덜란드 직물회사에서 일했어.
B: 이제 더 이상 포르투갈로 돌아가지 않을 거야?

PASO 3 도전! 회화 연습

예전에는 밤에 많이 나가 놀았어. _____

• **TIP**

스페인어에서 대문자와 소문자는 언제 쓰는지 알아 봅시다.
① 대문자 (mayúscula)
• 고유명사: 이름, 도시, 건축물
Soy Laura Toledo.
나는 라우라 톨레도입니다.
Conozco la Alhambra de Granada. 난 알람브라를 알아.
• 책 이름, 영화 이름
Hable con ella 그녀에게 말하세요.
② 소문자 (minúscula)
• 요일, 월, 국명 형용사, 언어명
Hoy es lunes.
오늘은 월요일이야.
Voy a España en marzo.
3월에 스페인 가.
Mi novio es español.
내 남자친구는 스페인 사람이야.
Hablo portugués.
난 포르투갈어를 해.

• **새로운 어휘**

| textil | 직물의 |
| holandés/a | 네덜란드의 |

⟨ir + a + 동사원형⟩은 ir동사편에서 이미 배웠죠? ¿Ya no vas a ~?는 '이제 더 이상 ~하지 않을 거야?'를 의미해요. 예문으로 더 공부해 볼까요?

¿Ya no vas a verla? 이제 더 이상 그녀를 보지 않을 거야?
¿Ya no vas a fumar? 이제 더 이상 담배 피우지 않을 거야?

Cuando (yo) tenía ~(años) 내가 몇 살이었을 때 ~

과거 회상을 할 때 '내가 몇 살 때'라는 말을 하고 싶을 때가 있죠? 그 때는 Cuando tenía ~(años)에 나이만 넣으면 돼요. 반드시 tener의 계속과거 동사형인 tenía를 써야만 하죠. Cuando절은 문장 앞 뒤 위치는 상관없어요.

PASO 1   회화 패턴 연습

내가 20살 때 운전을 배웠어.
Aprendí a conducir cuando tenía veinte años.

내가 5살 때 내 동생이 태어났어.
Nació mi hermano cuando tenía cinco años.

내가 18살 때 캐나다로 살러 갔어.
Me fui a vivir a Canadá cuando tenía dieciocho años.

내가 32살 때 결혼했어.
Me casé cuando tenía treinta y dos años.

• TIP

스페인어에도 줄임말이 있어요. bici는 원래 bicicleta의 줄임말이죠. 예를 더 들어 볼까요?

peli → película 영화
profe → profesor 선생님
café → cafetería 커피숍
cumple → cumpleaños 생일
boli → bolígrafo 볼펜

• 새로운 어휘

nacer   태어나다
ir en bici   자전거 타고 가다
enseñar   가르치다

PASO 2   리얼 회화 연습

 자전거를 언제 배웠는지에 대해 서로 얘기합니다.

A: ¿Cuándo aprendiste a ir en bici?
B: Yo aprendí a ir en bici 7살 때.
A: Pues a mí me enseñaron cuando tenía seis años.
B: Me gustaba mucho ir en bici.

A: 넌 자전거 타는 것은 언제 배웠어?
B: **cuando tenía siete años,** 자전거 타는 거 배웠어.
A: 난 내가 6살 때 자전거 배웠어.
B: 난 자전거 타는 거 많이 좋아했었어.

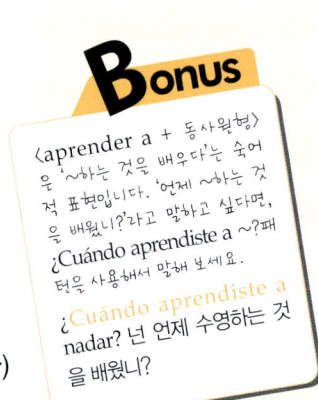

〈aprender a + 동사원형〉은 '~하는 것을 배우다'는 숙어적 표현입니다. '언제 ~하는 것을 배웠니?'라고 말하고 싶다면, ¿Cuándo aprendiste a ~? 패턴을 사용해서 말해 보세요.

¿Cuándo aprendiste a nadar? 넌 언제 수영하는 것을 배웠니?

PASO 3   도전! 회화 연습

내가 11살 때 수영을 배웠어. _____ (nadar)

Cuando yo + 계속과거, 계속과거
내가 ~하고 있었을 때, ~했었어

Cuando 절에 계속과거 시제가 오면, '~하고 있었을 때'로 해석이 됩니다. 동작이 시점으로 끝나는 게 아니라 지속, 반복되는 과거시제입니다.

PASO 1   회화 패턴 연습

어렸을 적엔 아주 금발머리였어.
Cuando era pequeño, **tenía** el pelo muy rubio.

마드리드에 살았을 때, 요리사로 일했어.
Cuando vivía en Madrid, **trabajaba** de cocinero.

초등학교 다닐 때, 고양이 한 마리가 있었어.
Cuando iba al colegio, **tenía** un gato.

대학 다닐 때, 술을 많이 마셨어.
Cuando iba a la universidad, **bebía** mucho alcohol.

• **TIP**

계속과거와 함께 오는 부사구들을 살펴 볼까요?

De niño/a   어렸을 때
De joven   젊었을 때
A los 17 años   17살 때
Cuando tenía 20 años   20살 때
En esa/aquella época
그 시기에는
En aquellos tiempos   그 때는
Entonces   그 당시에는

• **새로운 어휘**

rubio/a   금발의
trabajar de   ~로 일하다
contar   이야기 하다
juventud   f. 젊은 시절

PASO 2   리얼 회화 연습

 친구의 대학시절에 대해 묻고 있네요.

A: Cuéntame un poco de tu juventud.
B: 내가 대학 다닐 때는 밤에 많이 나가 놀았고 공부는 아주 적게 했어.
A: ¿Tenías novio?
B: A los 21 años, tenía un novio español.

A: 네 젊은 시절에 대해 조금만 얘기해 줘.
B: Cuando iba a la universidad, salía mucho de noche y estudiaba muy poco.
A: 남자 친구는 있었어?
B: 21살 때 스페인 남자친구가 있었어.

PASO 3   도전! 회화 연습

고등학교에서 공부했을 때, 그림 그리는 걸 좋아했어. _____

A los ~años는 '~살 때'라는 뜻이에요. 뒤에 계속과거 시제를 넣어 '몇 살 때는 ~했었어'라는 표현을 해 봅시다.

A los 17 años, no sabía qué quería estudiar. 17살 때는 뭘 공부해야 할지 잘 몰랐어.
A los 10 años, me gustaba tocar el piano. 10살 때는 피아노 치는 걸 좋아했어.

Yo estaba + 현재분사   나는 ~하고 있었어

'~하고 있었다'는 과거 진행형 패턴이네요. estar 동사의 계속과거형인 estaba와 현재분사(~ando/~iendo)를 붙여 쓰면 됩니다. estaba에 estudiando(공부하는 중), trabajando(일하는 중), durmiendo(자는 중)처럼 현재분사형을 넣어 연습해 보세요.

PASO 1 회화 패턴 연습

나는 강 산책하고 있었어.
Yo estaba paseando por el río.

나는 과일 사고 있었어.
Yo estaba comprando las frutas.

나는 자고 있었어.
Yo estaba durmiendo.

나는 너를 기다리고 있었어.
Yo te estaba esperando.

• TIP

정확한 시점과 시간의 한계점이 주어질 때는 <estuve + 현재분사> 패턴을 사용해서 말할 수도 있어요.
• Estuve estudiando español anoche. 어젯밤엔 스페인어를 공부하고 있었어.
• Estuve toda la noche bailando. 밤새도록 춤추고 있었어.
• Estuve todo el día pensando en Marta. 하루종일 마르타에 대해 생각하고 있었어.

• 새로운 어휘

río   m. 강
fruta   f. 과일
despedirse 작별 인사하다

PASO 2 리얼 회화 연습

 롤라라고 하는 친구를 자신의 남자친구에게 소개시켜 주는 장면입니다.

A: 너를 찾고 있었어, cariño.
B: Estaba aquí despidiéndome de Lola.
A: ¿Lola?
B: ¿Te acuerdas de ella? Te la quería presentar. Esta es mi amiga Lola. Lola, este es mi novio.

A: **Te estaba buscando**, 자기야.
B: 여기서 롤라와 작별인사 나누고 있었어.
A: 롤라?
B: 그녀를 기억하지? 소개시켜 주고 싶었어.
   내 친구 롤라야. 롤라, 이 사람은 내 남자친구야.

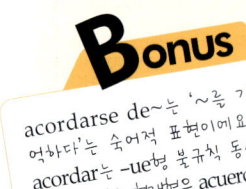

acordarse de~는 '~를 기억하다'는 숙어적 표현이에요. acordar는 -ue형 불규칙 동사로 1인칭 단수 현재형은 acuerdo입니다. 따라서 ¿Te acuerdas de ella?가 '너 그녀 기억해?'라는 뜻이 되는 거죠.
¿Te acueradas de mí? 나를 기억하니?

PASO 3 도전! 회화 연습

나는 버스를 기다리고 있었어.

No sabía que ~ 나는 ~가 ~했는지 몰랐어

saber(알다)의 계속과거 1인칭 당수형이 sabía입니다. saber 동사는 단순과거보다 계속과거를 쓰는 빈도가 훨씬 높은 동사죠. '난 ~했는지 몰랐어'라는 말을 평소에 많이 하게 되죠? 그 때 쓸 수 있는 표현을 배워 봅시다.

PASO 1 회화 패턴 연습

난 그가 게이인지 몰랐어.
No sabía que era gay.

난 그녀가 콜롬비아 사람인지 몰랐어.
No sabía que era colombiana.

난 그 사람이 결혼했는지 몰랐어.
No sabía que él estaba casado.

난 네가 멕시코에 있었는지 몰랐어.
No sabía que estabas en México.

PASO 2 리얼 회화 연습

 친구의 임신 소식에 놀라움을 금치 못합니다.

A: Tengo una sorpresa. Estoy embarazada.
B: ¿Que estás embarazada? 난 네가 임신한 줄 몰랐어.
A: Sí, voy a tener un bebé.
B: ¡Felicidades!

A: 놀랄만한 소식이 있어. 나 임신했어.
B: 임신했다고? **Yo no sabía que estabas embarazada.**
A: 그래, 나 아기를 가질 거야.
B: 축하해!

PASO 3 도전! 회화 연습

난 그가 배우였는지 몰랐어. _____ (actor)

• TIP

다음과 같은 유사 표현들도 함께 알아 둡시다.

Ya lo sabía. 이미 알고 있었어.
No lo sabía. 몰랐었어.
No tenía ni idea. 전혀 몰랐었어.
No me acordaba. 기억을 못했어.
No estaba seguro/a. 확신하지 못했어.

• 새로운 어휘

sorpresa *f.* 놀람, 서프라이즈
embarazada 임신한
bebé *m.f.* 아기

상대방의 말에 믿기지 않아 놀라움을 표현할 때는 상대방의 말을 반복해 주면서 의문문을 만들면 됩니다. 그 때 que를 붙여 써 줘야 하고요. ¿Que ~?에 상대방의 말을 그대로 반복해 보세요.

¿Que no quieres ir? Es la boda de tu hermana. 가기 싫다고? 네 여동생 결혼식이야.

CAPÍTULO 6

네이티브들이 자주 쓰는 회화패턴

Lección 40

긍정명령 ~해

스페인어에서는 명령형 만드는 법이 다소 까다로워요. 영어에서처럼 동사원형만 써서 간단히 해결되는 게 아니라 동사변화를 이해해야 되는 불편함이 있어요. 하지만 스페인어권에서 명령형은 아주 자주 쓰는 표현법이니 익혀놓아야 해요. 이번 과에서는 tú에 대한 긍정명령형을 공부해 보도록 하죠. tú에 대한 긍정명령은 직설법 3인칭 단수형을 쓰면 돼요. 단, 8가지의 불규칙 동사만 외우면 끝. 이 불규칙 명령형 동사의 사용 빈도가 훨씬 높으니 꼭 암기해야 해요. 지금부터 자주 쓰는 긍정명령형 회화패턴을 배워볼까요?

tú에 대한 긍정명령 규칙형		tú에 대한 긍정명령 불규칙형	
hablar 말하다	Habla 말해	ir 가다	Ve 가
cantar 노래하다	Canta 노래해	salir 나가다	Sal 나가
limpiar 청소하다	Limpia 청소해	venir 오다	Ven 와
comer 먹다	Come 먹어	ser ~이다	Sé ~해져
beber 마시다	Bebe 마셔	hacer 하다	Haz 해
escribir 쓰다	Escribe 써	poner 켜다	Pon 켜
abrir 열다	Abre 열어	tener 가지다	Ten 가져
cerrar 닫다	Cierra 닫아	decir 말하다	Di 말해

긍정명령을 배우면 이런 표현을 말할 수 있어요!

1	~해져	Sé ~
2	~로 가	Ve(te) a ~
3	~하러 가	Vete a + 동사원형
4	나에게 ~을 건네 줘	Pásame ~
5	입어, 써, 신어, 착용해	Ponte ~
6	~하고 가, 남아서 ~해	Quédate a + 동사원형

Sé ~   ~해져

sé는 ser 동사의 2인칭 명령형 동사입니다. Sé ~ 다음에 형용사를 넣으면 '~해져'라는 뜻이 돼요. '~되지 마'라고 말하고 싶다면 No seas ~패턴을 사용하면 되겠죠? Sé ~다음에 여러 성격 형용사를 집어 넣어 연습해 볼까요?

PASO 1   회화 패턴 연습

다정해져.
Sé cariñoso.

인내심 가져.
Sé paciente.

착해져.
Sé buena.

친절해져.
Sé amable.

• **TIP**

상대방에게 마실 것 등을 권할 때 쓰는 명령형을 배워 볼까요?
- Tómate algo con nosotros.
  우리랑 함께 뭐 먹어.(tú)
- Tómese algo. 뭐 드세요.(usted)

돈을 지불할 때는,
- Cóbrame, por favor.
  돈 받아.(tú)
- Cóbreme, por favor.
  돈 받아요.(usted)

• **새로운 어휘**

cariñoso/a	다정한
paciente	인내심 강한
bueno/a	착한
razonable	이성적인
broma	f.농담

PASO 2   리얼 회화 연습

 남편과 이혼을 고민하는 친구에게 좀더 이성적으로 생각해 보라고 충고합니다.

A: **Ya no aguanto a mi marido. Me aburro mucho con él.**
B: **¿Y qué vas a hacer con él?**
A: **Estoy pensando en divorciarme.**
B: 좀 이성적이 돼 봐. **Él sí te quiere mucho, ¿no?**

A: 이제 더 이상 내 남편을 견딜 수가 없어. 그 사람하고는 많이 지루해.
B: 그래서 어떻게 할 건데?
A: 이혼할까 생각 중이야.
B: **Sé un poco razonable.** 그 사람은 널 많이 사랑하잖아, 그렇지 않니?

PASO 3   도전! 회화 연습

예의 바른 사람이 돼. _____ **(educado)**

Bonus

aguantar는 견디다, 참는다는 뜻의 동사로 주로 no와 함께 No aguanto ~의 패턴으로 많이 쓰여요. 뭔가를 견딜 수 없을 정도로 싫을 때 주로 사용하죠. No lo aguanto.라고 하면 '난 그을 견딜 수 없어'(I can't bear him)라는 뜻이겠죠.

No aguanto las bromas. 농담을 견딜 수 없어.

Ve(te) a ~   ~로 가

irse는 '가다, 떠나다'라는 뜻의 재귀 동사입니다. 상대방에게 '(어디)로 가'라고 말하고 싶다면 〈Vete a + 장소〉의 패턴을 사용해서 말해 보세요. 여기서 재귀대명사 te는 생략 가능하고요. 단지 강조의 의미로 쓰였답니다.

PASO 1   회화 패턴 연습

집에 가.
Vete a casa.

네 방으로 가.
Vete a tu cuarto.

약국에 가.
Vete a la farmacia.

화장실에 가.
Vete al baño.

• TIP

상대방에게 뭔가를 하기를 북돋을 때 자주 쓰는 명령형을 배워 볼게요. 영어의 come on에 해당되는 표현입니다.

- ¡Venga, hombre, apúntate a la fiesta! 어서, 야, 파티에 조인해!
- ¡Venga, hombre, tómate algo! 어서, 야, 뭐 좀 먹어!
- ¡Venga, date prisa! 어서, 서둘러!

• 새로운 어휘

cuarto	m. 방
baño	m. 화장실
obligar	강요하다
hacer caso	말을 듣다
discutir	말다툼하다

PASO 2   리얼 회화 연습

 해변에 놀러 가자고 보채는 아이에게 엄마는 숙제부터 끝내라고 말합니다

A: Mamá, ¿no vas a venir a la playa conmigo?
B: Primero 네 방에 가 y haz los deberes.
A: No me obligues, mamá.
B: Hazme caso, hijo. No quiero discutir contigo.

A: 엄마, 나랑 해변에 안 갈래요?
B: 먼저 **vete a tu cuarto** 그리고 숙제 해.
A: 강요하지 마세요, 엄마.
B: 내 말 들어, 아들. 너랑 말다툼하고 싶지 않아.

PASO 3   도전! 회화 연습

학교에 가. _____ (escuela)

Bonus

hacer 동사의 tú에 대한 명령형 동사는 haz입니다. 영어의 do에 해당되죠. 명령형 패턴에서 자주 쓰이는 동사이니 이번 기회에 꼭 암기하세요. 그리고 Hazme caso.는 '내 말 들어'라는 표현이니 꼭 기억해야 해요.

Haz la pregunta. 질문해.
Haz un favor. 부탁 하나 들어줘.

Vete a + 동사원형   ~하러 가

이번엔 Vete a 다음에 동사원형을 넣어서 연습해 볼까요? 뜻은 '~하러 가'가 됩니다. 회화체에서 많이 쓰는 명령형 패턴이니 꼭 기억해 둡시다.

PASO 1   회화 패턴 연습

자러 가.
Vete a dormir.

일하러 가.
Vete a trabajar.

씻으러 가.
Vete a lavar.

공부하러 가.
Vete a estudiar.

PASO 2   리얼 회화 연습

 공부하러 가기 싫어하는 아들에게 엄마가 게으름 피우지 말라고 말합니다.

A: ¿Todavía estás así? Hoy tienes clase, ¿no?
B: Mamá. Hoy no tengo ganas de estudiar.
A: No seas perezoso. Levántate y 샤워하러 가.
B: No insistas, mamá. Todavía hay tiempo.

A: 아직 이렇게 있니? 오늘 수업 있잖아, 그렇지?
B: 엄마. 오늘은 공부하고 싶지가 않아.
A: 게으름 피우지 마. 일어나서 **vete a duchar.**
B: 조르지 마, 엄마. 아직 시간 있어.

• TIP

긍정명령에 재귀대명사(te)가 올 때는 명령형 뒤에 바로 붙여 써야 합니다. 이 때 원래 동사의 강세를 유지하기 위해 강세 표기를 찍어줘야 해요.
- levantarse (일어나다)
→ Levántate (일어나)
- ducharse (샤워하다)
→ Dúchate (샤워해)
- callarse (조용히 하다)
→ Cállate (조용히 해)
- lavarse (씻다)
→ Lávate (씻어)
- apuntarse (등록하다)
→ Apúntate (등록해)
- sentarse (앉다)
→ Siéntate (앉아)

• 새로운 어휘

perezoso/a   게으른
insistir   주장하다, 고집 피우다
tiempo   m. 시간
ganas   f. 욕구

Bonus

tener ganas de ~가 '~하고 싶다, 욕구가 있다'라는 표현이라는 것은 tener 동사 편에서 이미 배웠죠. 이번엔 no를 붙여 부정형으로 만들어 볼까요? de 다음에 명사도 올 수 있어요.
No tengo ganas de comer.
밥 먹고 싶지 않아.
No tengo ganas de fiesta.
파티하고 싶지 않아.

PASO 3   도전! 회화 연습

빵 사러 가. _____ (comprar)

Capítulo 6

Pásame ~ 나에게 ~을 건네 줘

무엇을 상대에게 건네달라고 부탁하는 경우에는 pasar(건네주다) 동사의 3인칭 단수 현재형(pasa)와 간접목적어 me(나에게)를 붙인 다음 사물을 쓰면 됩니다.

PASO 1 회화 패턴 연습

폴더 건네 줘.
Pásame la carpeta.

소금 건네 줘.
Pásame la sal.

핸드폰 건네 줘.
Pásame el móvil.

계산서 건네 줘.
Pásame la cuenta.

PASO 2 리얼 회화 연습

 아들에게 엄마가 저녁 먹으러 늦지 말라고 말합니다.

A: ¿Vienes a cenar, hijo?
B: Sí, vengo a cenar. Solo voy a dar una vuelta para despejarme.
  헬멧 좀 건네 주세요
A: No llegues a las tantas.
B: No, mamá.

A: 저녁 먹으러 올 거니, 아들?
B: 네, 저녁 먹으러 와요. 그냥 머리 좀 식히러 한 바퀴 돌러 가요.
  Pásame el casco.
A: 너무 늦게 오지 마라.
B: 네, 엄마.

PASO 3 도전! 회화 연습

후추 건네 줘. _____ (pimienta)

• TIP

vosotros(너희들)에 대한 긍정명령형을 만들어 볼까요? 동사원형에서 r을 빼고 d만 붙여주면 됩니다. 재귀 대명사가 오게 되면 d를 삭제해야 합니다.

- Pasad, por favor. 지나가세요.
- Corred, Corred. 서둘러, 서둘러
- Comed, Comed. 먹어, 먹어.
- Callaos, por favor. 조용히 하세요.
- Sentaos, por favor. 앉으세요.

• 새로운 어휘

carpeta	f. 폴더
sal	f. 소금
cuenta	f. 계산서
despejarse	머리를 식히다
casco	m. 헬멧
a las tantas	아주 밤 늦게

venir(오다)동사는 ir(가다) 동사처럼 실생활에 많이 쓰이는 동사입니다. venir와 전치사 a(~하러)가 함께 와서 '~하러 오다'라는 의미가 되죠. ¿Vienes a + 동사원형?)의 패턴을 사용하여 '~하러 올래?'라고 말하는 연습을 해 보세요.

¿Vienes a comer a mi casa?
점심 먹으러 우리 집에 올 거니?

Ponte ~ ~입어, 써, 신어, 착용해

ponerse는 재귀동사로 '~을 입다, 쓰다, 신다'등의 의미로 tú(너)에게 명령할 때 쓰는 표현입니다. Ponte 다음에 el sombrero(모자), los pendientes(귀걸이), los zapatos(신발) 등을 써서 연습해 봅시다.

PASO 1 회화 패턴 연습

코트 입어.
Ponte el abrigo.

모자 써.
Ponte el sombrero.

부츠 신어.
Ponte las botas.

선글라스 써.
Ponte las gafas de sol.

TIP

긍정명령형에 목적격 대명사 lo, la, los, las는 반드시 붙여서 써야 합니다.
- ¿Limpio el polvo? 먼지 청소할까?
- Sí, límpialo. 청소해.
- ¿Hago la cama? 침대 정리할까?
- Sí, hazla. 정리해.
- ¿Lavo los platos? 접시 닦을까?
- Sí, lávalos. 닦아.
- ¿Abro las ventanas? 창문 열까?
- Sí, ábrelas. 열어.

PASO 2 리얼 회화 연습

 생일에 남자친구가 원피스를 선물하는군요.

A: Hoy es tu cumple, ¿verdad? Toma este vestido. Es mi regalo.
B: ¡Qué bonito! Yo no sabía que te ibas a recordar.
A: Claro. 입어봐. Me gustaría verte con él.
   Seguro que te sienta de maravilla.
B: Tú tienes muy buen gusto.

A: 오늘 네 생일 맞지? 이 원피스 받아. 내 선물이야.
B: 진짜 예쁘다! 기억할 줄 몰랐어.
A: 물론이지. **Póntelo.** 입은 모습 보고 싶어. 진짜 잘 어울릴 거야.
B: 너 센스 있다!

새로운 어휘

botas	f. 부츠
cumple	m. 생일
regalo	m. 선물
recordar	기억하다
seguro/a	확실한
de maravilla	훌륭하게, 멋지게
gusto	m. 취향

Bonus

sentar동사 앞에 간접 목적어 (me/te/le)가 오면 '~하게 어울리다'는 의미의 표현이 됩니다. 어느날 새로운 머리 스타일을 한 친구를 발견하게 되면, Te sienta muy bien el nuevo peinado.(새로운 머리 스타일이 너에게 아주 잘 어울려.)라고 칭찬해 보는 건 어떨까요?

PASO 3 도전! 회화 연습

재킷 입어.
_____ (chaqueta)

Quédate a + 동사원형　～하고 가, 남아서 ～해

이 패턴은 친구가 집에 방문했을 때 '～하고 가'라고 표현하고 싶을 때 쓰는 유용한 회화 표현이네요. 여기서 quedarse는 '～에 머물다, 남다'라는 뜻이죠. quédate는 tú에 대한 명령형이고요. 전치사 a와 동사원형을 함께 와야 하죠.

PASO 1　회화 패턴 연습

오늘 여기서 자고 가.
Quédate a dormir aquí hoy.

우리 집에서 점심 먹고 가.
Quédate a comer en mi casa.

우리와 함께 커피 마시고 가.
Quédate a tomar un café con nosotros.

나와 브런치 같이 해.
Quédate a almorzar conmigo.

• TIP

스페인어에서 긍정명령형은 상대방에게 어떤 행위를 허락할 때 많이 쓴답니다.

- ¿Puedo abrir la ventana?
  창문 열어도 돼?
- Sí, claro, ábrela.
  그래, 물론이지, 열어.
- ¿Puedo salir un rato?
  잠시 나가도 돼?
- Sí, sal, sal. 그래, 나가, 나가.
- ¿Puedo comer este pastel?
  이 파이 먹어도 돼?
- Sí, claro, cómelo, cómelo.
  그래, 물론, 먹어, 먹어.

• 새로운 어휘

almorzar	브런치하다
riquísimo/a	정말 맛있는
guardia	f. 당직
luego	나중에

PASO 2　리얼 회화 연습

 점심 식사 초대를 마치고 일어서려는 친구에게 집에서 자고 가라고 청하는군요.

A: Gracias por la comida. Estuvo riquísima.
B: 우리 집에서 자고 가.
A: No, hoy tengo guardia. Tengo que trabajar.
B: Si quieres, te **paso a** buscar luego.

A: 점심 고마웠어. 정말 맛있었어.
B: **Quédate a** dormir en mi casa.
A: 안 돼, 오늘 당직이야. 일해야 해.
B: 네가 원하면 내가 나중에 너 찾으러 갈게.

pasar동사는 '(어디)를 들르다'라는 뜻도 갖고 있어요. 목적 전치사 a(～하기 위해)와 동사원형이 합쳐져 '～하러 들를게'라는 의미가 되죠. 친구가 있는 카페에 '커피 한 잔 하러 들를게'라고 말하고 싶다면, Paso a tomar un café라고 하면 되겠죠.
Te **paso a** saludar. 인사하러 들를게.

PASO 3　도전! 회화 연습

나와 함께 저녁 먹고 가. _____ (cenar)

Lección 41

부정명령 ~하지 마

tú에 대한 긍정명령은 직설법 동사를 써야 한다는 것을 배웠죠? 이번엔 부정명령형을 써서 '~하지 마'라고 표현해 볼까요? 문제는 부정명령을 하기 위해서는 직설법 동사가 아니라 접속법 동사를 써야 한다는 까다로움이 있어요. 접속법은 직설법을 거꾸로 하면 만들어져요. -ar동사는 -e로, -er와 -ir동사는 -a로 바꿔 주기만 하면 되죠. hablar의 접속법 1인칭형은 hable, comer는 coma, escribir는 escriba가 됩니다.

tú에 대한 부정명령

hablar 말하다	No hables 말하지 마	ir 가다	No vayas 가지 마
cantar 노래하다	No cantes 노래하지 마	salir 나가다	No salgas 나가지 마
limpiar 청소하다	No limpies 청소하지 마	venir 오다	No vengas 오지 마
comer 먹다	No comas 먹지 마	ser ~이다	No seas ~되지 마
beber 마시다	No bebas 마시지 마	hacer 하다	No hagas 하지 마
escribir 쓰다	No escribas 쓰지 마	poner 켜다	No pongas 켜지 마
abrir 열다	No abras 열지 마	tener 가지다	No tengas 가지지 마
cerrar 닫다	No cierres 닫지 마	decir 말하다	No digas 말하지 마

부정명령을 배우면 이런 표현을 말할 수 있어요!

1	~되지 마, ~하게 굴지 마	No seas ~
2	~가지지 마, ~하지 마	No tengas ~
3	~를 말하지마	No digas ~
4	~에 대해 걱정하지 마	No te preocupes de(por) ~

No seas ~   ~되지 마, ~하게 굴지 마

ser 동사의 2인칭 단수 접속법 현재가 seas이고요. No seas ~라는 패턴은 '~하게 굴지 마, ~되지 마'의 의미를 지닙니다.

PASO 1   회화 패턴 연습

귀찮게 굴지 마.
No seas pesada.

못되게 굴지 마.
No seas malo.

거짓말쟁이가 되지 마.
No seas mentiroso.

비관적이 되지 마.
No seas pesimista.

• **TIP**

스페인 구어체에서는 누군가에게 권하거나 제공할 때 명령형을 자주 반복해서 쓴답니다. 예를 들어 본문에서도 먹을 것을 권할 때 'Coge, coge (먹어, 먹어)'라고 하면서 말이죠.

- ¿Me dejas tu libro? 책 좀 빌려줄래?
- Toma, toma. 받아, 받아.
- ¿Puedo entrar? 들어가도 돼요?
- Entra, entra. 들어와, 들어와.

• **새로운 어휘**

pesado/a 귀찮은, 골치 아픈
malo/a 못된
mentiroso/a 거짓말을 잘 하는
pesimista 비관적인, 염세적인
tonto/a m.f. 바보
pimientos rellenos 피망 만두 (피망속에 양파, 참치, 계란 등을 넣어 만든 스페인 타파스)

PASO 2   리얼 회화 연습

 친구가 자신이 요리한 피망 만두를 먹어 보라고 권유하네요.

A: ¡Qué bien huele! ¿Qué estás haciendo?
B: Estoy preparando unos pimientos rellenos. Pruébalo.
A: No, no, después. Tiene una pinta fantástica.
B: 바보 같이 굴지마, coge, coge.

A: 냄새가 정말 좋다! 뭐 하고 있어?
B: 피망 만두 만들고 있어. 먹어봐.
A: 아니, 아니, 나중에. 정말 환상적으로 보인다.
B: No seas tonta, 먹어, 먹어.

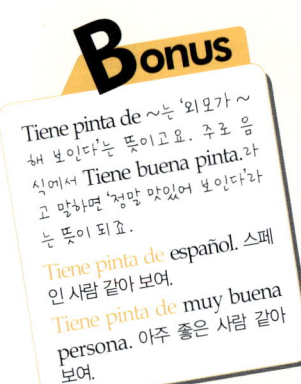

Bonus

Tiene pinta de ~는 '외모가 ~해 보인다'는 뜻이고요. 주로 음식에서 Tiene buena pinta.라고 말하면 '정말 맛있어 보인다'는 뜻이 되죠.
Tiene pinta de español. 스페인 사람 같아 보여.
Tiene pinta de muy buena persona. 아주 좋은 사람 같아 보여.

PASO 3   도전! 회화 연습

나에게 까다롭게 굴지마. _____ (exigente)

330 Capítulo 6

No tengas ~   ~가지지 마, ~하지 마

tener 동사의 접속법 2인칭형이 tengas이고요. 〈No tengas + 명사〉 패턴은 '~가지지 마, ~하지 마'라는 뜻이 됩니다.

PASO 1   회화 패턴 연습

서두르지 마.
No tengas prisa.

질투하지 마.
No tengas celos.

기대하지 마.
No tengas ilusión.

게으름 피우지 마.
No tengas pereza.

• TIP

부정명령에서 목적격 대명사는 모두 동사 앞에 위치해야 합니다. le,les는 직접목적어가 함께 오게 되면 se로 바꿔 줘야 하죠.

- No lo hagas así.
  그것을 그렇게 하지 마.
- No me lo digas.
  나에게 그걸 얘기하지 마.
- No se lo digas a María.
  마리아에게 그걸 말하지 마.
- No te lo pongas.
  그거 입지 마.
- No se lo pongas a José.
  호세에게 그거 입히지 마.

• 새로운 어휘

celo	m. 질투
ilusión	f. 환상
pereza	f. 게으름
cuento	m. 이야기, 콩트
perdido/a	잃어버린
llamado/a	불리는

PASO 2   리얼 회화 연습

 무섭다고 보채는 아이를 달래며 엄마가 동화책을 읽어줍니다.

A: Mamá, no apagues la luz. Tengo miedo.
B: Cariño. **무서워 하지 마.**
A: Léeme un cuento, mamá.
B: Vale. Érase una vez, una casa que estaba en la playa, donde vivían los niños perdidos...

A: 엄마, 불 끄지 마. 무서워.
B: 얘야. **No tengas miedo.**
A: 동화책 읽어줘, 엄마.
B: 알았어. 옛날 옛적에, 해변가에 있는 집에서 길 잃은 아이들이 살고 있었어요.

모든 동화는 '옛날 옛적에~'로 시작하는 건 동서고금을 불구하고 똑같지 않나 봅니다. Érase una vez ~가 바로 '옛날 예적에'라는 표현을 기억하고 가요.

Érase una vez, una bella princesita llamada Blanca nieves que... 옛날 옛적에 백설 공주라 불리우는 아름다운 공주가 있었어요...

PASO 3   도전! 회화 연습

나를 무서워하지 마. _____ (miedo)

No digas ~ ~를 말하지마

decir(말하다)의 접속법 현재 2인칭형은 digas입니다. 친구에게 '농담하지 마'라고 하고 싶다면, No digas bromas.고 말하면 되겠죠.

PASO 1   회화 패턴 연습

사실을 말하지 마.
No digas la verdad.

쓸데없는 소리 하지마.
No digas tonterías.

그렇게 말하지마.
No digas eso.

욕 하지마.
No digas palabrotas.

PASO 2   리얼 회화 연습

 남자친구가 다른 여자와 포옹하는 모습을 보고 여자친구가 따지는군요.

A: ¿Quién es esa chica de la fiesta de anoche?
B: Sabes que no es nada para mí.
A: 거짓말 하지마. Os vi abrazados. ¡Ya basta!
B: Pero estoy aquí contigo. ¡Y te quiero!

A: 어젯밤 파티 그 여자 누구야?
B: 나에게 아무것도 아니라는 거 너 알잖아.
A: **No digas mentiras.** 너희들 껴안고 있는 거 봤어. 이제 됐어!
B: 그런데 여기 너와 함께 있잖아. 그리고 널 사랑해!

PASO 3   도전! 회화 연습

거짓말 하지마. _____ (mentira)

• TIP

¡Ya basta!는 '충분해, 됐어'라는 뜻의 구어적 표현이죠. 영어의 That's enough.와 동일한 표현입니다. 이런 표현들도 함께 알아두세요.

- ¡Basta! 충분해! 이제 그만 해!
- ¡Basta de tonterías!
  바보 같은 소리 그만 해!
- ¡Basta de mentiras!
  거짓말 그만 해!

• 새로운 어휘

tontería	f.	바보 같은 소리
eso		그것
palabrota	f.	욕설
mentira	f.	거짓말
abrazado		포옹한
bastar		충분하다
rodeado		둘러싸인, 에워싸인

vi는 ver(보다)동사의 단순과거 1인칭형이죠. 〈Vi a + 사람 + 현재분사 또는 과거분사〉패턴은 '~가 ~하는 것을 보다, 발견하다'는 뜻해요.
Lo vi fumando. 그가 담배 피우는 걸 봤어.
La vi rodeada de chicos. 그녀가 남자로 둘러싸여 있는 걸 발견했어.

No te preocupes de(por) ~ ~에 대해 걱정하지 마

preocuparse de ~는 '~에 대해 걱정하다'는 뜻이죠. 상대방에게 '~에 대해 걱정하지 마'라고 말하고 싶다면 No te preocupes de ~의 패턴을 사용해 보세요. 전치사 de 대신에 por를 써도 무방해요.

PASO 1 회화 패턴 연습

그에 대해 걱정하지 마.
No te preocupes por él.

그것에 대해 걱정하지 마.
No te preocupes por eso.

돈에 대해 걱정하지 마.
No te preocupes por el dinero.

네 아들에 대해 걱정하지 마.
No te preocupes de tu hijo.

• TIP
부정명령에서 재귀 대명사(te)의 위치는 명령형 앞에 반드시 와야 합니다.

- lavarse (씻다)
→ No te laves. (씻지 마)
- olvidarse (잊다)
→ No te olvides. (잊지 마)
- arrepentirse (후회하다)
→ No te arrepientas. (후회하지 마)
- irse (떠나다)
→ No te vayas. (가지 마)

• 새로운 어휘
calentar 데우다
antes de ~하기 전에
nevera   f. 냉장고

PASO 2 리얼 회화 연습

 출근하는 아내가 남편에게 할 일을 당부하는군요.

A: Ya me voy al trabajo. Puedes comer la comida de la nevera. Solo caliéntala antes de comerla.
B: Vale, gracias.
A: Y no te olvides de sacar al perro a pasear.
B: 아무것도 걱정하지 마. Tú ve tranquila.

A: 이제 나 출근해. 냉장고에 있는 음식 먹으면 돼. 단지 먹기 전에 데워.
B: 오케이, 고마워.
A: 개 산책 시키는 거 잊지마.
B: **No te preocupes de nada.** 넌 마음 편히 가.

Bonus
olvidarse de ~는 '~을 잊다'는 뜻의 숙어적 표현이에요. '~을 잊지 마'라고 말하고 싶다면 No te olvides de ~패턴을 사용해 보세요.
No te olvides de mí. 나를 잊지 마.
No te olvides de llamar a tu madre. 엄마한테 전화하는 거 잊지 마.

PASO 3 도전! 회화 연습

네 미래에 대해 걱정하지 마. _____ (futuro)

Lección 42

접속법

지금까지 주로 직설법 동사를 배워 보았는데요. 몇몇과에서는 접속법 형태가 잠깐씩 소개 되었어요. 이번 과에서는 조금만 더 자세히 접속법에 대해 알아볼까요? 접속법은 종속절, 즉 que절에서 쓰는 법이라고 할 수 있어요. 대부분 주절과 다른 주어가 한 개 더 나오는 경우가 대부분이죠. 직설법이 경험, 사실, 확실한 정보 등의 객관적인 부분을 전달한다면 접속법은 감정, 경험하지 않은 불확실한 정보를 전달할 때 쓰인답니다. 접속법 현재의 형태는 직설법 현재 시제를 바탕으로 어미만 약간씩 변화하게 됩니다. ar동사는 -e로, er와 ir동사는 -a로 거꾸로 변화시켜 주면 됩니다.

인칭 대명사	hablar 말하다	comer 먹다	vivir 살다
yo	hable	coma	viva
tú	hables	comas	vivas
él, ella, usted	hable	coma	viva
nosotros	hablemos	comamos	vivamos
vosotros	habléis	comáis	viváis
ellos, ellas, ustedes	hablen	coman	vivan

접속법을 배우면 이런 표현을 말할 수 있어요!

1	나는 ~가 ~하기를 바래	Deseo que ~
2	나는 ~가 ~하기를 바래	Espero que ~
3	~하라니깐, ~하라고	Que ~
4	네가 ~할 수 있게, ~할 수 있도록	Para que (tú) ~
5	~한 게 이상하지 않아, ~한 게 당연해	No me extraña que ~
6	~할 때, ~한다면	Cuando ~
7	~할 때까지	Hasta que ~

Deseo que ~ 나는 ~가 ~하기를 바래

타인에 대한 소망을 빌고 싶다면 Deseo que ~패턴을 사용해 보세요. 이 때 que절에는 접속법 현재 동사를 써야 해요. Deseo que 패턴을 사용하여 소망을 하나씩 말해 보세요. Deseo que mi español mejore.(내 스페인어가 더 좋아지길 소망해)라고요.

PASO 1   회화 패턴 연습

아무런 나쁜 일이 일어나지 않길 바래.
Deseo que no le pase nada malo.

휴가가 빨리 오길 바래.
Deseo que lleguen las vacaciones pronto.

네가 우리와 함께 있길 바래.
Deseo que te quedes con nosotros.

할머니가 건강하길 바래.
Deseo que mi abuela esté bien de salud.

• TIP

스페인의 어린이 날에 해당하는 동방박사의 날(Día de los Reyes Magos)에 대해 알아 볼까요? 1월 7일이 바로 '동방박사의 날'로 세 명의 동방박사가 아기 예수님의 탄생을 경배하고 선물을 준 성경 대목에서 유래 되었죠. 1월 5일에 동방박사의 마차 행렬(Cabalgata de los Reyes)과 사탕 세례가 온 거리를 축제의 분위기로 물들인답니다. 도넛처럼 생긴 둥근 로스콘(Roscón)빵은 이 시기에 먹는 전통 간식이에요.

PASO 2   리얼 회화 연습

 어린이 날엔 자전거를 선물 받았으면 좋겠다는 소원을 빌고 있어요.

A: ¡Feliz cumpleaños! ¡Sopla las velas!
B: Ahora me falta pedir mi deseo.
A: ¿Qué deseo tienes?
B: 올 해에는 동방박사가 자전거를 가져왔으면 좋겠어.

A: 생일 축하해! 촛불 불어!
B: 이제 소원만 빌면 돼.
A: 소원이 뭐야?
B: Deseo que los Reyes Magos me traigan la bicicleta.

• 새로운 어휘

salud	f.	건강
soplar		불다
vela	f.	초
deseo	m.	소망
mitad	f.	반

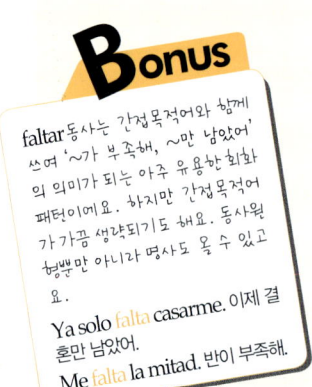

faltar 동사는 간접목적어와 함께 쓰여 '~가 부족해, ~만 남았어'의 의미가 되는 아주 유용한 회화 패턴이에요. 하지만 간접목적어가 가끔 생략되기도 해요. 동사원형뿐만 아니라 명사도 올 수 있고요.

Ya solo falta casarme. 이제 결혼만 남았어.
Me falta la mitad. 반이 부족해.

PASO 3   도전! 회화 연습

크리스마스가 빨리 오길 바래. _____

Espero que ~   나는 ~가 ~하기를 바래

〈Espero que + 접속법 현재〉는 '~하길 바래'라는 의미의 유용한 회화 패턴입니다. 타인에 대한 간절한 소망이나 희망을 표현할 때 자주 써요. Deseo que와 유사한 의미의 패턴입니다.

PASO 1 회화 패턴 연습

심각한 일이 전혀 아니길 바래.
Espero que no sea nada grave.

네가 빨리 낫길 바래.
Espero que te recuperes pronto.

네가 날 이해하길 바래.
Espero que me comprendas.

네가 날 용서하길 바래.
Espero que me perdones.

• **TIP**

간절한 희망 또는 소망을 표현해 볼까요? '제발 ~하면 좋겠다'는 의미입니다.

> Ojalá + 접속법 현재

- Ojalá haga sol mañana.
  내일 해가 쨍쨍했으면 좋겠다.
- Ojalá apruebe el examen.
  시험에 합격했으면 좋겠다.
- Ojalá me llame.
  나에게 전화했으면 좋겠다.

• **새로운 어휘**

grave	심각한
recuperarse	회복하다
comprender	이해하다
perdonar	용서하다
ingresado/a	입원한
infección	f. 감염

PASO 2 리얼 회화 연습

 친구가 마르타가 병원에 입원한 소식을 전합니다.

A: ¿Te has enterado de que Marta está ingresada en el hospital?
B: No, ¿qué le pasó?
A: Creo que tiene una infección.
B: 심각한 일이 아니었으면 좋겠다.

A: 마르타가 병원에 입원한 거 들었어?
B: 아니, 무슨 일이야?
A: 내 생각엔 감염인 거 같아.
B: **Espero que** no sea nada grave.

enterarse는 '소식을 듣다, 알다'는 뜻이고요. 평소에 '~에 대해 (소식) 들었어?'라고 말하고 싶을 때가 있죠? 그 때 사용할 수 있는 회화 패턴이 바로 ¿Te has enterado de (que) ~?입니다.
¿Te has enterado de que Roberto se va a casar? 로베르토가 결혼한다는 소식 들었어?

PASO 3 도전! 회화 연습

페페가 학교에서 친구를 사귀길 바래.

Que ~ ~하라니깐, ~하라고

que 다음에 접속법 현재 동사 2인칭형을 쓰게 되면 명령화법이 될 수도 있답니다. 이 때 접속사 que는 생략할 수 없어요. 이 명령 패턴은 스페인 현지인들이 가장 많이 쓰는 말투이기도 하죠.

PASO 1 회화 패턴 연습

그녀를 가만히 내버려 두라고.
Que la dejes en paz.

쳐다보지 말라고.
Que no me mires.

주방 청소하라고.
Que limpies la cocina.

여기서 담배 피우지 말라고.
Que no fumes aquí.

• TIP

〈Que + 접속법〉이 희망 또는 인사말에서도 자주 쓰인답니다. 이런 표현들은 암기해 두는 게 좋겠죠.

- Que te vaya bien. 잘 가.
- Que lo pases bien. 잘 지내.
- Que te diviertas.
  재미있게 보내. 즐겨.
- Que tengas buen viaje.
  좋은 여행 돼.
- Que descanses. 잘 쉬어.
- Que duermas bien. 잘 자.

• 새로운 어휘

dejar en paz	가만히 내버려 두다
limpiar	청소하다
cocina	f. 주방

PASO 2 리얼 회화 연습

 아들의 지저분한 방을 보고 치우라고 엄마가 잔소리합니다.

A: Hijo. 네 방 청소하라고.
B: Mamá, estoy trabajando ahora. Luego limpio.
A: La habitación está manga por hombro.
B: Que me dejes en paz, mamá, por favor.

A: 아들. **Que limpies tu habitación.**
B: 엄마, 지금 일하는 중이야. 나중에 청소할게.
A: 방이 정말 지저분하잖아.
B: 날 가만 내버려 두라니깐, 엄마, 제발.

estar manga por hombro는 '엉망이다, 지저분하다'는 의미의 스페인 구어적 표현이에요. 주로 지저분한 집이나 방을 묘사할 때 쓰여요.
La habitación está manga por hombro. 방이 엉망이야.
La casa está manga por hombro. 집이 엉망이야.

PASO 3 도전! 회화 연습

나한테 거짓말 하지 말라니깐. _____ (mentir)

Para que (tú) ~ 네가 ~할 수 있게, ~할 수 있도록

누군가에게 무엇을 가져다 줄 때 '네가 ~할 수 있게, ~할 수 있도록'이라고 말할 수 있는 표현입니다. 스페인 사람들은 이 회화 패턴을 평소에 아주 많이 사용해요. 반드시 외워두는 게 좋겠죠. para que 다음에는 반드시 접속법 현재형을 써야 한답니다.

PASO 1   회화 패턴 연습

네가 읽으라고 이 책 가져왔어.
Te he traído este libro para que lo leas.

네가 먹으라고 약 가져왔어.
Te he traído estas pastillas para que las tomes.

네가 들을 수 있게 CD를 갖고 왔어.
Te he traído este CD para que lo escuches.

네가 보라고 사진 가져왔어.
Te he traído las fotos para que las veas.

PASO 2   리얼 회화 연습

 친구가 파티에 입고 갈 원피스를 빌려 주면서 입어보라고 하는군요.

A: 네가 파티에서 입을 수 있게 이 원피스 갖고 왔어.
B: ¡Qué bonito! Voy a parecer muy joven.
A: Póntelo. A ver si te queda bien.
B: ¿Me ayudas con la cremallera, por favor?

A: Te he traído este vestido para que te lo pongas en la fiesta.
B: 정말 예쁘다! 나 정말 젊어 보이겠다.
A: 입어 봐. 잘 맞는지 한 번 보자.
B: 지퍼 올리는 거 도와 줄래?

PASO 3   도전! 회화 연습

네가 먹으라고 파이 가져왔어. _____ (pastel)

• TIP

주어가 단 한 개일 경우에는 〈para + 동사원형〉을 써야 합니다.
- He traído el libro para leer.
  내가 읽기 위해 책 갖고 왔어.
- He traído la cámara para sacar fotos. 내가 사진 찍으려고 카메라를 갖고 왔어.
- He traído el CD para escuchar música. 내가 음악을 듣기 위해 CD를 갖고 왔어.

• 새로운 어휘

pastilla   f. 알약
cremallera f. 지퍼
tarea   f. 숙제

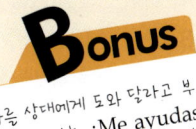

원가를 상대에게 도와 달라고 부탁할 경우에는 ¿Me ayudas con + 명사?를 쓰면 됩니다. 혹은 ¿Me ayudas a + 동사?를 써도 되는데, 소파를 옮기는 걸 도와 달라고 부탁하려면 ¿Me ayudas a mover el sofá?라고 말하면 되겠죠.
¿Me ayudas con la tarea, por favor? 숙제 좀 도와 줄래?

No me extraña que ~

~한 게 이상하지 않아, ~한 게 당연해

No me extraña que ~의 패턴은 '~하는 게 이상하지 않아, 당연해'라는 의미입니다. que절 다음엔 반드시 접속법 동사가 와야 하죠. 접속법 현재 또는 현재완료 시제가 올 수 있어요.

PASO 1 회화 패턴 연습

그들이 이혼한 건 당연해.
No me extraña que se hayan divorciado.

그가 낙제한 건 당연해.
No me extraña que haya suspendido.

그가 오지 않은 게 당연해.
No me extraña que no haya venido.

그가 아픈 게 당연해.
No me extraña que se haya enfermado.

PASO 2 리얼 회화 연습

 친구의 집을 방문하면서 예쁜 집을 왜 안 팔았는지 알게 되었다고 말하는군요.

A: ¡Qué preciosa es la casa! 네가 집을 팔기를 원하지 않은 게 당연해.
B: Estoy muy a gusto en esta casa.
A: ¿Sigues alquilando las habitaciones?
B: De eso vivo.

A: 집이 정말 아름답다! No me extraña que no hayas querido vender la casa.
B: 난 이 집에서 아주 편안해.
A: 계속 방들을 세놓는 거야?
B: 그걸로 먹고 사는 걸.

PASO 3 도전! 회화 연습

사라가 그렇게 많이 변한 게 당연해.

• TIP

'아마도'를 의미하는 다양한 표현을 배워 봅시다. 접속법이 오게 되면 불확실성이 좀 더 표현됩니다.

quizá, tal vez + 직설법, 접속법
a lo mejor + 직설법

- Quizá llegaré tarde.
  아마도 늦게 도착할 거야.
- Quizá llegue tarde.
  아마도 늦게 도착할 지도 몰라.
- Tal vez vengo a cenar.
  아마 저녁 먹으러 올 거야.
- Tal vez venga a cenar.
  아마 저녁 먹으러 올 것 같아.
- A lo mejor se ha olvidado.
  아마도 잊어 버렸을 거야.

• 새로운 어휘

extrañar 이상하게 생각하다
enfermarse 아프다
estar a gusto 마음이 편하다
renta f. 수입, 소득

Bonus

De eso vivo.는 원래의 어순은 Vivo de eso.(그걸로 먹고 살아)라는 뜻이 되겠죠. vivir de ~는 '~으로 먹고 살고 있어'라는 의미의 회화적 표현이에요.

Vivo de las rentas del libro.
책 인세로 먹고 살아.

Cuando~ ~할 때, ~한다면

cuando절에 접속법 현재 동사가 오게 되면 '~하게 되면, ~할 때'라는 의미가 됩니다. 주절에는 명령형 또는 미래 시제가 와야 합니다.

PASO 1   회화 패턴 연습

일 끝나면 전화할게.
Cuando termine de trabajar, te llamaré.

집에 도착하면, 저녁 먹을 거야.
Cuando llegue a casa, cenaré.

집을 구하면, 결혼할 거야.
Cuando encuentre piso, me casaré.

우리가 만나면, 너에게 얘기해 줄게.
Cuando nos veamos, te lo diré.

• TIP

평소의 일상습관이나 과거시제가 오면, cuando 절에 직설법이 와야 합니다.
• Cuando me levanto, siempre estoy cansado.
  나는 일어나면, 항상 피곤해.
• Cuando tengo tiempo, siempre voy al cine. 난 시간 있을 때, 항상 영화관에 가.
• Cuando llegó Ana, me fui. 아나가 도착했을 때, 난 떠났어.

• 새로운 어휘

terminar de ~하는 것을 끝내다
piso   m. 아파트
viaje   m. 여행

PASO 2   리얼 회화 연습

 베를린으로 떠나는 친구와 작별인사를 하는 장면입니다.

A: Que te vaya bien. 베를린에 도착하면 전화할게.
B: Vale. Que te vaya muy bien.
A: Gracias.
B: Que tengas buen viaje. Y gracias por todo.

A: 잘 가. Te llamo cuando llegue a Berlín.
B: 그래. 잘 가.
A: 고마워.
B: 여행 잘 해. 그리고 다 고마워.

PASO 3   도전! 회화 연습

집에 돌아오면, 널 도와줄게. _____

Bonus

〈Que + 접속법〉이 간접적인 명령을 할 때 쓸 수 있다고 이미 배웠죠? 안부를 전하는 인사말을 할 때에도 이 패턴을 많이 사용한답니다. Que ~를 사용해 여러 안부 인사를 해 볼까요?
Que descanses. 잘 쉬어.
Que estés bien. 잘 있어.

Hasta que ~ ~할 때까지

hasta는 '~까지'을 뜻하는 전치사고요. que절이 합쳐져서 '(누가, 무엇이) ~할 때까지'가 되는 거죠. 이 때 que절에는 반드시 접속법 현재 동사가 와야 해요.

PASO 1 회화 패턴 연습

네가 돌아올 때까지 널 기다릴게.
Te esperaré hasta que vuelvas.

나에게 돈을 줄 때까지 나 안 갈 거야.
No me iré hasta que me des el dinero.

네가 잠 들 때까지 너와 있을게.
Me quedaré contigo hasta que te duermas.

다 먹을 때까지 넌 가면 안 돼.
No te puedes ir hasta que termines de comer.

• **TIP**

'호랑이도 제 말하면 온다'는 스페인어 속담을 배워 봅시다.
Hablando del rey de Roma, por la puerta asoma.
직역하면 '로마 왕에 대해 이야기 하니까 문에서 나타난다'는 뜻입니다.

rey	m. 왕
puerta	f. 문
asomar	나타나다

• **새로운 어휘**

| dinero | m. 돈 |
| gripe | f. 독감 |

PASO 2 리얼 회화 연습

 여동생이 집에 올 때까지 기다리느라 영화관에 못 간다고 하는군요.

A: ¿Te vienes al cine?
B: No puedo.
A: ¿Pero por qué?
B: No es que no quiera. Es que 내 여동생이 집에 돌아올 때까지 기다려야 해.

A: 영화관 갈 거지?
B: 못 가.
A: 그런데 왜?
B: 가기 싫어서가 아니고,
　　tengo que quedarme en casa hasta que vuelva mi hermana.

Es que ~패턴은 직설법이 와서 이유나 변명을 할때 쓴다고 배웠죠? '~해서 말이지'라는 뜻이 되죠. 반대로 No es que ~는 '~해서가 아니고'라는 의미가 된답니다. 주의할 점은 반드시 접속법을 써야해요.
No es que no quiera, es que tengo gripe. 싫어서가 아니고, 감기에 걸렸거든.

PASO 3 도전! 회화 연습

그가 용서를 빌 때까지 그를 용서 안 할 거야. _____

Lección 43 Español

부정어
절대로, 전혀, 하나도, 더 이상, ~조차도 아니야

어느 언어에서건 부정어가 나오면 다소 헷갈리는 경향이 있죠? 스페인어에서도 부정어가 만만치 않게 어려운 점이 있어요. 스페인어에서는 영어에서처럼 이중 부정이 긍정이 되지 않고 이중 부정이든 삼중 부정이든 모두 부정의 의미가 된답니다. 부정어의 위치에 따라 no를 한 번 더 써야만 하는 까다로움도 있어요. 그럼, 스페인어에서 부정어가 어떻게 활용되는지 부정어가 들어간 주요 회화 패턴을 가지고 배워 보도록 합시다.

부정어를 배우면 이런 표현을 말할 수 있어요!

1	절대로 ~하지 않아	Nunca ~
2	전혀 ~하지 않아, 전혀 ~안 해	No ~ nada
3	~도 아니고 ~아니야	Ni ~ ni~
4	~가 하나도 없어	no ~ ningún/ninguna ~
5	이제 더 이상 ~ 하지 않아	Ya no ~
6	~가 아니고 ~야	No ~ sino ~
7	~조차도 아니야	Ni siquiera ~

Nunca ~ 절대로 ~하지 않아

부정어 nunca는 '절대로'를 의미하죠. 영어의 never과 같은 뜻이고요. 좀 더 강한 부정문을 만들고 싶을 때는 nunca를 써서 말하면 되겠죠? 문장 앞에도 올 수 있고, 문장 뒤에 놓을 때는 반드시 앞에 no를 써야 합니다.

PASO 1 회화 패턴 연습

내 남편은 나를 위해 요리를 절대 하지 않아.
Mi esposo nunca cocina para mí.

로사는 절대로 정시에 도착하지 않아.
Rosa nunca llega a tiempo.

절대로 다시는 돌아오지 마.
No vuelvas nunca más.

그를 절대 보지 않을 거야.
No lo veré nunca más.

• **TIP**

jamás는 nunca와 동일한 의미로 '절대로'를 뜻하는 부정어입니다. 홀로 쓰이기도 하고 nunca와 함께 쓰여 부정을 좀 더 강조하는 역할을 하죠.

• No lo veré jamás en mi vida.
살면서 그 사람을 절대로 보지 않을 거야.
• No volveré a hacerlo nunca jamás.
절대로 다시 그런 일을 하지 않을 거야.

PASO 2 리얼 회화 연습

 페드로가 아주 못되게 굴어서 그와 절교하겠다고 말합니다.

A: **Yo no soporto a Pedro. Él es muy orgulloso.**
B: **Yo no sé nada de él.** 한 번도 그와 얘기한 적 없어.
A: **Se ha portado muy mal conmigo. Jamás hablaré con él.**
B: **¡Tranquila!**

• **새로운 어휘**

a tiempo — 정시에
soportar — 견디다
orgulloso — 거만한

A: 난 페드로를 견딜 수가 없어. 그는 아주 거만해.
B: 난 그에 대해 몰라. **Nunca he hablado con él.**
A: 나에게 아주 잘 못 행동했어. 절대 그와 얘기 안 할 거야.
B: 진정해!

PASO 3 도전! 회화 연습

내 삶에서 너를 절대로 보고 싶지 않아.

portarse con은 '(누구)에게 행동하다, 대하다'를 의미합니다. 동사 뒤에 bien(잘)을 쓰면 '잘 대해주다', mal(못되게)을 쓰게 되면 '잘 못 대해주다'가 되겠죠.
Se han portado bien conmigo. (사람들이) 나를 잘 대해줬어.
Sergio se ha portado mal conmigo. 세르히오가 나를 잘 못 대해줬어.

No ~ nada 전혀 ~하지 않아, 전혀 ~안 해

부정어 nada는 '전혀, 아무것'의 의미로 영어로는 nothing에 해당해요. 뒤에 위치할 때는 앞에 반드시 no와 함께 써야 합니다. nada 뒤에 명사가 올 때는 de를 써야 한다는 것 꼭 기억하세요.

PASO 1 회화 패턴 연습

그녀에 대해 아무것도 몰라.
No sé nada de ella.

아무것도 안 보여.
No veo nada.

냉장고에 아무것도 없어.
No hay nada en la nevera.

할 말이 아무것도 없어.
No tengo nada que hablar.

PASO 2 리얼 회화 연습

 친구의 상태를 물어봅니다.

A: ¿Cómo estás? ¿Estás aburrida?
B: No, 전혀 지루하지 않아. Solo estoy un poco cansada.
A: ¿Quieres comer algo?
B: No, no tengo nada de hambre.

A: 어때? 지루해?
B: 아니, **no estoy nada aburrida.** 단지 조금 피곤할 뿐이야.
A: 뭐 좀 먹을래?
B: 아니, 배가 전혀 안 고파.

PASO 3 도전! 회화 연습

프랑스어는 전혀 말할 줄 몰라. _____

• TIP

부정 대명사 algo/nada/alguien/nadie에 대해 공부해 볼까요?
algo 어떤 것
nada 아무 것
alguien 어떤 사람
nadie 아무도

- Hay algo en la nevera.
  냉장고에 뭔가 있어.
- No hay nada en la nevera.
  냉장고에 아무것도 없어
- ¿Hay alguien en el aula?
  교실에 누구 있어?
- Aquí no hay nadie.
  여기엔 아무도 없어.

• 새로운 어휘

nevera   f. 냉장고
aburrido/a   지루한
hambre   f. 배고픔

Tengo hambre.가 '배고파'라는 뜻이라는 것은 tener 동사편에서 이미 배웠죠? 이번에 부정어 nada를 써서 '전혀 배고프지 않아'라고 표현해 볼까요? 바로 No tengo nada de hambre.라고 말하면 되겠죠.
No tengo nada de calor. 전혀 덥지 않아.

Ni ~ ni ~   ~도 아니고 ~아니야

⟨ni A ni B⟩패턴은 'A도 아니고 B도 아니야'를 뜻합니다. 부정의 y라고 할 수 있죠. Ni estudia ni trabaja.는 공부도 안하고 일도 안 하는 사람 즉 백수를 nini라고 한답니다.

PASO 1 회화 패턴 연습

파블로는 키가 크지도 작지도 않아.
Pablo no es ni alto ni bajo.

나는 술도 안 마시고 담배도 피우지 않아.
Yo ni bebo ni fumo.

난 네 이름이 뭔지 어디 사는지도 몰라.
No sé ni cómo te llamas ni dónde vives.

페드로는 공부도 안 하고 일도 안 해.
Pedro ni estudia ni trabaja.

• TIP

우리나라에서도 줄임말이 있듯이 스페인에서도 줄임말을 인터넷이나 핸드폰 메시지를 보낼 때 많이 사용합니다. 다음 문장이 무슨 뜻인지 해석해 보세요!
① tbo + trd salu2.
② ¿T aptc tomar 1kfe esta trd?

① Te veo más tarde, saludos.
  (이따 보자, 안녕)
② ¿Te apetece tomar un café esta tarde?(오늘 오후에 커피 한 잔 할래?)라는 뜻이 되요.

• 새로운 어휘

fijo/a	확실한
cosa	것, 물건
otro/a	다른 것
así que	그래서
enamorado/a	사랑에 빠진

PASO 2 리얼 회화 연습

 남자는 여자에게 사랑에 빠졌다고 고백하는군요.

A: **¿Tú de fijo estás casado o tienes novia?**
B: 둘 다 아니에요.
A: **¿Así que te gusto?**
B: **Estoy enamorado de ti.**

A: 확실히 결혼했거나 아니면 여자친구가 있나요?
B: **Ni una cosa ni la otra.**
A: 그러니깐 제가 좋아요?
B: 난 당신에게 반했어요.

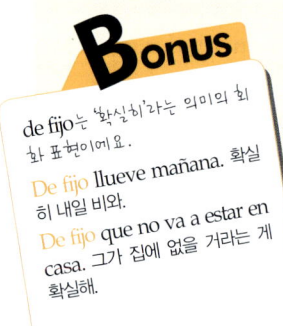

Bonus

de fijo는 '확실히'라는 의미의 회화 표현이에요.
De fijo llueve mañana. 확실히 내일 비와.
De fijo que no va a estar en casa. 그가 집에 없을 거라는 게 확실해.

PASO 3 도전! 회화 연습

호세도 페드로도 안 왔어. _____ (venir)

no~ ningún/ninguna ~ ~가 하나도 없어

ningún(ninguna)는 '어떤(아무런)'의 의미로 영어의 not any와 동일하죠. 차이점은 앞에 no를 꼭 써야 한다는 거죠. 그리고 뒤의 명사의 성에 따라 ningún 또는 ninguna로 변화해야 하죠.

PASO 1 회화 패턴 연습

난 정치에는 관심이 하나도 없어.
Yo no tengo ningún interés en la política.

넌 센스(취향)가 하나도 없어.
Tú no tienes ningún gusto.

넌 인내심이 하나도 없어.
Tú no tienes ninguna paciencia.

난 아무 생각이 없어.(모르겠어)
Yo no tengo ninguna idea.

• TIP

형용사를 강조하기 위해 muy (아주)와 –ísimo외에 현지 스페인어에서는 super–를 아주 많이 사용한답니다.

- Es superpráctico.
  정말 실용적이야.
- Es superguapa.
  진짜 예뻐.
- Es supermoderno.
  완전 모던해.

• 새로운 어휘

gusto *m.* 취향
paciencia *f.* 인내심
caro 비싼

PASO 2 리얼 회화 연습

 클래식 음악은 좋아하지만 콘서트에는 가지 않는다고 하는군요.

A: Me encanta la música clásica.
B: ¿Vas a algún concierto?
A: No, 아무 콘서트에도 안 가. Cuestan muy caros. ¿Y tú?
B: Yo tampoco. La música clásica no me gusta mucho.

A: 난 클래식 음악이 정말 좋아.
B: 어떤 콘서트에 가니?
A: 아니, **no voy a ningún concierto.** 아주 비싸. 넌?
B: 나도 안 가. 클래식은 그다지 많이 좋아하지 않아

PASO 3 도전! 회화 연습

그는 유머감각이 하나도 없어. _____

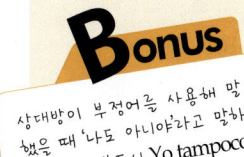

상대방이 부정어를 사용해 말했을 때 '나도 아니야'라고 말하고 싶다면 반드시 Yo tampoco를 써야 해요. 영어의 Me neither과 동일한 표현이죠. Yo tampoco안에 부정의 의미가 내포되어 있기 때문에 따로 부정어를 반드시 쓸 필요는 없어요.

Yo tampoco entiendo. 나도 이해가 안 돼.

Ya no ~ 이제 더 이상 ~하지 않아

Ya no는 '이제 더 이상 ~하지 않아'라는 뜻입니다. 영어의 no longer과 동일한 의미를 갖고 있어요. fumar(담배 피우다), bailar(춤추다)등의 동사를 변화시켜 연습해 볼까요? Ya no fumo.(이제 더 이상 담배 안 피워), Ya no bailo.(이제 더 이상 춤 안 춰)

PASO 1   회화 패턴 연습

이제 더 이상 기억이 안 나.
Ya no me acuerdo.

이제 더 이상 혼자가 아니야.
Ya no estoy solo.

이제 더 이상 그런 문제가 없어.
Ya no tengo ese problema.

이제 더 이상 아프지 않아.
Ya no me duele.

• TIP

약어를 스페인어로 las siglas라고 합니다. 다음 약어들의 의미를 알아두면 실생활에 많은 도움이 되겠죠?
ONU Organización de las Naciones Unidas 유엔
DNI Documento Nacional de Identidad 신분증
IVA Impuesto sobre el Valor Añadido 부과세
ONCE Organización Nacional de Ciegos Españoles 스페인 맹인 협회

• 새로운 어휘

acordarse	기억하다
ruido	m. 소음
precio	m. 가격
servicio	m. 서비스

PASO 2   리얼 회화 연습

 이웃 사람과 소음 문제로 컴플레인을 했다고 말합니다.

A: ¿Sigues teniendo problemas con tu vecino por el ruido?
B: 이제 더 이상 그 문제는 없어.
A: ¿Has hablado con él?
B: Sí, me he quejado del ruido. Y ya no pone la música alta.

A: 소음 때문에 이웃 남자와 계속 문제가 있니?
B: **Ya no tengo ese problema.**
A: 그와 얘기를 했니?
B: 응, 소음에 대해 컴플레인을 했어. 그래서 이제 더 이상 음악을 크게 안 틀어.

PASO 3   도전! 회화 연습

이제 더 이상 여기에 살지 않아. _____ (aquí)

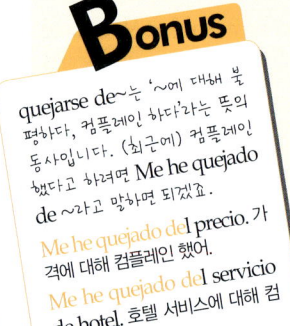

quejarse de~는 '~에 대해 불평하다, 컴플레인 하다'라는 뜻의 동사입니다. (최근에) 컴플레인 했다고 하려면 Me he quejado de ~라고 말하면 되겠죠.
Me he quejado del precio. 가격에 대해 컴플레인 했어.
Me he quejado del servicio de hotel. 호텔 서비스에 대해 컴플레인 했어.

No ~ sino ~   ~가 아니고 ~야

'A가 아니라 B'라는 패턴은 바로 'no A sino B'입니다. 영어의 not A but B에 해당하는 패턴이죠.

PASO 1   회화 패턴 연습

여기가 아니라 저기야.
No es aquí **sino** allí.

난 산에 안 가고 해변에 갔어.
No fui a la montaña **sino** a la playa.

나가기 싫고 쉬고 싶어.
No quiero salir **sino** descansar.

그녀가 한 게 아니라 그가 했어.
No lo hizo ella, **sino** él.

PASO 2   리얼 회화 연습

 맛있는 파에야 요리를 엄마가 만들었다고 합니다.

A: La paella está muy rica. ¿Tú la cocinaste?
B: 내가 한 게 아니고 우리 엄마가 했어. Mi madre es muy buena cocinera.
A: Tienes que aprender a cocinar.
B: Sí, la verdad es que yo cocino muy mal.

A: 파에야가 정말 맛있다. 네가 요리했어?
B: Yo no la hice sino mi madre. 우리 엄마는 정말 요리 잘 해.
A: 너 요리 배워야겠다.
B: 응, 사실은 난 요리를 못하거든.

PASO 3   도전! 회화 연습

페드로가 한 게 아니라 후안이 했어. _____

• TIP

띄어쓰기에 따라 뜻이 달라지는 단어들이 있어요.

1) mediodía / medio día
- mediodía : 정오(12시)
  Nos vemos a mediodía. 정오에 보자.
- medio día : 오후 (2시~5시정도)
  Hoy solo trabajo medio día. 오늘은 오후만 일해.

2) si no / sino
- si no : ~하지 않는다면
  Si no quieres más, no comas. 원하지 않으면, 먹지 마.
- sino : no A sino B (A가 아니면 B다)
  No es su culpa, sino mía. 그의 잘못이 아니고 내 잘못이야.

• 새로운 어휘

allí   저기
cocinero/a   *m.f.* 요리사

평소에 '사실은 말이지'라고 말을 시작하고 싶을 때가 있잖아요. 그 때 사용할 수 있는 패턴이 바로 La verdad es que ~입니다. 영어의 The truth is that~에 해당되는 패턴이에요.

La verdad es que no quiero casarme nunca. 사실은 난 절대 결혼하고 싶지 않아.

네이티브들이 자주 쓰는 회화패턴   **349**

Ni siquiera ~   ~조차도 아니야

ni siquiera는 '~조차 아니야'라는 뜻입니다. 영어의 not even에 해당하는 표현이죠. 부정을 좀 더 강하게 부정하고 싶을 때 쓸 수 있어요.

PASO 1   회화 패턴 연습

감사 인사조차 하지 않았어.
Ni siquiera me dijo las gracias.

나한테 전화조차 하지 않았어.
Ni siquiera me llamó.

나한테 인사조차 하지 않았어.
Ni siquiera me saludó.

차에서 내리지조차 않았어.
Ni siquiera salió del coche.

• TIP

스페인어로 욕은 palabrotas 또는 구어체에서는 tacos라고 부릅니다. 스페인에서 욕은 사회적으로 점점 더 용인되고 친구들 사이에서 놀람, 짜증 또는 감정을 표현할 때 자주 쓰인답니다. 혼잣말로 할 수 있는 욕들을 배워 볼까요?
¡Maldita sea! 망할, 빌어먹을
¡Mierda! 개떡 같으니!
¡Hostia! 빌어먹을! 우라질!
¡Joder! 빌어먹을!
¡Coño! 우라질! 제기랄!
Estoy jodido. 망했어.
Es un coñazo. 짜증이야.
Es cojonudo. 대박.

PASO 2   리얼 회화 연습

 어느 날 인사조차 하지 않는 친구 호세에게 기분이 아주 나빠합니다.

A: No sé qué pasa con José.
B: ¿Por qué? ¿Qué te dijo?
A: No me dijo nada. 인사조차 안 했어. **Se portó como un gilipollas.**
B: Cuando lo vea, le preguntaré qué le ocurre.

A: 호세에게 무슨 일이 있는지 모르겠어.
B: 왜? 너한테 뭐라고 했어?
A: 아무 말도 안 했어. **Ni siquiera me saludó.** 머저리처럼 행동했어.
B: 내가 만나면 무슨 일이 있는지 물어볼게.

• 새로운 어휘

gracias	f. 감사
saludar	인사하다
gilipollas	m.f. 머저리
ocurrir	발생하다

portarse는 '행동하다'는 의미의 재귀동사고요. como는 '처럼'을 의미하는 전치사예요. 〈Me porté como~〉라고 하면 '~처럼 행동했어, ~처럼 굴었어'의 뜻하는 표현이 되죠. 친구가 바보처럼처럼 굴었다면, Se portó como un idiota.라고 말하면 돼요.

PASO 3   도전! 회화 연습

난 네 이름이 뭔지 조차도 몰라. _____ (saber)

Capítulo 6

Lección 44

Si ~ 만일 ~한다면

Si는 '만일에 ~한다면'이라는 뜻으로 주어와 동사를 동반한 절이 올 수 있어요. Si 절에는 직설법 현재와 접속법의 다양한 시제가 올 수 있어요. Si 절 다음의 주절에는, 직설법 미래, 명령형, 조건절 등의 시제들이 올 수 있답니다. 이번 과에서는 Si 절이 들어간 다양한 회화패턴을 배워 봅시다.

Si 절을 배우면 이런 표현을 말할 수 있어요!

1	만약 ~한다면, ~할 거야	**Si** + 직설법 현재, 직설법 미래
2	~하지 않는다면 ~할 거야	**Si no** + 직설법 현재, 직설법 미래
3	네가 ~하길 원한다면 ~해야 해	**Si quieres** + 동사원형, **tienes que** + 동사원형
4	내가 만일 ~가 된다면, ~할 텐데	**Si yo fuera** ~, 단순 조건
5	만일 ~한다면, ~할 텐데	**Si** + 접속법 과거, 단순조건
6	마치 ~ 인 것과 같아, ~와 다름없어	**Es como si** + 접속법 과거

네이티브들이 자주 쓰는 회화패턴   351

Si + 직설법 현재, 직설법 미래

만약 ~한다면, ~할 거야

Si 절에 직설법 현재시제가 오고, 주절에 미래시제가 오게 되면, '만일에 ~한다면, ~할 거야'라는 뜻이 됩니다. Si 절은 뒤에 위치해도 상관 없어요.

PASO 1 회화 패턴 연습

날씨가 좋으면, 산책할 거야.
Si hace buen tiempo, daré un paseo.

비가 오면, 집에 있을 거야.
Si llueve, me quedaré en casa.

네가 원한다면 그걸 줄게.
Si lo quieres, te lo daré.

네 도움이 필요하면, 말할게.
Si necesito tu ayuda, te lo diré.

• TIP

스페인어에도 '칠전팔기'와 비슷한 명언이 있어요.
A la tercera va la vencida.
"세 번째는 이긴다"
한 두 번 말고 세 번째까지는 꼭 도전해 보라는 말이네요~
tercero/a 세 번째의
vencer 이기다

• 새로운 어휘

tiempo m. 날씨
ayuda f. 도움
paseo m. 산책

PASO 2 리얼 회화 연습

 오늘 밤에 아주 피곤하지만 않다면 영화관에 갈 거라고 말합니다.

A: ¿Qué vas a hacer esta noche?
B: Seguramente voy a ir al cine.
A: ¿Al cine?
B: Bueno, sí. Pero 아주 피곤하면, 안 갈 거야.

A: 오늘 밤에 뭐 할 거야?
B: 아마도 영화관에 갈 지도 몰라.
A: 영화관에?
B: 응, 그래. 그런데 si estoy muy cansada, no iré.

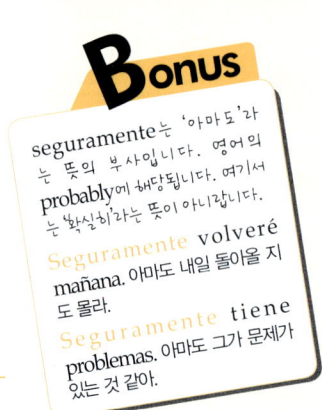

Bonus

seguramente는 '아마도'라는 뜻의 부사입니다. 영어의 probably에 해당됩니다. 여기서는 확실히라는 뜻이 아니랍니다.
Seguramente volveré mañana. 아마도 내일 돌아올 지도 몰라.
Seguramente tiene problemas. 아마도 그가 문제가 있는 것 같아.

PASO 3 도전! 회화 연습

아주 피곤하면 수업에 안 갈 거야. _____

Si no + 직설법 현재, 직설법 미래
~하지 않는다면 ~할 거야

Si no ~절이 오게 되면, '만일 ~하지 않는다면'의 뜻이 되겠죠? Si no ~회화 패턴을 활용해서 문장 연습을 해 볼까요?

PASO 1   회화 패턴 연습

네가 원하지 않는다면, 너한테 안 줄 거야.
Si no lo quieres, no te lo daré.

비가 오지 않으면, 우리 소풍 갈 거야.
Si no llueve, haremos picnic.

너 공부하지 않으면, 합격하지 못 할 거야.
Si no estudias, no aprobarás.

네가 좋아하지 않는다면, 나한테 말해.
Si no te gusta, dímelo.

PASO 2   리얼 회화 연습

 아내가 남편에게 퇴근을 몇 시에 하는지 물어보는군요.

A: ¿Saldrás del trabajo a las siete?
B: Depende de si termino el informe.
A: Entonces, ¿no vas a cenar en casa?
B: 못 끝내면, 여기서 저녁 먹어야 해.

A: 7시에 퇴근할 거야?
B: 보고서를 끝내는지 아닌지에 달려 있어.
A: 그럼, 집에서 저녁 안 먹을 거야?
B: Si no puedo terminar, tendré que cenar aquí.

PASO 3   도전! 회화 연습

너 코트 입지 않으면, 추위를 탈 거야. _____ (coger frío)

• TIP

스페인 현지 사람들은 2인칭 단수(tú)를 사용해서 무인칭을 표현하기도 한답니다. 2인칭을 사용해서 마치 '나'에게 하는 말같이 들리겠지만, 사실은 '일반 사람들'을 지칭하는 거죠. 가끔, 외국인들이 스페인에서 오해가 생겨 기분 나빠하기도 하죠.
En España, si vas a una cena, normalmente, llevas postre.
스페인에서는 저녁식사에는 보통 후식을 갖고 가. ('너'한테 하는 말이 아니라 일반적인 사람전체를 말하는 거랍니다.)

• 새로운 어휘

hacer picnic   소풍 가다
informe   m. 보고서
entonces   그렇다면

〈depende de + 명사〉는 '~에 달려있어'가 된다는 것을 이미 배웠죠? depende de 다음에 si절이 오게 되면, '~인지 아닌지에 달려 있다'는 뜻이 됩니다.
Depende de si hace buen tiempo. 날씨가 좋은지 아닌지에 달려 있어.

Si quieres + 동사원형, tienes que + 동사원형
네가 ~하길 원한다면 ~해야 해

지금까지 배운 querer 동사와 tener que 동사를 Si 절 속에서 활용해 볼까요? 상대에게 충고 또는 조언을 할 때 유용하게 사용할 수 있는 회화 패턴입니다. Si quieres ~, tienes que ~라고 말해 보세요.

PASO 1 　 회화 패턴 연습

네가 살을 빼고 싶다면, 적게 먹어야 해.
Si quieres adelgazar, **tienes que** comer menos.

네가 좋은 건강을 가지려면 운동을 해야 해.
Si quieres tener buena salud, **tienes que** hacer deporte.

네가 남자친구를 가지고 싶다면, 더 많이 나가야 해.
Si quieres tener novio, **tienes que** salir más.

네가 사람들을 만나고 싶다면, 여행을 많이 해야 해.
Si quieres conocer gente, **tienes que** viajar mucho.

• **TIP**

충고 또는 조언할 때는 이런 표현들도 추가로 알아 두세요.
• Lo que tienes que hacer es hablar más.
네가 해야 할 것은 말을 더 많이 하는 거야.
• Procura hablar más.
말을 더 많이 하도록 노력해 봐.
• Intenta hablar más.
말을 더 많이 하도록 시도해 봐.

• **새로운 어휘**

adelgazar　살 빼다
salud　　　f. 건강
conccer　　만나다
pareja　　　f. 짝

PASO 2 　 리얼 회화 연습

 결혼을 하고 싶어하는 친구에게 많이 나가거나 여행을 권유합니다.

A: Tengo ya 35 años y me gustaría casarme, pero no encuentro pareja.
B: 네가 짝을 찾고 싶다면, 더 많이 나가야 해.
A: El problema es que no me gusta ni salir ni beber.
B: O puedes viajar.

A: 벌써 35살인데 결혼을 하고 싶어, 그런데 짝을 찾을 수가 없어.
B: Si quieres encontrar pareja, tienes que salir más.
A: 문제는 난 나가는 것도 술 마시는 것도 좋아하지 않아.
B: 아니면 여행할 수 있잖아.

Bonus

'문제는 말이지'라고 말을 시작하고 싶을 때가 있죠? 그럼 El problema es que ~하고 말을 시작해 보세요. The problem is that ~과 동일한 표현입니다. 유사표현으로는 Lo que pasa es que~가 있어요.
El problema es que no me queda tiempo. 문제는 나에게 시간이 남지 않았다는 거야.

PASO 3 　 도전! 회화 연습

네가 돈을 많이 벌고 싶다면, 일을 많이 해야 해.　＿＿＿＿＿＿＿＿

Si yo fuera ~, 단순 조건

내가 만일 ~가 된다면, ~할 텐데

fuera는 ser 동사의 접속법 과거 1인칭 단수형입니다. Si 절에 접속법 과거형이 오면 '만일 ~한다면'이라는 뜻으로 실현 가능성이 없는 사실을 말할 때 쓸 수 있어요. Si yo fuera ~에 내가 되고 싶은, 하지만 실현 가능성이 없는 것을 넣어 연습해 볼까요?

PASO 1   회화 패턴 연습

내가 만약 배우가 된다면, 헐리우드로 갈 텐데.
Si yo fuera actriz, **iría** a Hollywood.

내가 만약 더 젊다면, 스페인에 살 텐데.
Si yo fuera más joven, **viviría** en España.

내가 만약 더 젊다면, 절대로 결혼하지 않을 텐데.
Si yo fuera más joven, no me **casaría** nunca.

내가 만약 여자가 된다면, 군복무를 하지 않을 텐데.
Si yo fuera una mujer, no **haría** la mili.

• TIP

상대방에게 충고할 때 가능법 시제를 사용한 이런 표현들도 함께 알아 둡시다!

- Yo estudiaría informática.
  나라면 컴퓨터를 공부할 텐데.
- Yo que tú estudiaría otro idioma.
  내가 너라면 다른 언어를 공부할 텐데.
- Yo, en tu lugar haría un curso de márketing.
  내가 너라면 마케팅 수업을 들을 텐데.

• 새로운 어휘

actriz   *f.* 여배우
hacer la mili   군복무하다
tatuaje   *m.* 타투
hacer un piercing   피어싱하다

PASO 2   리얼 회화 연습

 할아버지는 젊어진다면 타투를 하고 싶다고 말합니다.

A: ¿Te gusta el tatuaje que me he hecho, abuelo?
B: Sí, mucho. 내가 더 젊다면, 나도 타투를 할 텐데.
A: ¿También te harías un piercing si fueras más joven?
B: ¡Ojalá fuera más joven!

A: 내가 한 이 타투 맘에 드세요, 할아버지?
B: 그래, 아주 많이. Si yo fuera más joven, también me haría uno.
A: 더 젊다면 피어싱도 하시겠어요?
B: 제발 젊어지면 좋으련만!

Bonus

Ojalá는 '제발 ~하면 좋을 텐데'라는 의미로, 가능성이 희박한 소망을 말할 때 쓰여요. 영어의 I wish 구문과 동일합니다. 뒤에는 항상 접속법 시제만 와야 해요.

¡Ojalá fuera viernes! 금요일이면 참 좋을 텐데!
¡Ojalá pudiera andar otra vez! 다시 걸을 수 있다면 참 좋을 텐데!

PASO 3   도전! 회화 연습

내가 만약 스페인 사람이 된다면, 휴가가 더 많을 텐데. _____

Si + 접속법 과거, 단순조건   만일 ~한다면, ~할 텐데

Si 절에 접속법 과거가 오고, 주절에 단순조건절이 오면, 가능성이 희박한 간절한 소망을 표현할 수 있어요. '만일에 ~한다면, ~할 텐데'의 뜻이 되죠.

PASO 1   회화 패턴 연습

내가 여기 남는다면, 일자리를 구하기 힘들 거야.
Si me **quedara** aquí, **sería** difícil encontrar trabajo.

내 남자친구가 다른 여자와 키스 한다면, 죽여버릴 거야.
Si mi novio **besara** a otra chica, lo **mataría**.

네가 날 버린다면, 난 정말 슬플 거야.
Si me **dejaras**, me **sentiría** muy triste.

내가 스페인에 산다면 정말 행복할 텐데.
Si yo **viviera** en España, **estaría** muy feliz.

• TIP
상대방에게 다른 제안을 할 때 할 수 있는 표현 하나를 배워 볼까요? '만약 ~하면 어떨까?'라고 말하고 싶을 때는 이 패턴을 사용해 보세요.

¿Y si + 접속법 불완료 과거

- ¿Y si en lugar de ir a casa fuéramos a tomar una copa?
  집에 가는 대신에 한 잔 하러 가면 어떨까?
- ¿Y si buscáramos un piso compartido?
  셰어하우스를 구하면 어떨까?

PASO 2   리얼 회화 연습

 한국으로 돌아 가야 하는 친구가 남자친구와의 문제를 고민하네요.

A: No sé qué hacer con mi novio.
B: Te recomiendo que te quedes más tiempo aquí.
A: 내가 만약 스페인에 남게 되면, 내 학업을 끝낼 수 없을 거야.
B: Si te marcharas a Corea, Ramón estaría muy triste.

A: 내 남자친구와 어떻게 해야 할지 모르겠어.
B: 네가 여기에 더 있기를 충고해.
A: Si me quedara en España, no podría terminar los estudios.
B: 네가 한국으로 떠난다면, 라몬은 아주 슬퍼할 거야.

• 새로운 어휘
besar	키스하다
matar	죽이다
dejar	버리다
marcharse	떠나다

Bonus
recomendar(추천, 충고하다)의 직설법 현재 1인칭 단수형이 recomiendo이고요. Te recomiendo que ~다음에 접속법 현재형을 써서 '너에게 ~하라고 추천해, 충고해'라는 뜻이 됩니다. 상대에게 충고할 때 쓸 수 있는 또 다른 표현이죠.
Te recomiendo que vayas al médico. 네가 병원에 가길 충고해.

PASO 3   도전! 회화 연습

우리 엄마가 매일 나에게 전화한다면, 정말 귀찮을 거야. _____

Es como si + 접속법 과거

마치 ~인 것과 같아, ~와 다름없어

'마치 ~인 것과 같아, 다름없어'라고 표현하고 싶다면, 〈Es como si + 접속법 과거〉의 패턴을 사용하면 돼요. 영어의 as if와 동일한 패턴이죠. 단, como si 다음엔 반드시 접속법 과거형을 써야겠죠.

PASO 1 회화 패턴 연습

그는 마치 죽은 것과 같아.
Es como si estuviera muerto.

마치 천국과도 같아.
Es como si fuera el paraíso.

마치 지옥과도 같아.
Es como si fuera el infierno.

마치 존재하지 않는 거 같아.
Es como si no existiera.

• TIP

스페인 노래 Bésame mucho의 첫 소절을 해석해 볼까요? Bésame, bésame mucho/como si fuera esta noche la última vez./Bésame, bésame mucho/que tengo miedo perderte, perderte después...
키스해 주세요, 키스를 많이 해 주세요./오늘 밤이 마지막인 것처럼/키스해 주세요, 키스를 많이 해 주세요./당신을 잃을까 봐 나중에 당신을 잃을까 두려워요.

PASO 2 리얼 회화 연습

 친구는 자신에게 부모님은 마치 존재하지 않는 것과 같다고 합니다.

A: Tengo padres. Pero hace tiempo que no hablo con ellos. Así que para mí 그들은 마치 죽은 거나 다름없어.
B: ¡Qué pena me da!
A: No tengas compasión de mí.
B: No, pero ¿por qué no hablas con ellos?

A: 나 부모님 있어. 그런데 오랫동안 그들과 연락을 안 했어. 그래서 나에게 **es como si estuvieran muertos.**
B: 정말 유감이야!
A: 날 동정하지 마.
B: 아니야, 그런데 왜 연락 안 하는 거야?

• 새로운 어휘

muerto/a	죽은
paraíso	m. 천국
infierno	m. 지옥
existir	존재하다
pena	f. 유감
compasión	f. 동정
gracia	f. 재미

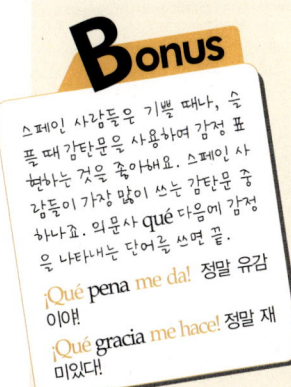

스페인 사람들은 기쁠 때나, 슬플 때 감탄문을 사용하며 감정 표현하는 것을 좋아해요. 스페인 사람들이 가장 많이 쓰는 감탄문 중 하나죠. 의문사 qué 다음에 감정을 나타내는 단어를 쓰면 끝.
¡Qué pena me da! 정말 유감이야!
¡Qué gracia me hace! 정말 재미있다!

PASO 3 도전! 회화 연습

마치 살아있는 거 같아. _____ (vivo)

APÉNDICE 부록

1. 도전! 회화 연습 정답
2. 동사 변화표

도전! 회화연습 정답

001 Soy Alejandro, el propietario del restaurante.
002 Soy bastante creativo.
003 Soy de París.
004 Es de oro.
005 No es fácil aprender idiomas.
006 ¿Eres capaz de cuidar a los niños?
007 Es difícil hablar bien idiomas extranjeros.
008 Estoy un poco triste.
009 Estás muy guapa con esos pendientes.
010 ¿Está celoso?
011 Estoy en la esquina.
012 No estoy para bailar contigo.
013 Estoy seguro de que ha aprobado el examen.
014 ¿Estás seguro de que Rosa es española?
015 Estoy a punto de salir de casa.
016 Las tijeras están hechas de metal.
017 Yo como carne de cerdo.
018 ¿Tú comes huevos?
019 Estoy intentando convencerle.
020 ¿Me estás mintiendo?
021 ¿Sigues trabajando en la escuela?
022 Llevo toda la tarde trabajando en el aeropuerto.
023 Disfruto mucho charlando con mis amigos.
024 Me pongo zapatos de tacón a veces.
025 ¿Te pones sombrero?
026 Me gusta ponerme gafas de sol.
027 Tengo que cepillarme los dientes.
028 Tengo mucha sed.
029 ¿Tienes pesadillas?
030 Tengo ganas de tomar una copa.
031 Tengo que decirte algo importante.
032 Tiene que darme su pasaporte.
033 Lo que tienes que hacer es hacer frases más cortas.
034 No tengo nada que comprar.
035 Mi padre no tiene nada que ver con todo esto.
036 Yo tengo la culpa del error de mi hermano.
037 Quiero un zumo de naranja.
038 Quiero practicar el español con un nativo.
039 No quiero volver a mi casa.
040 ¿Quieres el postre?
041 ¿Quieres ver una película?

Español

042 ¿No quieres tomar otra cerveza?
043 ¿Quieres que yo te ayude?
044 Quiero que me compres el periódico.
045 "Hola" quiere decir "Hello" en español.
046 Prefiero la comida china.
047 Prefiero ir a la montaña.
048 Yo quiero vivir en el campo, ¿tú prefieres vivir en la ciudad?
049 ¿Qué prefieres, unos zapatos o unas deportivas?
050 Hago los deberes.
051 ¿Me haces una foto?
052 Hace buen tiempo.
053 Hace un año que estudio español.
054 Me haces sentir muy cómodo.
055 Hay mucho viento en La Mancha.
056 No hay gente.
057 Hay que hacer más ejercicio.
058 ¿Hay algo que no sepa yo?
059 Voy a la farmacia.
060 Voy a tomar un café.
061 ¿Vas a ir al entierro?
062 Tú no vas a olvidarte de mí.
063 Vamos a empezar por la cocina.
064 Voy a por el plato.
065 Va bien hablar mucho en clase.
066 Necesito su colaboración.
067 Necesito hacer una llamada.
068 Necesitas estudiar más.
069 Necesito que me digas la verdad.
070 Yo no creo en la igualdad.
071 Creo que Rosa tiene problemas con su novio.
072 ¿Crees que es importante hablar lenguas?
073 No creo que Ana venga a la fiesta.
074 ¿No crees que haga buen tiempo mañana?
075 Pienso ir al pueblo de mis padres.
076 ¿Piensas trabajar en el extranjero?
077 Pienso que los hombres son más débiles que las mujeres.
078 ¿Piensas que es mejor estudiar español?
079 ¿Me pone una tapa de calamares?
080 La canción me pone triste.
081 ¿Me pones los pendientes?
082 Me pongo la falda negra para la fiesta.
083 Me pongo colorado cuando la

도전! 회화연습 정답

gente me mira.
084 Me pongo a cantar.
085 Puedo pasar por el supermercado.
086 No puedo volver temprano.
087 No puedes seguir discutiendo con tu novio.
088 Podemos ver una película.
089 ¿Puedo salir por la noche?
090 ¿Puedes abrirme la puerta?
091 ¿Se puede hacer fotos en el museo?
092 ¿Me puede decir dónde está la estación de metro?
093 ¿Podría traerme un poco de agua?
094 No sé nada del cine mudo.
095 Sé guardar secretos.
096 ¿Sabes arreglar el ordenador?
097 Sé que tú solo me quieres a mí.
098 No sé cuándo empezar.
099 No sé si es verdad o no.
100 ¿Sabes a qué hora suelen cenar los españoles?
101 ¿Sabes si hay alguna farmacia cerca de aquí?
102 Sabe a queso.
103 Me quedo con mi familia este domingo.
104 Quedan asientos.
105 Quedamos este viernes a las doce enfrente del cine.
106 Te queda bien este vestido.
107 Siento lo de la cita.
108 Siento causar molestias.
109 Me siento vergonzoso.
110 ¿Me dejas tu cámara?
111 ¿Me dejas dormir?
112 Mis padres no me dejan dormir fuera de casa.
113 No deja de hacer ruido.
114 Debo comer menos.
115 Debe (de) ser muy caro.
116 ¿A qué se debe esta situación?
117 Este proyecto te lo debo a ti.
118 Deberías salir más.
119 Me gustan los días de viento.
120 Me gusta ver la tele.
121 ¿Te gustan las muñecas?
122 No me gustan nada los deportes.
123 No me gusta que mires a otras chicas.
124 Lo que más me gusta es la música española.
125 Me gustaría dormir todo el día.

Español

126 Me encantan los caramelos.
127 Me encanta tomar el sol.
128 Me encantaría ir a la fiesta de Álex.
129 Me interesa la cocina española.
130 No me interesa nada la música clásica.
131 Lo que me interesa es la cultura latinoamericana.
132 Me apetece ir a la playa.
133 Me apetece un helado.
134 ¿Te apetece ir al cine?
135 ¿Te duele el cuello?
136 Me duelen los dedos.
137 A mí me pareces muy inteligente.
138 Estos pantalones me parecen un poco caros.
139 Parece una persona muy sociable.
140 Yo me parezco mucho a mi hermana.
141 Me parece que usted está equivocado.
142 Me parece mentira que seas psicólogo.
143 ¿Te importa dejarme tu teléfono un momento?
144 ¿Te importa si apago el aire?
145 No me importa que no me llames.
146 Lo que me importa es el sueldo.
147 ¿Le importaría hablar más bajo?
148 ¿Qué ves?
149 ¿Qué tal esa película?
150 ¿Qué planes tienes para el futuro?
151 ¿Qué vas a tomar?
152 ¿Qué tipo de comida te gusta?
153 ¿A qué hora es la inauguración?
154 ¿A qué hora empiezas la clase de francés?
155 ¿De qué color tienes la piel?
156 ¿De qué es el bocadillo?
157 ¿De qué me estás hablando?
158 ¿Con qué frecuencia vas al gimnasio?
159 ¿Para qué quieres instalarte aquí en Barcelona?
160 ¡Qué delgada estás!
161 ¡Qué chica tan guapa!
162 ¿Cómo es tu compañero de piso?
163 ¿Cómo está tu familia?
164 ¿Cómo se come "calsot"?
165 ¿A cómo tiene las naranjas?
166 ¿Cómo me voy a dejarte sola?
167 ¡Cómo pasa el tiempo!

도전! 회화연습 정답

168 ¿Cuál es tu número de teléfono?
169 ¿Cuál es tu lugar de vacaciones favorito?
170 ¿Cuál te gusta más, la película de suspense o la de terror?
171 ¿Cuál de los dos es más barato?
172 ¿Dónde está la librería?
173 ¿Dónde haces ejercicio?
174 ¿Dónde puedo encontrar la comisaría?
175 ¿A dónde vamos a ir?
176 ¿De dónde me llamas?
177 ¿Cuándo es la ceremonia?
178 ¿Cuándo empieza la función?
179 ¿Cuándo piensas dejar de trabajar?
180 ¿Desde cuándo montas a caballo?
181 ¿Quién es aquel chico rubio?
182 ¿Quién tiene perro?
183 ¿Quién va a reservar la mesa?
184 ¿De quién son estas maletas?
185 ¿Con quién estás saliendo?
186 ¿A quién vas a pedir?
187 ¿Con quién vas a jugar al tenis?
188 ¿Cuánto cuesta la matrícula?
189 ¿Cuánto me cobras por el alquiler de coche?
190 ¿Cuántos habitantes hay en España?
191 ¿Cuántos amigos latinoamericanos tienes?
192 ¿Cuántas veces llamas a tus padres al mes?
193 ¿Cuánto tiempo llevas conociendo a tu profesor de español?
194 ¿Cuánto tiempo hace que conoces a Mari Carmen?
195 ¡Cuántos caramelos tienes en tu bolsa!
196 ¡Cuánto te echo de menos!
197 ¿Por qué no coges el teléfono?
198 ¿Por qué no ingresas a Sara en una clínica?
199 ¿Por qué no cenamos fuera?
200 He oído la noticia.
201 ¿Has visto la película?
202 ¿Ya has preparado la cena?
203 Ya te lo he dado.
204 Todavía no he probado la paella.
205 ¿Has hecho alguna vez el puenting?
206 Yo no he dicho nunca la verdad.
207 He querido darte las gracias.
208 Me han gustado los ejercicios en

Español

parejas.
209 He estado esperándote toda la tarde.
210 Lavé los platos.
211 Escribí el correo electrónico.
212 Fui al zoo la semana pasada.
213 Estuve en Madrid de 1995 a 2000.
214 Vine a informarme del horario de clase.
215 No pude llegar a tiempo por el tráfico.
216 Conocí a Alfonso el viernes pasado.
217 ¿Te gustó el espectáculo?
218 Me gustó mucho la obra de teatro.
219 Decidí no ir a la fiesta.
220 Empecé a estudiar español a los 21 años.
221 De pequeña tenía el pelo muy corto.
222 Antes salía mucho de noche.
223 Aprendí a nadar cuando tenía once años.
224 Cuando estudiaba en el instituto, me gustaba dibujar.
225 Yo estaba esperando el autobús.
226 No sabía que él era actor.
227 Sé educado.
228 Vete a la escuela.
229 Vete a comprar el pan.
230 Pásame la pimienta.
231 Ponte la chaqueta.
232 Quédate a cenar conmigo.
233 No seas exigente conmigo.
234 No tengas miedo de mí.
235 No digas mentiras.
236 No te preocupes de tu futuro.
237 Deseo que llegue pronto la Navidad.
238 Espero que Pepe haga amigos en el colegio.
239 Que no me mientas.
240 Te he traído el pastel para que lo comas.
241 No me extraña que haya cambiado tanto Sara.
242 Cuando vuelva a casa, te ayudaré.
243 No lo perdonaré hasta que me pida el perdón.
244 Yo no quiero verte nunca en mi vida.
245 No hablo nada de francés.
246 No vinieron ni José ni Pedro.

도전! 회화연습 정답

247 Él no tiene ningún sentido del humor.
248 Yo no vivo aquí.
249 No lo hizo Pedro, sino Juan.
250 Ni siquiera sé cómo te llamas.
251 Si estoy muy cansado, no iré a clase.
252 Si no te pones el abrigo, cogerás el frío.
253 Si quieres ganar mucho dinero, tienes que trabajar mucho.
254 Si yo fuera español, tendría más vacaciones.
255 Si mi madre me llamara por teléfono todos los días, me molestaría mucho.
256 Es como si estuviera vivo.

MEMO

Español

동사 01   ser ~이다

현재분사 siendo   과거분사 sido

현재	단순과거	계속과거	미래	접속법 현재	단순 조건
soy	fui	era	seré	sea	sería
eres	fuiste	eras	serás	seas	serías
es	fue	era	será	sea	sería
somos	fuimos	éramos	seremos	seamos	seríamos
sois	fuisteis	erais	seréis	seáis	seríais
son	fueron	eran	serán	sean	serían

동사 02   estar (상태가) ~이다

현재분사 estando   과거분사 estado

현재	단순과거	계속과거	미래	접속법 현재	단순 조건
estoy	estuve	estaba	estaré	esté	estaría
estás	estuviste	estabas	estarás	estés	estarías
está	estuvo	estaba	estará	esté	estaría
estamos	estuvimos	estábamos	estaremos	estemos	estaríamos
estáis	estuvisteis	estabais	estaréis	estéis	estaríais
están	estuvieron	estaban	estarán	estén	estarían

동사 03   hablar 말하다

현재분사 hablando   과거분사 hablado

현재	단순과거	계속과거	미래	접속법 현재	단순 조건
hablo	hablé	hablaba	hablaré	hable	hablaría
hablas	hablaste	hablabas	hablarás	hables	hablarías
habla	habló	hablaba	hablará	hable	hablaría
hablamos	hablamos	hablábamos	hablaremos	hablemos	hablaríamos
habáis	hablasteis	hablabais	hablaréis	habléis	hablaríais
hablan	hablaron	hablaban	hablarán	hablen	hablarían

동사 변화표

동사 04  comer 먹다

현재분사 comiendo 과거분사 comido

현재	단순과거	계속과거	미래	접속법 현재	단순 조건
como	comí	comía	comeré	coma	comería
comes	comiste	comías	comerás	comas	comerías
come	comió	comía	comerá	coma	comería
comemos	comimos	comíamos	comeremos	comamos	comeríamos
coméis	comisteis	comíais	comeréis	comáis	comeríais
comen	comieron	comían	comerán	coman	comerían

동사 05  vivir 살다

현재분사 viviendo 과거분사 vivido

현재	단순과거	계속과거	미래	접속법 현재	단순 조건
vivo	viví	vivía	viviré	viva	viviría
vives	viviste	vivías	vivirás	vivas	vivirías
vive	vivió	vivía	vivirá	viva	viviría
vivimos	vivimos	vivíamos	viviremos	vivamos	viviríamos
vivís	vivisteis	vivíais	viviréis	viváis	viviríais
viven	vivieron	vivían	vivirán	vivan	vivirían

동사 06  lavar 씻다

현재분사 lavando 과거분사 lavado

현재	단순과거	계속과거	미래	접속법 현재	단순 조건
lavo	lavé	lavaba	lavaré	lave	lavaría
lavas	lavaste	lavabas	lavarás	laves	lavarías
lava	lavó	lavaba	lavará	lave	lavaría
lavamos	lavamos	lavábamos	lavaremos	lavemos	lavaríamos
laváis	lavasteis	lavabais	lavaréis	lavéis	lavaríais
lavan	lavaron	lavaban	lavarán	laven	lavarían

Español

동사 07 tener 가지다

현재분사 teniendo 과거분사 tenido

현재	단순과거	계속과거	미래	접속법 현재	단순 조건
tengo	tuve	tenía	tendré	tenga	tendría
tienes	tuviste	tenías	tendrás	tengas	tendrías
tiene	tuvo	tenía	tendrá	tenga	tendría
tenemos	tuvimos	teníamos	tendremos	tengamos	tendríamos
tenéis	tuvisteis	teníais	tendréis	tengáis	tendríais
tienen	tuvieron	tenían	tendrán	tengan	tendrían

동사 08 querer 원하다

현재분사 queriendo 과거분사 querido

현재	단순과거	계속과거	미래	접속법 현재	단순 조건
quiero	quise	quería	querré	quiera	querría
quieres	quisiste	querías	querrás	quieras	querrías
quiere	quiso	quería	querrá	quiera	querría
queremos	quisimos	queríamos	querremos	queramos	querríamos
queréis	quisisteis	queríais	querréis	queráis	querríais
quieren	quisieron	querían	querrán	quieran	querrían

동사 09 preferir 선호하다

현재분사 prefiriendo 과거분사 preferido

현재	단순과거	계속과거	미래	접속법 현재	단순 조건
prefiero	preferí	prefería	preferiré	prefiera	preferiría
prefieres	preferiste	preferías	preferirás	prefieras	preferirías
prefiere	prefirió	prefería	preferirá	prefiera	preferiría
preferimos	preferimos	preferíamos	preferiremos	prefiramos	preferiríamos
preferís	preferisteis	preferíais	preferiréis	prefiráis	preferiríais
prefieren	prefirieron	preferían	preferirán	prefieran	preferirían

동사 변화표

동사 10 hacer 하다

현재분사 haciendo 과거분사 hecho

현재	단순과거	계속과거	미래	접속법 현재	단순 조건
hago	hice	hacía	haré	haga	haría
haces	hiciste	hacías	harás	hagas	harías
hace	hizo	hacía	hará	haga	haría
hacemos	hicimos	hacíamos	haremos	hagamos	haríamos
hacéis	hicisteis	hacíais	haréis	hagáis	haríais
hacen	hicieron	hacían	harán	hagan	harían

동사 11 haber ~가 있다

현재분사 habiendo 과거분사 habido

현재	단순과거	계속과거	미래	접속법 현재	단순 조건
he	hubo	había	habré	haya	habría
has	hubiste	habías	habrás	hayas	habrías
ha	hubo	había	habrá	haya	habría
hemos	hubimos	habíamos	habremos	hayamos	habríamos
habéis	hubisteis	habíais	habréis	hayáis	habríais
han	hubieron	habían	habrán	hayan	habrían

동사 12 ir 가다

현재분사 yendo 과거분사 ido

현재	단순과거	계속과거	미래	접속법 현재	단순 조건
voy	fui	iba	iré	vaya	iría
vas	fuiste	ibas	irás	vayas	irías
va	fue	iba	irá	vaya	iría
vamos	fuimos	íbamos	iremos	vayamos	iríamos
vais	fuisteis	ibais	iréis	vayáis	iríais
van	fueron	iban	irán	vayan	irían

Español

동사 13 — necesitar 필요하다
현재분사 necesitando 과거분사 necesitado

현재	단순과거	계속과거	미래	접속법 현재	단순 조건
necesito	necesité	necesitaba	necesitaré	necesite	necesitaría
necesitas	necesitaste	necesitabas	necesitarás	necesites	necesitarías
necesita	necesitó	necesitaba	necesitará	necesite	necesitaría
necesitamos	necesitamos	necesitábamos	necesitaremos	necesitemos	necesitaríamos
necesitáis	necesitasteis	necesitabais	necesitaréis	necesitéis	necesitaríais
necesitan	necesitaron	nacesitaban	necesitarán	necesiten	necesitarían

동사 14 — creer 믿다
현재분사 creyendo 과거분사 creído

현재	단순과거	계속과거	미래	접속법 현재	단순 조건
creo	creí	creía	creeré	crea	creería
crees	creíste	creías	creerás	creas	creerías
cree	creyó	creía	creerá	crea	creería
creemos	creímos	creíamos	creeremos	creamos	creeríamos
creéis	creísteis	creíais	creeréis	creáis	creeríais
creen	creyeron	creían	creerán	crean	creerían

동사 15 — pensar 생각하다
현재분사 pensando 과거분사 pensado

현재	단순과거	계속과거	미래	접속법 현재	단순 조건
pienso	pensé	pensaba	pensaré	piense	pensaría
piensas	pensaste	pensabas	pensarás	pienses	pensarías
piensa	pensó	pensaba	pensará	piense	pensaría
pensamos	pensamos	pensábamos	pensaremos	pensemos	pensaríamos
pensáis	pensasteis	pensabais	pensaréis	penséis	pensaríais
piensan	pensaron	pensaban	pensarán	piensen	pensarían

동사 변화표

동사 16   poner 놓다

현재분사 poniendo   과거분사 puesto

현재	단순과거	계속과거	미래	접속법 현재	단순 조건
pongo	puse	ponía	pondré	ponga	pondría
pones	pusiste	ponías	pondrás	pongas	pondrías
pone	puso	ponía	pondrá	ponga	pondría
ponemos	pusimos	poníamos	pondremos	pongamos	pondríamos
ponéis	pusisteis	poníais	pondréis	pongáis	pondríais
ponen	pusieron	ponían	pondrán	pongan	pondrían

동사 17   poder 할 수 있다

현재분사 pudiendo   과거분사 podido

현재	단순과거	계속과거	미래	접속법 현재	단순 조건
puedo	pude	podía	podré	pueda	podría
puedes	pudiste	podías	podrás	puedas	podrías
puede	pudo	podía	podrá	pueda	podría
podemos	pudimos	podíamos	podremos	podamos	podríamos
podéis	pudisteis	podíais	podréis	podáis	podráis
pueden	pudieron	podían	podrán	puedan	podrían

동사 18   venir 오다

현재분사 viniendo   과거분사 venido

현재	단순과거	계속과거	미래	접속법 현재	단순 조건
vengo	vine	venía	vendré	venga	vendría
vienes	viniste	venías	vendrás	vengas	vendrías
viene	vine	venía	vendrá	venga	vendría
venimos	vinimos	veníamos	vendremos	vengamos	vendríamos
venís	vinisteis	veníais	vendréis	vengáis	vendríais
vienen	vinieron	venían	vendrán	vengan	vendrían

Español

동사 19 — decir 말하다

현재분사 diciendo 과거분사 dicho

현재	단순과거	계속과거	미래	접속법 현재	단순 조건
digo	dije	decía	diré	diga	diría
dices	dijiste	decías	dirás	digas	dirías
dice	dijo	decía	dirá	diga	diría
decimos	dijimos	decíamos	diremos	digamos	diríamos
decís	dijisteis	decíais	diréis	digáis	diríais
dicen	dijeron	decían	dirán	digan	dirían

동사 20 — saber 알다

현재분사 sabiendo 과거분사 sabido

현재	단순과거	계속과거	미래	접속법 현재	단순 조건
sé	supe	sabía	sabré	sepa	sabría
sabes	supiste	sabías	sabrás	sepas	sabrías
sabe	supo	sabía	sabrá	sepa	sabría
sabemos	supimos	sabíamos	sabremos	sepamos	sabríamos
sabéis	supisteis	sabíais	sabréis	sepáis	sabríais
saben	supieron	sabían	sabrán	sepan	sabrían

동사 21 — conocer 알다

현재분사 conociendo 과거분사 conocido

현재	단순과거	계속과거	미래	접속법 현재	단순 조건
conozco	conocí	conocía	conoceré	conozca	conocería
conoces	conociste	conocías	conocerás	conozcas	conocerías
conoce	conoció	conocía	conocerá	conozca	conocería
conocemos	conocimos	conocíamos	conoceremos	conozcamos	conoceríamos
conocéis	conocisteis	conocíais	conoceréis	conozcáis	conoceríais
conocen	conocieron	conocían	conocerán	conozcan	conocerían

동사 변화표

동사 22 — sentir 느끼다

현재분사 sintiendo　과거분사 sentido

현재	단순과거	계속과거	미래	접속법 현재	단순 조건
siento	sentí	sentía	sentiré	sienta	sentiría
sientes	sentiste	sentías	sentirás	sientas	sentirías
siente	sintió	sentía	sentirá	sienta	sentiría
sentimos	sentimos	sentíamos	sentiremos	sintamos	sentiríamos
sentís	sentisteis	sentíais	sentiréis	sintáis	sentiríais
sienten	sintieron	sentían	sentirán	sientan	sentirían

동사 23 — dejar 내버려 두다

현재분사 dejando　과거분사 dejado

현재	단순과거	계속과거	미래	접속법 현재	단순 조건
dejo	dejé	dejaba	dejaré	deje	dejaría
dejas	dejaste	dejabas	dejarás	dejes	dejarías
deja	dejó	dejaba	dejará	deje	dejaría
dejamos	dejamos	dejábamos	dejaremos	dejemos	dejaríamos
dejáis	dejasteis	dejabais	dejaréis	dejéis	dejaríais
dejan	dejaron	dejaban	dejarán	dejen	dejarían

동사 24 — deber 해야 한다

현재분사 debiendo　과거분사 debido

현재	단순과거	계속과거	미래	접속법 현재	단순 조건
debo	debí	debía	deberé	deba	debería
debes	debiste	debías	deberás	debas	deberías
debe	debió	debía	deberá	deba	debería
debemos	debimos	debíamos	deberemos	debamos	deberíamos
debéis	debisteis	debíais	deberéis	debáis	deberíais
deben	debieron	debían	deberán	deban	deberían

Español

동사 25 — parecer ~처럼 보이다

현재분사 pareciendo 과거분사 parecido

현재	단순과거	계속과거	미래	접속법 현재	단순 조건
parezco	parecí	parecía	pareceré	parezca	parecería
pareces	pareciste	parecías	parecerás	parezcas	parecerías
parece	pareció	parecía	parecerá	parezca	parecería
parecemos	parecimos	parecíamos	pareceremos	parezcamos	pareceríamos
parecéis	parecisteis	parecíais	pareceréis	parezcáis	pareceríais
parecen	parecieron	parecían	parecerán	parezcan	parecerían

동사 26 — ver 보다

현재분사 viendo 과거분사 visto

현재	단순과거	계속과거	미래	접속법 현재	단순 조건
veo	vi	veía	veré	vea	vería
ves	viste	veías	verás	veas	verías
ve	vio	veía	verá	vea	vería
vemos	vimos	veíamos	veremos	veamos	veríamos
veis	visteis	veíais	veréis	veáis	veríais
ven	vieron	veían	verán	vean	verían

동사 27 — leer 읽다

현재분사 leyendo 과거분사 leído

현재	단순과거	계속과거	미래	접속법 현재	단순 조건
leo	leí	leía	leeré	lea	leería
lees	leíste	leías	leerás	leas	leerías
lee	leyó	leía	leerá	lea	leería
leemos	leímos	leíamos	leeremos	leamos	leeríamos
leéis	leísteis	leíais	leeréis	leáis	leeríais
leen	leyeron	leían	leerán	lean	leerían

동사 변화표

동사 28 — recordar 기억하다
현재분사 recordando 과거분사 recordado

현재	단순과거	계속과거	미래	접속법 현재	단순 조건
recuerdo	recordé	recordaba	recordaré	recuerde	recordaría
recuerdas	recordaste	recordabas	recordarás	recuerdes	recordarías
recuerda	recordó	recordaba	recordará	recuerde	recordaría
recordamos	recordamos	recordábamos	recordaremos	recordemos	recordaríamos
recordáis	recordasteis	recordabais	recordaréis	recordéis	recordaríais
recuerdan	recordaron	recordaban	recordarán	recuerden	recordarían

동사 29 — dormir 자다
현재분사 durmiendo 과거분사 dormido

현재	단순과거	계속과거	미래	접속법 현재	단순 조건
duermo	dormí	dormía	dormiré	duerma	dormiría
duermes	dormiste	dormías	dormirás	duermas	dormirías
duerme	durmió	dormía	dormirá	duerma	dormiría
dormimos	dormimos	dormíamos	dormiremos	durmamos	dormiríamos
dormís	dormisteis	dormíais	dormiréis	durmáis	dormiríais
duermen	durmieron	dormían	dormirán	duerman	dormirían

동사 30 — pedir 요구하다
현재분사 pidiendo 과거분사 pedido

현재	단순과거	계속과거	미래	접속법 현재	단순 조건
pido	pedí	pedía	pediré	pida	pediría
pides	pedíste	pedías	pedirás	pidas	pedirías
pide	pidió	pedía	pedirá	pida	pediría
pedimos	pedimos	pedíamos	pediremos	pidamos	pediríamos
pedís	pedisteis	pedíais	pediréis	pidáis	pediríais
piden	pidieron	pedían	pedirán	pidan	pedirían

Español

동사 31   servir 서빙하다

현재분사 sirviendo   과거분사 servido

현재	단순과거	계속과거	미래	접속법 현재	단순 조건
sirvo	serví	servía	serviré	sirva	serviría
sirves	serviste	servías	servirás	sirvas	servirías
sirve	sirvió	servía	servirá	sirva	serviría
servimos	servimos	servíamos	serviremos	sirvamos	serviríamos
servís	servisteis	servíais	serviréis	sirváis	serviríais
sirven	sirvieron	servían	servirán	sirvan	servirían

동사 32   seguir 계속하다

현재분사 siguiendo   과거분사 seguido

현재	단순과거	계속과거	미래	접속법 현재	단순 조건
sigo	seguí	seguía	seguiré	siga	seguiría
sigues	seguiste	seguías	seguirás	sigas	seguirías
sigue	siguió	seguía	seguirá	siga	seguiría
seguimos	seguimos	seguíamos	seguiremos	sigamos	seguiríamos
seguís	seguisteis	seguíais	seguiréis	sigáis	seguiríais
siguen	siguieron	seguían	seguirán	sigan	seguirían

동사 33   empezar 시작하다

현재분사 empezando   과거분사 empezado

현재	단순과거	계속과거	미래	접속법 현재	단순 조건
empiezo	empecé	empezaba	empezaré	empiece	empezaría
empiezas	empezaste	empezabas	empezarás	empieces	empezarías
empieza	empezó	empezaba	empezará	empiece	empezaría
empezamos	empezamos	empezábamos	empezaremos	empecemos	empezaríamos
empezáis	empezasteis	empezabais	empezaréis	empecéis	empezaríais
empiezan	empezaron	empezaban	empezarán	empiecen	empezarían

부록 377

동사 변화표

동사 34 entender 이해하다

현재분사 entendiendo 과거분사 entendido

현재	단순과거	계속과거	미래	접속법 현재	단순 조건
entiendo	entendí	entendía	entenderé	entienda	entendería
entiendes	entendiste	entendías	entenderás	entiendas	entenderías
entiende	entendió	entendía	entenderá	entienda	entendería
entendemos	entendimos	entendíamos	entenderemos	entendamos	entenderíamos
entendéis	entendisteis	entendíais	entenderéis	entendáis	entenderíais
entienden	entendieron	entendían	entenderán	entiendan	entenderían

동사 35 perder 잃다

현재분사 perdiendo 과거분사 perdido

현재	단순과거	계속과거	미래	접속법 현재	단순 조건
pierdo	perdí	perdía	perderé	pierda	perdería
pierdes	perdiste	perdías	perderás	pierdas	perderías
pierde	perdió	perdía	perderá	pierda	perdería
perdemos	perdimos	perdíamos	perderemos	perdamos	perderíamos
perdéis	perdisteis	perdíais	perderéis	perdáis	perderíais
pierden	perdieron	perdían	perderán	pierdan	perderían

동사 36 mentir 거짓말하다

현재분사 mintiendo 과거분사 mentido

현재	단순과거	계속과거	미래	접속법 현재	단순 조건
miento	mentí	mentía	mentiré	mienta	mentiría
mientes	mentiste	mentías	mentirás	mientas	mentirías
miente	mintió	mentía	mentirá	mienta	mentiría
mentimos	mentimos	mentíamos	mentiremos	mintamos	mentiríamos
mentís	mentisteis	mentíais	mentiréis	mintáis	mentiríais
mienten	mintieron	mentían	mentirán	mientan	mentirían

Español

동사 37 — traer 가지고 오다

현재분사 trayendo 과거분사 traído

현재	단순과거	계속과거	미래	접속법 현재	단순 조건
traigo	traje	traía	traeré	traiga	traería
traes	trajiste	traías	traerás	traigas	traerías
trae	trajo	traía	traerá	traiga	traería
traemos	trajimos	traíamos	traeremos	traigamos	traeríamos
traéis	trajisteis	traíais	traeréis	traigáis	traeríais
traen	trajeron	traían	traerán	traigan	traerían

동사 38 — llevar 가지고 가다

현재분사 llevando 과거분사 llevado

현재	단순과거	계속과거	미래	접속법 현재	단순 조건
llevo	llevé	llevaba	llevaré	lleve	llevaría
llevas	llevaste	llevabas	llevarás	lleves	llevarías
lleva	llevó	llevaba	llevará	lleve	llevaría
llevamos	llevamos	llevábamos	llevaremos	llevemos	llevaríamos
lleváis	llevasteis	llevabais	llevaréis	llevéis	llevaríais
llevan	llevaron	llevaban	llevarán	lleven	llevarían

동사 39 — oír 듣다

현재분사 oyendo 과거분사 oído

현재	단순과거	계속과거	미래	접속법 현재	단순 조건
oigo	oí	oía	oiré	oiga	oiría
oyes	oíste	oías	oirás	oigas	oirías
oye	oyó	oía	oirá	oiga	oiría
oímos	oímos	oíamos	oiremos	oigamos	oiríamos
oís	oísteis	oíais	oiréis	oigáis	oiríais
oyen	oyeron	oían	oirán	oigan	oirían

부록

동사 변화표

동사  conducir 운전하다

현재분사 conduciendo 과거분사 conducido

현재	단순과거	계속과거	미래	접속법 현재	단순 조건
conduzco	conduje	conducía	conduciré	conduzca	conduciría
conduces	condujiste	conducías	conducirás	conduzcas	conducirías
conduce	condujo	conducía	conducirá	conduzca	conduciría
conducimos	condujimos	conducíamos	conduciremos	conduzcamos	conduciríamos
conducéis	condujisteis	conducíais	conduciréis	conduzcáis	conduciríais
conducen	condujeron	conducían	conducirán	conduzcan	conducirían

동사  dar 주다

현재분사 dando 과거분사 dado

현재	단순과거	계속과거	미래	접속법 현재	단순 조건
doy	di	daba	daré	dé	daría
das	diste	dabas	darás	des	darías
da	dio	daba	dará	dé	daría
damos	dimos	dábamos	daremos	demos	daríamos
dais	disteis	dabais	daréis	deis	daríais
dan	dieron	daban	darán	den	darían

동사  coger 타다, 잡다

현재분사 cogiendo 과거분사 cogido

현재	단순과거	계속과거	미래	접속법 현재	단순 조건
cojo	cogí	cogía	cogeré	coja	cogería
coges	cogiste	cogías	cogerás	cojas	cogerías
coge	cogió	cogía	cogerá	coja	cogería
cogemos	cogimos	cogíamos	cogeremos	cojamos	cogeríamos
cogéis	cogisteis	cogíais	cogeréis	cojáis	cogeríais
cogen	cogieron	cogían	cogerán	cojan	cogerían

Español

동사 43 — volver 돌아오다

현재분사 volviendo 과거분사 vuelto

현재	단순과거	계속과거	미래	접속법 현재	단순 조건
vuelvo	volví	volvía	volveré	vuelva	volvería
vuelves	volviste	volvías	volverás	vuelvas	volverías
vuelve	volvió	volvía	volverá	vuelva	volvería
volvemos	volvimos	volvíamos	volveremos	volvamos	volveríamos
volvéis	volvisteis	volvíais	volveréis	volváis	volveríais
vuelven	volvieron	volvían	volverán	vuelvan	volverían

동사 44 — escribir 쓰다

현재분사 escribiendo 과거분사 escrito

현재	단순과거	계속과거	미래	접속법 현재	단순 조건
escribo	escribí	escribía	escribiré	escriba	escribiría
escribes	escribiste	escribías	escribirás	escribas	escribirías
escribe	escribió	escribía	escribirá	escriba	escribiría
escribimos	escribimos	escribíamos	escribiremos	escribamos	escribiríamos
escribís	escribisteis	escribíais	escribiréis	escribáis	escribiríais
escriben	escribieron	escribían	escribirán	escriban	escribirían

동사 45 — jugar 놀다

현재분사 jugando 과거분사 jugado

현재	단순과거	계속과거	미래	접속법 현재	단순 조건
juego	jugué	jugaba	jugaré	juegue	jugaría
juegas	jugaste	jugabas	jugarás	juegues	jugarías
juega	jugó	jugaba	jugará	juegue	jugaría
jugamos	jugamos	jugábamos	jugaremos	juguemos	jugaríamos
jugáis	jugasteis	jugabais	jugaréis	juguéis	jugaríais
juegan	jugaron	jugaban	jugarán	jueguen	jugarían

동사 변화표

pagar 지불하다
현재분사 pagando　과거분사 pagado

현재	단순과거	계속과거	미래	접속법 현재	단순 조건
pago	pagué	pagaba	pagaré	pague	pagaría
pagas	pagaste	pagabas	pagarás	pagues	pagarías
paga	pagó	pagaba	pagará	pague	pagaría
pagamos	pagamos	pagábamos	pagaremos	paguemos	pagaríamos
pagáis	pagasteis	pagabais	pagaréis	paguéis	pagaríais
pagan	pagaron	pagaban	pagarán	paguen	pagarían

caer 떨어지다, 넘어지다
현재분사 cayendo　과거분사 caído

현재	단순과거	계속과거	미래	접속법 현재	단순 조건
caigo	caí	caía	caeré	caiga	caería
caes	caíste	caías	caerás	caigas	caerías
cae	cayó	caía	caerá	caiga	caería
caemos	caímos	caíamos	caeremos	caigamos	caeríamos
caéis	caísteis	caíais	caeréis	caigáis	caeríais
caen	cayeron	caían	caerán	caigan	caerían

cerrar 닫다
현재분사 cerrando　과거분사 cerrado

현재	단순과거	계속과거	미래	접속법 현재	단순 조건
cierro	cerré	cerraba	cerraré	cierre	cerraría
cierras	cerraste	cerrabas	cerrarás	cierres	cerrarías
cierra	cerró	cerraba	cerrará	cierre	cerraría
cerramos	cerramos	cerrábamos	cerraremos	cerremos	cerraríamos
cerráis	cerrasteis	cerrabais	cerraréis	cerréis	cerraríais
cierran	cerraron	cerraban	cerrarán	cierren	cerrarían

MEMO

MEMO